经济法学

Economic Law

孟繁超　王　炳　著

东南大学出版社
SOUTHEAST UNIVERSITY PRESS
·南京·

图书在版编目(CIP)数据

经济法学 / 孟繁超,王炳著. —南京:东南大学出版社,2014.7

ISBN 978-7-5641-5037-2

Ⅰ.①经⋯ Ⅱ.①孟⋯ ②王⋯ Ⅲ.①经济法—法的理论—中国 Ⅳ.①D922.290.1

中国版本图书馆 CIP 数据核字(2014)第 134163 号

经济法学

出版发行	东南大学出版社	
出 版 人	江建中	
社 址	南京市四牌楼 2 号(邮编:210096)	
网 址	http://www.seupress.com	
责任编辑	孙松茜(E-mail:ssq19972002@aliyun.com)	
经 销	全国各地新华书店	
印 刷	南京京新印刷厂	
开 本	700mm×1000mm 1/16	
印 张	27.75	
字 数	560 千字	
版 次	2014 年 7 月第 1 版	
印 次	2014 年 7 月第 1 次印刷	
书 号	ISBN 978-7-5641-5037-2	
定 价	49.80 元	

(本社图书若有印装质量问题,请直接与营销部联系。电话:025-83791830)

P 前　言
PREFACE

市场经济是法制经济,调整市场经济的法律规范构成市场经济活动的根本准则。而所谓经济法,则正是市场经济运行之法,是市场经济客观规律的反映。我国正处于市场经济发展时期,市场经济活动呈现出多变性,从而决定了经济法律法规的不断更新。为及时反映我国市场经济活动中的规律性,特撰写本书。

全书按照从理论入手,从抽象到具体的总分结构分为经济法总论、部门经济法和经济法相关法三编,共二十三章。在体例编排上,在实现创新的同时重点突出,如在部门经济法编有针对性地撰写了特殊市场规制法、规划法、产业政策法、金融调控法;同时,将企业法、物权法、合同法、担保法、网购交易法、支付结算法、会计法等借鉴过来形成了独特的经济法相关法编,不拘泥现有经济法学专业所限定的经济法范围,真正做到了实用性。在内容上力求最新,如融入了《消费者权益保护法》最新修订的内容,关注了《广告法》的立法动向,撰写了《网购交易法》等,实现了理论和实践的密切联系。

本书注重前沿性、双语导向、多学科应用。本书紧跟时代发展变化,将经济法的新现象、新趋势、新问题融入其中,具有时代前沿性,以经济法的成熟理论为基础,体现了经济法学的最新研究成果。本书对各章节各重要知识点同时撰出外文术语,以适合经济法双语教学的需要。此外,本书在体系与内容上兼顾法学专业、经济学专业乃至其他专业经济法课程的不同需求,具有多学科、多层次应用的特点。本书可为高等院校教学研究所用,可供相关专业人员参考。

本书的撰写分工如下:孟繁超教授撰写了第一、二、五、六、七、八、九、十一、十四、十六、十七、十九、二十、二十二、二十三章的中文初稿,王炳副教授、博士撰写了第三、四、十、十二、十三、十五、十八、二十一章的中文初稿,并撰写了第二、六、

七、八、十一、十七章中文初稿的部分内容；中文初稿完成后，经两位作者共同商讨，由王炳修改完成终稿；本书的英文部分由王炳撰写。

由于时间仓促，书中不足和疏漏之处在所难免，还恳请广大读者予以批评指正，感激不尽。

作者于南京航空航天大学

2014 年 6 月

C目 录
ONTENTS

第二编　部门经济法
Part Two　Branches of Economic Law

第三编　经济法相关法
Part Three　Law Related to Economic Law

第一编
经济法总论

Part One
The Basic Theory of Economic Law

第一章 经济法的产生与发展
Chapter One Emergence and Development of Economic Law

第一节 经济与法的一般关系
Section One The General Relationship of Economy and Law

人类社会产生之初至今,为了满足衣、食、住、行等基本物质生活需要,人类进行着一系列的经济活动(economic activities),包括生产、交换、分配和消费(production,exchange,distribution and consumption)。人与自然,人与他人,通过经济活动形成各种关系,具体包括生产力关系,由生产资料所有制、各类主体在社会生产中的地位及其相互关系、产品分配形式等构成的生产关系,以及在前两者基础上形成并以前两者相互关系为基础的经济基础与上层建筑之间的关系等。社会经济在这一系列关系中得以体现和运行,由低级向高级形态发展。

为了维系社会的存在和发展,保障社会生产和经济生活的正常进行,人们需要一系列系统的行为规则。恩格斯就曾指出:"在社会发展的某个很早的阶段,产生了这样的需要:把每天重复着生产、分配和交换产品的行为用一个共同的行为规则概括起来,设法使人们服从生产和交换的一般条件。这个规则首先表现为习惯(habits),后来便成了法律(laws)。"[①]法的产生是社会经济运行发展的结果,法的发展又与社会经济发展紧密同步。

真正意义上的法是商品交换的必然产物,商品经济由低级向高级形态发展的历史,也是市场经济法律制度体系得以形成的历史。古罗马因其简单商品经济繁荣发达,产生了被恩格斯称为"商品生产者社会的第一个世界性法律"的罗马法(Roman law),该法对当时和后世的商品经济发展产生了巨大的促进作用;十一世纪末,西欧商品经济开始步入高一级阶段,海商法(maritime law)出现,罗马法得以复兴,市场经济法体系初具规模;19世纪,近代市场经济开始出现,欧洲大陆出现了"典型的资产阶级社会的法典"——法国民法典(又称"拿破仑法典")(French Civil Code or Code Napoléon),它奠定了近代市场经济法律体系的核心和基础;19世纪末20世纪初,资本主义进入垄断时期,现代市场经济形式形成,社会化成为西方法律发展的主要标志之一;二战后,现代市场经济进一步发展,调

---

① 《马克思恩格斯全集》第18卷,人民出版社1964年版,第309页。

整市场经济关系的法律规范和部门逐步增多,市场经济法律体系日趋完善。①

不同的历史时期有不同级别的市场发育程度,不同级别的市场体系配置资源的方式和有效性也不同,于此,对法律制度也提出了不同级别的要求。市场要求法"固化"业已成熟的财产归属、交易习惯或方式,市场也需要法对破坏市场机制或影响市场可持续发展的现象有意识地加以规范和引导,使得市场经济中各类主体的利益达到适度平衡,市场经济得以向健康的方向发展,市场机制的作用能够正常发挥。

第二节　经济法产生与发展的历史脉络

Section Two　The History of Emergence and Development of Economic Law

一、经济法的产生(Emergence of Economic Law)

法的产生和发展遵循着一定的规律。法由对人们行为的个别调整逐步发展到规范性调整,由诸法合体发展到诸法分离、协作调整。随着经济的发展,社会关系日益复杂,法也出现了分工,法的调整对象、调整机制都开始分化,某些领域整合并呈现出相对统一和专业化的趋势,在大陆法系国家,逐步出现了不同的法律部门。

任何法律部门的产生都需要主客观两方面的条件:一是社会发展中出现了不同于以往的法律原则和制度来规范某一方面的社会关系,并有了相应的司法实践和成文法规;二是法学家对业已出现的客观社会经济条件和法律规范进行总结、解释和归类,形成相应的法学理论或学说,并在相当程度上被学界和社会所接受。② 如商法之所以可以在一定程度上独立于民法,是因为社会上先后出现了专事贸易、信用、海上运输等商事活动的、具有纯粹追逐商业利益的群体,在商事活动过程中的交易习惯逐步被以法的形式固定下来,职业法学家认为这种新的法律分工有了必要,则开辟出一个新的法律部门——商法。

与其他法律一样,经济法有着自身的产生与发展历史。世界范围内,现代意义的经济法产生于资本主义进入垄断时期后。其时传统的资本主义法律制度经常受到资本主义制度内在固有矛盾③的侵蚀,现实社会生活中爆发出许多新问题,如环境、人口、能源、垄断侵害等都对资本主义法治提出了新的挑战,社会利益成了人们普遍的诉求,法律也将其纳为考量对象,社会要求公权力介入经济生活

---

① 周旺生:《法理学》,北京大学出版社 2007 年版,第 222 页。
② 史际春、邓峰:《经济法总论》,法律出版社 2008 年版,第 70 页。
③ 具体指生产资料私有制和社会化大生产之间的矛盾。

并以法的形式表现出来,公法私法化、私法公法化的法律交错融合现象由此产生,经济法应当时代要求而产生,是这种公私混合法律的一个典型代表。体现社会化和社会公正要求的经济性法律文件的出现,才是现代意义上经济法产生的标志。一般认为,1890 年美国国会制定的第一部反托拉斯法(antitrust law)——《谢尔曼法》(the Sherman Act)是现代反垄断法之母,它也是美国历史上第一个授权联邦政府控制、干预经济的法案。反垄断法制度是现代经济法制度的核心,《谢尔曼法》因此也被视为现代经济法产生的标志。其后的一个多世纪时间里,经济法逐步发展成为一个重要的法学分支和新兴的边缘性学科,其基本内涵是国家运用法律的强制手段来管理和调节社会经济运行过程。

二、经济法的发展(Development of Economic Law)

经济法(Economic Law)经历了隐于民法(Civil Law)和商法(Commercial Law)光环之下的自由资本主义时期、地位日益凸显并逐步形成了一个独立的法律部门的垄断资本主义时期和与社会主义国家经济体制相结合的新型时期。

在自由资本主义时期,经济法与民法、商法是同时存在的。人类进入资本主义社会以后,为了适应自由商品经济的发展,资产阶级法学家从调整对象上把法律分成若干个部门,逐步形成了一个法律体系。1804 年的法国民法典继承和发展了罗马法,确立了"财产私有"、"契约自由"、"等价交换"等资产阶级的立法原则,其调整着广泛的财产关系和人身等非财产关系,但无法对蓬勃发展的资本主义自由商品经济进行全面调整。到了 1807 年,法国又制定了一部商法典,在民法典一般规范的基础上,对工商业加以特殊规定。在同一历史时期,各主要资本主义国家为了管理社会经济,还制定了一些单行的经济法规,如英国政府 13~18 世纪制定的劳工法规、土地法规、谷物法规等。

资本主义发展到垄断阶段以后,情况发生了变化。垄断资产阶级对内垄断和对外扩张的贪欲,要求控制国家政权并通过国家政权对社会经济进行全面的干预,于是经济法从内容到形式都有了很大的发展。[①] 20 世纪初期,德国学者最早

---

① 有研究认为,商品经济关系的发展跨越了商业关系、商事关系、现代市场经济关系三个阶段,商业关系向商事关系的演变孕育了民商关系对权力干预的寄托,民商关系的法律保护成本增加产生了对经济法的生成渴求。因此,经济法是在民商法基础上发展起来的近代法律现象。参见单飞跃:《经济法的产生要因:权力与民商关系的接轨》,《中外法学》1998 年第 3 期。

提出经济法概念(Wirtschaftsrecht)并展开相关理论研究,①并逐步影响法国②、意大利、荷兰、比利时、③英国④以及东方的日本⑤,且得到这些国家学者的重视。在垄断资本主义阶段,自由经营与平等协议已不再起主要作用而让位于国家的干预。垄断资本与国家政权紧密结合起来,国家加强了对社会经济的干预和控制,加强了对社会生产、分配、交换、消费的组织和管理。在这一时期,各资本主义国家均先后制定了一系列的经济法规,⑥以适应垄断资本主义的发展,经济法也就逐步成为法学的一个新的分支和新兴的一门边缘学科。

十月社会主义革命以后,前苏联和东欧的一些社会主义国家以及我国,都先后颁布了一批经济法规。尤其是当前我国在建立社会主义市场经济体制的过程中,各种经济法规正在不断出现并日趋完善,为社会主义市场经济的发展提供了有效的法律保障。

第三节 我国经济法的产生和发展

Section Three Emergence and Development of Chinese Economic Law

一、我国经济法的产生(Emergence of Chinese Economic Law)

我国社会主义经济法,最早可以追溯到新民主革命时期。新中国成立后,特别是在党的十一届三中全会以来,我国的法制建设不断加强,经济立法工作的进程逐步加快。早在 1978 年 12 月,邓小平同志即在中央工作会议上指出"为了保障人民民主,必须加强法制。……应当集中力量制定刑法、民法、诉讼法和其他各种必要的法律,例如工厂法、人民公社法、森林法、草原法、环境保护法、劳动法、外

---

① 1910 年,德国出台了钾矿业法,被有些学者认为是最初的经济法(参见:[法]阿莱克西·雅克曼、居伊·施朗斯:《经济法》,宇泉译,商务印书馆 1997 年版,第 2 - 3 页)。但其内容是为了扶持卡特尔的,并不符合现代经济法的精神要义。一战期间,德国为推行战时经济政策,颁布了一系列法规,如授权参政院为防止"经济损害"而采取行政措施的《授权法》、管制物价和粮食的《关于限制契约最高价格的通知》和《确保战时国民粮食措施令》等。战后德国又制定了 1919 年的《煤炭经济法》和《钾素经济法》、1923 年的《防止滥用经济实力法》等法律法令。与此同时,德国法学界就这种新的法律现象进行讨论,提出了经济法的概念,并将其作为法学的一个分科进行研究。

② 孙涛:《关于法国经济法的概念和学说》,《法学家》1999 年第 4 期。

③ [法]阿莱克西·雅克曼、居伊·施朗斯:《经济法》,宇泉译,商务印书馆 1997 年版,第 43 - 60 页。

④ [英]施米特霍夫、佩奇:《英国经济法的各种形式》,杨日颖译,《现代外国哲学社会科学文摘》1983 年第 9 期。

⑤ 齐虹丽:《日本经济法理论的形成与发展》,《法学杂志》2004 年第 3 期。

⑥ 陶和谦:《经济法的发展概况和经济法的概念》,《北京政法学院学报》1982 年第 3 期;王家福、杨洪、王保树、王金中:《西德、法国、英国经济法考察》,《法学研究》1983 年第 4 期;孙晋:《市场经济与现代西方国家经济职能理论的同步演变——经济法产生与发展的新视野》,《法学评论》2001 年第 1 期。

国人投资法等。"①其中"各种必要的法律",即后来我国制定实施的全民所有制工业企业法、集体所有制企业条例、森林法、草原法、劳动法等均属于经济法部门的或与之相关的法律。自此,中国经济法快速发展起来。

党的十四大指出:"加强立法工作,特别是抓紧制定与完善保障改革开放、加强宏观经济管理、规范微观经济行为的法律和法规,这是建立社会主义市场经济体制的迫切要求。"1993 年通过的宪法修正案也规定:"国家加强经济立法(economic legislation),完善宏观调控。"这些都为我国经济法的发展指明了方向。目前,具有中国特色的社会主义市场经济法律体系,已经初步形成。

二、我国经济法立法的历史概况(The History of Chinese Economic Legislation)

1. 新民主革命时期的经济法(Economic Laws and Regulations During the New Democratic Revolution Period)

1927—1949 年,中国共产党为了夺取革命战争的胜利,在革命根据地先后制定了一系列经济法律法规,其中,最主要的是土地法和劳动法。这些经济法规,立足本国国情,在所有制结构上实行多种经济成分长期共同发展,对促进革命根据地农、林、工、商、交通等部门生产的发展以及解决当时财政收入等方面起到了积极作用。②

2. 新中国成立后至改革开放以前的经济法(Economic Laws and Regulations from the Foundation of the New China to the Reform and Opening-up)

1949—1953 年,是新中国成立后的经济恢复时期。为了解决民主革命的遗留问题,我国先后制定了《土地改革法令》、《管制美国在华财产冻结美国在华存款的命令》等经济法律与法规。此外,还有《关于劳动就业问题的决定》、《劳动保险条例》、《私营企业暂行条例》、《对外贸易管理暂行条例》、《国营企业、合作社签订合同契约暂行办法》以及《惩治贪污条例》等各种经济法规。

社会主义改造基本完成后,我国先后制定了包括国民经济计划、经济合同、工业、农业、土地、森林、保护自然资源、能源、环境保护、商业、物价、工商行政管理、物资管理、基本建设、交通运输、劳动、税收、金融、保险、专利、商标、海关等各个方面在内的一系列经济法律法规。这些经济法律法规,对保证我国社会主义经济建设事业的顺利进行起到了重要作用。

3. 市场经济探索阶段的经济法(Economic Laws and Regulations during the Market Economy Exploration Period)

十一届三中全会以来,随着国家工作重心转移到经济建设中来,我国的经济

---

① 《邓小平文选》第 2 卷,人民出版社 1994 年版,第 146 页。
② 卓帆、卓子洪:《经济立法工作的宝贵经验——〈革命根据地经济立法〉评介》,《法学家》1995 年第 6 期。

立法工作进入了前所未有的新阶段。围绕经济体制改革和对外开放政策,我国制定了《中外合资经营企业法》(Law of the People's Republic of China on Chinese-Foreign Equity Joint Ventures)、①《中外合作经营企业法》(Law of the People's Republic of China on Chinese-Foreign Contractual Joint Ventures)、《外资企业法》(Law of the People's Republic of China on Foreign-Capital Enterprises)、《全民所有制工业企业法》(Law of the People's Republic of China on Industrial Enterprises Owned by the Whole People)、《企业破产法(试行)》(Law of the People's Republic of China on Enterprise Bankruptcy)(For Trial Implementation)等市场主体相关法律,《经济合同法》(Economic Contract Law of the People's Republic of China)、《涉外经济合同法》(Law of the People's Republic of China on Economic Contracts Involving Foreign Interest)、《技术合同法》(Law of the People's Republic of China on Technology Contracts)、《会计法》(Accounting Law of the People's Republic of China)等经济交易法律,《食品卫生法》(Food Hygiene Law of the People's Republic of China)、《药品管理法》(Pharmaceutical Administration Law of the People's Republic of China)、《烟草专卖法》(Law of the People's Republic of China on Tobacco Monopoly)、《计量法》(Metrology Law of the People's Republic of China)、《标准化法》(Standardization Law of the People's Republic of China)等市场规制法律,《土地管理法》(The Law of Land Administration of the People's Republic of China)、《矿产资源法》(Mineral Resources Law of the People's Republic of China)、《森林法》(Forest Law of The People's Republic of China)、《草原法》(Grassland Law of the People's Republic of China)等资源法律,《个人所得税法》(Individual Income Tax Law of the People's Republic of China)、《中外合资经营企业所得税法》(Income Tax Law of the People's Republic of China Concerning Chinese-Foreign Equity Joint Ventures)、《外国企业所得税法》(Income Tax Law of the People's Republic of China for Foreign Enterprises)等税收法律。此外,其间还制定了大量相关经济法规。

4. 市场经济体制确立以来的经济法(Economic Laws and Regulations after the Determination of the Market Economy System)

1992 年后,我国确立了市场经济体制。此后,我国经济法的主要法律法规得以颁行。在市场规制法方面,《反不正当竞争法》(Law of the People's Republic of China Against Unfair Competition)、《消费者权益保护法》(Law of the People's

---

① 在我国法律官方译文中,全国人大或其常委会制定的法律都以"Law"称之。但在西方,立法中的基本法律一般以"Act"称之。

Republic of China on the Protection of Consumer Rights and Interests)、《产品质量法》(Law of the People's Republic of China on Product Quality)、《广告法》(Advertisement Law of the People's Republic of China)、《商业银行法》(Law of the People's Republic of China on Commercial Banks)、《证券法》(Law of the People's Republic of China on Securities)、《保险法》(Insurance Law of the People's Republic of China)、《对外贸易法》(Foreign Trade Law of the People's Republic of China)等基本法律得以颁行；在宏观调控法方面，《预算法》(Budget Law of the People's Republic of China)、《税收征收管理法》(Law of the People's Republic of China on the Administration of Tax Collection)、《中国人民银行法》(Law of the People's Republic of China on the People's Bank of China)、《价格法》(Pricing Law of the People's Republic of China)、《审计法》(Audit Law of the People's Republic of China)、《统计法》(Statistics Law of the People's Republic of China)等基本法律予以实施；此外，在经济法相关法方面，《公司法》(Companies Law of the People's Republic of China)、《合伙企业法》(Law of the People's Republic of China on Partnerships)、《个人独资企业法》(Law of the People's Republic of China on Individual Proprietorship Enterprises)、《合同法》(Contract Law of the People's Republic of China)、《担保法》(Guaranty Law of the People's Republic of China)得以颁行。这样，我国基本形成了经济法的基本体系。新世纪以来，随着我国加入世界贸易组织，我国制定了《反垄断法》(Anti-monopoly Law of the People's Republic of China)这一市场经济的基本法律，制定完善了《政府采购法》(The Government Procurement Law of the People's Republic of China)、《企业所得税法》(Law of the People's Republic of China on Enterprise Income Tax)、《个人所得税法》(Law of the People's Republic of China on Individual Income Tax)、《中小企业促进法》(Law of the People's Republic of China on Promotion of Small and Medium-sized Enterprises)等宏观调控法律，加强了可持续发展有关的法律，如《可再生能源法》(Renewable Energy Law of the People's Republic of China)、《节约能源法》(Law of the People's Republic of China on Energy Conservation)、《循环经济促进法》(Circular Economy Promotion Law of the People's Republic of China)、《清洁生产促进法》(Cleaner Production Promotion Law of the People's Republic of China)等，颁行了《物权法》(Property Law of the People's Republic of China)、《企业破产法》(Enterprise Bankruptcy Law of the People's Republic of China)等重要经济法相关法律，并加强了各类经济法律法规的完善。目前，在我国法律体系中，经济法是一个独立的基本的法律部门，在实现国家经济管理职能、调整社会经济关系、维护社会整体经济利益方面起着不可替代的作用。

第二章　经济法的定义和调整对象

Chapter Two　The Definition and Governing Scope of Economic Law

第一节　学界的争议

Section One　Different Arguments

改革开放以来,我国经济发展经历了计划经济——商品经济——市场经济三个阶段。学界对经济法的认识也随着经济变化逐步深入。总体而言,可分两个阶段进行分析。

一、对经济法的初期认识(Understandings of Economic Law in the Early Stage)

1978 年到 1984 年间,我国处于计划经济为主、市场调节为辅的阶段。此后的八年,我国主要处于商品经济阶段。在这十余年中,学界对经济法的认识受到我国所处经济情况的影响,也受到一些被介绍到我国的前苏联、德国、日本等学者经济法观点的影响。[①]

(一)主要观点(Main Opinions)

学界对经济法的初期认识可谓"百家争鸣"。不过,要者主要有五种。

1. 综合经济法论(The Comprehensive Economic Law Opinion)

该学说认为,经济法是以各种方法对各种经济关系进行综合调整的不同性质的法律规范的总和,调整平等的具体社会经济关系、行政管理性的具体社会经济关系和劳动的具体社会经济关系。因此,经济法可分为经济民法、经济行政法、经济劳动法。由于实现综合调整的各种法律规范不因其对经济关系进行的整体调整而失去原来的性质,故综合经济法不能成立独立的法律部门。[②]

2. 学科经济法论(The Economic Law Major Opinion)

该学说认为,经济法不是独立的法律部门,而是一门十分必要的法律学科,学

---

① 有关著作有:[苏]国立莫斯科大学、斯维尔德洛夫法学院:《经济法》,中国人民大学出版社 1980 年版;[苏]B.B.拉普捷夫:《经济法理论问题》,中国人民大学出版社 1981 年版;[日]金泽良雄:《经济法概论》,满达人译,甘肃人民出版社 1985 年版;[日]丹宗昭信、厚谷襄儿:《现代经济法入门》,谢次昌译,群众出版社 1985 年版。有关观点综述可参见漆多俊:《经济法基础理论》,法律出版社 2008 年版,第 70-83 页。

② 王家福、王保树:《综合经济法论》,载《中国经济法诸论》,法律出版社 1987 年版,第 2、3、25 页。

科经济法的主要任务是研究并揭示经济法规运用基本的手段和原则对经济关系进行综合调整的规律,以消除各个部门法之间的不协调现象,为经济立法的系统化寻找可行的途径,在立法和适用法律两方面达到国家通过法律形式组织和管理国民经济的最佳效果。①

3. 纵向经济法论(The Vertical Economic Law Opinion)

该学说认为,经济法是以经济管理为核心、采用行政手段与经济手段相结合的管理方式的新兴法律部门,其调整具有经济管理性质的纵向经济关系。②

4. 经济行政法论(The Economic Administrative Law Opinion)

该学说认为,经济法是国家运用行政权力对经济实行控制的法律总称,其调整国家在组织和管理国民经济的活动中与社会组织和公民之间形成的具有隶属性特征的经济管理关系,包括计划、组织、调节和监督关系。③

5. 纵横经济法论(The Vertical and Horizontal Economic Law Opinion)

该学说认为,经济法既调整一定范围的纵向经济关系,也调整一定性质的横向经济关系,即调整国民经济管理中发生的财产关系和经济组织之间及其与个体户、公民之间在生产经营中发生的财产关系。④ 后来,该观点将其中的横向经济关系范围稍作缩小,认为经济法仅调整纵向经济关系以及与纵向经济关系密切联系的横向经济关系,或者干脆把横向经济关系改称为经济协作关系。这就是所谓的"密切联系说"(The Related Vertical Economic Law Opinion)和"管理—协作说"(The Regulation and Cooperation Opinion)。⑤

此外,唯民法论(The Whole Civil Law Opinion)、经济管理关系论(The Economic Regulation Relationship Opinion)、经济关系和经济活动论(The Economic Relationship and Economic Activities Opinion)等在这一时期也有一定的影响。⑥

(二)评述(Comments)

对于我国学界早期经济法学说,可总结评述如下:

第一,都把调整对象作为定义经济法的方法。在部门法的划分中,法的调整对象即社会关系是最为重要的因素。早期经济法学说都把人与人之间的经济关系作为界定和理解经济法的唯一方法。显然,这对科学理解经济法还远远不够。

---

① 佟柔:《学科经济法论》,载《中国经济法诸论》,法律出版社 1987 年版,第 221、237 页。
② 孙亚明:《纵向经济法论》,载《中国经济法诸论》,法律出版社 1987 年版,第 72、77 页。
③ 梁慧星、王利民、崔勤之:《经济行政法论》,载《中国经济法诸论》,法律出版社 1987 年版,第 129 - 139 页。
④ 王峻岩:《纵横经济法论》,载《中国经济法诸论》,法律出版社 1987 年版,第 195 页。
⑤ 漆多俊:《经济法基础理论》,法律出版社 2008 年版,第 103 页。
⑥ 肖江平:《经济法定义的中国学术史考察》,《北京大学学报(哲学社会科学版)》2012 年第 5 期。

第二,学界认识到经济法是对经济关系的调整。改革开放后,随着我国的主要工作重心转向经济建设,大量经济法律法规得以颁行。学界认识到了这种经济法律现象的特殊性,并将之与经济法联系起来,因此产生了诸多不同的观点。

第三,对经济法的调整范围问题存在争议。有的认为,经济法调整一切经济关系,有的认为经济法仅调整纵向经济关系,有的认为经济法还调整横向经济关系。其中,究竟何为纵向经济关系和横向经济关系又存在多种理解。

第四,对经济法的独立性问题未达成共识。综合经济法论、学科经济法论都认为经济法调整所有的经济关系,纵向经济法论、经济行政法论、纵横经济法论则认为经济法调整一定范围的经济关系。不过,前二者实际上否定了经济法的独立性,后三者则持相反的观点。

第五,学界对经济法的初期认识反映了当时的时代特征。20世纪80年代,我国还处于计划经济为主的时代,私营经济成分处于萌芽状态,而国家对经济的管理几乎包含宏观经济与微观经济的各个层面。学界中大经济法与无经济法的观点与此有关。纵横经济法论也是如此,因为客观上确实存在着纵横交叉的经济关系,[1]纵向经济关系与横向经济关系是相互联系的。[2] 到了后来,平等主体的市场交易迅速发展,横向经济关系的独立性特征日益明显,人们对经济法的认识随之发生变化。

第六,当时学界对经济法的认识与我国法律状况也有很大的联系。改革开放初期,我国法律处于全面恢复的阶段,经济立法、民事立法、行政立法全面推进,且主要与经济发展有关,使得人们对经济法、民法、行政法之间的关系进行了深思,因此出现了不同的观点。

二、对经济法的深入理解(Further Understandings of Economic Law)

1992年,小平同志的"南巡讲话"指明了我国经济改革的方向。此后,我国确立了市场经济的体制,诸多市场经济基本法律法规得以颁行,逐步建立了我国经济法的立法体系。同时,学界对经济法的认识也逐渐深入。

(一)主要观点(Main Opinions)

1. 协调说(The Economic Coordination Opinion)

该学说认为,经济法是调整在国家协调本国经济运行过程中发生的经济关系的法律规范的总称,其调整对象包括企业组织管理关系、市场管理关系、宏观调控

---

① 谢次昌:《关于经济法概念的再思考》,《法学研究》1987年第4期。
② 孔德周:《"纵横统一论"是科学的经济法基础理论》,《政法论坛》1997年第1期。

关系、社会保障关系。① 不过,后来该学说认为社会保障关系并不都属于经济法的调整对象。② 在协调说中,协调的主体是国家,协调的客体或对象是经济运行,协调的主要手段是法律手段,协调的目的是推动经济发展。③

2. 干预说(The Government Interference Opinion)

该学说认为经济法是调整需要由国家干预的经济关系的法律规范的总称,其调整对象包括市场主体调控关系、市场秩序调控关系、宏观经济调控关系和社会分配调控关系。④ 不过,人们对"谁之需要"与"干预什么"存在不同理解。⑤ 对此,该学说解释为,经济法调整是国家为了克服市场失灵和维护社会公共利益的需要。⑥

3. 调节说(The Economic Adjustment Opinion)

该学说认为,经济法是调整在国家调节社会经济过程中发生的各种社会关系,以促进社会经济实现国家意志预期目标的法律规范的总称,其调整对象包括市场规制关系、国家投资经营关系和宏观调控关系。⑦

4. 调制说(The Macro and Micro Regulation Opinion)

该学说认为,经济法是调整在现代国家进行宏观调控和市场规制的过程中发生的社会关系的法律规范的总称,其调整对象是宏观调控关系和市场规制关系。⑧

此外,学界还存在着社会公共性经济管理论(The Pubic Economy Regulation Opinion)等观点。⑨

(二) 评述(Comments)

对于上述经济法观点,可总结评述如下:

首先,人们不再否认经济法的独立性。在经济法初期认识阶段,学界一方面探讨经济法的定义和调整对象,另一方面还需处理经济法与民法、行政法的关系问题。在《民法通则》颁行后,经济法与民法的争论基本停息,经济法与行政法的论战激烈程度也有所减弱。这样,人们基本上不再否认经济法的独立性。

---

① 杨紫烜:《经济法》,北京大学出版社、高等教育出版社1999年版,第24-35页。
② 杨紫烜:《经济法》,北京大学出版社、高等教育出版社2010年版,第16页。
③ 张守文:《论经济法上的协调思想——"国家协调论"的启示》,《社会科学》2011年第1期。
④ 李昌麒:《经济法学》,中国政法大学出版社1999年版,第32、34页。
⑤ 刘水林:《经济法的观念基础与规则构成——对"需要国家干预论"的反思与拓展》,《现代法学》2006年第1期。
⑥ 李昌麒:《经济法理念研究》,法律出版社2009年版,第2页。
⑦ 漆多俊:《经济法基础理论》,法律出版社2008年版,第68、85页。
⑧ 张守文:《经济法理论的重构》,人民出版社2004年版,第208-212页。
⑨ 肖江平:《经济法定义的中国学术史考察》,《北京大学学报(哲学社会科学版)》2012年第5期。

其次,学界改从功能视角界定经济法。学界抛弃了前期从纵横经济关系视角界定经济法的方法,而采取功能角度定义经济法。学界认为经济法的职能是对经济关系的协调、干预、调节或调制,其中都隐含了经济法促进经济良性发展的功能目标。

再次,强调国家在经济法中的作用。学界对经济法的共识是,国家是经济法关系中的一方主体,经济法所调整的经济关系是在国家通过特定行为影响经济运行的过程中产生的,[1]政府是经济关系协调、干预、调节主体。[2] 不过,有研究指出,这是仍继续沿用旧的行政法理论,选择从"国家"角度定义经济法,因此这就决定了其无法厘清经济法与行政法的关系。[3]

接着,学界对经济法的调整对象有了基本共识。至少可以看出,宏观调控关系和市场规制关系是学界达成的关于经济法调整对象的共识。如果概括称之,公共性经济关系或社会化经济关系[4]是经济法的调整对象。

最后,学界对经济法的调整对象还存在分歧。其中,尤其是对企业管理关系、国家投资经营关系、对外贸易关系是否是经济法的调整对象,学界有不同的认识。对于这些分歧,学界很少作出具有针对性的回应。

第二节 本书的理解

Section Two Our Understanding

一、经济法的定义(The Definition of Economic Law)

我们认为,法律是社会关系的调整器,任何一个法律部门都在一定范围内调整人们之间的社会关系或某些社会关系的某些方面。从调整对象入手定义经济法在学界具有普遍性,经济法所调整的是具有经济内容的社会关系,即社会经济关系,这种社会关系具有自己的特征。我们认为,经济法是调整为矫治市场经济领域的实质不平等而由公权力介入社会经济领域所形成的各种社会关系的法律规范的总称。

社会经济关系涉及的范围广泛,内容庞杂。现代社会中作为法调整对象的社会经济关系日趋多元化、多层次化,并且出现了新的特质。经济法调整的经济关系区别于民商法制度中的私经济关系,也区分于行政法中管理目标第一位的公经

---

[1] 肖江平:《经济法定义的中国学术史考察》,《北京大学学报(哲学社会科学版)》2012 年第 5 期。

[2] 汪莉:《论经济法的定义》,《江淮论坛》2009 年第 1 期。

[3] 薛克鹏:《经济法的再定义——以规范对象为视角》,《经济法论坛》2013 年第 10 期。

[4] 许明月、张新民:《现代经济的社会性与经济法——关于经济法产生原因与性质的思考》,《现代法学》2003 年第 6 期。

济关系,有其自身的特点。民商法制度假设的前提是人的权利平等,能力也平等,因此自由竞争、物竞天择是自然状态且合乎法律正义,民商法制度也多是对现实生活中财产归属状况、人们经济活动的方式和习惯等内容的翻译和固化,具体的物质社会关系也由此上升为法律关系。行政法制度的假设前提是政治国家的公权力来源必要且正当,其代表者政府理应是一国经济活动的组织者和监管者,政府对经济活动进行管理依现代法治精神需纳入法律调整的范围,政府管理经济的物质社会关系经行政法调整而上升为法律关系。实际上这两个逻辑假设与社会实际并不完全吻合,尤其在现代社会,我们能够清晰地认识到市场经济体系中的实质不平等和非正义的现象。

一方面,现代市场经济体系中各类主体实质上并不平等,尤其在行为能力方面。如,大经营者和小经营者的经济能力和技术能力并不相当,若按民商法的自由竞争秩序,结果很可能是大经营者发挥其自身优势侵害小经营者利益,并最终将这种侵害转嫁给消费者,破坏公平的竞争秩序和市场环境。再如,经营者和消费者对商品信息的把握程度和能力不可能对等,消费者易受经营者不正当经营之害。另则,经营者借助政府或公益名义,或政府直接帮助其参与市场经济的公有制企业或公共企业与一般经营者和消费者的地位更不可能平等,容易形成行政垄断和自然垄断,侵害处于弱势地位的市场主体的权益。

另一方面,政府作为公权力的享有者和行使者的正当性不断受到质疑,因在国民经济中,政府往往是参与社会利益分配的重要主体,甚至以各种形式直接参与了具体的经济活动并以此获益。如,我国政府通过土地出让参与房地产行业的利益分配,在国外国会或议会的一些决策会受大财团、大企业影响也是不争的事实,可见政府很难保证在利益上完全超脱。因此,现代民主宪政制度的发展和法治国家的理念要求国家、政府将一些职能交还给社会,逐步转变成人民服务者的角色。尽管政府仍以最终"监护人"的身份自居,但事实上由社会及专业团体制定的法律规范越来越多,新出现的社会中间层主体[①]某种意义上也在行使一定意义上的公权力,如律师协会、会计师协会的自律性行为,自治性的物业管理行为,证券交易所的某些管理行为等。虽然他们行使公权力的范围和方式有限,但某种意义上这代表了未来社会发展的趋势——市民社会的回归和强大。

经济法对经济活动中社会主体之间不平等的关系,或形式平等关系的实质不平等方面进行调整,以此矫治和补正民商法及行政法秩序中的不足和偏颇之处,实现实质正义。所以,经济法调整的对象不可能是一切社会经济关系,而是主要调整那些主体之间法律地位或行为能力方面存在实质不平等,欲实现法律追求的

---

① 指独立于政府与市场主体,为政府干预市场、市场影响政府和市场主体之间相互联系起中介作用的主体,如工商业者团体、消费者团体、劳动者团体、政策性银行、资产评估机构、交易中介机构、产品质量检验机构等。参见杨紫烜:《经济法》,北京大学出版社 2006 年版,第 117 页。

实质正义,维护社会整体利益,必须借助公权力介入矫治的社会经济关系。社会经济生活中,民商法制度中认为平等的主体之间的流转、协作、竞争关系,存在实质的不平等方面,这些一般由经济法以组织管理性的规范进行调整。公权力主体监控协调市场参与主体活动的过程中,易滥用其优势的法律地位,某些情况下也会出现缺位和失职,直接或间接造成市场参与主体之间权益维护和法律保障的不平等,往往需要经济法通过权力配置制度和程序设计来调整公权力主体的行为,间接达到公正、合理地配置社会资源的目的。因此,经济法的调整对象主要包括公权力主体与市场参与主体之间的监管、引导、协调等关系以及市场参与主体之间的经济关系,后者主要指大经营者和小经营者之间的竞争关系,经营者与消费者之间的产品质量保证与权益保障关系等。

二、经济法的调整对象(The Governing Scope of Economic Law)

经济法的调整对象,是指经济法律所作用、影响、调节的社会经济关系的范围。具体而言,它主要包括以下两个方面。

(一)公权力主体与市场参与主体之间的监管、引导、协调等关系(The Supervision,Guidance and Coordination Relationship Between State Organs and Market Subjects)

这类关系主要指国家对国民经济的管理和调控关系。国民经济管理和调控是经济法调整对象中的一个重要方面。国民经济管理,又称"宏观经济管理",是指国家对社会生产和再生产(生产、分配、交换和消费)全过程和国民经济各个方面的总体发展所进行的管理。现代社会,国家在宏观经济管理过程中所发生的各种经济关系需要纳入法制的范畴。国家在实施经济管理职能过程中,国家通过税收、金融、价格等经济法规,使经济杠杆有力地对国民经济发挥调节作用;反垄断法、反不正当竞争法、产品质量法及消费者权益保护法、证券法等经济法规,规范和调整经济管理和经济活动中的具体经济关系,或其某些方面,有利于稳定良好的市场经济秩序的形成;此外,会计法、审计法、统计法等对反映市场信号、整顿经济秩序、严肃经济管理法纪、保持国家机关的高效廉洁、促进经济效益提高,可起到十分重要的作用。国家在经济管理和调控活动中所产生的领导与被领导、监督与被监督的关系具有一定行政隶属性,但主要是为了实现国家的领导、组织、管理、监督、协调经济的职能,放在经济法范畴内并不矛盾。

(二)实质不平等市场参与主体之间的经济关系(The Economic Relationship Between the Strong Market Subjects and the Weak Economic Subjects)

市场参与主体,是指依法在市场上从事经济活动的企业、个人或其他组织,其具体形式包括股份公司、有限公司、合伙企业、国有独资企业、集体企业、私营企业、独资企业、个体经营户等,有时候政府或其部门也会以特殊的身份或形式参与到市场经济活动中来,成为市场主体。

市场参与主体之间的经济关系主要指大经营者和小经营者之间的竞争关系,经营者与消费者之间的产品质量保证与权益保障关系。在市场经济条件下,市场主体的法律地位是平等的,权利和义务是对等的。企业之间在产、供、销方面的协作,在承揽加工、运输货物方面的协作,市场主体之间跨地区、跨行业、跨部门的经营协作等关系,一般由市场主体交易行为规则的法律来调整。某种意义上,民商法的调整对象、调整格局、调整结果构成了经济法调整的前提。市场主体在社会再生产过程中的经济关系极为复杂,其呈现的新内容和新特点需要有相应的经济法规来调整。例如,房地产法、证券法中关于市场主体的特定权利、义务、法律地位或组织形式的内容;反垄断法、反不正当竞争法中关于市场主体之间的经营、协作违反了国家法令而应受到相应制裁的内容;经营者与消费者之间的买卖关系中经营者需对消费者负有特定的产品质量保障与消费者权益维护的义务的内容等。

第三章　经济法的体系
Chapter Three　The System of Economic Law

第一节　对经济法体系的不同见解
Section One　Different Arguments on the System of Economic Law

经济法的体系或经济法体系是由经济法各部门组成的统一整体,攸关经济法的具体领域。经济法的体系与经济法规体系、经济立法体系、经济法实施体系、经济法理论体系、经济法学体系、经济法学科体系、经济法教材体系等概念存在一些差异。学界对经济法体系的理解与对经济法调整对象的理解有一定的联系。不过,其中也并非存在完全对应关系。

一、主要观点(Main Opinions)

关于我国学界对经济法体系的认识,主要有六种:(1)经济法主要由市场规制法或市场监管法(market regulation law)和宏观调控法(macro-control law)组成;①(2)经济法体系有三个基本构成,即市场规制法、国家投资经营法和国家引导调控法或宏观调控法(market regulation law, state investment and management law and macro-control law);②(3)经济法由市场管理法、宏观调控法、对外经济管理法(market regulation law, macro-control law and foreign trade law)组成;③(4)经济法可以大致分为经济组织法、经济管理法和经济活动法(enterprise law, economic regulation law and economic activities law);④(5)经济法的体系内容包括经济组织法(市场主体规制法)、市场调控法(市场秩序规制法)、宏观经济调控法(宏观经济调控和可持续发展保障法)和社会分配调控法(enterprises law, market regulation law, macro-control law and law of control of social distribution)。⑤

---

①　张守文:《经济法理论的重构》,人民出版社 2004 年版,第 208-212 页;杨紫烜:《经济法》,北京大学出版社、高等教育出版社 2010 年版,第 74 页。

②　漆多俊:《经济法基础理论》,法律出版社 2008 年版,第 163 页。

③　王保树:《经济法原理》,社会科学文献出版社 2004 年版,第 30-35 页。

④　潘静成、刘文华:《经济法》,中国人民大学出版社 2005 年版,第 93 页;史际春、邓峰:《经济法总论》,法律出版社 2008 年版,第 169 页。

⑤　参见李昌麒:《经济法学》,中国政法大学出版社 1999 年版、2011 年版。

二、共识与分歧(Consensuses and Controversies)

从以上观点可见,学界对经济法体系的理解既有共识、也有分歧。这种共识与分歧随着各种观点的竞争与交集产生。在这个过程中,有些学者不断修正自己的观点,有些学者则固守自己的意见。

总体而言,目前学界基本认可市场规制法和宏观调控法属于经济法的范畴,尽管在表达上存在个别差异。更为重要的是,市场规制法和宏观调控法共同属于经济法且差异性十分明显,二者之间的界限十分清晰。此外,微观经济和宏观经济的二分法在经济学领域已成为一种共识,因此采取二分法解构经济法也有其合理性。

但是,学界对于企业组织管理法、社会保障法、国家投资法、对外贸易法等是否属于经济法存在分歧。其中的原因是,不同观点在经济法体系的认识中采用了不同的标准。

三、本书对分歧的理解(Our Understandings about the Controversies)

(一) 关于企业组织管理法(About Enterprise Regulation Law)

如前所述,曾有学者认为企业组织管理法应归入经济法的体系。理由在于,国家为了协调经济的运行,企业设立、变更、终止及企业内部管理等,国家绝不能管得太多、太严,但又不能撒手不管,而应该进行必要的干预。[①] 不过,相反的观点则认为,在改革开放初期,为适应经济体制改革的需要而形成的经济立法,国家致力于以国有企业扩权为基点的经济立法建设,纵横统一说以企业为中心形成的纵向和横向两条轴线展开视野的经济法学理论将企业法置于经济法的中心地位。但是,后来的《公司法》放弃了企业所有制的理念,以投资者的产权关系为基点,构建了我国的公司制企业制度,以全民所有制企业为主的企业立法转变成了以公司为主的企业立法,并回归于商法范畴,使得企业法在经济法体系中的中心地位得以淡化。[②] 因此,将企业法归入经济法之中,就等于认可了其中的传统计划经济思想,认可了政府对企业的行政干预。因此,将企业法归入经济法,与历史教训不符。[③]

本书认为,企业组织管理法不属于经济法的范畴。理由是:第一,企业组织管

---

① 杨紫烜:《论新经济法体系》,《中外法学》1995 年第 1 期。
② 沈贵明:《企业法演变与经济法科学化发展》,《东方法学》2009 年第 4 期。
③ 陈醇:《经济法与商法的区别——从企业法归属的角度分析》,《浙江师范大学学报(社会科学版)》2007 年第 2 期。

理法主要调整投资者、管理者、劳动者、债权债务者之间的关系,而这里的关系基本属于平等主体之间的关系,不同于经济法所调整的实质上不平等主体之间的关系;第二,企业组织管理法着重调整相关投资者、管理者、劳动者、债权债务者之间的利益平衡关系,不同于经济法所着重调整的经济发展关系;第三,企业组织管理法调整的核心在于保护与平衡私益,不同于经济法的目的在于保护公共经济利益;第四,企业组织管理法尽管含有国家机关的规制,如设立、变更、终止规制,但不同于经济法的限制、引导、激励等规制。

(二)关于国家投资法(About State Investment and Management Law)

有研究认为,国家投资经营法,即规范国家投资经营行为、调整国家投资经营过程中的有关各方主体间社会关系的法律规范的总称,国有资产法、国家投资法、国有企业法、国有企业改革法等属于经济法的重要组成部分。[①] 不过,有人认为,国家投资经营法从属于宏观调控法或经济组织法。[②] 对此,有研究对国家投资经营法的独立性进行了辩护:在宏观调控法中,国家不直接参与,而是完全以国家经济管理者的身份出现,身份是单一的;而在国家投资经营法中,国家直接参与,具有管理者和经营者的双重身份。另外,也不能仅因为国家投资法要服从宏观调控法而否认其独立性。理由是,市场规制法也要服从于宏观调控法,国家投资经营法有时还要服从市场规制法。[③]

本书认为,国家投资法基本属于经济法的组成部分。原因是:其一,国家投资法调整国家投资关系,包含投资领域的选择、培育、引导、退出等关系,涉及实质上经济发展不平衡领域的经济关系,具有经济法调整对象的属性;其二,国家投资法的目的在于保障经济良性发展,这符合经济法的宗旨;第三,国家投资法所规制的国家投资手段属于市场经济调节手段,如限制、引导、激励、投资等手段都是市场经济的调节手段。

但是,本书认为,将国家投资法列入经济法的三个子体系之一还值得思考。尽管微观规制、宏观调控、国家投资都是市场经济发展的调节手段,但并不能说经济调节手段仅限于此。也就是说,经济法的体系进行四分、五分乃至多分在理论上应是可期的。另外,从现有立法看,国家投资立法体系还比较单薄。故此,将国家投资法单列的条件还不成熟。另外,我们认为,国有资产法、国有企业法不应归入国家投资法,只有涉及国家投资行为规制的相关法律才属于国家投资法,且只

---

① 漆多俊:《经济法基础理论》,法律出版社 2008 年版,第 215 - 242 页。

② 李昌麒:《经济法学》,中国政法大学出版社 2002 年版,第 400 - 405 页;潘静成、刘文华:《经济法》,中国人民大学出版社 2005 年版,第 93 页。

③ 漆思剑:《剔除附庸性:经济学之宏观调控的经济法改造——兼论国家投资经营法与宏观调控法的区别》,《政治与法律》2009 年第 3 期。

有这部分才属于经济法的范畴。

（三）关于对外贸易法（About Foreign Trade Law）

有研究者将对外贸易法列入经济法的体系。本书认为,这有一定的合理性,不过在表述上需精准。

一般而言,一个国家的法律的适用范围主要覆及该国的主权范围。因此,一个国家的经济法主要调整国内市场经济关系,对于涉外经济关系则另行颁布法律规制。例如,我国就颁布了《对外贸易法》调整涉外贸易关系。但是,这并不能否定对外贸易法的经济法属性。理由是:对外贸易法的最终目的是保障市场经济健康发展,此其一;对外贸易法的调整对象是涉外经济关系,而涉外经济关系属于市场经济关系,其中存在实质上不平等的经济关系,其属于经济法的调整对象,此其二;对外贸易法也采取限制、引导、激励等手段保障涉外经济交往,此其三;随着经济全球化,涉内经济法与涉外经济法逐步一体化,我国经济法与 WTO 规则存在着一个相互转化的关系,①此其四。

值得指出的是,对外贸易法的有些内容仅仅是涉外经济法的一部分,并不能涵盖涉外经济法的全部内容。因此,直接将对外贸易法作为经济法的三个组成部分之一并不妥当。此外,对外贸易法的内容并不完全属于经济法的范畴,平等主体之间的贸易关系应属民商法的调整范畴,只有那些涉及实质上不平等的经济关系才属经济法的调整范畴。因此,准确地说,涉外经济法才是经济法的一部分。

（四）关于社会保障法（About Social Security Law）

社会保障法是否属于经济法的范畴,学界的分歧十分明显。有的肯定之,有的否定之,有的则持中立的态度。例如,有研究认为,在市场经济条件下,不能再"吃大锅饭"了,但是劳动者遇到风险时的基本生活应当给予保障,市场本身无法解决这个问题,这需要国家出面进行干预。这种经济关系由社会保障法调整,因此社会保障法属于经济法体系的重要组成部分。② 有研究认为,尽管社会保障法与经济法存在关联性,但二者的相异性也比较明显,如立法理念、调整对象、价值取向、基本原则、法律适用等方面都存在不同。③ 有研究认为,社会保障关系涉及国家社会保障体制建立管理关系、社会保障资金社会筹措管理关系、社会保障组织管理经营关系、企事业单位与职工的劳动关系、社会保障机构与个人的关系、国家对就业失业劳动力资源调节关系、对工农城乡地区贫富差距的调节关系等。上述关系有些属于行政法性质,大量的属于民商法或劳动法范畴,也有一些属于经

---

① 张河顺:《经济法体系的重构——WTO 规则下的思考》,《行政与法》2004 年第 9 期。

② 杨紫烜:《论新经济法体系》,《中外法学》1995 年第 1 期。

③ 吴谦、王为农:《论社会保障法与经济法的关系》,《经济法论丛》2005 年第 2 期。

济法规范。①

本书认为,社会保障法不属于经济法的范畴。理由在于:经济法的调整对象是经济运行发展关系,社会保障法则涉及人们的基本生活保障关系;经济法保障市场主体的经营权、消费者权等市场经济权利,社会保障法主要保障人们的基本人权;经济法主要采取限制、引导、激励等手段保障经济健康发展,社会保障法主要采取资金分配手段保障人们的基本生活。不过,经济法与社会保障法存在一定的共性。例如,二者都调整实质上不平等主体之间的社会关系,都设置专门政府机关进行法律规制等。

第二节　本书对经济法体系的认识
Section Two　Our Understandings about the System of Economic Law

一、对经济法体系的主要认识(Our Main Understandings about the System of Economic Law)

本书认为,对于经济法体系的划分问题,核心在于认识标准问题。只有对分析标准问题有了清晰的认识,才能对经济法体系有深刻的分析。在此,本书有以下基本认识。

(一)经济法的体系可采用多个标准分析

我们知道,对事物进行再分有多种标准。选取的标准不同,分析的结果也就不同。对经济法体系的分析也是如此。学界将经济法划分为市场规制法和宏观调控法,其标准是法律调整对象的性质不同,即是具体经济关系还是抽象经济关系;②将经济法划分为市场规制法、国家投资经营法和宏观调控法,其标准在于国家的角色不同;将经济法划分为经济组织法、经济管理法和经济活动法,主要基于市场主体的静态动态分析。我们认为,经济法的体系划分标准是可选的,如调整对象、调整方法、主体类型、权利义务、法律后果、实体程序等都可以作为分析标准。其中,从调整对象看,微观宏观、行业领域、涉内涉外等因素都可成为经济法的划分标准。

(二)经济法体系梳理应采用一个标准

不管如何,在梳理经济法体系时应采取一个标准。如,经济法按调整的行业

---

① 漆多俊:《经济法基础理论》,法律出版社 2008 年版,第 166 页。
② 卢炯星:《宏观、微观经济法理论及体系完善》,《现代法学》2006 年第 5 期。

领域可分为统一市场经济法和特殊(专门)市场经济法;按涉内涉外因素可分为涉内经济法和涉外经济法;按调整关系的具体抽象性不同可分为(微观)市场规制法和宏观(市场)调控法;按调整方法可分为事后调整经济法、事中调整经济法和事前调整经济法;按主体类型可分为国家机关经济调整法、经营者法、消费者法和经济团体法;按权利义务可分为权益性经济法和义务性经济法;按法律后果可分为积极后果经济法和消极后果经济法;按实体程序可分为实体经济法和程序经济法。

倘若梳理经济法体系时,采用两个甚至多个标准,则会带来分析的混乱。如学界将经济法分为市场管理法、宏观调控法、对外经济管理法就采用了调整对象的具体抽象和涉内涉外两个标准,将经济法分为经济组织法、市场秩序规制法、宏观调控法和社会分配法则含有主体、经济发展具体抽象关系、社会资金的再分配等三个标准。显然,这带来了分析的不科学性。

(三)经济法体系梳理应兼顾立法内容的平衡

尽管梳理经济法的体系可选取任何一个合理的标准,但在分析中应考虑到立法内容的平衡问题。也就是说,应尽量选取那些能使经济法的子集内容基本均衡的标准阐述经济法的体系。例如,将经济法分为涉内经济法和涉外经济法,或国家机关经济调整法、经营者法、消费者法和经济团体法,或实体经济法和程序经济法在理论上可行,但由于立法内容不均衡,目前欠合理。从立法内容看,将经济法分为统一市场经济法和特殊(专门)市场经济法,或(微观)市场规制法和宏观(市场)调控法,或积极法律后果经济法和消极后果经济法,应该还是比较合理的。

二、本书采纳和编撰的体系(The System of this Book)

在对经济法体系的梳理中,本书采纳(微观)市场规制法和宏观(市场)调控法的体系进行分析。在(微观)市场规制法中,本书纳入了反垄断法、反不正当竞争法、消费者权益保护法、产品质量法、广告法等内容。不过,为了兼顾专门市场经济法的问题,还将特殊市场规制法纳入其中。在宏观(市场)调控法中,本书将规划法、产业政策法、财税法、金融调控法、价格法纳入进来。

本书在编纂中,设置了经济法总论、部门经济法、经济法相关法三编。经济法总论阐述经济法的产生与发展、经济法的定义与调整对象、经济法的体系、经济法的地位、经济法律关系与经济法责任等经济法基本理论问题。部门经济法阐述经济法的体系。此外,为了兼顾经济法的相邻关系,特设置经济法相关法,内容包括企业法、物权法、合同法、担保法、网购交易法、支付结算法、会计法等。

第四章　经济法的地位
Chapter Four　The Status of Economic Law

第一节　经济法的独立性
Section One　The Independence of Economic Law

一、法律部门独立性的认定(Identification of the Independence of A Branch of Law)

(一)判断标准(Standard of Judgment)

在理论上,判断法律部门独立性的标准主要有三类:一是调整对象一元标准(the governing scope standard);二是调整对象和调整方法二元标准(the governing scope and approaches standard);三是调整对象、调整方法、宗旨、主体、权义、责任、程序等多元标准(the multiple standards)。[①]

本书认为,法律部门应采取多元标准进行判断。理由在于,一个法律部门的独立性体现在诸多方面,调整对象乃至调整方法的特殊性仅仅是独立法律部门的部分特征,采取多元标准判断更能准确把握独立法律部门的属性。更为关键的是,法律部门是从理论角度对立法体系的解构。这种解析的目的是对法律体系进行再认识,在这一过程中需兼顾各独立法律部门内容的均衡。如果采取调整对象一元标准或调整对象和调整方法二元标准进行解构,在分析上可能无懈可击,但会带来独立法律部门内容的不均衡,无法实现法律部门划分的目的。另外,法律具有发展变化性,一个法律部门可能由于其立法内容的不断扩充需要进行新的解构,到一定阶段需让其中的某个部分独立为新的法律部门。这样,法律部门的划分标准就会多元化。

(二)思维方式(The Way of Thinking)

在思维方式上,法律部门的形成是沿着以下进路展开的:一定的社会经济条件—立法者的立法活动—法律法规—法学家的主观活动—法律部门。具体言之,一定的社会经济条件是一个法律部门生长的土壤。在人类社会的早期,维护统治

---

① 杨紫烜:《法的部门划分标准及其引申》,《重庆社会科学》2009 年第 2 期。

者利益的社会背景决定了前现代社会法律部门刑法的长期垄断地位。随着商品经济的发展,规范市场交易的民商事法律得以发展并逐渐独立。而在近现代,企业的不断扩张也带来了垄断、压制消费者等问题。这样,经济法律法规得以纷纷颁行。当法律法规形成了规模,法学家们逐步认识到某些新的法律法规可以进行新的类型化,独立的法律部门就得以产生。

二、经济法独立性的标志(Signs of the Independence of Economic Law)

(一)客观标志(Objective Signs)

1. 有大量的特殊经济法律法规存在

自改革开放以来,我国除制定了刑法、民法、行政法部门的诸多法律法规外,还制定了大量的特殊经济法律法规,如 20 世纪 80 年代制定的《食品卫生法》、《药品管理法》、《烟草专卖法》、《计量法》、《标准化法》、《个人所得税法》、《中外合资经营企业所得税法》、《外国企业所得税法》。自我国确立市场经济体制以来,又颁行了《反不正当竞争法》、《消费者权益保护法》、《产品质量法》、《广告法》、《商业银行法》、《证券法》、《保险法》、《对外贸易法》、《预算法》、《税收征收管理法》、《中国人民银行法》、《价格法》、《审计法》、《统计法》等。新世纪以来,我国又制定或完善了《反垄断法》、《政府采购法》、《企业所得税法》、《个人所得税法》、《中小企业促进法》等基本法律。尤其需指出的是,在我国还存在大量的相关经济行政法规、部门规章、地方性法规乃至地方政府规章。

2. 这些特殊经济法律法规能形成有机统一、相对独立的体系

我们发现,上述大量经济法律法规,与传统的法律部门刑法、民法、行政法等存在一定的差异。如果再将这些经济法律法规纳入传统法律部门,总觉得有些格格不入。更为关键的是,对这些特殊的经济法律法规能进行体系化梳理。其中,以微观宏观角度进行二元划分就是相对合理的方法之一,以统一市场和专门市场的标准进行划分也是合理的,以涉内涉外的标准划分同样在理论上能够自足。这样,以新的法律部门认识经济法律法规就有了合理性。

(二)主观标志(Subjective Signs)

1. 我国学界对经济法的独立性已基本达成共识

在我国,学者们在 20 世纪 80 年代围绕经济法的独立性问题进行了长期的争论,尤其是对经济法是否独立于民商法、行政法的问题进行了广泛的讨论。其中,一些人否认经济法的独立性。[①] 随着 1986 年我国《民法通则》的颁行,经济法与民

---

① 刘春茂:《经济法不能成为独立的法律部门》,《现代法学》1983 年第 3 期。

法之间的争论逐渐平息。20 世纪 90 年代以来,经济法理论逐步成熟,经济法与行政法的争论也渐渐减少。尽管人们对经济法的界限还存在某些模糊认识,但基本确定了经济法的方位。[①] 这样,我国经济法学研究者基本认可了经济法部门的独立性。因此,当前我国经济法研究者不再忙于应对经济法与其他法律部门的论战,而是着眼于经济法各具体领域法律问题的研究。

2. 国外学者也有这一看法

德国学者最早关注经济法的独立性问题,并形成了大量的经济法学说。在法国、意大利、比利时等国家,也存在有关经济法部门的认识。在前苏联以及一些东欧国家,也存在关于经济法部门的独立认识。日本受到德国经济法学说的影响,也发展了一些经济法的观点。可见,把经济法作为一个法律部门进行认识,在许多国家存在。

三、经济法独立性的体现(Manifestations of the Independence of Economic Law)

经济法的独立性可以从诸多方面进行分析:

第一,从调整对象看,经济法调整经济发展关系。经济法的调整对象是经济关系,但着眼于经济发展,既关注微观经济发展,也关注宏观经济发展。在前者,经济法校正微观经济领域竞争失序、交易失衡等问题;在后者,经济法调控宏观经济总量失衡问题。

第二,从调整方法看,经济法采用限制、保护、促进的手段。对损害微观市场经济秩序的行为,经济法采取限制强势经营者行为的方式,进而保护弱势的经营者和消费者权益;对宏观经济失衡的问题,经济法主要采取激励、引导、促进方式调节。

第三,从宗旨看,经济法的目的是促进经济良性发展。经济法的目的是维护市场经济体制,重点在于保护竞争机制的有效运行,最终在于促进市场经济良性发展。

第四,从法益看,经济法以社会公共利益为依归。经济法的法益不在于仅仅保护某个经营者、消费者的私益,而在于保护大规模经营者、大规模消费者的公共利益,在于维护整个国民经济的有效发展,以社会公共利益保护为最终目标。

第五,从原则看,经济法强调经济效益、实质公平等法律原则。经济法强调保护竞争效益,进而维护经济效益,经济法在于维护竞争的实质公平、交易实质公平,而不仅仅在于形式公平。

第六,从主体看,经济法主体关注具体的人、非均质的人、经济人。在经济法

---

① 甘柳:《模糊的界限和确定的方位——论作为独立法律部门的现代经济法》,《法律科学》1998 年第4 期。

中,人被假设为具体的人,而非抽象的人,把企业分为优势地位企业、中小企业,把合同当事人具体化为经营者和消费者。这样,经济法中的人就是非同质的人。当然,经济法中的人也是经济人。这样,经济法的制度规范就在于引导经济人理性选择经济行为。

第七,从权义看,经济法主要体现着公权力的参与。在经济法中,公权力尤其是行政权力经常作为经济法主体调节市场经济发展关系。不过,从另一个角度看,经济法也是限制经济公权力行使的法律部门。

第八,从法律后果看,经济法律后果具有非单一性。经济法律后果有民事责任(主要为惩罚性责任和经济责任)、行政责任、刑事责任等消极性法律后果,也有奖励等积极性法律后果。这样,经济法律后果就不像传统法律部门的法律后果那样具有单一性。

第二节　经济法的属性
Section Two　The Nature of Economic Law

一、不同观点(Different Opinions)

在法的属性中,公法(public law)与私法(private law)的二元划分有着顽强的生命力。因此,一个法律部门是否符合二者其一的特征并被归入其中是学界的一个必然问题。经济法如何归属?学界主要有以下观点:有的认为经济法属于公法,有的认为经济法属于公法与私法的交叉领域,①有的则认为经济法属于第三法域。② 有些研究者认为,经济法属于社会法(social law)。③ 但反对的观点则认为,经济法尽管与社会法同属于第三法域,二者是平行的法律部门,经济性和社会性是二者的本质区别。④ 还有的认为经济法中一部分内容属于公法,一部分内容同时具有公法和私法的两种因素。⑤

本书认为,对经济法的属性认识问题,应首先解决公法、私法的划分及其合理性问题。我们知道,公法与私法的划分有着悠久的历史,其标准不外乎利益、权力、主体、意思、关系等方面。但是,随着社会的发展,公法出现私法化,私法出现

① [日]金泽良雄:《经济法概论》,满达人译,甘肃人民出版社 1985 年版,第 33 页。
② [日]金泽良雄:《经济法概论》,满达人译,甘肃人民出版社 1985 年版,第 30 页。
③ 郑少华:《经济法的本质:一种社会法观的解说》,《法学》1999 年第 2 期;董保华:《论经济法的国家观——从社会法的视角探索经济法的理论问题》,《法律科学》2003 年第 2 期。
④ 李昌麒、单飞跃、甘强:《经济法与社会法关系考辨——兼与董保华先生商榷》,《现代法学》2003 年第 5 期。
⑤ 程信和:《公法、私法与经济法》,《中外法学》1997 年第 1 期。

公法化,公法与私法的界限不再十分明显。这样,就出现了第三法域或言社会法、公法与私法交叉领域的理论。不过,公法私法的理论也在逐步演进,以使公法与私法的划分能合理化。有研究就提出,公法将在走过以公法观念为主要载体和以公法理论为主要载体两个阶段后,进入以"总体的公法理论"或"整体的公法学科"为主要载体的第三个阶段。[①]

我们认为,公法和私法的概念、理论、认识,为人类法律的运行规律提供了良好的指引。这种认识本身并非完美无缺。其实,公法和私法保持各自的特殊性,但也存在诸多共通性,不可能是截然不同且"悬然隔绝"的两个系统,而是相互关联的。[②] 不过,我们从这一二元分类认识整体意义上分析法律部门的属性仍有必要性。但就具体法律规范而言,还需具体分析。

二、本书的认识(Our Understandings)

本书认为,从总体意义说,经济法属于公法。理由在于:

第一,经济法保护的是社会公共经济利益。从微观市场角度看,经济法旨在矫正失衡的竞争秩序和失衡的交易秩序,以维护社会公共经济秩序;从宏观市场角度看,经济法的目的在于维护经济总量平衡,以求经济协调发展。这都表明,经济法保护的是社会公共利益,只不过是公共经济利益而已。因此,从这一角度看,经济法属于公法。

第二,经济法调整的社会关系具有公共性。在经济法中,宏观调控关系具有抽象性和社会公共性自不待言;市场规制关系,尽管涉及具体的社会关系,但是由于都涉及大规模的经营者和消费者,这使得这类社会关系具有了公共性。这也表明,经济法具有公法的性质。

第三,经济法中体现了国家机关的调整。在公法私法的界分中,是否涉及国家机关往往是判断法律属性的标准。在经济法中,国家机关尤其是行政机关往往成为经济发展关系的调整者,或言处罚者、许可者、引导者、激励者。这都使得经济法具有了公法的属性。

第四,经济法中体现更多的公共意思,而非私法中的意思自治。在微观市场规制中,意思自治的绝对化被抑制了,目的在于实现实质公平的意思自治。在宏观调控法中,意思自治受到了限制或牵制,体现了更多的公共意思。

第五,经济法中的公权力的行使得到了极大的张扬。公权力的广泛参与也是

---

① 袁曙宏、韩春晖:《公法传统的历史进化与时代传承——兼及统一公法学的提出和主张》,《法学研究》2009 年第 6 期。

② 朱炎生:《私法和公法:二分法的坚强与脆弱——关于〈公法与私法〉的两个支点》,《厦门大学法律评论》第 12 辑,厦门大学出版社 2006 年 12 月版,第 302－315 页。

判断一个法律部门成为公法的标志。在经济法中，国家机关尤其是行政机关时常作为市场警察或市场指导者出现，行政权被广泛行使。这也使得经济法具有了公法的性质。

第三节　经济法与其他法律部门的关系
Section Three　The Relationship of Economic Law and Other Law Branches

一、经济法与民法的关系（The Relationship of Economic Law and Civil Law）

关于经济法与民法的关系，大陆法系学者如德国的拉德布鲁赫、日本的金泽良雄、法国的阿莱克西·雅克曼等，从资本主义社会经济演变入手，指出传统私法的不足以及经济法产生及存在的合理性，认为经济法是对传统民商法的补充与修正；而英美法系学者如英国的施米托夫、美国的丹尼斯·特伦等，则从功能契合的视角研究"两法"关系，基于法律实用主义观念，着重研究在各种具体法律制度中"两法"的功能及其相互契合，追求综合和充分发挥法律对社会经济生活的作用。①

在我国，改革开放以来，经济法学派和民法学派进行了九年旷日持久的论争，《民法通则》的颁布使这场法学大论战以经济法学派陷入困境而暂时消沉下来。②不过，经过多年的历史沉淀，经济法与民法的关系日渐清晰。

（一）共性与联系（Similarities and Links）

首先，经济法和民法都广泛适用于经济活动中，都调整经济关系。其次，经济法和民法有时共同作用于某一具体经济关系，尤其是市场交易关系，二者存在功能互补关系。③ 特别的情况是，在侵权领域，由于救济成本的制约，民事侵权制度的作用是有限的，④经济法则适用于交易费用过高导致民法失灵的情形。⑤ 第三，经济法的调整有时直接影响民事关系，进而影响民法的适用。例如，经济法律规范的出台，会增加或减少市场主体的经济行为，影响民事关系的运动，进而影响民法的适用。第四，从产生看，经济法与民法有着相生关系。在西方，经济法紧随民

---

① 王全兴、管斌：《民商法与经济法关系论纲》，《法商研究》2000 年第 5 期。
② 孙皓晖等：《经济法民法学派之争的历史启示》，《中外法学》1989 年第 1 期。
③ 蔡立东、周龙杰：《民法与经济法功能互补研究》，《当代法学》1993 年第 2 期。
④ 许明月：《侵权救济、救济成本与法律制度的性质——兼论民法与经济法在控制侵权现象方面的功能分工》，《法学评论》2005 年第 6 期。
⑤ 邓纲：《侵权之诉还是政府干预——经济法与民法视野中的外部性矫正问题》，《现代法学》2001 年第 1 期。

法而生。在我国,经济法与民法同时生长。

(二)差异(Differences)

第一,从调整对象看,经济法调整经济发展关系,即失衡的、不平等的、不公平的经济发展关系,民法调整平等主体之间的人身、财产关系。第二,从调整方法看,经济法采用限制(尤其是惩罚性救济)、保护、激励、引导的方式调整,民法采取补偿性方法救济。第三,从宗旨看,经济法的宗旨在于维护市场经济稳定良性发展,民法在于维护基本生活秩序。第四,从法益看,经济法在于保护社会公共经济利益,民法在于保护私益。第五,从原则看,经济法重视经济效益、实质公平原则,民法重视抽象的平等、公平、自愿、等价有偿、诚实信用原则。第六,从主体看,经济法主体具有非均质性、具体性、经济性,民事主体则具有均质性、抽象性。有研究指出,民法让每一个人真正成了独立、平等、自由和自主的人,让人性得到了张扬;但是民法规则一旦运用到经济领域,人就可能变成了唯利是图、见利忘义、信息封锁、尔虞我诈、坑蒙拐骗及道德沦丧的经济人,经济法就是要矫正民法规则下人性运动的变异。[1] 第七,从权义看,经济法中存在公权力的干预;在民法中,公权力不是主要干预主体。民法是一种确认型的法律,这种确认只是赋予自发秩序一种强制力而已;而经济法则是一种矫正型的法律,是对民法所确认和保障的权利在特定情况下的公权干预形式。[2] 第八,从法律后果看,经济法法律后果具有非单一性,既有消极性的法律后果,如民事责任、行政责任、刑事责任,也有积极性的法律后果,如奖励。在民法中,法律后果具有单一性,民事责任是其主要内容。第九,从程序看,经济法中存在适用多种法律程序问题;在民法中,协商由当事人达成一致是核心的解决手段。第十,从法律属性看,经济法属于公法,民法属于私法。第十一,从稳定性看,经济法的稳定性较弱,民法的稳定性较强。

二、经济法与商法的关系(The Relationship of Economic Law and Commercial Law)

经济法与商法的关系问题,需从商法的界定入手分析。在我国话语中,商法通常被划定在公司法、其他企业法、证券法、保险法、票据法、海商法等领域。在西方话语中,商法还包括反垄断法等领域。

我们认为,法律部门的划分需结合各个国家的立法情况进行分析。在西方,在自由经济时代,除合同法等市场交易法起主要调节作用外,公司法、其他企业

---

① 胡光志:《通向人性的复兴与和谐之路——民法与经济法本质的另一种解读》,《现代法学》2007年第2期。

② 应飞虎、王莉萍:《经济法与民法视野中的干预——对民法与经济法关系及经济法体系的研究》,《现代法学》2002年第4期。

法、证券法、保险法、票据法、海商法等法律也随着经济的发展成长起来。后来,由于垄断等市场不良行为出现,宏观经济出现失衡,才出现反垄断法等新型法律。这样,西方国家通常不再重新划分法律部门。

在我国,调节市场经济发展关系的经济法如反不正当竞争法、消费者权益保护法、产品质量法、广告法等与公司法、票据法、保险法等"商法"几乎是同时颁行的。因此,我国经济法与商法的问世并没有如国外那样有明显的时间差。① 这样,经济法与商法相互独立的争论就有了依据。

我们认为,商法的概念是在西方的市场经济初期兴起的,主要在于调整专门从事商业的商人之间的关系。因此,商法是对应于仅仅平静处理人民基本生活关系的民法的概念,被认定为商法的法律规范仍在于调整平等主体之间的投资经营交易关系,与民法的本质并无不同,奉行"政府不干预原则"。② 而在今天,投资经营交易已成为几乎所有人都从事的行为,几乎任何人都是商人,人出现了商化,商事行为出现了泛化,③商法就水到渠成自然归属于民法的领地。因此,如果重启西方的商法概念来分析我国的法律部门,就显得不合时宜。从这一背景上,经济法与商法的关系,引用经济法与民法的分析即可。

当然,商法调整的一些领域,如证券、信托、保险领域,随着时代的发展,再适用采用抽象意义上平等观念铸成的民法调整已不能满足社会需要。其中,实质不平等、不公平的现象只有借助经济法进行调整。

三、经济法与行政法的关系(The Relationship of Economic Law and Administrative Law)

在学界,关于经济法与行政法的关系,除存在经济法与行政法相互独立的认识外,还存在以下观点:一是认为经济法是行政法的一部分,可称为经济行政法;④二是认为经济法已从行政法中独立出来。⑤ 本书认为,在我国背景下,经济法不同于行政法,是完全独立的法律部门。

(一)差异(Differences)

第一,经济法调整经济发展关系,即调整失衡的经济发展关系;行政法调整行

---

① 王保树:《关于民法、商法、经济法定位与功能的研究方法》,《现代法学》2008 年第 3 期。

② 史际春:《社会主义市场经济与我国的经济法——兼论市场经济条件下经济法与民商法的关系问题》,《中国法学》1995 年第 3 期。

③ 邓峰:《试论民法的商法化及其与经济法的关系》,《法学家》1997 年第 3 期。

④ 梁慧星、王利民、崔勤之:《经济行政论》,载《中国经济法诸论》,法律出版社 1987 年版,第 129 - 139 页;王克稳:《行政法学视野中的"经济法"——经济行政法之论》,《中国法学》1999 年第 4 期。

⑤ 王胜明:《试论经济法应从行政法中独立》,《法学杂志》1984 年第 3 期;王保树:《关于经济法与行政法关系的考察——从行政法律规范到经济管理法律规范》,《法学研究》1992 年第 2 期。

政关系,即调整不平衡的行政关系。第二,经济法的目的是规范和引导市场经营交易,以对经营者的行为调整为中心;行政法的目的是规范行政权的行使,以对行政行为的控制为中心。因此,有研究认为,从这一角度看,将规制经营者的经济法视为经济行政法是一种严重误读。[①] 第三,经济法调整着眼于经济发展,行政法调整着眼于良好的行政秩序。第四,在经济法主体中,经营者、消费者、行政机关、司法机关、立法机关都是经济法主体,其中经营者是必然性具体法律关系主体,其他主体则为或然性具体法律关系主体;在行政法中,行政主体、行政相对人、司法机关是行政法主体,其中,行政主体和行政相对人是必然性法律关系主体。第五,在经济法纠纷中,民事、行政、司法程序都有可能涉及;在行政法中,一般涉及行政程序和司法程序,民事程序一般不涉及。最后,在我国,经济法和行政法是同时成长的法律部门,不同于西方经济法紧随行政法之后形成的情况。因此,借用西方的时代背景阐述我国经济法与行政法的关系,存在时空错置问题。

(二)共性与联系(Similarities and Links)

第一,经济法在调整经济发展关系时,若涉及行政主体参与时,也需遵守行政法的规范。也就是说,经济法的实施有时要借助行政程序法规范实现政府控制经济生活的目标。[②] 第二,经济法和行政法都调整实质差异性社会关系,只不过经济法调整经济差异,行政法调整权能差异。第三,经济法主体和行政法主体都是具体的人、非均质的人,而非抽象的人。第四,经济法和行政法都存在对公权力的规制。第五,经济法和行政法总体上都属于公法。第六,经济法和行政法都重视实质公平原则。

四、经济法与宪法的关系(The Relationship of Economic Law and Constitutional Law)

一般而言,宪法是一个国家的根本大法。从这个意义说,宪法是其他任何法律部门的根据。因此,经济法也须服从宪法。这一点毋庸置疑。不管是经济法的制定还是实施,都不得与宪法冲突。从理性的角度看,经济法与宪法具有内在的一致性,经济性就是其中二者存在密切联系的纽带。[③]

但是,将经济法提高到宪法的地位或将经济法等同于宪法,并不合理。理由在于,任何法律部门的制定实施都涉及国家的根本制度,包括基本社会制度、国家机关及其权力配置、公民的基本权利义务。但这不能说,任何法律部门都应属于

---

① 薛克鹏:《经济行政法理论探源——经济法语境下的经济行政法》,《当代法学》2013年第5期。

② 陈燕、孙铁峰:《经济统制中的行政权控制——兼从功能角度分析经济法与行政法的关系》,《行政法学研究》2003年第1期。

③ 张守文:《宪法与经济法关系的"经济性"分析》,《法学论坛》2013年第3期。

宪法的一个组成部分。正确的理解是,其他法律部门都是独立的,但并不等同于宪法。

不过,从宪法的角度分析经济法的一些问题是正确的。在经济法中,经济发展关系调整涉及经营者的自由,或言需捍卫市场经济主体经济权利,[①]也涉及消费者的基本人权,涉及地区发展平衡,关乎国家经济权力与社会性经济私权相生关系,[②]也关乎国家权力行使与制衡等。因此,从宪法角度研究经济法问题是合理的。

五、经济法与其他法律部门的关系(The Relationship of Economic Law and Other Branches of Law)

此外,经济法与刑法(Criminal Law)的关系也值得研究。例如,破坏经济发展关系的犯罪行为如何做到罪行相适应问题、垄断行为的犯罪问题、不正当竞争行为的犯罪问题、侵害消费者权益犯罪问题、产品质量相关犯罪问题、广告行为犯罪问题、金融犯罪等都值得深入研究。

经济法与国际法(International Law)的关系也值得探讨。例如,经济法与国际条约、国际惯例的关系问题、经济法的域外适用问题、经济法实施中的国际协调问题等都有研究的价值。

---

① 吴越:《经济法思维的宪法指向——兼论经济法学的历史命运》,《法学论坛》2013 年第 3 期。
② 王显勇:《论经济法的宪法基础》,《湖南大学学报(社会科学版)》2006 年第 3 期。

第五章　经济法律关系与经济法责任

Chapter Five　Economic Legal Relationship and Economic Law Responsibility

第一节　经济法律关系

Section One　Economic Legal Relationship

一、经济法律关系的概念（Definition of Economic Legal Relationship）

理解经济关系是理解经济法律关系的前提。经济关系是在一定生产资料所有制基础上形成的一切生产、交换、分配和消费等各种关系的总和。这些关系客观存在,属于第一性的物质社会关系。对人类社会而言,它们是永恒的,是人类社会存在和发展的基础。

国家将经济关系中事关公共利益（如公平竞争秩序、弱势市场主体权利保护、整体经济环境等）的重要关系,经过筛选加工,赋予其法律形式,运用国家机器的强制力保障其实现,这就形成了经济法律关系。因此,经济法律关系,是指由经济法法律规范调整的,经济法主体之间在经济管理和各种经济活动中所形成的,以特定经济权利和经济义务为内容的社会关系。经过法律调整所形成的经济法律关系,对经济关系具有巨大的反作用。

二、经济法律关系的特征（Features of Economic Legal Relationship）

（一）以经济权利（Economic Rights or Power）和经济义务（Economic Obligations）为内容

经济法律关系所体现的权利义务具有经济性内容,目的是为了完成一定的经济任务或实现一定的经济目的。这种权利和义务发生在经济领域,一类表现为公权力主体经济管理和调控职权,另一类指向市场参与主体,既有消费者的权利和经营者的公平竞争权,也包括与此对应的经营者义务以及因滥用权利或违反义务所应承担的责任。

（二）经济权利义务关系具有强制性（Coerciveness）

经济法律关系中的经济权利义务一旦形成,即受国家强制力的保护,具有必须履行的性质,任何一方若不履行经济法律关系所确定的义务,就会导致经济责任的产生。且经济法律关系中,义务性内容比较多,经济法律关系的实现对国家强制力有更高的依赖性。经济法责任的承担既是对违反经济法义务行为的法律制裁,也是对违反经济法义务的行为所造成的损害后果的补救。

(三) 受国家宏观经济政策(Macro-economic Policy)影响

经济法主体往往根据市场经济情况,以获取一定的经济利益为目的而设立经济法律关系,在宏观领域,即整体经济大环境下,各类经济法主体的行为在很大程度上都要受国家规划、税收、价格包括应急经济政策、决策的影响,具有很强的回应性。①

三、经济法律关系的内容(Contents of Economic Legal Relationship)

经济法律关系的内容是指经济法律关系所指向的不同法律关系主体所享有的具有经济性内容的权利和义务。当然,还有观点认为,经济法律关系内容是权利(权力)、责任和利益,即"权责利说";也有观点认为经济法律关系内容是经济权限,即"权限说"。② 我们认为这两种认识值得商榷。

(一) 经济权利(Economic Rights or Power)

经济权利是指经济法主体在国家管理和调节国民经济运行过程中,依法具有的自己为或不为一定行为以及要求他人为或不为一定行为的资格。经济权利的本质就在于满足权利主体的经济利益,这种利益包括密切相关、不能绝对区分的三个方面,即国家利益、社会利益和自身利益。经济利益是经济权利的实质和核心内容,经济权利则是反映和确保一定经济利益的法律形式。

经济权利包括相互联系的三个方面:

1. 经济权利主体(Subjects Having Economic Rights or Power)

经济法律关系主体在法定范围内根据自己的管理、调控目标或经济利益需要,按照自己的意志实施一定的经济行为。

2. 经济权利内容(Contents of Economic Rights or Power)

经济法律关系主体有权依法要求负有义务的人(一般是指享有经济管理职权的主体,具有经济优势的经营者主体,或滥用权利的经营者主体)为或不为一定行为,以实现自己的经济权益。

---

① 近年来,经济法学界提出经济法是"回应型法"的学说。参见刘普生:《论经济法的回应性》,《法商研究》1999 年第 2 期。

② 王全兴:《论经济法律关系的构成》,《法学评论》1988 年第 2 期。

3. 经济权利的实现(Realization of Economic Rights or Power)

经济法律关系的主体在由于他人行为而使其权利不能实现或者受到损害时,有权通过多种途径依法请求国家有权机关给予强制保护。法律赋予经济法主体一定的经济权利后,经济法主体就获得了意志和行为的自由,可以按照自己的意志去支配自身行为,以实现自身的利益。

(二) 经济义务(Economic Obligations)

经济义务是指经济法主体为了实现特定的权利主体的权利,在法律规定的范围内所承担的实施或不实施某种经济行为的义务。经济义务是法律对经济法权力(利)主体的行为在实体上给予一定限制或在程序上的限制和约束,这种法定的限制和约束是实现经济法调整目标所必需的。

为了保障国家利益、社会利益和经济法主体的利益,我国法律法规为经济法主体设定了多种义务。如经营者不得为不正当竞争行为、不得侵害消费者权益的义务;政府不得滥用经济职权、保障经济可持续发展的义务等。

经济法义务包括了相互联系的三层含义:

1. 义务具有强制性(Coerciveness)

经济法义务主体必须为或者不为一定行为,目的是为了实现权利主体的权利或为其权利实现提供便利。

2. 义务往往是限定的(Definiteness)

此即有法律明确规定,是有限的。负有义务的主体(主要是权力主体和特定的经营者主体),要求在法律规定的范围内为或不为一定的行为,如果法律没有规定,经济法主体就没有相应的义务。

3. 义务往往与经济责任(Economic Responsibilities)密切相关

义务主体如不自觉依法履行经济义务,就会受到相应的法律制裁。

为了保障国家利益、社会利益和经济法主体的利益,我国法律法规为经济法主体设定了多方面的义务。如遵守法律法规,严格履行合同,依法纳税,保护环境,保证产品质量,不得侵犯其他经营者和消费者权益等等。

经济权利和经济义务同处于经济法律关系中,是一对对立统一的范畴:没有经济权利,就不会有经济义务;没有经济义务,经济权利就不可能全面实现,且义务的实现是经济法权利实现的主要方式。但是,这种权利义务的对应关系是存在变异的,因此会存在"权利—无义务"、"义务—无权利"、"权力—无责任"、"责任—无权力"等特殊现象。[①]

---

① 刘光华:《法律关系的元形式及其内部结构——基于复合经济法律关系的思考》,《经济法论坛》2010年第7卷。

第二节　经济法责任

Section Two　Economic Law Responsibility

一、经济法责任的含义和特征（The Definition and Features of Economic Law Responsibility）

责任，是行为人由于违法行为、违约行为或者由于法律规定而应承受的某种不利的法律后果。①法律责任是法律权利和法律权力实现的保障。经济法责任是指因违反经济法、不正当行使经济法权力或滥用经济权利的经济法主体所应承担的经济法上的不利法律后果。

学界不断探讨经济法责任的独立性问题。有的认为，经济法责任具有独立性，主要理由是经济法责任的构成要件和归责原则由经济法规定，经济法与传统法律部门除了在承担责任的方式上有些相似外，在其他方面均有不同。② 有的还认为，经济法责任是经济法强势主体违反经济法规定的义务而承担的不利的法律后果，责任主体具有特殊性，责任形式也有新的类型，责任功能在于维护社会公共利益，因此经济法责任是独立的责任类型。③ 还有的认为，经济法的责任是由行政责任、民事责任（或经济责任）和刑事责任三种责任构成，是一种综合性责任（integrated responsibility）。但这种观点受到了质疑。④ 还有的研究提出"经济责任"称谓以表达对经济法责任的独立性的支持。⑤ 当然，也有观点认为不存在独立的经济法责任。如有的认为，法律体系的独立不等于责任的独立，经济法所采取的责任形式仍然是传统的民事、行政和刑事责任三种方式；有的认为，经济法是否是独立的法律部门与经济责任是否是独立的责任种类之间没有必然的对应关系，可以综合运用其他责任形式来实现经济法。⑥

我们认为，作为一种新型的责任制度，经济法责任有自己独特的个性。经济法责任的特征主要表现为：

（一）制裁性（Punitive）

经济法责任重在制裁，而非补偿，如新颁布的《食品安全法》中规定，生产不符

① 沈宗灵：《法理学》，北京大学出版社 2000 年版，第 505 页。
② 翟继光：《论经济法责任的独立性》，《当代法学》2004 年第 4 期。
③ 汪莉：《论经济法责任的独立性》，《政治与法律》2007 年第 3 期。
④ 薛克鹏：《经济法综合责任论质疑》，《政法论坛》2005 年第 4 期。
⑤ 韩志红：《关于经济法中以"新型责任"弥补"行政责任"缺陷的思考》，《法商研究》2003 年第 2 期。
⑥ 井涛：《经济法责任的独立性问题探讨——第四届经济法前沿理论研讨会综述》，《华东政法学院学报》2004 年第 1 期。

合食品安全标准的食品或者销售明知是不符合食品安全标准的食品,消费者除要求赔偿损失外,还可以向生产者或者销售者要求支付价款十倍的赔偿金。该规定的主要目的不在于弥补受损者的损失,而是加大经营者责任以起到震慑作用,促使其规范经营。不过,值得指出的是,经济法责任并不排除补偿性责任的存在。①

(二)社会性(Social)

经济法利益立足点是社会利益,与传统的民商法和行政法皆不相同,经济法追求社会利益的最大化和社会整体效率的提高。作为保障经济法得以实施的经济法法律责任,更多的是一种社会责任,其最终目的在于维护社会整体利益,在于维护整体经济利益性,②实现社会经济秩序结构的优化。无论是竞争法中关于违反自由正当竞争的经营者责任的规定,还是诸如价格法、税法等法中对于相关主体的责任规定,其目的都是为了维护社会利益,或者说所关涉的责任主体是在对社会承担责任。

(三)混合兼容性(Compositive)

经济法是管理调节经济活动的法律规范,其所调整的社会关系和利益具有多元性和多层次性,为了保障各方权利,规范各类权力运作行为,经济法设置了综合的责任制度。因经济法责任大多发生在经济领域,故其责任承担形式主要为经济形式。顺应法律社会化思潮的发展要求而产生发展的经济法,兼具了公法和私法的双重属性,作为其法律后果的经济法责任也不同于民事责任、行政责任或刑事责任,而是融合了私法责任和公法责任的一些内容。其中既有民法上的赔偿性责任,如赔偿损失、返还财产,又有公法上的强制性责任,如罚款、责令停产停业等。

二、经济法责任的形式(Forms of Economic Law Responsibility)

经济法责任作为一种综合性责任制度,其责任形式是传统法律责任形式的拓展和延伸,既吸收了一部分传统法律责任形式的内容,又有其特有的责任形式。因此,在发掘经济法责任形态的过程中,可以发现经济法责任与各类传统法律责任在实质经济内容上的共通性、一致性,也可发现其特殊性。③

---

① 李中圣:《经济法责任论略》,《法律科学》1993 年第 4 期。
② 李建华:《论经济法责任的特征》,《当代法学》1993 年第 4 期。
③ 张守文:《经济法责任理论之拓补》,《中国法学》2003 年第 4 期。

（一）经济法对传统法律责任形式的直接应用（General Forms）

1. 民事责任（Civil Liabilities）

经济法主体不履行、不适当履行相关经济法律规定的义务，侵害到国家、社会或他人的合法权益，依法应当承担相应的民事性质的法律后果，主要为财产性责任，目的在于补偿受损害方所受的损失，具体责任形式有停止侵害、排除妨害、返还财产、赔偿损失等。

2. 行政责任（Administrative Sanctions）

行政责任是指经济法主体违反经济法律规范，侵害到经济法所要保护的社会利益（如经济秩序的效率、市场环境的安全公正等）依法应当承担的行政性法律后果。行政责任既包括对具体责任人员的行政处分，如警告、记过、开除等，也包括对违反经济法规范的经济组织的行政处罚，如罚款、没收违法所得、责令停产停业等。

3. 刑事责任（Criminal Punishments）

经济法主体的行为如果严重危害到市场经济秩序的正常运行，或危及国家经济安全，或严重危害他人的身体健康等，触及刑法，构成犯罪，则应受到刑事制裁。刑事责任作为种最严厉的法律责任，是维护社会秩序的最后手段，只在其他责任形式不能奏效时才可采用。

（二）经济法拓展的责任形式（New Forms）

在最高人民法院撤销经济庭以后，如何保证经济法责任的实现成为一个不能回避的问题。传统的民事、行政以及刑事责任形式并不能完全满足经济法调整社会关系的需要。现实中，经济立法与司法活动对传统法律责任形式已有所拓展，目前主要有几下几种形式。

1. 惩罚性赔偿（Punitive Damages）

惩罚性赔偿实质上是经济违法主体对社会所应承担的责任，是经济法社会性的体现，融合了"惩罚"的公法制裁性和"赔偿"的私法补救性。惩罚性赔偿提高了违法成本，能起到比民法中一般性赔偿更高的威慑效果。

2. 资质减免（Degrading or Deprivation of Capacity）

资质减免是指通过对经济法主体资格的降级或免除，如吊销营业执照（revoking one's business licence）、取消业务资格（canceling a business qualification）、取消任职资格（canceling qualification for a position）、暂停业务资格（suspending a business qualification）等方式，使其失去从事某种经济活动的能力，从而实现维护社会利益的目的。如房地产法领域，开发商如果不按规定的期限和条件开发土地，则出让的土地使用权有可能被收回；又如生产不合格药品的企业可能被取消生产某类药品的资格等等。

3. 行政禁令(Administrative Injunctions)

行政禁令是指经济法执法主体依职权或依被害人申请而采取的制止违法行为发生和防止损失扩大的救济措施。如非常经济时期经营者的擅自抬价行为会被相关主管部门责令停止;商品的生产者、经营者如果不按国家相关法律规定生产产品或销售商品,在没有投放市场前,相关产品就可能被禁止上市等等。

4. 商誉减损(Degrading of Commercial Reputation)

市场经济本质上是一种信用经济,市场主体侵害交易方或者竞争者正当利益时,应当承担某种信用或者名誉上的责任,虽然目前这种责任形式主要通过大众传媒的手段来实现,例如通报批评(be reprimanded publicly)、列入黑名单(be blacklisted)等。这些类型还不具备法律责任形式的全部特征,但在经济法价值实现方面有着重要的作用。

5. 产品服务召回(Product or Service Recall)

针对产品缺陷的情形,责令经营者采取召回的方式有利于防止进一步的缺陷产品损害。当然,经营者也可以采取主动召回缺陷产品的方式。此外,对于具有不安全性的服务,也有召回责任问题。例如,如果一种金融服务对消费者的财产而言存在不安全的威胁时,适用召回责任规则也是合理的。

6. 企业社会责任(Enterprise Social Responsibilities)

要求经营者承担企业社会责任,一般发生在宏观调控法领域。例如,在美国的 2010 年金融危机处理中,美国联邦政府向在接受政府援助的、资产超过 500 亿美元的大型金融机构征收占其债务 0.15% 的"金融危机责任费"(financial crisis responsibilities fee),直到纳税人的损失得到全部补偿。征收金融危机责任费的目的,不是要惩罚华尔街的这些金融机构,而是防止它们滥用权力和过度冒险的投机行为。从性质上说,金融危机责任费实质上是以硬法的形式强化金融机构的社会责任。① 这些新型责任都体现了经济法责任的独特个性。

---

① 阳建勋:《政府干预与市场调节之间的重新平衡——金融危机责任费的经济法反思与启示》,《现代法学》2010 年第 6 期。

第二编

部门经济法

Part Two

Branches of Economic Law

第六章 反垄断法
Chapter Six　Antitrust Law

第一节 反垄断法概述
Section One　Introduction to Antitrust Law

一、反垄断法的产生与发展（The Emergence and Development of Antitrust Law）

现代意义上的反垄断法产生于 1890 年。在此之前，也曾出现许多具有反垄断法性质的法律、法规。如果将具有反垄断性质和精神的一切法律、法规都称之为反垄断法的话，则反垄断法的历史在西方可以上溯到古罗马时期。如古罗马曾颁布过两部含有反垄断法性质和内容的法律，其一为公元前 50 年制定的《粮食法》，明确对粮行阴谋提高价格予以禁止；其二为公元 482 年制定的宪法，明确对包括提高价格在内的所有垄断行为予以禁止，即使国家批准的垄断行为亦不例外。① 此外，古罗马还于公元 301 年颁布了具有反垄断性质的欧克雷狄亚斯敕令。在我国，《唐律》中已规定了具有反垄断性质的内容。近代以来，在一些国家的单行法规、判例和民事、商事法典的有关条文中，均可以发现前现代反垄断法的各种踪迹。19 世纪初，英国已在普通法上确定了"限制贸易应受谴责"的法律原则，并认为限制贸易的合同违法，是无效的合同。法国也于 1791 年颁布了旨在反对组成卡特尔和其他限制竞争措施的单行法规——《沙彼利埃法》。

19 世纪中叶以来，现代大规模工厂生产迅速发展，随着生产与资本的日趋集中，经济生活中出现了卡特尔、托拉斯等垄断组织，各种排除、限制竞争的行为日益猖獗。在这种情况下，美国国会于 1890 年 7 月 2 日通过了俄亥俄州参议员谢尔曼所提出的《保护贸易和商业不受非法限制与垄断之害的法案》，即《谢尔曼法》(An Act to Protect Trade and Commerce Against Unlawful Restraints and Monopolies, namely, the Sherman Act)，它成为现代反垄断法的产生的标志。

反垄断法通过对垄断行为的制止与防止，维护自由竞争的市场经济秩序，保障竞争机制的正常运行，从而确保市场主体能够在一个公平、自由的环境下开展经营活动，进而有利于确保市场经济的健康发展。

---

① 戴奎生等：《竞争法研究》，中国大百科全书出版社 1993 年版，第 33 页。

二、世界上主要国家地区反垄断法立法概况（Antitrust Laws in the Major Countries or Regions）

1. 美国（The US）

美国是世界上最早出现现代反垄断法的国家,其反垄断法主要由《谢尔曼法》、《克莱顿法》和《联邦贸易委员会法》(The Sherman Act, the Clayton Act and the Federal Commission Act)所组成。除此之外,美国还制定了一系列反垄断适用除外豁免法,如《韦布—波默林法案》(The Webb-Pomerene Act)、《麦卡伦—弗格森法》(The McCarran-Ferguson Act)、诺里斯—拉瓜迪亚法(The Norris-LaGuardia Act)、卡珀—沃尔斯德法(The Capper-Volstead Act)、《地方政府反托拉斯法》(The Local Government Antitrust Act)等。此外,美国还制定了诸多反垄断指南指导反垄断法的实施,如《横向合并指南》(The Horizontal Merger Guidelines)、《知识产权使用许可的反垄断指南》(The Antitrust Guidelines for the Licensing of Intellectual Property)、跨国经营反垄断法实施指南(The Antitrust Enforcement Guidelines for International Operations)等。另外,美国还设立司法部反托拉斯司、联邦贸易委员会和州消费者保护机构等专门执法机构,形成了完备的反垄断法执法体系。

2. 欧共体（The European Community or the European Economic Community）

欧共体成员国的反垄断法主要是在二战后发展起来的。德国（Germany）反垄断法以《反对限制竞争法》(俗称《卡特尔法》,Kartellgesetz)为中心。该法自1957年出台以来,经过了多次修订以适应经济的发展变化。法国（France）也于1986年制定了《关于价格自由和竞争的法令》(The Order of Pricing Freedom and Competition)。英国（The UK）反垄断法从1948年制定以来经历了多次修改,目前主要以《竞争法》(The Competition Act)和《企业法》(The Enterprise Act)为中心。此外,欧共体1957年《欧共体条约》(The Treaty Establishing the European Economic Community)第85、86条对限制竞争行为作了规定,并于1962年颁布了《关于实施欧共体条约第85、86条的第17/62号条例》(Council Regulation No 17 of 6 February 1962: First Regulation Implementing Articles 85 and 86 of the Treaty)。1989年,欧共体制定了《企业合并控制第4064/89号条例》(Council Regulation (EEC) No 4064/89 of 21 December 1989 on the Control of Concentrations Between Undertakings)对企业合并进行规制。21世纪初,上述二条例分别被《关于实施欧共体条约第81、82条的第1/2003号条例》(Council Regulation (EC) No 1/2003 of 16 December 2002 on the Implementation of the Rules on Competition Laid down in Articles 81 and 82 of the Treaty)和《关于企业合并控制的第139/2004号条例》(Council Regulation (EC) No 139/2004 of 20 January 2004 on the Control of Concentrations Between Undertakings)取代。

3. 其他国家（Other Countries）

日本（Japan）反垄断法的产生、发展与德国十分相似。1947 年制定的《禁止垄断法》（The Act on Prohibition of Private Monopolization and Maintenance of Fair Trade），对垄断采取了严厉禁止和制裁态度。该法以美国反垄断法为样板，并经过多次修改，更严格和健全，并更为适应日本国情的需要。韩国（Korea）1980 年颁布了《规制垄断和公平交易法》（Monopoly Regulation and Fair Trade Act），后进行了多次修订。俄罗斯（Russia）于 1991 年制定了《关于在商品市场中竞争和限制垄断活动的法律》（Law on Competition and Limitation of Monopolistic Activity in Commodities Markets），2006 年又通过了《竞争保护法》（Federal Law on Protection of Competition）。在澳大利亚（Australia），1974 年制定了《贸易行为法》（The Trade Practices Act）对反竞争行为进行规制。2010 年，该法被《竞争与消费者法》（The Competition and Consumer Act）取代。

三、反垄断法的规制对象和价值目标（The Regulated Objects and Goals of Antitrust Law）

（一）反垄断法的规制对象（The Regulated Objects of Antitrust Law）

反垄断法的规制对象，是指反垄断法要对何种垄断行为进行规制。也即是采取结构主义，还是行为主义的问题，也就是是否要对市场结构加以规制的问题。采取"结构主义"（Structuralism，namely，the Structure-Conduct-Performance Approach）的反垄断法主要是从规范垄断结构也就是从行业集中状态入手来控制行业集中度，如美、日就是采取这种规制模式；而采取"行为主义"（Behaviorism，namely，some practices were originally considered to be anticompetitive）的反垄断法则倾向于对垄断行为也就是对占市场支配地位的企业的市场行为予以规范，这种模式则以英、法等国为代表。

（二）反垄断法的价值目标（The Goals of Antitrust Law）

1. 维护市场自由公平的竞争秩序（Protect the Market Order of Free and Fair Competition）

市场经济是竞争经济，而自由竞争的结果往往会导致垄断。适度的垄断可以带来规模经济效益，但是一旦垄断超出一定的范围，就会破坏市场竞争秩序。而反垄断法有利于保护和促进竞争，维持自由竞争的市场环境，从而实现理想的经济效率。

维护自由公平的竞争秩序，调整竞争关系是反垄断立法的重要基点。日本学者金泽良雄就认为，反垄断法价值判断的标准就在于对自由竞争经济秩序本身的维护和促进。反垄断法通过对竞争过程和市场主体的竞争行为加以限制以达到预防和阻止损害、限制竞争的情况和行为发生的目的。由于反垄断法对市场主体的这种限制,有学者认为反垄断法是对企业自由加以限制和否定。事实上,反垄断法必须将限制竞争的不利影响与那些正收益,包括提高生产效率、免受政府干预的契约自由及处理个人财产的自由进行价值上的比较和权衡。[1] 可见,反垄断法的理念是反对垄断,反对限制竞争,是要为企业、为经营者争取参与市场竞争的权利,[2]并由此实现了维护市场经济秩序的目的。

2. 提高经济效率(Enhance Economic Efficiency)

波斯纳指出,效率是反托拉斯法的终极目标,竞争只是一个中间目标;反托拉斯法的唯一目标应当是经济学意义上的效率;如果在垄断比竞争更有效率时,就不必适用反托拉斯法。[3] 反垄断法通过预防与制止垄断行为的手段保护自由公平竞争,而自由公平竞争是实现资源优化配置、提高经济效率的核心机制。因此,从效率价值与自由价值、公平价值的关系看,自由价值可以实现对公平与效率价值观的继承和超越。[4] 当然,反垄断法所涉及的经济效率是多方面和多层次的。其中既有社会整体经济效率,也有社会个体(包括垄断者与竞争者)的经济效率;既有企业的经济效率,也有消费者的经济效率。反垄断法既保护社会整体经济效率,也保护社会个体经济效率,但当这两者相冲突时,反垄断法的天平自然就会倾向到社会整体经济效率这一边。因此,实现社会整体经济效率是反垄断法的根本价值目标之一。[5]

3. 保护消费者权益(Protect Consumers' Rights and Interests)

在现代市场体制下,由于分工的高度社会化、精细化,任何人都不能自给自足,任何人都只能以消费者的身份通过市场机制来满足自身的需要。每个人都是消费者,保护消费者的合法权益也就是从根本上保护所有人的合法权益。各国法律中均规定消费者应享有诸如选择权、公平交易权等权益,但是垄断的存在却是对这些权益的威胁。每种垄断都隐藏着欺骗消费者的危险性,使经济停滞不前。[6] 而竞争通常表现为一个指向消费者的过程。在大多数对竞争的研究中,都说它会改善消费者的处境。[7] 充分的良性的竞争通常可以给消费者带来益处。竞争可以赋予消费者更多的选择,它使消费者拥有更大的选择空间,不必面对同一个厂商。消费者可以在众多厂商之中选出最符合自己需要的商品或服务。同

---

① 高宏贵、董小红:《论我国反垄断法的价值目标及其实现》,《社会主义研究》2008年第4期。

② 王晓晔:《我国反垄断法的立法宗旨》,《华东政法大学学报》2008年第2期。

③ [美]理查德·A.波斯纳:《反托拉斯法》,孙秋宁译,中国政法大学出版社2003年版,第32页。

④ 李剑:《论反垄断法的价值取向》,《法制与社会发展》2008年第1期。

⑤ 吴宏伟、魏炜:《论反垄断法的价值目标》,《法学家》2005年第3期。

⑥ [德]艾哈德:《来自竞争的繁荣》,祝世康、穆家骥译,商务印书馆1987年版,第121页。

⑦ [比]保罗·纽尔:《竞争与法律:权力机构、企业和消费者所处的地位》,刘利译,法律出版社2004年3月版,第32页。

时,由于竞争机制的作用,企业为了避免在竞争中被淘汰必然会想方设法地改善自己的产品,从而使得市场上的商品供应从整体上得到提高,消费者也必然会得到益处。因此,竞争法中的任何规定都是消费者权益保护法。① 可见,保护消费者权益应该是反垄断法的价值目标之一。

四、反垄断法的制度体系(The System of Antitrust Law)

(一)垄断协议的禁止(Prohibition of Monopolistic Agreements)

一般而言,垄断协议就是独立的企业间排除或限制竞争的协议。根据我国《反垄断法》(Anti-monopoly Law of the People's Republic of China)第 13 条规定,垄断协议是指"排除、限制竞争的协议、决定或者其他协同行为"。根据垄断协议主体间是否有竞争关系,又可以将垄断协议分为横向垄断协议和纵向垄断协议。其中横向垄断协议,即卡特尔(cartel),是指两个或者两个以上同行业的经营者以合同、协议或者其他方式实施的限制竞争的行为。② 这也是各国反垄断法规制的主要对象。相对横向垄断协议而言,各国对纵向垄断协议则作较少限制,如禁止企业间达成限制转售价格协议的规定等,这是由于其对竞争的影响较为间接。

世界各国的反垄断法中均有对垄断协议的规定,但有所不同。如美国《谢尔曼法》第 1 条和欧洲《欧共体条约》第 85 条以及我国《反垄断法》第二章所规定的"垄断协议"都包括横向垄断协议和纵向垄断协议两个部分,并将对竞争影响较大的横向垄断协议即卡特尔作为规制的核心和重点。而德国、日本以及我国台湾地区的反垄断法虽然也是将横向垄断协议即卡特尔作为规制的核心和重点,但是这些国家和地区的反垄断法是将横向垄断协议和纵向垄断协议明确地分开加以规制。并且,在具体称谓上也不相同,德国将横向垄断协议称之为"卡特尔",日本称之为"不当交易限制",而我国台湾地区称之为"联合行为"。

多年以来,在我国的经济生活中,垄断协议这一现象一直十分严重。自 20 世纪 80 年代以来,各地区、各行业的各种垄断协议事件就从未中断过,近年来更是如此。如 2001 年,陕西省 17 家骨干镁生产企业和 3 家重点出口企业签署了《加强镁行业价格自律、维护行业经济秩序》的共同宣言,呼吁各企业联合限产,自觉减产 20%。2007 年,世界拉面协会中国分会通过召开价格协调会的方式,准备在全国市场对方便面联合提价。2008 年年底,沈阳市房地产开发协会召开新闻发布会,公布 72 家承诺"降价补差"的房企名单,也即所谓的"不降价联盟"。可见,

---

① 王晓晔:《欧共体竞争法》,中国法制出版社 2001 年版,第 29 页。
② 邵建东:《竞争法教程》,知识产权出版社 2002 年版,第 195 页。

对垄断协议的规制作为我国反垄断法律制度中一个十分重要的内容极具现实意义。

我国对垄断协议的相关规定集中体现在《反垄断法》的第二章中。另外，《反不正当竞争法》、《价格法》等法律法规中也对此有所规定。如，《反不正当竞争法》第 15 条就对投标招标中的限制竞争这一垄断行为作了专门的规定。而《价格法》则对确定、维持或者变更商品价格方面的垄断协议作了规定，如其第 14 条规定，经营者不得相互串通，操作市场价格，损害其他经营者或者消费者的合法权益。

（二）滥用市场支配地位的禁止（Prohibition of Abuse of Dominant Market Position）

禁止经营者在经营活动中滥用市场支配地位，排除、限制竞争，是各国反垄断立法中均有的内容。反垄断法对经营者滥用市场支配地位的禁止是为了抑制强者和扶植弱者，以实现实质意义上的公平和机会均等，从而促成自由、公平的有效竞争秩序的形成。

关于市场支配地位的含义，各国学者的观点大同小异。有学者认为，控制市场的地位非指某个企业能够真正"控制"或"支配"——即"驾驭"或"制约"市场，亦即有能力将其竞争者和市场对方当事人（一般为消费者）置于自己的意志控制之下，而是指该企业具有一种特殊的、不受竞争机制充分控制的活动余地。[1] 根据我国《反垄断法》，市场支配地位，是指经营者在相关市场内具有能够控制商品价格、数量或者其他交易条件，或者能够阻碍、影响其他经营者进入相关市场能力的市场地位。我国《反垄断法》明确了市场支配地位的构成要素以及滥用市场支配地位的七种具体行为。在确定经营者是否存在滥用市场支配地位的情形时，明确相关市场的界定尤为重要。这是因为经营者的市场支配地位，只能相对于特定的产品、特定的地域和特定的时间而言。[2]

（三）经营者集中的监控（Control of Concentration of Undertakings）

根据我国《反垄断法》第 20 条规定，经营者集中是指下列情形：（1）经营者合并；（2）经营者取得其他经营者足够数量的有表决权的股份或者资产；（3）经营者通过合同等方式取得对其他经营者的控制权或者能够对其他经营者施加决定性影响。由此可见，我国对经营者集中的定义比较广泛，不仅包括了股权并购和资产并购，还包括两个或者两个以上企业之间的合并，以及一个企业以合同或者其他方式取得对其他企业的控制权或者施加支配性影响的情况。第三种形式的经

---

[1] 邵建东：《中国法律对企业合并的控制——中国应否采纳德国的企业合并监控法律模式》，载王晓晔：《反垄断法与市场经济》，法律出版社 1998 年版，第 192 - 193 页。

[2] 邵建东：《竞争法教程》，知识产权出版社 2002 年版，第 249 页。

营者集中在美国、欧盟等国家、地区一般被称之为企业并购活动。我国之所以这样规定,则是出于维护市场秩序以及有效竞争的目的。

对经营者集中行为的反垄断法监控,主要包括经营者集中的申报制度、申报批准制度以及监督管理制度等内容。各国的反垄断法中一般均对此有较为详尽的规定,只是各国通常根据本国所面临的经济形势和经济政策的需要执行宽严程度不等的控制制度。一般而言,多数国家对较大企业间的集中均采取事先申报制度,如美、日、欧盟等。

(四)行政性垄断的禁止(Prohibition of Administrative Monopoly or Abuse of Administrative Power to Eliminate or Restrict Competition)

行政性垄断(administrative monopoly or abuse of administrative power to eliminate or restrict competition)是相对经济性垄断(economic monopoly or abuse of monopoly power)而言的。这两种垄断都是因为滥用优势地位形成的,但滥用的优势迥异。经济性垄断源于经济优势的滥用,而行政性垄断所凭借的不是一种经济优势,而是一种行政权力优势。这种优势是通过对行政权力的滥用表现出来的。所谓对行政权力的滥用是指行政垄断的实施主体违反宪法或法律赋予其的职权和程序,不正当地违法行使行政权力的行为。

据行政权力的设置和行使范围可以比较简单地将行政性垄断划分为两大类,即地区垄断(regional monopoly)和部门(行业)垄断(sector monopoly or industry monopoly)两种。[1] 其中,地区垄断是指某一地区的政府及其所属部门为保护本地企业和经济利益,滥用行政权力而实施的排除、限制外地企业参与本地市场竞争或本地企业参与外地市场竞争的违法行为。其实质是一种地方保护主义。而部门垄断则是指政府的各部门为保护本部门的企业和经济利益,滥用行政权力而实施的排除、限制其他部门企业参与本部门市场竞争的违法行为。

行政性垄断在我国经济生活中广泛存在着,对市场公平竞争有着严重影响,并进而影响到市场效率的增长,对经济发展有着极大的危害性。这种危害性主要体现在阻碍全国统一市场的形成,损害市场主体的独立自主的经营权和消费者的利益,阻碍形成自由、公平的有效竞争秩序,破坏经济体制和政治体制改革成果,阻碍其进一步深化等方面。因此,我国《反垄断法》第五章对行政性垄断进行了集中规定,具体列举了所禁止的行政性垄断行为。我国《反垄断法》不仅对限制竞争的具体行政行为作出了规定,还明确指出限制竞争的抽象行政行为无效。并且,在其他法律法规中对此也有所规定,如《反不正当竞争法》。但是,目前由于欠缺强有力的监督机制等原因,使得这些法律的执行效果大打折扣。

---

[1] 王晓晔:《依法规范行政性限制竞争行为》,载王晓晔:《反垄断法与市场经济》,法律出版社1998年版,第147页。

（五）反垄断法的适用除外与豁免（Exceptions and Exemptions of Antitrust Law）

反垄断法的适用除外与豁免条款，是反垄断法的重要条款，是各国反垄断法所共有的一项制度内容。关于反垄断法的适用除外与反垄断法的豁免的关系，学界存在分歧。有的认为，适用除外的垄断行为是为反垄断法或相关法律认可而合法进行的行为，或者经反垄断执行机关许可而合法进行的行为。[①] 有的则认为，反垄断法的适用除外（exception）是指对特定经济领域不适用反垄断法，将其除外于反垄断法的适用范围，该领域即使表面上符合垄断行为的构成要件也不受反垄断法的调整。而豁免（exemption）则有"网开一面"的意思，即对于违反反垄断法的行为，由于其符合反垄断法本身规定的免责条件，因而反垄断法对其不予禁止。[②] 有的认为，反垄断法的适用除外主要从反垄断法的适用范围角度判断，而反垄断法的豁免制度则主要从合法性角度判断，即对特定行为是否可以因其带来的益处大于危害而免受反垄断法规制，如特定行为对竞争的限制程度、是否存在合理的抗辩理由等。[③] 本书认为，反垄断法的适用除外与豁免的区别主要在于是否完全排除以及如何排除反垄断法适用方面存在不同。如果立法中作完全排除的规定，可理解为反垄断法的适用除外；如果立法中规定可以排除适用，但还需执法机关裁量，则可以理解为反垄断法的适用豁免。

各国对反垄断法适用除外或豁免领域的法律规定的形式主要有三种：一是在反垄断法中专章或专节规定反垄断法的适用除外或豁免，如德国《反限制竞争法》中专门规定了适用除外的领域及行为；二是制定专门的反垄断法的适用除外或豁免法，日本就制定有《关于禁止私人垄断及确保公正交易的法律的适用除外的法律》；三是在其他专门性法律中明确规定反垄断法的适用除外或豁免条款，如日本的《保险业法》中的有关条款等。当然，上述几种形式许多国家都是结合起来使用的。由于适用除外或豁免条款存在的目的是为了维护国家整体利益和国民经济的持续发展，因此由于各国在不同时期的经济发展和竞争政策的不同，各国反垄断法适用除外或豁免的范围也有所不同。

---

① 王保树：《论反垄断法对行政垄断的规制》，载王晓晔：《反垄断法与市场经济》，法律出版社 1998 年版，第 137 页。

② 许光耀：《欧共体竞争法通论》，武汉大学出版社 2006 年版，第 163～164 页。

③ 黄勇：《中国〈反垄断法〉中的豁免与适用除外》，《华东政法大学学报》2008 年第 2 期。

第二节　垄断协议
Section Two　Monopolistic Agreements

一、垄断协议的界定(Definition of Monopolistic Agreements)

垄断协议,又称合同、联合、共谋、卡特尔、限制竞争自由的协议、不正当交易限制(contract, collaboration, collusion or conspiracy, cartel, restrictive agreement, or unfair trade restriction),是指排除、限制竞争的协议、决定或者其他协同行为。此类行为的认定需从行为目的、行为效果方面考虑,[①]而且目的和效果是选择性要件,并非同时具备要件。[②] 垄断协议具体包括经营者之间限制竞争的协议(agreements)、经营者其他协同行为(concerted practices)和经营者团体(如行业协会)的决定(decisions)三类。从这个角度看,反垄断法上垄断协议的概念已经突破了传统民商事合同概念的藩篱,其是一种"拟制的合意"。[③]

二、垄断协议的类型(Types of Monopolistic Agreements)

(一)横向协议(Horizontal Agreements)

横向协议,又称横向联合、横向限制(horizontal agreements, horizontal collaboration, or horizontal restraints),指处于产业链同一环节的经营者为了限制竞争而采取的联合行为。我国禁止具有竞争关系的经营者达成下列垄断协议:(1)固定或者变更商品价格(price fixing or price restriction);(2)限制商品的生产数量或者销售数量(production or sale restraints);(3)划分市场(market allocation or division),即分割销售市场或者原材料采购市场;(4)限制拓展经营(business restraints),即限制购买新技术、新设备或者限制开发新技术、新产品;(5)联合抵制交易或言集体抵制交易(boycotts);(6)反垄断执法机构认定的其他垄断协议,如联营(joint operation)、限制广告的协议(advertisement restriction agreement)等。

(二)纵向协议(Vertical Agreements)

纵向协议,又称纵向联合、纵向限制(vertical agreement, vertical collaboration,

---

① 许光耀:《〈反垄断法〉中垄断协议诸条款之评析》,《法学杂志》2008 年第 1 期。
② 王健:《垄断协议认定与排除、限制竞争的关系研究》,《法学》2014 年第 3 期。
③ 周昀:《从垄断协议的特质看其对传统民商事合同概念理论的突破》,《比较法学》2010 年第 4 期。

or vertical restraints），是指处于同一产业链上下环节的经营者达成的垄断协议。该类协议是经营者与交易相对人达成的协议。主要包括：（1）限制转售价格协议（resale price maintenance），即固定向第三人转售商品的价格或限定向第三人转售商品的最低价格；（2）特许经营协议（concession agreement or franchise agreement），即经营者只允许其交易者在特定地区经营使用其产品或服务的行为；（3）选择性销售协议（selective sale agreement），即制造商根据特定的资格选择销售商的一种销售。后两种情形中主要禁止阻碍市场竞争的协议。

值得指出是，串通竞标投标（collusion in bid）也属于垄断协议行为。对此，我国《反不正当竞争法》第 15 条规定："投标者不得串通投标，抬高标价或者压低标价。投标者和招标者不得相互勾结，以排挤竞争对手的公平竞争。"从中可以看出，《反不正当竞争法》规定了投标招标中常见的两种不正当竞争行为。

三、垄断协议的豁免（Exemptions of Monopolistic Agreements）

我国，经营者能够证明所达成的协议属于下列情形之一的，可获得反垄断法适用的豁免：（1）为改进技术、研究开发新产品的；（2）为提高产品质量、降低成本、增进效率，统一产品规格、标准或者实行专业化分工的；（3）为提高中小经营者经营效率，增强中小经营者竞争力的；（4）为实现节约能源、保护环境、救灾救助等社会公共利益的；（5）因经济不景气，为缓解销售量严重下降或者生产明显过剩的；（6）为保障对外贸易和对外经济合作中的正当利益的；（7）法律和国务院规定的其他情形。属于前五项情形，经营者还应当证明所达成的协议不会严重限制相关市场的竞争，并且能够使消费者分享由此产生的利益。但是，判断一项协议是否属于禁止性的垄断协议，其标准只能从维护竞争自由和竞争秩序的立法宗旨中寻找，而不能掺入其他的判断标准，特别是不能过分考虑协议在某个特定时期或给某个特定行业带来的经济效率。[①] 此外，农业生产者及农村经济组织（agricultural producers and rural economic organizations）在农产品生产、加工、销售、运输、储存等经营活动中实施的联合或者协同行为，也可获得豁免。

四、垄断协议行为的法律责任（Responsibilities of Monopolistic Agreements）

经营者实施垄断协议行为，给他人造成损失的，依法承担民事责任。就垄断协议的效力看，法院可直接认定排除、限制竞争的垄断协议无效。[②]

同时，经营者违法达成并实施垄断协议的，由反垄断执法机构责令其停止违法行为，没收违法所得，并处上一年度销售额百分之一以上百分之十以下的罚款；

---

① 唐晋伟：《试析我国〈反垄断法〉规制垄断协议的立法模式》，《行政法学研究》2008 年第 1 期。
② 周舜隆：《法院可直接认定排除、限制竞争的垄断协议无效》，《人民司法》2011 年第 24 期。

尚未实施所达成的垄断协议的,可以处五十万元以下的罚款。经营者主动向反垄断执法机构报告达成垄断协议的有关情况并提供重要证据的,反垄断执法机构可以酌情减轻或者免除对该经营者的处罚。行业协会违法组织本行业的经营者达成垄断协议的,反垄断执法机构可以对其处五十万元以下的罚款;情节严重的,社会团体登记管理机关可以依法撤销其登记。

此外,对于串通投标行为,还会产生刑事责任问题。投标人相互串通投标报价,损害招标人或者其他投标人利益,情节严重的,处三年以下有期徒刑或者拘役,并处或者单处罚金。投标人与招标人串通投标,损害国家、集体、公民的合法利益的,依照前款的规定处罚。

第三节 滥用市场支配地位
Section Three Abuse of Dominant Market Position

一、市场支配地位的概念(The Definition of Dominant Market Position)

市场支配地位,是指经营者在相关市场内具有能够控制商品价格、数量或者其他交易条件,或者能够阻碍、影响其他经营者进入相关市场能力的市场地位。从市场份额看,市场支配地位包括独占、准独占、寡占(集体独占)、绝对优势等类型;从产生原因看,则可分为法律授权的市场支配地位、效率造就的市场支配地位和违法取得的市场支配地位三类。

二、市场支配地位的认定(Judgment of Dominant Market Position)

1. 界定相关市场(Definition of Relevant Market)

相关市场,是指经营者在一定时期内就特定商品或者服务进行竞争的商品范围和地域范围。其中,经营者是指从事商品生产、经营或者提供服务的自然人、法人和其他组织。相关市场包括产品市场、地域市场和时间(product market,geographic market and time)三个因素。其中,产品市场是指具有替代关系的产品的范围;地域市场是指具有替代关系的产品相互竞争的地理区域;时间是指具有替代关系的产品在同一区域内相互竞争的时间范围。当然,有的国家或地区还把产品功能、市场链层次、消费者类型等因素作为判断标准,因此出现了五维度论(产品、地域、时间、市场链层次、消费者类型维度)、四维度论(产品、地域、功能和时间维度)、三维度论(产品、地域、时间维度)和二维度论(产品、地域维度)。在认定方法方面,主要有同质产品认定法、需求替代认定法、附属市场理论、商品群理论、供给替代认定法和目前各国主要采用的假定垄断者测试法(the test of small but significant and non-transitory increase in price, SSNIP)。[①]

2. 主要考量因素(Judgment Standards)

认定经营者具有市场支配地位,应当依据下列因素:(1) 该经营者在相关市场的市场份额(market share)以及相关市场的竞争状况;(2) 该经营者控制销售市场或者原材料采购市场的能力;(3) 该经营者的财力和技术条件;(4) 其他经营者对该经营者在交易上的依赖程度;(5) 其他经营者进入相关市场的难易程度;(6) 与认定该经营者市场支配地位有关的其他因素。其中,市场份额是其中最重要的因素。[②]

3. 推定方法(Presumption)

有下列情形之一的,可以推定经营者具有市场支配地位:(1) 一个经营者在相关市场的市场份额达到二分之一的;(2) 两个经营者在相关市场的市场份额合计达到三分之二的;(3) 三个经营者在相关市场的市场份额合计达到四分之三的。前两项情形中,其中有的经营者市场份额不足十分之一的,不应当推定该经营者具有市场支配地位。被推定具有市场支配地位的经营者,有证据证明不具有市场支配地位的,不应当认定其具有市场支配地位。

三、滥用市场支配地位的行为(Practices of Abuse of Dominant Market Position)

滥用市场支配地位的行为可分为阻碍性滥用行为和剥削性滥用行为(obstructive abuses and exploitative abuse)。在前者,竞争受到了阻碍或限制;在后者,则直接损害了交易相对人的利益,损害了上游或下游市场的竞争。总体来说,具有市场支配地位的经营者不得从事下列滥用市场支配地位的行为:(1) 垄断价格(monopolistic pricing),即以不公平的高价销售商品或者以不公平的低价购买商品;(2) 掠夺性定价(predatory pricing),即没有正当理由,以低于成本的价格销售商品;(3) 拒绝交易(refusals to deal),即没有正当理由,拒绝与交易相对人进行交易;(4) 限定交易(exclusive deal or assigned deal),即没有正当理由,限定交易相对人只能与其进行交易或者只能与其指定的经营者进行交易;(5) 搭售和附加其他不合理的交易条件(tying arrangement, tie-in sale or adding other unreasonable trade conditions),即没有正当理由搭售商品,或者在交易时附加其他不合理的交易条件;(6) 差别待遇或歧视待遇(discriminatory treatment),即没有正当理由,对条件相同的交易相对人在交易价格等交易条件上实行差别待遇;(7) 强制交易(coerced deal),即拥有市场支配地位的经营者以胁迫方法强制他人

---

① 丁茂中:《反垄断法实施中的"相关市场"界定国际比较》,《法学杂志》2012 年第 8 期。
② 王先林:《论滥用市场支配地位行为的法律规制》,《法商研究》2007 年第 4 期。

与自己交易，借以排除或限制其他竞争者公平竞争的行为；(8) 瓶颈垄断 (facilities monopoly or bottle-neck monopoly)，即拥有市场支配地位的经营者利用其掌握的具有瓶颈性质的基础设施和建立的供应网络、销售网络等来遏制其他竞争者经营活动的行为；(9) 反垄断执法机构认定的其他滥用市场支配地位的行为。在滥用市场支配地位的行为中，价格滥用是反垄断法重点规制的对象之一。

在滥用市场支配地位的认定中，"正当理由"往往是是否排除反垄断法适用的关键问题。对此，有研究认为，可以从主体、主观方面、行为后果和认定程序等方面进行考察，其中的行为后果需要从提高效率、增进公平、维护竞争等三个方面去理解。① 我们认为，判断是否具有正当理由的核心是分析行为本身与限制竞争之间的关系。当前，网络企业的滥用市场支配地位行为问题是学界关注的问题，并存在反垄断法适用争议。②

另外，我国反垄断法还规定了滥用行为的排除适用条款，即经营者依照有关知识产权的法律、行政法规规定行使知识产权(exercise intellectual property rights)的行为，不适用反垄断法；但是，对经营者滥用知识产权，排除、限制竞争的行为，仍需追究垄断违法责任。

四、滥用市场支配地位的法律责任(Responsibilities of Abuse of Dominant Market Position)

经营者实施滥用市场支配地位的行为，给他人造成损失的，依法承担民事责任。同时，经营者滥用市场支配地位的，由反垄断执法机构责令停止违法行为，没收违法所得，并处上一年度销售额百分之一以上百分之十以下的罚款。目前，对滥用市场支配地位的行为，我国尚无明确的刑事责任规定。有研究认为反垄断法不应规定刑事责任，③有研究认为多数垄断行为都应入罪。④ 我们认为，对于情节严重的滥用市场支配行为如价格垄断、强制交易可以考虑借鉴国外做法明确刑事责任。当然，也不能过于扩大滥用市场支配地位的刑事责任的范围。

① 肖江平：《滥用市场支配地位行为认定中的"正当理由"》，《法商研究》2009 年第 5 期。
② 郑文通：《我国反垄断诉讼对"滥用市场支配地位"规定的误读》，《法学》2010 年第 5 期；陈兵：《我国〈反垄断法〉"滥用市场支配地位"条款适用问题辨识》，《法学》2011 年第 1 期；于馨淼：《搜索引擎与滥用市场支配地位》，《中国法学》2012 年第 3 期。
③ 冯辉：《刑事责任、有效规制与反垄断法实施》，《华东政法大学学报》2011 年第 2 期。
④ 荣国权、郑巍纬：《我国反垄断法刑事责任罪名的设定分析》，《中国刑事法杂志》2011 年第 3 期。

第四节 经营者集中

Section Four Concentration of Undertakings

一、界定（Definition）

经营者集中，又称为垄断力的谋取（attempt to monopoly），指经营者集合经济力量提高市场地位的行为。经营者集中可分为两类。一是经营者合并，也称外部扩展、结合行为。具体包括：（1）横向合并，或言水平合并（horizontal mergers），指处于相同市场层次或者说具有竞争关系的经营者之间的合并。（2）纵向合并，或言垂直合并（vertical mergers），指处于同一市场不同层次的经营者之间的合并。（3）混合合并（conglomerate mergers），指处于不同市场上的经营者之间的合并。二是经营者控制，也称内部扩展。具体包括：（1）财产控制（assets control），如一个企业不正当地持有另一个企业的股份（取得股权或股份保有）和购买资产；（2）合同控制或经营控制（contract control or business control），如委托经营、承租经营、企业联营；[1]（3）人事控制（personnel control），如一个公司企业的董事同时兼任其他竞争对手公司董事的行为（干部兼任或董事兼任）和决定人事任免等。有研究认为，从控制出发规制经营者集中更具有合理性。[2] 根据我国《反垄断法》第20条，经营者集中是指下列情形：经营者合并；经营者通过取得股权或者资产的方式取得对其他经营者的控制权；经营者通过合同等方式取得对其他经营者的控制权或者能够对其他经营者施加决定性影响。

二、申报（Notification）

（一）申报标准（Standard of Notification）

在理论上，经营者集中的申报标准可分为三类。一是绝对规模标准，即以合并企业的总资产或年度销售额作为申报标准，常见的有双层销售额标准（国际和国内销售额）、总资产标准和选择性绝对规模标准（以销售额或总资产为标准）。二是相对规模标准，即以市场占有率为申报标准。三是双重标准，即以当事人规模标准和交易规模标准结合起来作为申报标准。[3]

根据我国《反垄断法》和国务院《关于经营者集中申报标准的规定》，经营者集

---

① 江山、黄勇：《论中国企业联营的经营者集中控制》，《法学杂志》2012年第10期。
② 曾晶：《经营者集中反垄断法规制的"控制"界定》，《现代法学》2014年第2期。
③ 方小敏：《经营者集中申报标准研究》，《法商研究》2008年第3期。

中达到下列标准之一的,经营者应当事先向国务院商务主管部门申报,未申报的不得实施集中:(1)参与集中的所有经营者上一会计年度在全球范围内的营业额合计超过 100 亿元人民币,并且其中至少两个经营者上一会计年度在中国境内的营业额均超过 4 亿元人民币;(2)参与集中的所有经营者上一会计年度在中国境内的营业额合计超过 20 亿元人民币,并且其中至少两个经营者上一会计年度在中国境内的营业额均超过 4 亿元人民币。营业额的计算,应当考虑银行、保险、证券、期货等特殊行业、领域的实际情况,具体办法由国务院商务主管部门会同国务院有关部门制定。经营者集中未达到申报标准,但按照规定程序收集的事实和证据表明该经营者集中具有或者可能具有排除、限制竞争效果的,国务院商务主管部门应当依法进行调查。经营者集中有下列情形之一的,可以不向国务院反垄断执法机构申报:(1)参与集中的一个经营者拥有其他每个经营者百分之五十以上有表决权的股份或者资产的;(2)参与集中的每个经营者百分之五十以上有表决权的股份或者资产被同一个未参与集中的经营者拥有的。

(二)申报材料(Materials of Notification)

经营者向国务院反垄断执法机构申报集中,应当提交下列文件、资料:(1)申报书;(2)集中对相关市场竞争状况影响的说明;(3)集中协议;(4)参与集中的经营者经会计师事务所审计的上一会计年度财务会计报告;(5)国务院反垄断执法机构规定的其他文件、资料。申报书应当载明参与集中的经营者的名称、住所、经营范围、预定实施集中的日期和国务院反垄断执法机构规定的其他事项。经营者提交的文件、资料不完备的,应当在国务院反垄断执法机构规定的期限内补交文件、资料。经营者逾期未补交文件、资料的,视为未申报。

值得注意的是,在集中申报前可进行商谈,即申报人与集中审查机关进行交流。该程序具有促进执法机构与申报人合作、提高反垄断审查效率与透明度、增进反垄断审查可预测性的制度价值,但其也带有公开性缺失、法律性质与信赖保护、观点锁定等局限。[①]

三、审查(Examination)

(一)审查期限(Period of Examination)

国务院反垄断执法机构应当自收到经营者提交的符合规定的文件、资料之日起三十日内,对申报的经营者集中进行初步审查,作出是否实施进一步审查的决定,并书面通知经营者。国务院反垄断执法机构作出决定前,经营者不得实施集

[①] 张东:《经营者集中申报前商谈制度比较研究》,《比较法研究》2013 年第 5 期。

中。国务院反垄断执法机构作出不实施进一步审查的决定或者逾期未作出决定的,经营者可以实施集中。国务院反垄断执法机构决定实施进一步审查的,应当自决定之日起九十日内审查完毕,作出是否禁止经营者集中的决定,并书面通知经营者。作出禁止经营者集中的决定,应当说明理由。审查期间,经营者不得实施集中。有下列情形之一的,国务院反垄断执法机构经书面通知经营者,可以延长前款规定的审查期限,但最长不得超过六十日:经营者同意延长审查期限的;经营者提交的文件、资料不准确,需要进一步核实的;经营者申报后有关情况发生重大变化的。国务院反垄断执法机构逾期未作出决定的,经营者可以实施集中。

(二) 审查依据(Standards of Examination)

审查经营者集中,应当考虑下列因素:(1) 参与集中的经营者在相关市场的市场份额及其对市场的控制力;(2) 相关市场的市场集中度;(3) 经营者集中对市场进入、技术进步的影响;(4) 经营者集中对消费者和其他有关经营者的影响;(5) 经营者集中对国民经济发展的影响;(6) 国务院反垄断执法机构认为应当考虑的影响市场竞争的其他因素。

(三) 审查决定(Decision of Examination)

根据集中的具体情形,审查机关可以作出以下决定:

1. 禁止集中决定

经营者集中具有或者可能具有排除、限制竞争效果的,国务院反垄断执法机构应当作出禁止经营者集中的决定。目前,我国禁止集中的案件寥寥可数。

2. 不予禁止集中的决定

经营者能够证明集中对竞争产生的有利影响明显大于不利影响,或者符合社会公共利益的,国务院反垄断执法机构可以作出对经营者集中不予禁止的决定。其中,效率抗辩和破产企业抗辩最为通行。[①]

3. 附加限制性条件的决定

对不予禁止的经营者集中,国务院反垄断执法机构可以决定附加减少集中对竞争产生不利影响的限制性条件。国务院反垄断执法机构应当将禁止经营者集中的决定或者对经营者集中附加限制性条件的决定,及时向社会公布。

(四) 国家安全审查(State Security Censorship)的特殊问题

对外资并购境内企业或者以其他方式参与经营者集中,涉及国家安全的,除依法进行经营者集中审查外,还应当按照国家有关规定进行国家安全审查。

---

① 史建三:《完善我国经营者集中实质审查抗辩制度的思考》,《法学》2009 年第 12 期。

四、法律责任(Legal Responsibilities)

经营者实施集中行为,给他人造成损失的,依法承担民事责任。经营者违法实施集中的,由国务院反垄断执法机构责令停止实施集中、限期处分股份或者资产、限期转让营业以及采取其他必要措施恢复到集中前的状态,可以处五十万元以下的罚款。目前,经营者集中的刑事责任问题仍无相关法律适用依据。

第五节 行政性垄断

Section Five Abuse of Administrative Power to Eliminate or Restrict Competition

一、概念(Definition)

行政性垄断是享有行政权的机关滥用行政权力限制、排除市场竞争的行为。在公共治理中,行政主体享有一定的行政权力,通常采取行政立法、行政许可、行政合同、行政指导、行政处罚等方式进行法律实施。这实际是对市场经济的"限制",在有些场合还会造成垄断,只不过是基于公共利益的行政垄断。但是,如果滥用行政权力,为了某个经营者、某行业、某地区的私益,则构成私益型行政垄断,[①]进而成为反垄断法禁止的对象。我国《反垄断法》对此作了明确规定。行政机关和法律、法规授权的具有管理公共事务职能的组织不得滥用行政权力,限定或者变相限定单位或者个人经营、购买、使用其指定的经营者提供的商品。其中,法律、法规授权的具有管理公共事务职能的组织包括一切得到法律、法规授权的公共行政组织,例如获得授权的行政机关的内设机构、派出机构及专门机构、事业单位、企业组织以及行业协会等社会自治组织等。[②]此外,《反不正当竞争法》第七条也将政府及其所属部门的行为列入调整范围。

二、形式(Types)

1. 地区封锁(Impede the Free Flow of Commodities Between Regions)

行政机关和法律、法规授权的具有管理公共事务职能的组织不得滥用行政权力,实施下列行为:(1) 对外地商品设定歧视性收费项目、实行歧视性收费标准,或者规定歧视性价格;(2) 对外地商品规定与本地同类商品不同的技术要求、检验标准,或者对外地商品采取重复检验、重复认证等歧视性技术措施,限制外地商

---

① 倪振峰:《公益型行政垄断初探》,《法学杂志》2011 年第 4 期。
② 魏琼:《论行政性垄断主体——以公共行政组织为中心》,《法学杂志》2010 年第 6 期。

品进入本地市场;(3) 采取专门针对外地商品的行政许可,限制外地商品进入本地市场;(4) 设置关卡或者采取其他手段,阻碍外地商品进入或者本地商品运出;(5) 妨碍商品在地区之间自由流通的其他行为;(6) 行政机关和法律、法规授权的具有管理公共事务职能的组织不得滥用行政权力,以设定歧视性资质要求、评审标准或者不依法发布信息等方式,排斥或者限制外地经营者参加本地的招标投标活动;(7) 行政机关和法律、法规授权的具有管理公共事务职能的组织不得滥用行政权力,采取与本地经营者不平等待遇等方式,排斥或者限制外地经营者在本地投资或者设立分支机构。

2. 限定交易(Exclusive Deal or Assigned Deal)

即限定或者变相限定单位或者个人经营、购买、使用其指定的经营者提供的商品。

3. 强制从事垄断行为(Compel Undertakings to Engage in Monopolistic Practices)

即行政机关和法律、法规授权的具有管理公共事务职能的组织滥用行政权力,强制经营者从事垄断行为。

4. 制定垄断规章(Formulate Regulations with the Contents of Eliminating or Restricting Competition)

即行政机关滥用行政权力,制定含有排除、限制竞争内容的规定。

三、法律责任(Legal Responsibilities)

行政机关和法律、法规授权的具有管理公共事务职能的组织滥用行政权力,实施排除、限制竞争行为的,由上级机关责令改正;对直接负责的主管人员和其他直接责任人员依法给予处分。反垄断执法机构可以向有关上级机关提出依法处理的建议。法律、行政法规对行政机关和法律、法规授权的具有管理公共事务职能的组织滥用行政权力实施排除、限制竞争行为的处理另有规定的,依照其规定。

第六节　反垄断法的实施问题
Section Six　Enforcement of Antitrust Law

我国《反垄断法》出台后,人们给予较高的期望。然而,该法的实施效果并不理想。总览之,我国《反垄断法》实施中的主要问题体现在如下方面。

一、反垄断法公共实施机关与实施协调问题(Public Antitrust Enforcement Agencies and Their Coordination)

反垄断法的公共实施是基于私人实施不足以实现反垄断法的目标而考量的。

在我国,私人实施功能的不足更加明显,其中既有原被告力量悬殊的原因,也有处理垄断纠纷的司法机关等调节力量的不足问题。[①]

就反垄断法的公共实施而言,国外实施反垄断法的机关主要有:司法机关,如美国的法院、德国法院的卡特尔法庭;准司法机关,如美国联邦贸易委员会、日本公正交易委员会;行政机关,如美国的司法部、德国联邦卡特尔局、法国竞争审议委员会、英国公平贸易局、英国国务大臣、德国的经济部长;顾问机关,如德国垄断委员会等。

在我国,反垄断法实施机关主要是反垄断委员会、国务院反垄断执法机构(发改委、商务部、工商总局)等。其中,反垄断委员会负责组织、协调、指导反垄断工作。而国务院反垄断执法机构根据工作需要,可以授权省、自治区、直辖市人民政府相应的机构依法负责有关反垄断执法工作。在反垄断法公共实施中,如何促进实施的协调统一是难点问题之一。其核心是要解决反垄断法实施权的横向配置和纵向配置问题,以使得反垄断法实施权形成有序的权力束。实践中,我国反垄断司法解释和行政解释呈现出以解释代立法的特征,这易导致权力集中和滥权且不利于当事人的权利救济,因而亟须从解释思维、解释目标和解释逻辑等方面推进反垄断法解释的合理化。[②]

二、反垄断法的私人实施困境(Dilemma of Private Enforcement of Antitrust Law)

就私人实施规则而言,我国反垄断法的规定比较抽象概括,这给实践中受害经营者、消费者提起救济带来了阻力。实践中,我国反垄断法的私人实施面临受害人数众多、原告资格难以确认、被告违法行为难以证明、损害赔偿数额难以计算等诸多难题,而竞争文化的缺失,法律工具主义的流行,可能使私人实施反垄断法变得更为困难。[③] 就反垄断法私人实施的具体问题,我们的建议如下:

首先,就主体资格而言,受垄断行为损害的经营者、消费者应具有原告资格,社会团体等也应可以作为代表人提起诉讼。最高人民法院于 2012 年发布的《关于审理因垄断行为引发的民事纠纷案件应用法律若干问题的规定》(以下简称《司法解释》)将原告限制为因垄断行为受到损失以及因合同内容、行业协会的章程等违反反垄断法而发生争议的自然人、法人或者其他组织,尽管赋予了损害的经营者、消费者的原告资格,但仍需扩大范围。

其次,就举证责任而言,应采取谁主张谁举证与举证责任倒置相结合的方

---

① 李剑:《反垄断私人诉讼困境与反垄断执法的管制化发展》,《法学研究》2011 年第 5 期。
② 金善明:《反垄断法实施的逻辑前提:解释及其反思》,《法学评论》2013 年第 5 期。
③ 郑鹏程:《〈反垄断法〉私人实施之难题及其克服:一个前瞻性探讨》,《法学家》2010 年第 3 期。

式,①对于提起救济的初步证据,应由受害人提供,而垄断事实应由经营者提供证据。根据《司法解释》,纵向垄断协议案件中采取举证责任倒置,其他案件由原告举证。显然,这一规定仍需完善。

再次,就激励制度而言,我国应借鉴国外的惩罚性赔偿制度,激励受害人进行救济。救济激励制度充分体现了反垄断法私人执行的"法律上可能、经济上有利"的优越性。②《司法解释》仅明确了停止侵害、赔偿损失(含原告因调查、制止垄断行为所支付的合理开支)等民事责任,远远低于人们的预期。

最后,就救济程序而言,级别管辖、地域管辖以及单独诉讼与集团诉讼之间的衔接关系等都需要明确完善。对此,《司法解释》规定,第一审垄断民事纠纷案件,由省、自治区、直辖市人民政府所在地的市、计划单列市中级人民法院以及最高人民法院指定的中级人民法院管辖。经最高人民法院批准,基层人民法院可以管辖第一审垄断民事纠纷案件。对于地域管辖则根据案件具体情况,依照民事诉讼法及相关司法解释有关侵权纠纷、合同纠纷等的管辖规定确定。对于两个或者两个以上原告因同一垄断行为向有管辖权的同一法院分别提起诉讼的,人民法院可以合并审理。但是,上述规定中对涉及多数人的集团诉讼等问题仍未明确,亟须解决。

三、反垄断法实施与行业政策的协调(Coordination of Antitrust Enforcement and Industrial Policies)

在我国,公用企业极易被认定为市场支配地位企业,因此存在反垄断法的适用问题。更为关键的是,在国有经济占控制地位的关系国民经济命脉和国家安全的行业以及依法实行专营专卖的行业,市场支配地位的情形也广泛存在。我国《反不正当竞争法》和《反垄断法》都禁止上述行业企业限制、阻碍竞争。前者禁止公用企业限制竞争,后者规定国有经济占控制地位的关系国民经济命脉和国家安全的行业以及依法实行专营专卖的行业的经营者应当依法经营,诚实守信,严格自律,接受社会公众的监督,不得利用其控制地位或者专营专卖地位损害消费者利益。因此,我国反垄断法实施的迫切问题是如何协调竞争与产业政策的关系的问题。

从理论上说,究竟是产业政策优先还是竞争政策优先不应成为问题。因为,理想的模式是实现二者的和谐共生。而正确的解决路径是合理解释产业法规或行业法规,正确处理反垄断法适用中除外与豁免规则。

---

① 邹亚莎、李亚:《反垄断民事诉讼中的举证责任分配》,《法律适用》2014 年第 2 期。
② 王健:《反垄断法私人执行的优越性及其实现》,《法律科学》2007 年第 4 期。

四、反垄断法实施特殊措施的适用问题（Applications of Special Enforcement Means of Antitrust Law）

在我国，《反垄断法》中规定了反垄断接受承诺制度（commitment decisions）。在违法垄断案件调查中，经营者可以作出承诺与反垄断法实施机关进行和解（settlement）；在经营者集中审查中，经营者可以作出承诺消除集中的不利影响，以换取获得不予禁止集中的决定（merger remedy decisions）。

对于前者，我国《反垄断法》规定，对反垄断执法机构调查的涉嫌垄断行为，被调查的经营者承诺在反垄断执法机构认可的期限内采取具体措施消除该行为后果的，反垄断执法机构可以决定中止调查。中止调查的决定应当载明被调查的经营者承诺的具体内容。反垄断执法机构决定中止调查的，应当对经营者履行承诺的情况进行监督。经营者履行承诺的，反垄断执法机构可以决定终止调查。有下列情形之一的，反垄断执法机构应当恢复调查：（1）经营者未履行承诺的；（2）作出中止调查决定所依据的事实发生重大变化的；（3）中止调查的决定是基于经营者提供的不完整或者不真实的信息作出的。

对于后者，经营者集中作出的承诺如何执行、监督等问题，尤为重要。当然，程序透明问题是我国反垄断法实施中需解决的主要问题之一。

第七章　反不正当竞争法
Chapter Seven　Law Against Unfair Competition

第一节　反不正当竞争法概述
Section One　Introduction to Law Against Unfair Competition

一、反不正当竞争法的界定(Explanations of Law Against Unfair Competition)

(一)反不正当竞争法的概念(The Concept of Law Against Unfair Competition)

反不正当竞争法一般有着广义和狭义之分。广义的反不正当竞争法包括反垄断法和狭义的反不正当竞争法。狭义的反不正当竞争法仅指对经营者采取欺骗、胁迫、利诱以及其他违背诚实信用和公平竞争商业惯例的手段从事市场交易的行为进行规范的法律。从形式上来看,我国反不正当竞争法是指以《反不正当竞争法》(Law of the People's Republic of China Against Unfair Competition)命名的成文法律。从实质上来看,反不正当竞争法除这一部成文法律外,还应包括其他与反不正当竞争相关的法律、法规、规章和其他规范性文件,如《商标法》、《价格法》、《广告法》、《产品质量法》等法律以及国家工商行政管理局的有关行政规章等。

(二)反不正当竞争法的目的(Goals of Law Against Unfair Competition)

根据我国《反不正当竞争法》第 1 条,制定该法是为了"保障社会主义市场经济健康发展,鼓励和保护公平竞争,制止不正当竞争行为,保护经营者和消费者的合法权益"。其中,制止不正当竞争是其直接目的,鼓励和保护公平竞争,保障市场经济健康发展是其最终目的,保护经营者和消费者的合法权益是其根本目的。[1] 值得指出的是,《反不正当竞争法》既保护直接竞争关系中的受害人,也保护间接竞争关系中的受害人。[2] 或言,既保护具体性竞争关系,也保护抽象性竞争关系。在前者中,受害人是具体特定的,如假冒他人的商业标记、诋毁商誉、侵犯商业秘密等情形;在后者中,受害人是不特定的,如虚假广告、巨额有奖销售等情形。

---

[1]　邵建东:《竞争法教程》,知识产权出版社 2002 年版,第 18－19 页。
[2]　郑友德:《现代反不正当竞争法中"竞争关系"之界定》,《法商研究》2002 年第 6 期。

二、不正当竞争行为的界定(Explanations of Unfair Competition Practice)

(一)不正当竞争行为的概念(The Concept of Unfair Competition Practice)

不正当竞争行为最初盛行于西欧,起初其概念并不十分明确,而是泛指诚实的工商业者所不可能去从事的活动或行为,它多为执法者具体认定,并作为侵权行为而受到制裁。[①] 但是,随着经济的发展,竞争关系日益复杂,不正当竞争及其危害也日益严重。为了有效地遏制各种不正当竞争行为,各国都普遍从立法上对不正当竞争行为作出了界定。但是由于各国社会经济发展的不同,各国对不正当竞争行为的界定也不尽相同。尽管如此,各国反不正当竞争法中一般均包括以下内容:不正当竞争行为是经营者出于竞争目的所为的行为,是违反诚实信用等商业道德的行为,是有损于其他经营者或者消费者利益并扰乱市场秩序的行为,是违法行为。

我国《反不正当竞争法》第 2 条第 2 款中规定:"不正当竞争,是指经营者违反本法规定,损害其他经营者的合法权益,扰乱社会经济秩序的行为。"从国情出发,我国在借鉴国外立法经验的基础上,规定了不正当竞争行为的十一种表现形式,包括:擅自使用他人商业标记,公用企业限制竞争行为,行政性限制竞争行为,商业贿赂行为,虚假宣传行为,侵犯商业秘密,低价倾销,附条件交易及搭售行为,不正当有奖销售,诋毁商誉以及串通投标。

不过,对于《反不正当竞争法》第 2 章以外的行为,是否也能被认定为不正当竞争行为? 也就是说,是否可以依据《反不正当竞争法》第 2 条来认定新型的不正当竞争行为? 对此,有的持反对意见,此乃法定主义说;有的认为司法机关对于受害人请求损害赔偿而《反不正当竞争法》又未列举的不正当竞争行为,任何一级法院可以根据个案将其确认为第 2 条规定的不正当竞争行为,判令行为人承担民事责任,但行政机关不能加以处罚,因为该法中无对应的处罚依据,此乃有限的一般条款说;有的则认为,从制止和预防不正当竞争行为的必要性、比较法、法律文本解释、司法实践等方面看,依据《反不正当竞争法》第 2 条认定新型不正当竞争行为是合理的,此乃一般条款说。[②] 目前,一般条款说已成为共识。

另外,值得指出的是,《反不正当竞争法》第 2 章中规定的公用企业限制竞争行为、串通投标行为、行政性限制竞争行为本质上属于垄断行为,即分别属于滥用市场支配地位行为、垄断协议行为、行政性垄断行为,属于《反垄断法》的规制对象。因此,本章将不再阐述。

---

① 王全兴:《竞争法通论》,中国检察出版社 1997 年,第 64 页。
② 邵建东:《我国反不正当竞争法中的一般条款及其在司法实践中的适用》,《南京大学法律评论》2003 年春季号。

（二）不正当竞争行为的构成要素（The Constituents of Unfair Competition Practice）

1. 不正当竞争行为的主体（Subjects）

不正当竞争行为的主体是指进行不正当竞争行为的行为人。我国《反不正当竞争法》第 2 条第 3 款规定："经营者，是指从事商品经营或者营利性服务的法人、其他经济组织和个人。"可见，在我国不正当竞争行为的主体是经营者。凡是经营者，即凡能够从事商品或服务经营活动的法人组织、非法人组织和个人都可以成为不正当竞争行为的主体。但是，在实践中，损害自由竞争的主体往往不仅是经营者，还有政府及其所属部门等。根据《反不正当竞争法》第 7 条规定，政府及其所属部门滥用行政权力限制竞争的行为同样属于不正当竞争行为。因此，不正当竞争行为的主体不仅应该包括经营商品或者提供营利性服务的法人、非法人之类的一般经营者，还应该包括政府及其所属部门这一类特殊经营者。

2. 不正当竞争行为的客体（Harmed Objects）

不正当竞争行为的客体是经营者的不正当竞争行为所指向的对象，即为反不正当竞争法所保护的社会关系和社会秩序。主要包括：经营者和消费者的合法权益，公平竞争的市场秩序以及市场经济的健康发展。不正当竞争行为所侵犯的客体往往并不是单一的，而是双重或多重的，也即是上述三方面的结合，因此在具体认定时应注意从多方面来查明不正当竞争行为的社会危害性，不能只局限于某一方面。

3. 不正当竞争行为的主观方面（Subjective Aspect）

不正当竞争行为的主观方面是指经营者实施不正当竞争行为所具有的主观心理状态，即在认定不正当竞争行为时应以经营者的主观过错为要件。在确定经营者的不正当竞争行为时，其主观过错应包括以下几点：首先，应是以竞争为目的，并且竞争行为必须是针对特定的经营者所为。[①] 其次，应有为自己谋取利益的目的。最后，知道或者应该知道这种竞争行为会损害行为相对人的利益。

4. 不正当竞争行为的客观方面（Objective Aspects）

不正当竞争行为的客观方面是指经营者所实施的具体的不正当竞争行为及其危害。不正当竞争行为应是经营者通过积极的作为来实施的行为，并且这种行为应该是导致行为相对人遭受损失的原因，也即经营者所实施的不正当竞争行为与竞争对手或客户所遭受的损害事实之间要存在因果联系。我国《反不正当竞争法》对不正当竞争行为的客观方面的认定，重在行为。只要实施了行为，即使未实际发生损害后果，也构成不正当竞争。但是，对损害后果及其因果关系的认定并非毫无意义。损害后果的有无及其大小，对决定不正当竞争者所需承担的法律责任有着重要意义。

---

① 邵建东:《德国反不正当竞争法研究》,中国人民大学出版社 2001 年版,第 42 页。

第二节　不正当竞争行为的类型
Section Two　Types of Unfair Competition Practices

一、擅自使用他人商业标记行为（Passing off Commercial Marks of Others）

在市场经济条件下，商业标记对经营者而言尤为重要。它不仅是经营者之间相互区别的标志或者记号，通常还代表着特定经营者的商业信誉。经营者通过这些商业标记，展示和维护其商业信誉，进而取得并保持优于其他经营者的经济利益和竞争地位。在市场竞争中，某些经营者会通过采取擅自使用他人商业标记的行为，非法盗取他人劳动成果。这种做法不仅会损害合法经营者的利益，还会损害消费者的合法权益，并会扰乱正常的市场秩序。因此，各国反不正当竞争法中一般都严格限制此类行为。我国《反不正当竞争法》第五条对此进行了规定，主要包括四种类型。

（一）假冒他人的注册商标（Passing off Registered Trademarks of Others）

假冒注册商标可从三个层次理解。狭义的假冒注册商标，指未经许可在同一种商品上使用与注册商标相同的商标。这是基于《刑法》中假冒注册商标罪的理解。中义的假冒注册商标指未经注册商标所有人的许可，在同一种商品或者类似商品上使用与其注册商标相同或者近似的商标。广义的假冒注册商标，则将假冒注册商标行为等同于侵犯注册商标专用权行为。具体包括：未经注册商标所有人的许可，在同一种商品或者类似商品上使用与其注册商标相同或者近似的商标；销售明知是假冒注册商标的商品；伪造、擅自制造他人注册商标标识；销售伪造、擅自制造的注册商标标识；给他人的注册商标专用权造成其他损害的行为，如故意为商标侵权行为提供仓储、运输、邮寄、隐匿等便利条件等。对于不正当竞争行为意义上的假冒注册商标，有的持中义的理解，[①]有的持广义的理解。[②] 我们认为，反不正当竞争法中的假冒注册商标应以中义理解为基础，但对于销售明知是假冒注册商标的商品、故意为商标侵权行为提供仓储、运输、邮寄、隐匿等便利条件的可以认定为不正当竞争行为，因为这些行为与假冒者的不正当竞争行为融合一体。值得指出的是，假冒他人正在使用但未注册的商标，损害其他经营者权益的，也属于不正当竞争行为，但不属于假冒他人注册商标的类型。不过，若将未注册商标谎称为注册商标，则不属于假冒他人的注册商标行为，但可以认定为虚假

---

① 邵建东等：《竞争法学》，中国人民大学出版社 2009 年版，第 97 页。
② 张耕：《对假冒注册商标不正当竞争行为的认定》，《现代法学》1995 年第 6 期。

宣传行为。在此,也需说明商标法与反不正当竞争法的关系。首先,商标法侧重于保护注册商标所有人对注册商标的专用权,同时维护国家的商标管理秩序;而反不正当竞争法侧重于维护和营造一个正当竞争的市场秩序。根据国外竞争法的通例,反不正当竞争法对商标法起着某种补充作用,即商标法无法保护的某些法益,反不正当竞争法可以提供保护,如对未注册商标的保护。

(二)**擅自使用知名商品特有的名称、包装、装潢**(Using Unique Name, Package, or Decoration of Famous Commodities without Authorization)

在该行为的认定中,"知名商品"是指在市场上具有一定知名度、为相关公众所知悉的商品。认定知名商品,应当考虑该商品的销售时间、销售区域、销售额和销售对象,进行任何宣传的持续时间、程度和地域范围,作为知名商品受保护的情况等因素,进行综合判断。原告应当对其商品的市场知名度负举证责任。不过,商品名称、包装、装潢被他人擅自作相同或者相似使用,足以造成购买者误认的,该商品即可认定为知名商品。其中,"特有"是指非通用性、区别性。"名称"是指知名商品独有的与通用名称有显著区别的商品名称。当然,这里的名称必须是非法律禁止使用的名称,即满足合法性,[①]具体可参照商标法来解释。另外,已经注册为商标的名称也无需再以知名商品特有的名称进行保护。这也就是说,知名商品的名称主要指未注册为商标的名称。"包装",是指为识别商品以及方便携带、储运而使用在商品上的辅助物和容器。"装潢",是指为识别与美化商品而在商品或者商品包装上附加的文字、图案、色彩及其排列组合,如经营者营业场所的装饰、营业用具的式样、营业人员的服饰等显示出某种整体营业形象。下列情形之一的,人民法院不认定为知名商品特有的名称、包装、装潢:商品的通用名称、图形、型号;仅仅直接表示商品的质量、主要原料、功能、用途、重量、数量及其他特点的商品名称;仅由商品自身的性质产生的形状,为获得技术效果而需有的商品形状以及使商品具有实质性价值的形状;其他缺乏显著特征的商品名称、包装、装潢。但上述情形中有的经过使用取得显著特征的,可以认定为特有的名称、包装、装潢。"擅自使用"包括假冒、仿冒、用于商品、商品包装以及商品交易文书上,或者用于广告宣传、展览以及其他商业活动等。此外,在行为结果方面要求造成和他人的知名商品相混淆,使购买者误认为是该知名商品。足以使相关公众对商品的来源产生误认,包括误认为与知名商品的经营者具有许可使用、关联企业关系等特定联系的情形。在相同商品上使用相同或者视觉上基本无差别的商品名称、包装、装潢,应当视为足以造成和他人知名商品相混淆。认定与知名商品特有名称、包装、装潢相同或者近似,可以参照商标相同或者近似的判断原则和方法。可

---

① 胡淑珠:《从"安牌"桃酥案看知名商品特有名称的法律特征》,《法学》2007 年第 5 期。

见,擅自使用知名商品特有的名称、包装、装潢的认定需满足诸多条件,这也表明对知名商品特有的保护是附条件的法律保护。[①]

（三）擅自使用他人的企业名称或者姓名（Using Names of Another Business Operators Without Authorization）

在擅自使用他人的企业名称或者姓名的认定中,企业名称主要指字号,姓名一般指用于个体工商户、个人合伙的字号,包括自然人的笔名、艺名等。在具体认定中,企业登记主管机关依法登记注册的企业名称以及在中国境内进行商业使用的外国(地区)企业名称,应当认定为企业名称。具有一定的市场知名度、为相关公众所知悉的企业名称中的字号,在商品经营中使用的自然人的姓名,具有一定的市场知名度、为相关公众所知悉的自然人的笔名、艺名等都可认定为此类行为中的企业名称或者姓名。在行为后果方面要求引人误认,其中应当以擅自使用行为造成误认的可能性为准,而不应强调造成误认的实际结果。

（四）伪造、冒用质量标志和伪造产地（Forging or Passing off Quality Marks and the Origin of Goods）

伪造或者冒用质量标志的行为包括经营者无中生有地伪造并使用质量标志,如认证标志、安全认证标志、环境标志、绿色食品标志等,也包括经营者不当使用客观上存在的某种质量标志的情况。伪造产地包括直接伪造产地,即指经营者在非实际出产于某地区的商品上标注出产于该地区;也包括间接伪造产地,如用外国语、图形或其他方法暗示虚假产地。在该行为认定中,引人误解是要件之一。

二、商业贿赂行为（Commercial Bribery）

商业贿赂行为是指经营者在市场交易活动中采用财物或其他手段进行贿赂而争取交易机会或交易条件的行为。商业贿赂行为是一种常见的不正当竞争行为,大多发生在竞争激烈的行业和大额交易活动中,各国立法都对其加以禁止。我国《反不正当竞争法》第 8 条对商业贿赂行为作出规定,"经营者不得采用财物或者其他手段进行贿赂以销售或购买商品"。

（一）商业贿赂与相关概念（Commercial Bribery and Related Terms）

商业贿赂是指经营者为销售或者购买商品而采用财物或其他手段贿赂对方单位或者个人的行为。其与回扣(off-the-book rebate)、折扣(discount)、佣金(commission)等概念存在差异。回扣,是指经营者在销售商品时在账外暗中以现

---

① 杨钧:《谈对知名商品特有权利的特别法律保护》,《人民司法》1996 年第 12 期。

金、实物或者其他方式退给对方单位或者个人的一定比例的商品价款。折扣,即商品购销中的让利,是指经营者在销售商品时,以明示并如实入账的方式给予对方的价格优惠,包括支付价款时对价款总额按一定比例即时予以扣除和支付价款总额后再按一定比例予以退还两种形式。佣金是指经营者在市场交易中给予为其提供服务的具有合法经营资格的中间人的劳务报酬。经营者销售或者购买商品,可以以明示方式给中间人佣金。经营者给中间人佣金的,必须如实入账;中间人接受佣金的,也必须如实入账。可见,回扣属于商业贿赂的一种类型,而折扣、佣金则不是。

(二)商业贿赂行为的危害(Harms of Commercial Bribery)

商业贿赂行为的危害主要有四:首先,商业贿赂行为损害了公平竞争的运作机制,使市场无法发挥配置资源的功能。其次,商业贿赂使国家税利严重受损,私人大量侵吞国家与集体的利益。再次,商业贿赂为不法生产经营者制造、销售假冒伪劣商品,牟取非法暴利,坑害竞争对手和广大消费者大开方便之门。最后,商业贿赂为贪污、受贿等犯罪行为提供了温床。

(三)商业贿赂行为的认定(Identification of Commercial Bribery)

从主体看,商业行贿者为经营者,商业受贿者是对方单位或个人。从主观看,商业贿赂是故意为了在销售或购买商品中获得交易机会和竞争优势。从客观看,商业贿赂通过给付财物或其他手段来实施。财物包括现金和实物,可以是促销费、宣传费、赞助费、科研费、劳务费、咨询费、佣金、手续费、好处费、酬谢费、辛苦费、通道费等名义,或者以报销各种费用等方式,或附赠现金或者物品,但按照商业惯例赠送小额广告礼品的除外。商业贿赂还可能通过其他手段如提供各种名义的旅游、考察等实施。

三、虚假宣传行为(False Advertising)

以广告或者其他方式销售商品,是现代社会常见的促销手段。虚假宣传行为一般有以下特征:一是虚假宣传行为是经营者利用广告或其他方法进行的行为;二是虚假宣传行为是经营者对商品或服务作引人误解的宣传行为;三是虚假宣传行为的宣传内容主要涉及商品或服务的质量,包括商品的价格、质量、数量、性能、制作成分、用途、有效期限、售后服务等方面。在虚假宣传行为的认定中,引人误解和虚假表示是核心要件。

对此,有的认为,不引人误解的虚假表示和引人误解的真实表示不属于不正当竞争行为,[1]有的认为引人误解的虚假宣传一般应该包括竞争关系的存在、实施了引人误导的虚假宣传、对诚实竞争者造成了损害、虚假宣传者有过错四个要素。[2] 最高人民法院 2006 年出台的《关于审理不正当竞争民事案件应用法律若干问题的解释》(下称《不正当竞争民事案件解释》)第 8 条规定,经营者具有下列行为之一,足以造成相关公众误解的,可以认定为引人误解的虚假宣传行为:(1) 对商品作片面的宣传或者对比的;(2) 将科学上未定论的观点、现象等当作定论的事实用于商品宣传的;(3) 以歧义性语言或者其他引人误解的方式进行商品宣传的。以明显的夸张方式宣传商品,不足以造成相关公众误解的,不属于引人误解的虚假宣传行为。人民法院应当根据日常生活经验、相关公众一般注意力、发生误解的事实和被宣传对象的实际情况等因素,对引人误解的虚假宣传行为进行认定。我们认为,认定虚假宣传行为的核心是看宣传行为是否引起了误解,内容真实与否不是必要条件。值得指出的是,该违法行为的主体包括从事虚假广告行为的经营者、广告经营者、广告发布者。

四、侵犯商业秘密行为(Infringing upon Trade Secrets)

所谓商业秘密是指不为公众所知悉的能为权利人带来经济利益、具有实用性并经权利人采取保密措施的技术信息和经营信息。可见,商业秘密必须具有以下三个特征,即秘密性、实用性和保密性。反不正当竞争法对这类行为进行规定,是由于商业秘密对竞争者开展市场竞争乃至其整个生存和发展都具有极为重要的意义。并且,随着市场竞争的不断加剧,各种侵犯商业秘密的行为越来越普遍,行为人采取的手段也越来越多,此时仅依靠权利人自己采取一定的保密措施,已经无法满足保护商业秘密的客观需要。因此,各国普遍对这一行为进行了规制。

(一) 商业秘密的构成要件(The Constituents of Trade Secrets)

商业秘密包括秘密性(non-public)、实用性(applicable)和保密性(protective)等构成要件。秘密性主要是指不为公众所知悉。根据国家工商行政管理局 1998年修正的《关于禁止侵犯商业秘密行为的若干规定》第 2 条第 2 款,不为公众所知悉,是指该信息是不能从公开渠道直接获取。根据《不正当竞争民事案件解释》第9 条,不为公众所知悉,是指有关信息不为其所属领域的相关人员普遍知悉和容易获得。具有下列情形之一的,可以认定有关信息不构成不为公众所知悉:该信息为其所属技术或者经济领域的人的一般常识或者行业惯例;该信息仅涉及产品的尺寸、结构、材料、部件的简单组合等内容,进入市场后相关公众通过观察产品

---

① 孔祥俊:《引人误解的虚假表示研究》,《中国法学》1998 年第 3 期。
② 李芬莲:《虚假宣传不当竞争行为判定的新思考》,《法学杂志》2013 年第 5 期。

即可直接获得；该信息已经在公开出版物或者其他媒体上公开披露；该信息已通过公开的报告会、展览等方式公开；该信息从其他公开渠道可以获得；该信息无需付出一定的代价而容易获得。保密性是指采取了保密措施，如签订保密合同、订立保密协议、建立保密制度、限制外人参观生产过程和场所、加强保密教育等软件措施，加强大门保卫措施、合理封存有关资料等硬件措施。

值得指出的是，秘密性是相对的。其实，除商业秘密所有人外，知悉商业秘密的人通常还包括：所有人内部为使用商业秘密而合法知悉或掌握商业秘密的雇员；合法受让商业秘密因而知悉和掌握商业秘密的权利人；根据有关合同或协议的约定有权使用商业秘密的当事人等。在纠纷处理中，当事人指称他人侵犯其商业秘密的，应当对其拥有的商业秘密符合法定条件、对方当事人的信息与其商业秘密相同或者实质相同以及对方当事人采取不正当手段的事实负举证责任。其中，商业秘密符合法定条件的证据，包括商业秘密的载体、具体内容、商业价值和对该项商业秘密所采取的具体保密措施等。其中，有关信息具有现实的或者潜在的商业价值，能为权利人带来竞争优势的，应当认定为能为权利人带来经济利益、具有实用性。

（二）商业秘密的分类（Classification of Trade Secrets）

商业秘密分为技术信息（technology information）和经营信息（business operation information）两类。技术信息是指有关生产或制造方面的信息，包括设计、公式、图样、程序、方法、产品配方、制作工艺、制作方法、技巧等方面的信息。经营信息是指有关经营者经营、管理和决策方面的信息，涉及经营者的企业组织机构、财务、人事、经营等多个领域，包括资信状况、财务预测、资产购置计划、产销策略和计划、广告计划、管理诀窍、客户名单、货源情报、招投标中的标底及标书内容等信息。其中，客户名单（client list），一般是指客户的名称、地址、联系方式以及交易的习惯、意向、内容等构成的区别于相关公知信息的特殊客户信息，包括汇集众多客户的客户名册以及保持长期稳定交易关系的特定客户信息。

（三）侵犯商业秘密的行为（Practices of Infringing upon Trade Secrets）

侵犯商业秘密的行为主要有四类：以不正当手段获取（obtaining by unlawful means）；不正当使用（unlawful use）；不正当允许他人使用（unlawful allowing others to use）；不正当披露（unlawful disclosing）。其中，不正当手段获取是指以盗窃、利诱、胁迫、欺诈、窃听等手段获取。不正当使用、允许他人使用、披露是指以下三种情形：不正当获取后使用、允许他人使用、披露；违反约定或者违反权利人有关保守商业秘密的要求使用、允许他人使用、披露；第三人明知他人侵犯商业秘密行为而仍然使用、允许他人使用、披露。

值得指出,反向工程(reverse engineering)不属于不正当获取商业秘密。反向工程,是指通过技术手段对从公开渠道取得的产品进行拆卸、测绘、分析等而获得该产品的有关技术信息的行为。此外,违反业务合同、劳动合同披露等也要具体分析。例如,客户基于对职工个人的信赖而与职工所在单位进行市场交易,该职工离职后,能够证明客户自愿选择与自己或者其新单位进行市场交易的,应当认定没有采用不正当手段,但职工与原单位另有约定的除外。因此有研究指出,职工侵犯商业秘密权的行为有别于一般的民事侵权行为,在性质上有不正当竞争行为、一般的民事侵权行为和违约行为三种情况,对职工侵犯商业秘密权的行为追究何种法律责任主要考虑职工行为的性质、程度及职工身份等因素。[1]

五、低价倾销行为(Selling at Prices below Costs)

低价倾销行为是指经营者以排挤竞争对手为目的,以低于成本的价格销售商品的行为。不正当竞争行为意义上的低价倾销行为人应为不具有市场支配地位的经营者,具有市场支配地位的经营者的低价倾销行为属于垄断行为。低于成本的价格销售商品中的成本应以经营者的具体成本为依据。当然,在具体认定时可参照行业平均成本。[2]

根据发改委 1999 年发布的《关于制止低价倾销行为的规定》,下列行为属于低价倾销行为:生产企业销售商品的出厂价格低于其生产成本的,或经销企业的销售价格低于其进货成本的;采用高规格、高等级充抵低规格、低等级等手段,变相降低价格,使生产企业实际出厂价格低于其生产成本,经销企业实际销售价格低于其进货成本的;通过采取折扣、补贴等价格优惠手段,使生产企业实际出厂价格低于其生产成本,经销企业实际销售价格低于其进货成本的;进行非对等物资串换,使生产企业实际出厂价格低于其生产成本,经销企业实际销售价格低于其进货成本的;通过以物抵债,使生产企业实际出厂价格低于其生产成本,经销企业实际销售价格低于其进货成本的;采取多发货少开票或不开票方法,使生产企业实际出厂价格低于其生产成本,经销企业实际销售价格低于其进货成本的;通过多给数量、批量优惠等方式,变相降低价格,使生产企业实际出厂价格低于其生产成本,经销企业实际销售价格低于其进货成本的;在招标投标中,采用压低标价等方式使生产企业实际出厂价格低于其生产成本,经销企业实际销售价格低于其进货成本的;采用其他方式,使生产企业实际出厂价格低于其生产成本,经销企业实际销售价格低于其进货成本的。值得指出的是,生活中的诸多"价格大战"涉嫌低价倾销,有的也涉嫌虚假宣传。

---

① 董新凯:《职工侵犯商业秘密权的法律问题》,《法学》2004 年第 1 期。
② 苏志甫:《低价倾销图书行为的认定》,《人民司法》2009 年第 24 期。

此外,我国《反不正当竞争法》在对低价倾销行为进行规制的同时规定了四种例外情况:一是销售鲜活商品(fresh or live commodities);二是处理有效期限即将到期的商品或者其他积压的商品(goods near expiration of their valid duration or overstocked goods);三是季节性降价(seasonal price cut);四是因清偿债务、转产、歇业(clearing off, change of business, or closing a business)降价销售商品。

六、附条件交易及搭售行为(Attaching Unreasonable Conditions or Tie-in Sail)

所谓附条件交易及搭售行为是指经营者利用其经济优势,违背购买者的意愿,在销售一种商品或提供某种服务的同时,要求购买者以购买另一种商品或接受另一种服务为条件,或者就商品或服务的价格、销售对象、销售地区等进行不合理的限制。这种行为直接违反了自愿平等和诚实信用的原则,侵害了消费者的合法权益,并造成了竞争关系的扭曲,是一种限制自由竞争的不正当竞争行为。此外,附条件交易及搭售行为也侵犯了消费者的自主选择权和公平交易权。如果附条件交易及搭售行为中使用了暴力、威胁手段,情节严重的,则构成强迫交易行为。因此,情节严重的附条件交易及搭售行为也属于刑法规制的行为。值得指出的是,不正当竞争行为意义上的附条件交易及搭售行为人应为不具有市场支配地位的经营者,具有市场支配地位的经营者的附条件交易及搭售行为属于垄断行为。

七、不正当有奖销售行为(Sale by Unfair Awards)

(一)有奖销售(Sale with Awards)

有奖销售,指经营者以提供金钱、物品或者其他利益作为奖励手段推销商品或者服务的销售行为。有奖销售是在经营者与购买者之间进行的行为,奖励的客体有金钱、物品和其他具有经济价值的利益。在有奖销售中,存在着两个层次的关系。第一层是经营者与购买者之间因销售商品或提供服务而产生的关系,这层关系通常是买卖关系。第二层是经营者与购买者之间因给付奖励的客体而形成的关系,这层关系是一种赠与关系。但是,在适用法律时,应主要适用买卖合同的规定。[①]

有奖销售可分为附赠式的有奖销售(sale with gifts)和抽奖式有奖销售(sale with raffle)。前者是指经营者向购买某种商品的所有购买者附加赠与金钱、物品或其他经济利益的销售活动。后者是指经营者以抽签、摇奖、摇号或其他带有偶然性的方法决定购买者是否中奖的有奖销售方式。不过,经政府或者政府有关部

---

① 肖荣远、赵瑞罡:《附赠式有奖销售合同的性质及法律适用》,《人民司法》2010年第8期。

门依法批准的有奖募捐(collect donations with awards)及其他彩票(lottery)发售活动,不属于反不正当竞争法意义上的有奖销售。另外,有奖销售特别是附赠式有奖销售在实践中极易造成与商业贿赂、附条件交易、低价倾销相混同,①因此需要注意区分认定。

(二) 不正当有奖销售行为(Practices of Sales by Unfair Awards)

根据我国《反不正当竞争法》规定,不正当有奖销售行为有三种表现形式:欺骗性有奖销售行为、推销质次价高商品的有奖销售行为、巨奖销售行为,即最高奖金超过五千元的有奖销售。以下分析之。

1. 欺骗性有奖销售行为(Sale by Fraudulent Awards)

欺骗性有奖销售行为包括三种情况:一是谎称有奖。其中又包括谎称有奖销售或者对所设奖的种类,中奖概率,最高奖金额,总金额,奖品种类、数量、质量、提供方法等作虚假不实的表示;故意将设有中奖标志的商品、奖券不投放市场或者不与商品、奖券同时投放市场;故意将带有不同奖金金额或者奖品标志的商品、奖券按不同时间投放市场。二是故意让内定人员中奖。三是不如实说明有奖销售事实。经营者举办有奖销售,应当向购买者明示其所设奖的种类、中奖概率、奖金金额或者奖品种类、兑奖时间、方式等事项。在销售现场即时开奖的有奖销售活动,对超过五百元以上奖的兑奖情况,经营者应当随时向购买者明示。属于非现场即时开奖的抽奖式有奖销售,告知事项还应当包括开奖的时间、地点、方式和通知中奖者的时间、方式。否则,则构成欺骗性有奖销售行为。

2. 利用有奖销售的手段推销质次价高(Inferior Quality but High Price)的商品

此处的质次价高商品是指被指定的经营者所销售的商品属于不合格商品,或者质量与价格明显不符的合格商品,即商品虽然合格,但其价格明显高于同类商品的中等市场价格。

3. 最高奖的金额超过五千元的抽奖式的巨奖销售(Sale by Grand Lottery Prize)行为

巨奖销售有促进消费甚至给消费者带来额外福利的功能,但其负面作用也是十分明显的。主要在于,它可能使一些经营者不注重提高通过产品、服务质量开展竞争,也有可能诱使消费者偏离购买意愿。此外,巨奖销售还可能损害整个市场秩序。② 因此,限制巨奖销售是必要的。在最高奖的金额超过五千元的抽奖式的巨奖销售行为认定中,只要有超过五千元的价值即可认定。包括:经营者以物

---

① 王继军:《附赠式有奖销售的若干法律问题》,《法学研究》1998 年第 5 期。
② 李东方:《对我国限制有奖销售的立法思考》,《现代法学》1994 年第 1 期。

品的使用权作为奖励的；经营者以提供就业机会、聘为各种顾问等名义，并以解决待遇，给付工薪等方式设置奖励，不论奖励现金、物品（包括物品的使用权）或者其他经济利益，也不论是否要求中奖者承担一定义务；经营者单独或与有关单位联合利用社会福利彩票、体育彩票设置奖励推销商品的；有线电视台为招揽广告客户和消费者，在提供电视节目服务所进行的有奖竞猜活动中，以带有偶然性的方法决定购买者是否中奖的；营利性保龄球场馆举办的以一定的得分来决定消费者是否中奖的有奖销售活动的。以非现金的物品或者其他经济利益作奖励的，按照同期市场同类商品或者服务的正常价格折算其金额。值得注意的是，如果附赠式有奖销售中的附赠数额过高，则可能产生巨奖销售问题，但这在目前还不属于禁止的情形。

八、诋毁商誉行为（Defaming Commercial Reputation）

诋毁商誉行为是指经营者针对竞争对手，故意捏造和散布有损其商业信誉和商品声誉的虚假信息，贬低其法律人格，削弱其市场竞争能力，从而使自己谋取竞争优势地位的行为。对此，各国立法都予以禁止性规定。一般而言，诋毁商誉行为具有以下特征：第一，行为主体只限于从事市场交易活动的经营者。第二，诋毁商誉行为是故意行为。第三，侵犯的客体是同业竞争对手的商业信誉（business reputation）和商品声誉（goods reputation）。商业信誉，指经营者通过公平竞争和诚实经营所取得的良好的社会综合性评价。商品声誉，指经营者制造或经销的某种特定的商品或服务的良好的社会评价。第四，诋毁商誉行为在客观方面表现为通过捏造、散布虚假事实以贬低竞争对手。诋毁商誉行为主要通过公开信、新闻发布会、新闻媒体、虚假广告或比较广告、商品包装或说明书、客户或消费者等途径进行。在当前的信息时代，通过利用网络广告、博客、论坛、网友等方式诋毁他人的商誉，构成不正当竞争行为的，应依法进行规制。

第三节　不正当竞争行为的法律责任
Section Three　Legal Responsibilities of Unfair Competition Practices

一、民事责任（Civil Liabilities）

不正当竞争行为，时常给受害经营者和消费者造成损害。因此，规定不正当竞争行为人承担民事责任是合理的。对此，我国《反不正当竞争法》第20条规定，经营者违反本法规定，给被侵害的经营者造成损害的，应当承担损害赔偿责任，被侵害的经营者的损失难以计算的，赔偿额为侵权人在侵权期间因侵权所获得的利润;并应当承担被侵害的经营者因调查该经营者侵害其合法权益的不正当竞争行为所支付的合理费用。被侵害的经营者的合法权益受到不正当竞争行为损害的,可以向人民法院提起诉讼。

可见,该法明确规定受侵害的经营者可以获得损害赔偿。在侵犯商业秘密案件中,受害经营者商业秘密独占使用许可合同的被许可人、排他使用许可合同的被许可人、普通使用许可合同的被许可人都是受害人,也有获得赔偿的权利。被许可人可以根据许可的类型采取单独诉讼、共同诉讼的方式进行救济。但是,在不正当竞争民事案件中,消费者是否可以援引《反不正当竞争法》获得损害赔偿,则无明确规定。其实,擅自使用他人商业标记行为、虚假宣传行为、附条件交易及搭售行为、欺骗性有奖销售行为不仅损害了其他经营者的公平竞争权,还直接损害了消费者的合法权益。因此,赋予消费者的救济权利是必要的。

关于管辖问题,由于不正当竞争行为认定的复杂性,规定由较高级别的法院管辖较为合理。因此,根据《不正当竞争民事案件解释》第 18 条的规定,对于擅自使用他人商业标记行为、虚假宣传行为、侵犯商业秘密行为、诋毁商誉行为四类不正当竞争民事第一审案件,一般由中级人民法院管辖。各高级人民法院根据本辖区的实际情况,经最高人民法院批准,可以确定若干基层人民法院受理不正当竞争民事第一审案件,已经批准可以审理知识产权民事案件的基层人民法院,可以继续受理。对于其他不正当竞争民事第一审案件的管辖则未明确,因此只能依民事诉讼法确定管辖法院。

对于归责原则问题,该法并未明确是过错责任原则、无过错责任原则还是过错推定的原则。从总体上说,不正当竞争行为都是故意为之,也有少数是过失所致,行为人都存在过错。但从惩治不正当竞争行为的角度看,采取过错推定的原则比较合理,[①]即让行为人就自己对不正当竞争行为无过错进行举证。

二、行政责任(Administrative Responsibilities)

不正当竞争行为不仅损害了其他经营者的公平竞争权,有时也损害了消费者的权益,还损害了社会经济秩序。因此,对不正当竞争行为进行处罚是必要的。此外,若不赋予行政机关进行查处不正当竞争行为的权力,仅仅依靠受害人进行救济也很难实现维护市场竞争秩序的目标。

为此,《反不正当竞争法》对多数的经营者不正当竞争行为规定了行政责任,包括责令停止违法行为、没收违法所得、罚款、吊销营业执照、消除影响等形式。不过,对低价倾销、附条件交易及搭售、诋毁商誉三类行为,该法未规定行政责任。因此,上述问题还需待未来该法修改时完善。

---

① 邵建东:《不正当竞争行为之民事责任》,《法学》1994 年第 8 期。

对于不正当竞争行为行政责任的追究机关,目前主要有工商行政管理机关、物价部门、质量监督部门、食品药品监督部门等。在查处不正当竞争行为中,执法机关有权询问被检查的经营者、利害关系人、证明人,并要求提供证明材料或者与不正当竞争行为有关的其他资料;查询、复制与不正当竞争行为有关的协议、账册、单据、文件、记录、业务函电和其他资料;在查处擅自使用他人商业标记行为中必要时可以责令被检查的经营者说明该商品的来源和数量,暂停销售,听候检查,不得转移、隐匿、销毁该财物。不过,目前法律还未授予执法机关扣押、封存等比较必要的权力,因此一些研究提出了批评。[①]

三、刑事责任(Criminal Responsibilities)

对社会危害严重的不正当竞争行为,还要承担刑事责任。目前,根据我国《刑法》及其修正案,与不正当竞争行为有关的犯罪主要有:假冒注册商标罪,生产、销售伪劣产品罪,公司、企业、其他单位人员受贿罪,对公司、企业、其他单位人员行贿罪,受贿罪、行贿罪等贿赂犯罪,[②]虚假广告罪,侵犯商业秘密罪,损害商业信誉、商品声誉罪,强迫交易罪等。不过,还有研究认为我国应对假冒其他标志、低价倾销等行为规定刑事责任。[③] 当然,不正当竞争行为是否要入罪,主要应考虑到行为是否对社会构成严重的社会危害。如果规定刑事责任条款,要重点考量设计合理的行为客观要件。

---

① 杨红灿:《制止不正当竞争应加强行政执法》,《法学杂志》1998年第3期。
② 谢静:《商业贿赂研究:竞争法和刑法的双重视角》,《刑事法评论》第20卷(2007年)。
③ 何泽宏:《建议制定关于惩治不正当竞争犯罪的决定》,《现代法学》1994年第1期。

第八章　消费者权益保护法
Chapter Eight　Law of Protection of Consumer Rights and Interests

第一节　消费者权益保护法概述
Section One　Introduction to Law of Protection of Consumer Rights and Interests

一、消费者的界定(The Definition of Consumer)

消费者权益保护法是调整国家在保护消费者权益过程中所发生的经营者和消费者、消费者和国家、经营者和国家之间社会关系的法律规范的总称。作为经济法的一个重要法律部门,我国《消费者权益保护法》(Law of the People's Republic of China on the Protection of Consumer Rights and Interests)第2条对其适用范围作出了规定:"消费者为生活消费需要购买、使用商品或者接受服务,其权益受本法保护;本法未做规定的,受其他有关法律、法规保护。"为了更清楚地界定消费者权益保护法的适用范围,这里有必要对以下几个概念进行分析:

1. 消费的含义(The Meaning of Consumption)

在经济学上,商品经济社会中社会再生产包括四个环节:生产、分配、交换和消费,消费是前面三个环节的目的和归宿。按照消费的目的不同可以将消费分为生产消费和生活消费,生产消费是指以物质资料生产为目的的劳动力与生产资料的消费;生活消费是指人们为了生存和发展的需要而进行的商品和服务的消费。消费者权益保护法语境下的消费主要指的是生活消费,其包含的范围非常广泛,包括人们生活中的衣、食、住、行、文化、教育、医疗、娱乐等各种商品和服务。

2. 消费者的含义(The Meaning of Consumer)

根据世界各国的法律实践,一般都把消费者看作是从事生活消费的主体。国际标准化组织消费者政策委员会(ISO/COPOLCO)1978年5月10日在日内瓦召开的第一届年会上对消费者的定义为:"为个人目的购买使用商品和接受服务的个体社会成员。"泰国的《消费者保护法》则规定:"所谓消费者,是指买主和从生产经营者那里接受服务的人,包括为了购进商品和享受服务而接受生产经营者的提议和说明的人。"

我国《消费者权益保护法》第2条也将消费者限定为生活消费者,即为生活消费需要购买、使用商品或者接受服务的人。但是,该法也规定了特殊适用的情形。出于对广大农民给予特殊保护的考虑,该法第62条规定:"农民购买、使用直接用于农业生产的生产资料,参照本法执行。"

总体来看,消费者的含义可从五个层面理解:第一,从主体看,消费者必须是个体社会成员,即自然人(natural person or individual)。有的研究认为,消费者也包括单位。理由是,经济法主体包括个人和单位,消费者的概念也应扩张,且一些地方立法也采此做法。① 有的研究认为,单位可以有条件地成为消费者,如单位购买生活用品供个人使用的情形,这体现了原则性和灵活性相结合的立法原则。② 我们认为,不将单位认定为消费者不影响个人消费者权益保护。第二,从消费行为看,必须是为生活消费(daily life)的人方能成为消费者。其中,知假买假者是否属于消费者,理论存在争议。有研究认为,只要非为生产消费即为生活消费,因此知假买假者是消费者。③ 我们认为这一理解比较合理。另外,值得指出的是,一些潜在消费者也是消费者。第三,从消费对象看,消费者消费的对象包括商品和服务(goods and services);第四,从消费方式看,消费者的消费方式包括购买、使用商品和接受服务,因此消费者是商品、服务的购买者、使用者或接受者(buyer, user or accepter);第五,从消费的偿付性看,消费者一般是在有偿(payment)提供商品和服务中的情形,但也包括无偿(no payment)的情形。

二、消费者权益保护立法的历史发展及现状(The History and the Status Quo of Law of Protection of Consumer Rights and Interests)

对于消费者权益保护问题,作为法律制度的历史演进同法律保护人权是同步的。在19世纪以前,消费者权益保护法律制度的发展相当缓慢,直至1891年,美国在纽约率先成立了世界上第一个全国性的消费者组织——全国消费者同盟。第二次世界大战后,消费者运动在资本主义国家兴起并发展起来,1960年,由美国、英国、澳大利亚、比利时、荷兰五个国家的消费者组织发起的国际消费者组织联盟宣布成立,标志着消费者运动成为世界性的潮流。消费者运动的蓬勃发展推动了世界消费者的立法,1968年日本颁布了世界上最早的消费者保护基本法——《消费者保护基本法》。其后,西班牙的《消费者和使用者的利益保护法》、英国的《消费者利益保护法》、新加坡的《消费者保护法》等纷纷出台,1985年联合国通过了《保护消费者准则》,对消费者权益的保护成为国际性的问题。

国内外关于消费者的立法从形式上看,大致有以下几类:一类是保护消费者权益的基本法。这种法律是针对消费者权益问题所作出的专门性、概括性的规定,如日本于1968年制定的《消费者保护基本法》、我国制定的《消费者权益保护

---

① 钱玉文:《消费者概念的法律再界定》,《法学杂志》2006年第1期。
② 方福建:《论"消费者"概念的法律界定》,《当代法学》2002年第2期。
③ 李友根:《消费者权利保护与法律解释——对一起消费纠纷的法理剖析》,《南京大学法律评论》1996年秋季号。

法》都属于该种类型。一类是制定与保护消费者权益基本法相配套的法律。由于消费者权益基本法主要是对保护消费者权益问题的概括性规定,缺乏针对具体问题的可操作性,因此大多数国家都制定了与基本法配套的相关法律、法规。主要包括以下几类:商品安全、卫生法;商标标识法;广告管理法;公平交易法;产品责任法。还有一类是在其他立法中规定对侵犯消费者利益的责任人的严厉处罚措施。这种情况一般是在一些没有制定保护消费者权益基本法的国家,在其他法律中规定保护消费者权益的条款。

三、消费者权益保护法的调整对象(Governing Scope of Law of Protection of Consumer Rights and Interests)

消费者权益保护法的调整对象是国家在保护消费者权益过程中发生的各种社会关系,大致可以分为以下几类:(1)国家和生产经营者之间的关系,其是指国家为了保护消费者权益和经营者之间所产生的监督管理与被监督管理的关系;(2)国家和消费者之间的关系,其是指在国家在保护消费者权益的过程中与消费者发生的保护与被保护、指导与被指导的关系;(3)消费者与经营者之间的关系。值得指出的是,消费者权益保护法语境下的消费者和经营者之间的关系和民法语境下纯粹建立在交易双方平等、自愿基础上的商品交换关系有所差异,主要体现为制度在对权利、义务配置上对处于弱势地位的消费者的倾斜保护。

四、消费者权益保护法的立法原则(Legislative Principles of Law of Protection of Consumer Rights and Interests)

1. 自愿、平等、公平、诚实信用的原则(The Principles of Voluntariness, Equality, Fairness and Good Faith)

民法通则关于交易双方规定的基本原则也同样适用于消费领域。《消费者权益保护法》第 4 条对此明确作出规定:"经营者与消费者进行交易,应当遵循自愿、平等、公平、诚实信用的原则。"

2. 消费者特殊保护原则(The Principle of Special Legal Protection for Consumers)

消费者权益保护法之所以具有独立存在的必要就在于其意识到消费者在商品交易过程中的弱势地位,主要表现在:第一,生活消费的消费者多以分散的个人为主,而经营者则多是有雄厚实力的单位或组织,在经济实力、社会背景上都处于优势地位,消费者很难与其抗衡。而且,在商品交易的过程中,经营者始终处于主导地位,消费者对商品和服务的选择余地都非常有限。第二,消费者在相关信息的掌握上处于劣势地位。随着现代消费品品种的日益现代化、复杂化,消费者不可能对所有商品的结构、性能、品质等有明确而深刻的了解,只能通过广告、标识、商标等途径获取相关信息,很容易被不真实的信息所欺骗。第三,消费者的需求层次低于经营者,相对于经营者期望通过提供商品或服务获取营利的目标而言,消费者只是期望获得与其所付出代价相符合的商品或者服务,在购买、使用商品或者接受服务的过程中其人身、财产安全能够得到保障。正是基于消费者在以上方面所存在的弱势,消费者权益保护法确立了向消费者倾斜、国家对消费者特别保护的原则。

3. 社会参与的原则(The Social Participation Principle)

我国《消费者权益保护法》第 6 条规定:"保护消费者的合法权益是全社会的共同责任";"国家鼓励、支持一切组织和个人对损害消费者合法权益的行为进行社会监督";"大众传播媒介应当做好维护消费者合法权益的宣传,对损害消费者合法权益的行为进行舆论监督"。

第二节　消费者的权利

Section Two　Rights of Consumers

消费者权利是指法律规定的,消费者在消费过程中所享有的权能,是消费者利益在法律上的体现。从理论上看,有的认为消费者权利是现代民法中的民事权利,有的则从人权的角度理解,还有的从经济法权利角度进行理解。[①] 显然,从多维角度分析都具有一定的合理性。

世界上最早提出消费者权利的是美国前总统肯尼迪,他于 1962 年 3 月 15 日向国会提出了关于保护消费者利益的特别国情咨文即《保护消费者利益的总统特别命令》,文中提出了著名的消费者四项权利:第一,获得商品的安全保障的权利;第二,获得正确的商品信息的权利;第三,自由决定商品的选择的权利;第四,有提出消费者意见的权利。[②] 1985 年 4 月 9 日,联合国大会通过《保护消费者准则》,国际消费者联盟提出消费者的八项权利,(1) 得到必需物质和服务借以生存的权利;(2) 享有公平的价格待遇和选择的权利;(3) 安全保障权利;(4) 获得足够资料的权利;(5) 寻求咨询的权利;(6) 获得公平赔偿和法律帮助的权利;(7) 获得消费者教育的权利;(8) 享有健康环境的权利。根据我国 2013 年新修订的《消费者权益保护法》,消费者享有十一项权利。

[①] 董文军、刘芳:《私法公法化视野中的消费者权利保护》,《当代法学》2007 年第 3 期;刘蔚文:《论消费者知情权的性质》,《河北法学》2010 年第 3 期;管斌:《论消费者权利的人权维度——兼评〈中华人民共和国消费者权益保护法〉的相关规定》,《法商研究》2008 年第 5 期。

[②] 陈智慧等:《现代市场管理法导论》,新华出版社 1997 年版,第 154 页。

一、安全保障权（Right to Safety）

安全保障权，是指消费者在购买、使用商品或者接受服务的过程中所享有的保证其人身、财产安全不受损害的权利。安全保障权主要包括两方面的内容：一是保障人身安全（personal safety）；二是保障财产安全（property safety），这里的财产不仅包括消费者购买、使用的商品本身，还包括其他财产。具体到对商品或服务是否安全的认定标准上，一般应当包含两个层次的要求：一是商品和服务有明确标准的必须符合相应的标准，包括国家标准、行业标准、地方标准、企业标准；二是商品和服务没有标准的，应当符合社会普遍公认的安全要求。值得指出的是，消费者的安全保障权保护除可适用《消费者权益保护法》外，还会产生与《民法通则》、《合同法》、《产品质量法》、行业专门法律法规的竞合适用问题。①

二、知情权（Right to Information）

知情权，是指消费者享有的知悉其购买、使用的商品或者接受服务的真实情况的权利。现今市场上各种商品和服务的种类、品牌、性能、用途日益复杂，对所需要购买商品的基本情况有真实、具体的了解是消费者行使其他权利的前提。根据《消费者权益保护法》第8条的规定，消费者的知情权可以分为两个层次：第一，消费者享有知悉商品、服务真实情况的权利。消费者作出是否购买某种商品或者接受某种服务的决定应当是建立在其了解商品或服务真实情况的基础上，而其了解相关情况的主要途径是通过生产者、经营者提供的产品标识、商业广告、店员介绍等方式。如果生产者、经营者有意隐瞒或者提供虚假的信息，那么此交易本身就违反了《民法通则》所规定的平等、公平、自愿的原则，属于无效民事行为。第二，消费者享有询问商品具体情况的权利。根据所购买商品或者接受服务的不同，消费者可以要求经营者提供商品的价格、产地、生产者、用途、性能、规格、等级、主要成分、生产日期、有效期限、检验合格证明、使用方法说明书、售后服务或者服务的内容、规格、费用等有关情况。实践中，商品的组成成分知情问题、侵犯消费者权益后的原因知情问题、患者的知情等问题都需要根据消费情况作具体处理。

三、自主选择权（Right to Choose）

《消费者权益保护法》第9条规定：消费者享有自主选择商品或者服务的权利。具体包含以下五个方面：第一，自主选择提供商品或者服务的经营者。这条规定主要针对的是一些垄断企业或者公用企业利用自己在经济或者资源上的优

---

① 赵英华：《审理消费者知情权纠纷的几个问题》，《人民司法》2002年第10期。

势地位,强迫消费者购买其指定的经营者的商品,侵犯消费者自主选择经营者的权利的情形。第二,自主选择商品品种或者服务方式。这条主要要求经营者在提供商品或服务的过程中应当尊重消费者的兴趣、偏好、习惯,不能把既定的交易方式强加给每一个消费者。第三,自主决定购买或者不购买一种商品,接受或者不接受一种服务。消费者在对商品或者服务进行选择的过程中,经营者不得以嘲讽、谩骂、恐吓甚至殴打等手段强迫其交易。第四,有权进行比较、鉴别和挑选。比较、鉴别和挑选是消费者行使自主选择权的主要方式,经营者应当提供各种方法协助消费者对商品进行比较、鉴别和挑选。第五,有权拒绝要约邀请或要约。例如,经营者未经消费者同意或者请求,或者消费者明确表示拒绝的,不得向其发送商业性信息。在生活中,谢绝自带酒水是严重损害消费者自主选择权的情况,应予以规制。此外,若消费者选择了经营者,经营者是否有权选择消费者?理论上存在争议。[①] 我们认为,一般情况下经营者不能选择消费者,除非基于法律限制和公共利益原因。否则,这不仅侵犯了消费者的自主选择权,也是对一些消费者的歧视。

四、公平交易权(Right to Fair Deal)

公平交易权是指消费者在购买商品或接受服务时所享有的获得质量保障、价格合理、计量正确等公平交易条件的权利。其包括以下几点内容:第一,质量保证,即消费者有权要求商品和服务符合国家规定的质量标准、经营者以明示或者默示的方式表明的以及依普通标准该商品和服务应当具备的质量水平;第二,合理的价格,经营者在制定商品价格和收费标准时,应当使商品或服务的价格与其实际价值相符,必须按照国家规定的权限和程序以及国家的法律、法规等相关规定执行;第三,计量正确,要求经营者在计量工具的选择、使用,计量方法等方面都必须按照有关计量的法律、法规进行;第四,有权拒绝经营者的强制交易行为。当然,这在实践认定中存在诸多难题。为此,通过列举方式出台指引性规范是必要的。在欧盟,《不公平商业行为指令》(2005/29/CE)(Unfair Commercial Practices Directive)就列举了 31 种典型的不公平商业行为。这值得我国借鉴。

五、求偿权(Right to Demand Compensation)

《消费者权益保护法》第 11 条规定:消费者因购买、使用商品或者接受服务受到人身、财产损害时享有依法获得赔偿的权利。关于求偿权的行使,应当明确以下两方面的问题:第一,求偿的主体。消费者求偿权主体的确定,不仅仅局限于购

---

① 代娟:《经营者有选择消费者的权利吗?》,《法学杂志》2004 年第 2 期;李友根:《论经营者对消费者的选择权——一起消费案的分析》,《南京大学法律评论》2003 年春季号。

买商品或者接受服务的消费者本人,还应当包括没有购买商品却因为使用商品而遭受损害的消费者,如父母因使用子女赠与的电热毯而受伤或者死亡;以及既没有购买商品也没有使用商品却遭受损失的第三人,如因使用质量不合格的电热水器起火而使邻居遭受人身或者财产的损失。第二,求偿范围。消费者在购买、使用商品或者接受服务的过程中可能遭受侵害的权利客体包括人身权和财产权。人身权又包括生命健康权和人格尊严权,对于生命健康权遭受到的侵害,消费者大多可以通过行使损害赔偿请求权来获得补偿,对于人格尊严权遭受到的侵害,则多通过消除影响、恢复名誉、赔礼道歉等其他方式来维护自身权益。财产权的损失包括消费者所购买、使用的商品本身以及与之相关财产的直接损失。概言之,消费者可求偿的内容包括因生命健康权遭到损害所支出的医疗费、护理费等费用,以及因人身、财产受到损害所导致的可期待利益的丧失。

六、依法结社权(Right to Form Consumer Organizations)

依法结社权,是指消费者享有依法成立维护自身合法权益的社会团体的权利,是宪法规定的结社自由权在消费者领域的具体化。法律明确消费者的依法结社权,主要是基于对消费者在经济、信息等方面弱势地位的考虑,希望通过成立消费者自己的社团充分代表广大消费者的利益,以起到政府难以起到的作用,将分散的消费者的需求以一个集团的声音表达出来,更好地保护消费者权益。

七、获得知识权(Right to Consumer Education)

获得知识权是指消费者享有获得有关消费和消费者权益保护方面的知识的权利。掌握与消费有关的知识有助于提高消费者自我保护的能力,减少因为消费知识的欠缺所导致的消费者与经营者之间的纠纷,因此这既是消费者的权利又是消费者的义务。消费者有权获得的知识的内容可以分为以下两类:一是消费知识,即消费者在进行消费活动时所必要掌握的与商品和服务有关的基本知识,如商品和服务的基本知识、消费心理、市场状况等;二是消费者权益保护方面的相关知识,如消费者享有的权利、保护消费者权益的相关部门、权利救济的途径等。这就要求国家有关部门应当通过基础教育、报刊、杂志、广播、电视等多种渠道向广大消费者宣传、介绍以上的知识和信息,消费者自己也应当加强相关知识的自主学习,增加自我保护的意识,运用这些知识维护自己的合法权益。

八、获得尊重的权利(Right to Be Respected)

根据《消费者权益保护法》第 14 条,消费者在购买、使用商品或者接受服务时,享有人格尊严、风俗习惯受到尊重的权利。人格尊严权是每一个公民所享有的基本权利,可以从人权的角度理解。然而在消费领域消费者人格尊严遭受侵害的现象还是时有发生,如经常会出现因为超市检测器响起,保安强行对顾客进行搜身、侮辱甚至拘禁的事情。对消费者风俗习惯的尊重体现我国民族平等、尊重少数民族的优良传统,并且将其上升到法律的层面加以贯彻。

九、反悔权(Right to Regret or Revoke)

消费反悔权,是指消费者对非传统方式购买商品享有的在一定期限内无理由退货的权利。在理论上,有的也称之为后悔权、撤销权等,其属于法定的合同解除权。消费者行使反悔权应当依照法律进行,须符合法律规定的权利行使要件。[①] 根据我国现行法律规定,经营者采用网络、电视、电话、邮购等方式销售商品,消费者有权自收到商品之日起七日内退货,且无需说明理由,但下列商品除外:(1) 消费者定作的;(2) 鲜活易腐的;(3) 在线下载或者消费者拆封的音像制品、计算机软件等数字化商品;(4) 交付的报纸、期刊。除前款所列商品外,其他根据商品性质并经消费者在购买时确认不宜退货的商品,不适用无理由退货。消费者退货的商品应当完好,退回商品的运费由消费者承担,经营者和消费者另有约定的,按照约定。经营者应当自收到退回商品之日起七日内返还消费者支付的商品价款。

十、个人信息受保护权(Right to Personal Information Protection)

个人信息受保护权,是指消费者享有的个人信息依法得到保护的权利。其中,个人信息是指消费者的姓名、性别、住址、单位、收入状况、消费习惯、生活方式、兴趣爱好、消费记录等与消费者有关的信息。消费者信息受保护权,是从隐私权发展而来的特殊权利。[②] 根据我国现行规定,消费者个人信息受保护权的内容有四:一是消费者有权拒绝经营者违法收集个人信息的要求;二是有权要求经营者按约定使用个人信息;三是有权要求经营者对个人信息不安全情形采取补救措施;四是有权对损害个人信息的行为提起法律救济。

十一、监督批评权(Right to Supervise and Criticize)

《消费者权益保护法》第 15 条明确规定了消费者的监督批评权,具体包括以下几点内容:第一,对商品和服务以及保护消费者权益工作进行监督的权利。第二,对侵害消费者权益的行为和国家机关及其工作人员在保护消费者权益工作中的违法失职行为进行检举、控告的权利。消费者行使监督权,可以向国家有关部

---

① 杨立新:《非传统销售方式购买商品的消费者反悔权及其适用》,《法学》2014 年第 2 期。
② 齐恩平:《论网上交易合同中对消费者个人信息隐私权的侵害及保护》,《当代法学》2002 年第 10 期。

门如工商、物价、卫生、商检等部门检举、揭发,也可以向司法机关提起诉讼。第三,对消费者权益保护工作的批评、建议权。作为消费者权益保护立法、执法活动的直接受众,消费者对相关工作的实际效果最具有发言权,他们提出的批评和建议有助于消费者权益保护机构或组织纠正工作中的错误,完善各项制度。不过,消费者行使监督批评权时也不得滥用。

第三节　经营者的义务
Section Three　Obligations of Business Operators

为了确保消费者的各项权利得以实现,《消费者权益保护法》在第三章专门规定了经营者的义务。主要内容如下:

一、依照法定或者约定履行义务(Shall Fulfill Obligations According to Laws and Agreement)

《消费者权益保护法》第16条对该项义务作了规定。经营者在向消费者提供商品或者服务的过程中应当遵循的义务包括两种:一是法定的义务。这是经营者承担的默示义务,不需要消费者与经营者进行特别的约定也不能因为二者之间的约定而免除。经营者所需要遵守的法的范围,除了《产品质量法》,还应当包括与消费者领域有关的法律、行政法规和一部分部门规章,如食品管理法、药品管理法、计量法等。二是约定义务。经营者与消费者之间有约定的,应当按照约定履行义务,但双方的约定不得违反法律、法规的规定。这是经营者所承担的明示义务,由于消费者和经营者之间所发生的交易关系仍然是建立在平等、自愿基础上的,因此只要此二者之间的约定不违反法律、法规的规定,就应该以二者之间的约定为经营者履行义务的依据。另外,我国《消费者权益保护法》还特别规定了经营者对耐用消费品的法定义务,规定经营者提供的机动车、计算机、电视机、电冰箱、空调器、洗衣机等耐用商品或者装饰装修等服务,消费者自接受商品或者服务之日起六个月内发现瑕疵,发生争议的,由经营者承担有关瑕疵的举证责任。

二、公平交易义务(Shall Deal Fairly)

经营者向消费者提供商品或者服务,应当恪守社会公德,诚信经营,保障消费者的合法权益;不得设定不公平、不合理的交易条件,不得强制交易;不得以格式条款、通知、声明、店堂告示等方式,作出排除或者限制消费者权利、减轻或者免除经营者责任、加重消费者责任等对消费者不公平、不合理的规定,不得利用格式条款并借助技术手段强制交易。

三、接受监督的义务（Shall Accept Consumers'Supervision）

《消费者权益保护法》第 17 条规定：经营者应当听取消费者对其提供的商品或者服务的意见，接受消费者的监督。经营者的该项义务是与消费者的监督批评权相对应的。对于经营者而言，把接受消费者监督作为一项法定义务固定下来，有助于他们对消费者的建议和批评给予充分的重视，从而提高产品的质量和服务管理水平。

四、保证消费者安全的义务（Shall Protect Consumers' Safety）

保证消费者安全的义务是经营者所负担的最基本也是最重要的义务，《消费者权益保护法》第 18 条从以下几方面对其作出具体规定：（1）经营者应当保证其提供的商品或服务符合保障人身、财产安全的要求。（2）对可能危及人身、财产安全的商品或者服务，应当向消费者作出真实的说明和明确的警示，并说明和标明正确使用商品或者接受服务的方法以及防止危害发生的方法。对存在潜在危害的商品或者服务，经营者应当如实地告知消费者，如香烟有害健康，这既是经营者告知真情义务的一部分也是对消费者自主选择权的一部分。此外，由于经营者对商品或服务的功能、效用、成分、危险等方面都有充分的了解，其有义务将商品或服务存在的危险以明确的警示提醒消费者注意，并且从专业的角度对如何使用商品或者接受服务、如何避免危害的发生等对消费者加以指导。至于警示的方式，可以用文字的形式也可以用标志的形式，但必须要符合明确、醒目的要求。（3）经营者发现其提供的商品或者服务存在严重缺陷，即使正确使用商品或者接受服务仍然可能对人身、财产安全造成危害的，应当立即向有关行政部门报告和告知消费者，并采取防止危害发生的措施，如采取停止销售、警示、召回、无害化处理、销毁、停止生产或者服务等措施。采取召回措施的，经营者应当承担消费者因商品被召回支出的必要费用。此外，《消费者权益保护法》还特别规定，宾馆、商场、餐馆、银行、机场、车站、港口、影剧院等经营场所的经营者，应当对消费者尽到安全保障义务。

五、告知真实情况的义务（Shall Provide Real Information）

依据我国《消费者权益保护法》第 20 条，经营者有义务向消费者提供商品或服务的真实情况，如商品的价格、产地、生产者、用途、性能、规格、等级、主要成分、生产日期、有效期限、检验合格证明、使用方法说明书、售后服务，服务的内容、规格、费用等情况。经营者的这项义务是和消费者的知悉真情权相对的，包含以下方面内容：（1）不作引人误解的虚假宣传；（2）重大利害关系内容提请注意义务；

（3）对消费者的询问应当作出答复；（4）要明码标价；（5）出具发票等凭证单据。对于重大利害关系内容提请注意义务，经营者在经营活动中使用格式条款的，应当以显著方式提请消费者注意商品或者服务的数量和质量、价款或者费用、履行期限和方式、安全注意事项和风险警示、售后服务、民事责任等与消费者有重大利害关系的内容，并按照消费者的要求予以说明。采用网络、电视、电话、邮购等方式提供商品或者服务的经营者，以及提供证券、保险、银行等金融服务的经营者，应当向消费者提供经营地址、联系方式、商品或者服务的数量和质量、价款或者费用、履行期限和方式、安全注意事项和风险警示、售后服务、民事责任等信息。

六、按规定补救义务（Shall Remedy According to Laws and Agreement）

经营者提供的商品或者服务不符合质量要求的，消费者可以依照国家规定、当事人约定退货，或者要求经营者履行更换、修理等义务。没有国家规定和当事人约定的，消费者可以自收到商品之日起七日内退货；七日后符合法定解除合同条件的，消费者可以及时退货，不符合法定解除合同条件的，可以要求经营者履行更换、修理等义务。依照前款规定进行退货、更换、修理的，经营者应当承担运输等必要费用。对于经营者采用网络、电视、电话、邮购等方式销售商品，消费者若反悔的，其有无理由退货义务。

七、消费者信息保护义务（Shall Protect Consumers' Information）

经营者收集、使用消费者个人信息，应当遵循合法、正当、必要的原则，明示收集、使用信息的目的、方式和范围，并经消费者同意。经营者收集、使用消费者个人信息，应当公开其收集、使用规则，不得违反法律、法规的规定和双方的约定收集、使用信息。经营者及其工作人员对收集的消费者个人信息必须严格保密，不得泄露、出售或者非法向他人提供。经营者应当采取技术措施和其他必要措施，确保信息安全，防止消费者个人信息泄露、丢失。在发生或者可能发生信息泄露、丢失的情况时，应当立即采取补救措施。

第四节　消费者权益保护方式
Section Four　Modes of Protection of Consumer Rights and Interests

保护消费者的合法权益不受侵害，除了通过法律、法规明文规定消费者权利和经营者义务外，国家机关的专门保护也是必不可少的一个重要方面。我国的消费者权益保护法将国家保护消费者权益作为保护消费者的一项基本原则。

一、国家对消费者权益的行政保护（Protection of Consumer Rights and Interests by Administrative Agencies）

由于行政手段具有及时、简便、广泛等特点，日常生活中的大量消费者权益争议还是通过行政程序加以解决。根据我国《消费者权益保护法》第四章的规定，各级人民政府应当加强领导、组织、协调、督促有关行政部门做好保护消费者合法权益的工作，应当加强监督，预防危害消费者人身、财产安全的行为发生，及时制止危害消费者人身、财产安全的行为。有关行政部门在各自的职责范围内，应当定期或者不定期对经营者提供的商品和服务进行抽查检验，并及时向社会公布抽查检验结果，有关行政部门发现并认定经营者提供的商品或者服务存在缺陷，有危及人身、财产安全危险的，应当立即责令经营者采取停止销售、警示、召回、无害化处理、销毁、停止生产或者服务等措施。其中，各级人民政府工商行政管理部门和其他有关行政部门应当依照法律、法规的规定，在各自的职权范围内，采取措施保护消费者的合法权益。

从以上的法律规定可以看出，国家非常重视对消费者权益的保护，各级人民政府对保护消费者的合法权益负有领导、监督的责任；相关行政部门在各自的职能范围内相互配合、相互补充，具体负责保护消费者权益的工作。目前，我国政府机构中和保护消费者权益关系密切的部门有以下几个：

1. 工商行政管理部门（Administration for Industry and Commerce）

工商行政管理部门是代表国家行使工商管理职能的机关，是国家综合性的经济监督管理部门和行政执法机关，也是《消费者权益保护法》确定的承担保护消费者合法权益职责的最主要的行政部门。它在履行保护消费者合法权益职责方面，主要通过以下工作来实现：(1) 起草和市场监督管理和行政执法有关的法律法规草案，制定工商行政管理规章和政策；(2) 通过对各类市场主体进入资格进行严格的核查、监督，规范市场交易主体，保护消费者利益；(3) 监督管理各类市场交易行为和有关服务行为，规范和维护各类市场经营秩序；(4) 监督管理流通领域商品质量和流通环节食品安全；(5) 组织开展消费维权工作，指导消费者咨询、申诉、举报受理等工作，保护消费者合法权益；(6) 监督、管理广告活动，保证消费信息的真实。

2. 质量监督检验检疫部门（Administration of Quality Supervision, Inspection and Quarantine）

国家质量监督检验检疫总局是我国主管全国质量、计量、出入境商品检验、出入境卫生检疫、出入境动植物检疫、进出口食品安全和认证认可、标准化等工作，并行使行政执法职能的直属机构。它通过对流通领域商品和服务的质量、计量等方面的监督管理，保障消费者安全保障权、公平交易权等权利得以实现。一方面，国家质检总局制定和发布了大量有关质量监督检验检疫方面的规章和制度；另一方面,其组织和领导了有关质量监督检验检疫各方面的工作,如质量管理、计量管理、通关管理、进出口商品检验管理、食品生产监管、认证认可监督管理、标准化管理等。

除了上面两个和保护消费者权益关系非常密切的部门外,其他各个行政部门也都在各自的领域和职能范围内发挥着自己的作用。

二、国家对消费者权益的司法保护(Protection of Consumer Rights and Interests by Judicial Organs)

国家检察机关、审判机关同样承担着国家保护消费者合法权益的职责,是国家对消费者合法权益保护的最后一道防线。根据《消费者权益保护法》第34、35条,司法机关应当依照法律、法规的规定,惩处经营者在提供商品和服务过程中侵害消费者合法权益的违法犯罪行为;人民法院应当采取措施,方便消费者提起诉讼,对符合《民事诉讼法》起诉条件的消费者权益争议,必须受理,及时审理。

三、消费者组织对消费者权益的保护(Protection of Consumer Rights and Interests by Consumers' Organizations)

(一)消费者组织的概念和特征(The Definition and Features of Consumers' Organizations)

消费者组织是为维护消费者合法权益由消费者自发组织起来的或由其他社会团体联合组建的社会团体。消费者组织具有以下法律特征:(1)消费者组织的性质是社会团体,所谓社会团体,是指以一定的目的组织起来的人的集合体。(2)消费者组织以保护消费者的利益为宗旨。保护消费者的利益是消费者组织得以存在的出发点和落脚点,也是其区别于其他社会团体的根本标志。(3)消费者组织不以营利为目的。这是由其社会团体的性质所决定的,消费者组织的成立是为了实现保护消费者权益的宗旨,而不是获取其自身的收益。(4)消费者组织具有相对的独立性。消费者组织具有其相对独立的经费来源、组织机构、工作人员、组织宗旨,其在行使职责和进行活动的过程中不受任何组织或个人的干涉。

(二)国外消费者组织(Consumers' Organizations Abroad)

国外消费者组织的产生是与风起云涌的消费者运动紧密相连的,这些消费者组织大多具有民间性或者半官方性,对世界范围内的消费者保护发挥了巨大的作用。以下是几个具有代表性的外国消费者组织。

1. 国际消费者联盟组织(International Organization of Consumers Unions)
国际消费者联盟组织简称 IOCU,是由美国消费者联盟、英国消费者协会、澳大利亚消费者协会、荷兰消费者联盟和比利时消费者协会五个消费者组织于

1960 年发起成立的消费者团体国际联络组织,也是一个独立的、非营利性和非政治性的组织。中国于 1987 年 9 月被接纳为国际消费者联盟的正式成员。

2. 美国消费者联盟(The Consumer Federation of America)

该联盟成立于 1936 年,是一个旨在保护消费者利益的全国性的民间组织,其成员主要是一些收入较高的并且接受过良好教育的人;其组织机构由技术部、信息部、书籍部、电视部、管理部和三个法律部组成;其主要资金来源主要靠出版《消费者报道》(Consumer Report)和其他刊物的收入以及一部分募捐;其对各类商品质量进行检验,并在《消费者报道》上公布检验成果、指导和组织消费者运动、促进消费者教育等。

3. 英国消费者协会(The UK Consumers Association)

该组织成立于 1957 年,是英国最大的消费者组织。它创办的杂志经常向消费者介绍一些同类商品的优缺点;对商品的安全等实际问题采取各种手段进行检验;编写各种有关消费者保护的浅显易懂的书籍,向消费者宣传消费知识和法律知识。

4. 日本消费者协会(The Japan Consumer Association)

该协会成立于 1961 年 9 月,其目的是通过对商品的调查研究,提出公正的情报及启蒙教育,保护消费者的利益。日本消费者协会开展消费者权益活动,为消费者提供购物指南;受理消费者对商品的投诉;向企业反映消费者的意见。

(三) 中国消费者协会(Chinese Consumers'Association)

我国也成立了形式多样的消费者组织,其中最为典型的就是消费者协会。目前,全国的省、市、县各级都成立有消费者协会;除此以外,我国的消费者组织还有消费者保护基金会、消费者组织联合会、消费者事务研究会、消费者保护法学研究会等多种形式。这里主要以消费者协会为例来介绍我国的消费者组织。

《消费者权益保护法》第 36 条规定:消费者协会和其他消费者组织是依法成立的对商品和服务进行社会监督的保护消费者合法权益的社会组织。中国消费者协会由国务院批准设立,办事机构一般挂在同级工商行政管理部门,具有较强的半官方性。根据《消费者权益保护法》第 37 条的规定,消费者协会履行下列职能:

(1) 向消费者提供消费信息和咨询服务。作为代表消费者利益的社会团体,消费者协会应当充分利用自己所掌握的社会资源,对消费领域的有关信息进行调查和了解,及时、充分地通过网站、报刊、公告等形式将信息提供给消费者以指导他们正确地进行消费。这有利于提高消费者维护自身合法权益的能力,引导文明、健康、节约资源和保护环境的消费方式。

(2) 参与制定有关消费者权益的法律、法规、规章和强制性标准。消费者协会是消费者权益的代表者,其参与制定有关法律、法规、规章和标准,有利于更好地维护消费者的合法权益。

(3) 参与有关行政部门对商品和服务的监督、检查。消费者协会应当和相关行政部门相互配合,一方面,由其将消费者的意见反映给行政部门;另一方面,消费者协会也因为得到行政部门的委托或者授权而更加具有权威性。

(4) 就有关消费者合法权益的问题,向有关行政部门反映、查询、提出建议。消费者协会应当成为广大消费者的代言者,将普遍存在的消费者权益方面的需求及时地向有关部门反映。

(5) 受理消费者投诉,并对投诉事项进行调查、调解。尽管消费者协会不具有裁决权,但作为专门保护消费者权益的团体,其在经济实力、社会地位等方面仍然要优于单个的消费者,在消费者自行交涉无法得到解决的情况下,由其出面对相关事实进行调查、调解,更有助于保障消费者的权益。

(6) 投诉事项涉及商品和服务质量问题的,可以委托具备资格的鉴定人鉴定,鉴定人应当告知鉴定意见。

(7) 就损害消费者合法权益的行为,支持受损害的消费者提起诉讼或者依法提起诉讼。和行政机关的保护相比,消费者协会是完全站在消费者的立场保护消费者权益。因此,支持消费者提起诉讼既是其权利,也是其义务。对侵害众多消费者合法权益的行为,中国消费者协会以及在省、自治区、直辖市设立的消费者协会,可以向人民法院提起诉讼。

(8) 对损害消费者合法权益的行为,通过大众传播媒介予以披露、批评。消费者协会应当充分发挥社会监督的资源,通过各类传播媒介的披露让不法经营者无处遁形。

(三) 其他消费者组织(Other Consumer Organizations)

发达国家的消费者组织不仅数量多,而且呈多元化状态。如各种会员制的消费者协会、消费者联盟、消费者联合会、消费者研究会等,它们之间在职能上都有所侧重,如有的专门从事商品的比较检验、咨询和信息提供;有的专门从事解决消费者争议的调解、仲裁;有的专门从事汽车、食品、生物工程、药物、法律、教育等某一方面的研究和消费者保护工作,越来越朝着专业化分工的专家支援型组织形态发展。此外,还有诸多以捐赠财产为成立基础的消费者保护基金会,例如比利时第三世界消费者基金会、德国的消费品检验基金会、荷兰的比较试验基金会、瑞士的消费者保护基金会、厄瓜多尔的消费者教育与保护基金会以及我国台湾地区的消费者基金会等。它们开展的比较检验、法律援助、调解、咨询等活动也具有很强的专业性、权威性,因此深得消费者信任。①

四、消费争议解决(Settlement of Consumption Disputes)

根据我国《消费者权益保护法》第 39 条的规定,消费者和经营者之间发生消费者权益争议时,可以通过下列途径解决:(1)与经营者协商调解(consult and negotiate);(2)请求消费者协会或者依法成立的其他调解组织调解(request to mediate);(3)向有关行政部门申诉(complain to relevant administrative departments),有关部门应当自收到投诉之日起七个工作日内予以处理并告知消费者;(4)根据与经营者达成的仲裁协议提请仲裁机构仲裁(apply for arbitration);(5)向人民法院提起诉讼(sue);(6)消费者协会提起诉讼(sue by consumer association),对侵害众多消费者合法权益的行为,中国消费者协会以及在省、自治区、直辖市设立的消费者协会,可以向人民法院提起诉讼。

尽管我国已建立了多种消费争议解决机制,但可能仍无法满足生活需要。在国外,一些发达国家已经建立了一套较为适合消费纠纷的纠纷解决机制,如小额诉讼、集团诉讼、消费仲裁等,②这些先进经验值得我们借鉴。

第五节　侵害消费者权益的法律责任

Section Five　Legal Responsibilities Arising from Infringement upon Consumers' Rights and Interests

一、民事责任(Civil Liabilities)

1. 经营者承担民事责任的情形(Circumstances under Which Business Operators Shall Bear Civil Liabilities)

《消费者权益保护法》第 48 条以列举的方式明确规定经营者承担民事责任的几种主要情形:(1)提供的商品存在缺陷的;(2)不具备商品应当具备的使用性能而出售时未作说明的(如果经营者在出售商品或者提供服务时对其不具备相应使用性能的情形作出了说明,就可以免于负民事责任);(3)不符合在商品或者包装上注明采用的商品标准的;(4)不符合商品说明、实物样品等方式表明的质量状况的;(5)生产国家明令淘汰的商品或者销售失效、变质的商品的;(6)销售的商品数量不足的;(7)服务的内容和费用违反约定的;(8)对消费者提出的修理、重做、更换、退货、补足商品数量、退还货款和服务费用或者赔偿损失的要求,故意拖

---

① 孙颖:《论消费者组织的运作与发展》,《法学评论》2010 年第 1 期。

② 冯玉军、林海:《我国消费者权利保护体系完善研究——基于消协组织投诉受理情况与典型案例的实证分析》,《法学杂志》2014 年第 1 期。

延或者无理拒绝的;(9)法律、法规规定的其他侵害消费者权益的情形。对此,经营者根据《消费者权益保护法》和其他有关法律、法规的规定,承担民事责任。另外,经营者对消费者未尽到安全保障义务,造成消费者损害的,应当承担侵权责任。

2. 承担损害赔偿责任主体的确定(Determination of Subjects that Shall Bear Civil Liabilities)

根据我国《消费者权益保护法》,承担侵害消费者权益赔偿责任的主体如下:

(1)由生产者、销售者承担赔偿责任。消费者在购买、使用商品时,其合法权益受到损害的,可以向销售者要求赔偿。销售者赔偿后,属于生产者的责任或者属于向销售者提供商品的其他销售者的责任的,销售者有权向生产者或者其他销售者追偿。消费者或者其他受害人因商品缺陷受到人身、财产损害的,可以向销售者要求赔偿,也可以向生产者要求赔偿。属于生产者责任的,销售者赔偿后,有权向生产者追偿;属于销售者责任的,生产者赔偿后,有权向销售者追偿。

(2)服务者承担赔偿责任。消费者在接受服务时,其合法权益受到损害的,可以向服务者要求赔偿。

(3)由变更后的企业承担赔偿责任。消费者在购买、使用商品或者接受服务时,其合法权益受到损害,因原企业分立、合并的,可以向变更后承受其权利义务的企业要求赔偿。

(4)营业执照的使用人或持有人承担的赔偿责任。经营者使用他人营业执照违法经营所提供的商品或者服务,损害消费者合法权益的,消费者可以向经营者要求赔偿,也可以向营业执照的持有人要求赔偿。

(5)展销会的举办者、租赁柜台的经营者承担赔偿责任。消费者在展销会、租赁柜台购买商品或者接受服务,其合法权益受到损害的,消费者可向销售者或者服务者要求赔偿;展销结束后或者柜台租赁期满后,也可以向展销会的举办者、柜台的出租者要求赔偿。展销会的举办者、柜台的出租者赔偿后,有权向销售者或者服务者追偿。

(6)由从事虚假广告的经营者承担赔偿责任。经营者利用虚假广告提供商品或者服务,使消费者合法权益受到损害的,可以向经营者要求赔偿;广告的经营者发布虚假广告的,消费者可以请求行政主管部门予以惩处;广告的经营者不能提供经营者的真实名称、地址的,应当承担赔偿责任。广告经营者、发布者设计、制作、发布关系消费者生命健康的商品或者服务的虚假广告,造成消费者损害的,应当与提供该商品或者服务的经营者承担连带责任。社会团体或者其他组织、个人在关系消费者生命健康的商品或者服务的虚假广告或者其他虚假宣传中向消费者推荐商品或者服务,造成消费者损害的,应当与提供该商品或者服务的经营者承担连带责任。

（7）网络交易平台提供者承担赔偿责任或连带责任。不能提供销售者或者服务者的真实名称、地址和有效联系方式的，消费者也可以向网络交易平台提供者要求赔偿。网络交易平台提供者赔偿后，有权向销售者或者服务者追偿。网络交易平台提供者明知或者应知销售者或者服务者利用其平台侵害消费者合法权益，未采取必要措施的，依法与该销售者或者服务者承担连带责任。

3. 承担民事责任的一般内容（General Contents of Civil Liabilities）

（1）人身损害的民事责任（Civil Liabilities for Personal Injuries and Damages）。人身损害的民事责任是指经营者提供商品或服务造成消费者人身伤害、残疾、死亡或侵犯消费者人格尊严应当承担的民事责任。经营者提供商品或者服务，造成消费者或者其他受害人人身伤害的，应当赔偿医疗费、护理费、交通费等为治疗和康复支出的合理费用，以及因误工减少的收入。造成残疾的，还应当赔偿残疾生活辅助具费和残疾赔偿金。造成死亡的，还应当赔偿丧葬费和死亡赔偿金。

经营者违反《消费者权益保护法》规定，侵害消费者的人格尊严、侵犯消费者人身自由或者侵害消费者个人信息依法得到保护的权利的，即对消费者进行侮辱、诽谤、非法搜查消费者身体及携带的物品和限制、剥夺消费者人身自由、侵害消费者个人信息保护权利的，应承担下列责任：停止侵害、恢复名誉、消除影响、赔礼道歉、赔偿损失。

（2）财产损害的民事责任（Civil Liabilities for Property Damages）。消费者在消费过程中遭受的财产损害既包括所购买商品本身的损害也包括商品以外其他财产的损失。《消费者权益保护法》第52条规定了经营者对消费者所遭受的财产损失一般所需承担的责任，即应当按照消费者的要求，以修理、重作、更换、退货、补足商品数量、退还货款和服务费用或者赔偿损失等方式承担民事责任。但是如果消费者和经营者之间另有约定的，可以按照约定承担责任。除了上述的一般规定以外，《消费者权益保护法》还规定，经营者以预收款方式提供商品或者服务的，应当按照约定提供。未按照约定提供的，应当按照消费者的要求履行约定或者退回预付款，并应当承担预付款的利息、消费者必须支付的合理费用。依法经有关行政部门认定为不合格的商品，消费者要求退货的，经营者应当负责退货。

4. 精神损害赔偿（Compensation for Mental Damages）

精神赔偿问题始终是法学理论界和司法界一直争论的问题之一。争论的焦点有两个：一是精神赔偿的认定问题；二是精神赔偿数额的确定。在消费领域，有关精神赔偿的案例也不在少数，如1998年上海的"屈臣氏搜身案"。《消费者权益保护法》第49条、51条规定的残疾赔偿金、死亡赔偿金和对消费者人格尊严及人身自由侵害的损失赔偿，实际上都包含了精神赔偿的因素。同时，《消费者权益保护法》还明确规定了可以提起精神损害赔偿救济的情形：经营者明知商品或者服务存在缺陷，仍然向消费者提供，造成消费者或者其他受害人死亡或者健康严重损害的;侮辱诽谤;搜查身体;侵犯人身自由等情形。

除了《消费者权益保护法》的上述规定外,2001年2月26日,最高人民法院也出台了有关精神损害赔偿的明确的司法解释,即《关于确定民事侵权精神损害赔偿责任若干问题的解释》。这一司法解释的出台为我国各级法院审理侵犯消费者权益案件中的精神损害赔偿问题提供了法律依据。根据该司法解释的规定,作为消费者的自然人在消费过程中下列人格权利遭受非法侵害时,可以在向人民法院起诉时一并或者单独提出精神损害赔偿请求:(1)生命权、健康权、身体权;(2)姓名权、肖像权、名誉权、荣誉权;(3)人格尊严权、人身自由权。

5. 惩罚性赔偿(Punitive Damages)

根据我国《消费者权益保护法》第55条,经营者提供商品或者服务有欺诈行为(fraud)的,应当按照消费者的要求增加赔偿其受到的损失,增加赔偿的金额为消费者购买商品的价款或者接受服务的费用的三倍;增加赔偿的金额不足五百元的,为五百元。法律另有规定的,依照其规定。经营者明知商品或者服务存在缺陷,仍然向消费者提供,造成消费者或者其他受害人死亡或者健康严重损害的,受害人有权要求经营者依照该法第49条、第51条等法律规定赔偿损失,并有权要求所受损失二倍以下的惩罚性赔偿。这一规定是对我国民事赔偿制度的发展和完善,其赋予消费者要求经营者增加赔偿的权利。

根据上述规定,惩罚性赔偿制度适用于消费欺诈情形和商品或者服务缺陷情形。所谓欺诈,最高人民法院《关于贯彻执行〈中华人民共和国民法通则〉若干问题的意见》中规定:一方故意告知对方虚假情况或故意隐瞒真实情况,诱使对方作出错误的意思表示的行为。但是,消费者受到欺诈是否以经营者故意为要件?是否以消费者陷入意思错误为要件?合理的理解都应对上述问题作出否定回答。因为消费者受到欺诈的考察点在于消费者因经营者的不当信息而受到损害。经营者信息不当可能是其故意导致,如虚构事实、隐瞒真相,也可能是其过失导致,如表述不清楚、披露方式不合理,只要消费者在此信息语境中受到损害即为受到欺诈。因此,有研究认为,欺诈在合同法中是一种意思瑕疵,在信息社会里欺诈作为误导公众的行为,只要在客观上有误导消费者的效果,就足以构成欺诈。① 国家工商行政管理局1996年发布的《欺诈消费者行为处罚办法》第2条也规定:欺诈消费者行为是指经营者在提供商品或者服务中,采取虚假的或者其他不正当手段欺骗、误导消费者,使消费者的合法权益受到损害的行为。具体包括:(1)销售掺杂、掺假、以假充真、以次充好的商品的;(2)采取虚假或者其他不正当手段使销售的商品分量不足的;(3)销售"处理品"、"残次品"、"等外品"等商品而谎称是

---

① 谢晓尧:《欺诈:一种竞争法的理论诠释——兼论〈消费者权益保护法〉第49条的适用与完善》,《现代法学》2003年第2期。

正品的;(4)以虚假的"清仓价"、"甩卖价"、"优惠价"或者其他欺骗性价格表示销售商品的;(5)以虚假的商品说明、商品标准、实物样品等方式销售商品的;(6)不以自己的真实名称和标记销售商品的;(7)采取雇佣他人等方式进行欺骗性的销售诱导的;(8)作虚假的现场演示和说明的;(9)利用广播、电视、电影、报刊等大众传播媒介对商品作虚假宣传的;(10)骗取消费者预付款的;(11)利用邮购销售骗取价款而不提供或者不按照约定条件提供商品的;(12)以虚假的"有奖销售"、"还本销售"等方式销售商品的;(13)以其他虚假或者不正当手段欺诈消费者的行为。另外,依照《欺诈消费者行为处罚法》规定,还有五种推定欺诈行为,包括:(1)销售失效、变质商品的;(2)销售侵犯他人注册商标权的商品的;(3)销售伪造产地、伪造或者冒用他人的企业名称或者姓名的商品的;(4)销售伪造或者冒用他人商品特有的名称、包装、装潢的商品的;(5)销售伪造或者冒用认证标志、名优标志等质量标志的商品的。

对于商品或者服务缺陷情形的惩罚性赔偿救济,还需具备以下条件:商品或者服务存在缺陷;经营者明知商品或者服务缺陷存在;经营者仍然向消费者提供缺陷商品或者服务;缺陷商品或者服务造成消费者或者其他受害人死亡或者健康严重损害。

二、行政责任(Administrative Responsibilities)

出于对处于弱势地位的消费者的特殊保护的宗旨,在消费领域,法律、法规不仅规定了经营者的民事责任,而且还规定了其广泛的行政责任。《消费者权益保护法》第56条对此作出了具体的规定。

1. 承担行政责任的具体情形(Circumstances under Which Business Operators Shall Bear Administrative Responsibilities)

对于违反《消费者权益保护法》的规定,经营者须承担行政责任的具体情形有:(1)提供的商品或者服务不符合保障人身、财产安全要求的;(2)在商品中掺杂、掺假,以假充真,以次充好,或者以不合格商品冒充合格商品的;(3)生产国家明令淘汰的商品或者销售失效、变质的商品的;(4)伪造商品的产地,伪造或者冒用他人的厂名、厂址,篡改生产日期,伪造或者冒用认证标志等质量标志的;(5)销售的商品应当检验、检疫而未检验、检疫或者伪造检验、检疫结果的;(6)对商品或者服务作虚假或者引人误解的宣传的;(7)拒绝或者拖延有关行政部门责令对缺陷商品或者服务采取停止销售、警示、召回、无害化处理、销毁、停止生产或者服务等措施的;(8)对消费者提出的修理、重作、更换、退货、补足商品数量、退还货款和服务费用或者赔偿损失的要求,故意拖延或者无理拒绝的;(9)侵害消费者人格尊严、侵犯消费者人身自由或者侵害消费者个人信息依法得到保护的权利的;(10)法律、法规规定的对损害消费者权益应当予以处罚的其他情形。

2. 处罚机关和处罚方式(Organs of Implementing Administrative Punishments and Forms of Administrative Punishments)

根据《消费者权益保护法》第 56 条的规定,对于违反规定损害消费者权益的,其他有关法律、法规对处罚机关和处罚方式有规定的,依照法律、法规的规定执行;法律、法规未作规定的,由工商行政管理部门或者其他有关行政部门责令改正,可以根据情节单处或者并处警告、没收违法所得、罚款、责令停业整顿、吊销营业执照的行政处罚。此外,处罚机关应当记入信用档案,向社会公布。经营者对行政处罚决定不服的,可以依法申请行政复议或者提起行政诉讼。

三、刑事责任(Criminal Responsibilities)

根据《消费者权益保护法》的有关规定,追究刑事责任的情况主要有以下几种:(1)经营者违法提供商品或者服务,侵害消费者合法权益,构成犯罪的;(2)以暴力、威胁等方法阻碍有关行政部门工作人员依法执行职务的;(3)国家机关工作人员有玩忽职守或者包庇经营者侵害消费者合法权益的行为,情节严重,构成犯罪的。当然,随着市场经济的发展,损害网络消费者、金融消费者的违法行为情节严重的,需要完善刑法进行规制。

第九章　产品质量法
Chapter Nine　Product Quality Law

第一节　产品质量和产品质量法
Section one　Product Quality and Product Quality Law

一、产品质量的界定（The Definition of Product Quality）

1. 产品的含义（The Definition of Product）

通常意义上的产品，是指通过人们的劳动创造出来的一切具有使用价值、能够满足人们生产消费和生活消费的物质实体。这种对产品含义的界定和产品质量法中产品的含义具有很大差异，产品质量法中的产品具有严格的法律意义，其范围大大窄于一般意义上的产品。

我国《产品质量法》（Law of the People's Republic of China on Product Quality）在第 2 条中规定："本法所称产品是指经过加工、制作，用于销售的产品。"同时规定："建筑工程不适用本法，但建筑工程使用的建筑材料、建筑构配件和设备，属前述产品范围的，适用本法规定。"另外，该法第 73 条规定："军工产品质量监督管理办法，由国务院、中央军事委员会另行制定。因核设施、核产品造成损害的赔偿责任，法律、行政法规另有规定的，依照其规定。"根据上述规定，我国产品质量法中的产品必须具备以下几点特征：（1）必须经过加工、制作。因此初级农产品（primary agricultural products）和未经过加工的天然形成产品（natural products），如原矿、原煤、石油等都不属于产品的范围。（2）必须以投入商业流通为目的。因此，一般不进入市场销售的军工产品（military products）、仅用于家庭自身消费的自制物品都不属于产品质量法所指的产品的范围。（3）产品主要指动产（movables or chattels），建筑工程等不可移动的不动产（real estate），因其有特殊的质量要求，也排除在产品质量基本法调整范围之外。另外，核设施、核产品（nuclear facilities or products）尽管属于产品，但具有特殊性，对其质量规制也有特殊规则。

比较国外立法，各国对产品质量法中产品范围的界定也不尽相同。在美国，商务部 1979 年公布的《统一产品责任示范法》（Model Uniform Product Liability Act）给产品所下的定义是："产品是具有真正价值的，为进入市场而生产的，能够作为组装整件或者作为部件，零售交付的物品，但人体组织、器官、血液组成成分除外。"而在司法实践中,出于保护产品使用者的基本公共政策的考虑,法官们的态度则倾向于采取更广泛、更灵活的产品定义。1985年公布的《欧共体产品责任指令》(Product Liability Directives of the European Community)第2条规定,产品指一切动产,还包括电,但不包括农业原产品和狩猎产品,同时允许各成员国通过国内立法将农业原产品和狩猎产品包括在产品范围内。英国1987年制定的《消费者保护法》(Consumer Protection Act 1987)规定,产品指"任何物品或电,且包括不论是作为零部件还是作为其他东西装到另一产品中的产品"。德国1989年在《产品责任法》(Product Liability Act)中规定的产品是指一切动产,而且动产也包括"构成另一动产或不动产之一部的物,同时也包括电",但"未经加工"的农业产品不是产品。

从上述国外立法对产品的定义可以看出,国外对产品范围的界定普遍采取比较宽泛的态度,这对进一步完善我国《产品质量法》中产品范围的规定具有一定的借鉴作用。如,是否应当将电、利用管道输送的燃气、油品、热能、血液及其制品、计算机软件和类似的电子产品,经过初加工的农产品纳入到产品的范围内都是值得探讨的。其中,有两个问题值得思考:一是上述特殊客体的质量是否应受到规制;二是如果需要规制,应规定在统一的质量法甚至是产品质量法中还是在不同法律法规中。一般而言,特殊客体质量受到法律规制毋庸置疑,只要其质量中的风险能为客体提供者可控。[1] 不过,鉴于诸多客体的复杂性,制定一部统一的质量法或产品质量法进行规制也不一定合理。

2. 产品质量的定义(The Definition of Product Quality)

根据国际标准化组织颁布的ISO8402—86标准,产品质量为"产品或服务满足规定或潜在需要的特征和特性的总和"。在我国,根据相关法律、法规的规定,产品质量的定义是:产品在正常使用的条件下,满足合理使用要求所必需的适用性、安全性、可靠性、维修性、经济性和环境性等特性的总和。产品质量一般应当具备以下特征:(1)适用性(applicable),即产品在合理使用的情况下,应当具备能够满足消费者某种特定需要的特性。(2)安全性(safe),即产品在正常使用时,不应当具有可能危害消费者人身、财产利益的危险。(3)可靠性(reliable),即产品在一定时间和一定条件下应当具有应有的功能。一般可用功能效率、平均寿命、失效率、平均故障时间、平均无故障工作时间等参量进行评定。(4)维修性(maintainable),即产品发生故障时,可以通过维修恢复其应有的功能。(5)经济性(economical),即产品的设计、制造、使用等各方面所付出或所消耗成本的程度以及其可获得的经济的效益。

---

[1]　季义流:《论产品的范围》,《当代法学》2002年第11期。

二、产品质量法概述（Introduction to Product Quality Law）

1. 界定（Definition）

产品质量法有广义和狭义之分。广义的产品质量法是指所有涉及产品质量的法律规范的总称，除了《产品质量法》以外，还包括《民法通则》、《药品管理法》、《食品安全法》、《农产品质量安全法》、《棉花质量监督管理条例》、《乳品质量安全监督管理条例》、《建设工程质量管理条例》、《武器装备质量管理条例》等。狭义的产品质量法是指国家制定的有关产品质量的专门法律文件，即 1993 年 9 月 1 日起施行、2000 年修正的《中华人民共和国产品质量法》。

2. 调整对象（Governing Scope）

产品质量法是调整在产品生产、流通以及监督管理过程中，因产品质量而发生的各种经济关系的法律规范的总称。在我国，《产品质量法》的调整对象包括两类：一是产品质量责任关系——即生产者、销售者与用户、消费者之间因产品质量问题而产生的产品质量责任关系；二是产品质量监督管理关系——即行政机关执行产品质量管理职能时和经营者之间所发生的监督与被监督、管理与被管理的经济关系。

3. 立法价值（Goals of Legislation）

《产品质量法》第 1 条对其立法价值作出了表述："为了加强对产品质量的监督管理，提高产品质量水平，明确产品质量责任，保护消费者的合法权益，维护社会经济秩序。"详言之，可以概括为以下几个方面：

（1）通过立法加强对产品质量的监督管理，明确产品质量责任，从而提高产品质量水平。作为针对产品质量问题的专门立法，普遍提高国家产品质量水平是产品质量法最主要也是最直接的目的。

（2）通过产品质量立法，维护消费者的合法权益。《产品质量法》是保护消费者权益相关法律、法规的重要组成部分。和《消费者权益保护法》相比，《产品质量法》中强制性的规定较多，主要从提高国家产品质量水平、加强对经营者生产过程、生产产品的管理的角度来保护消费者权益，是《消费者权益保护法》很好的补充。

（3）通过产品质量立法，维护社会经济秩序。此为产品质量法的最终目的。产品质量问题是一个关系到社会公共利益和公共安全的问题，如果这一块无法得到保证，必然会引起社会经济秩序的紊乱。

第二节　产品质量义务

Section Two　Obligations of Producers and Sellers for Product Quality

一、生产者的产品质量义务(Obligations of Producers)

1. 生产者保证产品质量的义务(Producers Shall Guarantee the Quality of Products)

我国《产品质量法》第 26 条规定,生产者应当对其生产的产品质量负责,应当符合下列要求:(1) 不存在危及人身、财产安全的不合理危险,有保障人体健康和人身、财产安全的国家标准、行业标准的,应当符合该标准;(2) 具备产品应当具备的使用性能,但是,对产品存在使用性能的瑕疵作出说明的除外;(3) 符合在产品或者其包装上注明采用的产品标准,符合以产品说明、实物样品等方式表明的质量状况。

以上生产者所承担的保障产品质量的义务可概括为两种类型:一是明示的保证义务;二是默示的保证义务。其中,所谓"注明采用的产品标准",是指生产者在组织生产过程中所采用的检验产品内在质量的标准,并将此标准的编号标注在产品标识上。无论是国家标准、行业标准,还是地方标准、企业标准;无论是强制性标准,还是推荐性标准,一经企业采用,并且明确标注在产品标识上,即成为产品的明示担保条件和质量判定依据。①

2. 产品包装标识符合规定要求的义务(Indications on Products or Its Packages Should Comply with Specified Requirements)

《产品质量法》第 27 条规定,产品或者其包装上的标识必须真实,并符合下列要求:(1) 有产品质量检验合格证明。(2) 有中文标明的产品名称、生产厂厂名和厂址。(3) 根据产品的特点和使用要求,需要标明产品规格、等级、所含主要成分的名称和含量的,应用中文予以标明;需要事先让消费者知晓的,应当在外包装上标明,或者预先向消费者提供有关资料。(4) 限期使用的产品,应当在显著位置清晰地标明生产日期和安全使用期或者失效日期。(5) 使用不当,容易造成产品本身损坏或者可能危及人身、财产安全的产品,应当有警示标志或中文的警示说明。裸装的食品和其他根据产品的特点难以附加标识的裸装产品,可以不附加产品标识。

另外,《产品质量法》第 28 条对特殊产品的包装作出了规定,易碎、易燃、易爆、有毒、有腐蚀性、有放射性等危险物品以及储运中不能倒置和其他有特殊要求

---

① 潘光政:《浅谈生产者、销售者的产品质量义务》,《上海标准化》1997 年第 4 期。

的产品,其包装质量应当符合相应要求,依照国家有关规定作出警示标志或者中文警示说明,标明储运注意事项。

3. 生产者不得违反禁止性规定的义务(Producers Shall not Violate Prohibitive Provisions)

《产品质量法》第 29 条至第 32 条对此作出了规定:(1) 生产者不得生产国家明令淘汰的产品;(2) 生产者不得伪造产地,不得伪造或者冒用他人的厂名、厂址;(3) 生产者不得伪造或者冒用认证标志等质量标志;(4) 生产者不得在生产产品中,掺杂、掺假,以假充真、以次充好,不得以不合格产品冒充合格产品。

二、销售者的产品质量义务(Obligations of Sellers for Product Quality)

我国《产品质量法》规定的销售者的产品质量义务主要表现在以下几个方面:(1) 应当建立并执行进货检查验收制度,验明产品合格证明和其他产品标识;(2) 应当采取措施保持销售产品的质量;(3) 不得销售国家明令淘汰并停止销售的产品和失效、变质的产品;(4) 销售的产品标识应当符合关于产品或者其包装上的标识的各项规定;(5) 不得伪造产地,不得伪造或者冒用他人的厂名、厂址;(6) 不得伪造或者冒用认证标志等质量标志;(7) 销售产品,不得掺杂、掺假,不得以假乱真、以次充好,不得以不合格产品冒充合格产品。

其中,"产品进货检查验收",包括产品标识检查、产品感观检查和必要的产品内在质量的检验。"产品标识检查"是指销售者应当按照产品质量法律、法规的规定,检查进货产品的各种标识,如合格证明、产品名称、厂名、厂址、生产日期、安全使用期、失效日期、警示标志、警示说明等。"产品感观检查"是指销售者采用看、摸、揉、搓、捻、品等各种简便易行的方法,对进货产品的质量进行感观判定。"产品内在质量的检验",是指销售者对大宗进货产品的内在质量发生怀疑,可以通过对其主要质量指标的检验,把住进货质量关。销售者应当根据产品的不同特点,采取必要的防雨、防晒、防霉变、隔离、分类等方式,对某些特殊产品的保管,还应当采取控制温度、湿度等措施,保持进货产品的原有质量状况。[①] 依照法律、法规规定实行生产许可证或者强制性产品认证制度的产品,销售者还应当查验许可证、认证证书。销售者销售的进口产品,应当用中文标明产品名称、产地以及进口商或者总经销者名称、地址;关系人体健康和人身、财产安全或者对使用、维护有特殊要求的产品,应当附有中文说明书;限期使用的产品,应当有中文注明的失效日期;用进口散件组装或者分装的产品,应当在产品或者包装上用中文注明组装或者分装厂的厂名、厂址。机器设备、仪器仪表以及结构复杂的耐用消费品,应当根据产品特点附有安装、使用、维修、保养的说明书。

---

① 潘光政:《浅谈生产者、销售者的产品质量义务》,《上海标准化》1997 年第 4 期。

第三节 产品质量监督管理

Section Three Product Quality Regulation

一、产品质量监督管理概述(Introduction to Product Quality Regulation)

在我国,产品质量监督管理是指国务院产品质量监督部门及地方各级产品质量监督部门,依据国家有关法律、法规和规章的规定以及人民政府赋予的行政职权,对生产、流通领域的产品质量实施的一种具有监督性质的检查活动。产品质量问题关系到人民群众的切身利益,国家实行产品质量监督管理制度,其主要目的就是通过监督检查,掌握市场上流通的产品质量状况,了解产品信息;为对产品质量实施宏观调控以及对相关经营者作出奖惩提供决策依据;促使生产者增强保证其产品质量的社会责任感,保护广大消费者的利益。

二、产品质量监督管理体制(Administrative System for Product Quality Regulation)

1. 产品质量监督管理的机构设置(Departments for Product Quality Regulation)

我国对产品质量实行的是"统一领导,密切配合"的管理体制。《产品质量法》第 8 条规定:国务院产品质量监督部门主管全国产品质量监督工作,国务院有关部门在各自的职责范围内负责产品质量监督工作;县级以上地方产品质量监督部门主管本行政区域内的产品质量监督工作,县级以上地方人民政府有关部门在各自的职责范围内负责产品质量监督工作。

按照我国现行的国务院机构设置,国家产品质量主管部门应该指国家质量监督检验检疫总局;县级以上地方产品质量监督部门是指各省、自治区、直辖市人民政府的产品质量监督部门,以及按照国务院 1999 年 2 月批转的关于在省以下质量技术监督系统实行垂直管理的规定,在市、县一级设置的省级人民政府产品质量监督部门的直属机构。另外,产品质量监督管理的职能部门也在各自的职权范围以内密切配合主管机关对产品质量问题进行监督管理,如国家工业和信息化部、农业部、卫生部、国家工商行政管理总局、国家安全生产监督管理总局等都负有一定的对产品质量进行监督管理的职责。其中,国家质量监督检验检疫主要负责生产环节的商品质量监督管理,而工商部门主要负责流通环节的商品质量监督管理。

2. 产品质量监督管理机构的职权、义务(Powers and Duties of Departments for Product Quality Regulation)

作为国家产品质量监督管理的主管部门,国家质检总局全面管理各个行业、各个方面的产品质量问题。具体包括：质量管理、计量管理、通关管理、卫生检疫管理、商品检验管理、食品安全管理、认证认可监督管理、标准化管理等。《产品质量法》第18条对产品质量监督部门行政执法所享有的职权作出了规定，主要有：(1) 对当事人涉嫌从事违法生产、销售活动的场所实施现场检查；(2) 向当事人的法定代表人、主要负责人和其他有关人员调查、了解与涉嫌从事违法生产、销售活动有关的情况；(3) 查阅、复制当事人有关的合同、发票、账簿以及其他有关资料；(4) 对有根据认为不符合保障人体健康和人身、财产安全的国家标准、行业标准的产品或者有其他严重质量问题的产品，以及直接用于生产、销售该项产品的原辅材料、包装物、生产工具，予以查封或者扣押。县级以上工商行政管理部门按照国务院规定的职责范围，对涉嫌违法的行为进行查处时，可以行使前述职权。

同时，产品质量监督部门及有关部门在监督检查产品质量的过程中还应依法履行相应的义务，主要有：(1) 不得滥用职权、玩忽职守、徇私舞弊的义务。各级人民政府工作人员和其他国家机关工作人员不得滥用职权、玩忽职守或者徇私舞弊，包庇、放纵本地区、本系统发生的产品生产、销售违法行为，或者阻挠、干预依法对产品生产、销售违法行为进行查处。(2) 接受检举、申诉的义务。任何单位和个人有权对违法行为，向产品质量监督部门或者其他有关部门检举、申诉，接受检举、申诉的部门应当负责处理。(3) 发布抽查产品的质量状况公告的义务。国务院和省、自治区、直辖市人民政府的产品质量监督部门应当定期发布其监督抽查的产品的质量状况公告。(4) 不向社会推荐产品、不参与产品经营活动的义务。产品质量监督部门或者其他国家机关以及产品质量检验机构不得向社会推荐生产者的产品，不得以对产品进行监制、监销等方式参与产品经营活动。

三、产品质量监督管理制度的基本内容（Main Contents of Product Quality Regulation System）

1. 企业质量体系认证制度（The System of Quality Series Authentication for Enterprises）

企业质量体系认证制度，是指国务院产品质量监督部门或者由它授权认可的机构，根据国际通用的"质量管理和质量保证"系列标准，对企业的质量体系和质量能力进行审核合格，颁发企业质量体系认证证书，以兹证明的制度。我国《产品质量法》第14条对该项制度作出了原则性的规定。

企业质量体系是指为了实施质量管理所具有的组织结构、职责、程序、过程和资源的综合系统。按建立的目的不同，企业质量体系可以分为质量保证体系和质量管理体系。根据《产品质量法》第14条的规定，我国对于企业质量体系的认证采取的是自愿的原则，有权对其进行认证的机构应当是经国务院产品质量监督部门认可的或者经国务院产品质量监督部门授权的部门认可的认证机构。目前，我国企业质量体系认证的依据是国际通用的质量管理标准,1987年国际标准化组织颁布了ISO9000《质量管理和质量保证》系列国际标准,为开展国际的质量体系认证提供了统一依据。

国家根据经济和社会发展的需要,推行产品、服务、管理体系认证。认证机构应当按照认证基本规范、认证规则从事认证活动。认证基本规范、认证规则由国务院认证认可监督管理部门制定,涉及国务院有关部门职责的,国务院认证认可监督管理部门应当会同国务院有关部门制定。任何法人、组织和个人可以自愿委托依法设立的认证机构进行产品、服务、管理体系认证,认证机构不得以委托人未参加认证咨询或者认证培训等为理由,拒绝提供本认证机构业务范围内的认证服务,也不得向委托人提出与认证活动无关的要求或者限制条件。

对认证结论为产品、服务、管理体系符合认证要求的,认证机构应当及时向委托人出具认证证书。获得认证证书的,应当在认证范围内使用认证证书和认证标志,不得利用产品、服务认证证书、认证标志和相关文字、符号,误导公众认为其管理体系已通过认证,也不得利用管理体系认证证书、认证标志和相关文字、符号,误导公众认为其产品、服务已通过认证。认证机构应当对其认证的产品、服务、管理体系实施有效的跟踪调查,认证的产品、服务、管理体系不能持续符合认证要求的,认证机构应当暂停其使用直至撤销认证证书,并予公布。

通过企业质量认证制度的建立和实施,促进了企业内部管理水平的提高,完善企业质量管理工作,增强了企业在市场上的竞争力,也从企业整体生产环境和管理制度的设计方面更充分地保证了产品质量。

2. 产品质量认证制度(The Product Authentication System)

《产品质量法》第14条第2款规定:"国家参照国际先进的产品标准和技术要求,推行产品质量认证制度。企业根据自愿原则可以向国务院产品质量监督部门认可的或者国务院产品质量监督部门授权的部门认可的认证机构申请产品质量认证。经认证合格的,由认证机构颁发产品质量认证证书,准许企业在产品或者其包装上使用产品质量认证标志。"

产品质量认证制度的推行,一方面保护了消费者的利益,相对于缺乏商品专门知识的普通消费者而言,由经过国家认可的专门机构对产品质量进行认证,无疑更具有权威性,更能保证产品的质量水平;另一方面,也能够促使企业改进技术,提高产品质量,建立健全有效的质量保证体系。

根据有关质量法律、法规的规定,我国现行的产品质量认证制度具有以下主要内容:(1)认证机构。根据国务院2003年颁行的《认证认可条例》的规定,只有经国务院认证认可监督管理部门批准,并依法取得法人资格的认证机构才能从事批准范围内的认证活动。(2)认证标准。产品质量认证的依据是具有国际水平的国家标准、行业标准及其补充技术要求,对于我国的名、特、优产品,当没有国家标准、行业标准的时候,可以依据国家认证认可监督管理部门确认的标准和技术要求进行认证。(3)认证种类。认证可以分为安全认证和合格认证两种。安全认证是国家认可的认证机构对涉及人身健康、财产安全的产品,依据国家或行业安全标准对产品中的安全性能进行的认证;合格认证则主要是检验产品是否符合国家产品标准或行业产品标准。(4)认证对象。根据我国《产品质量法》、《标准化法》和《认证认可条例》的规定,在我国经过加工、制作、用于销售的产品,有国家标准和行业标准的都可以申请产品质量认证,但药品、实验动物质量、军工产品不在产品质量认证之列。(5)认证原则。产品质量认证通常实行自愿申请的原则,但是为了保护国家安全、防止欺诈行为、保护人体健康或者安全、保护动植物生命或者健康、保护环境,国家规定相关产品必须经过认证的,应当经过认证并标注认证标志后,方可出厂、销售、进口或者在其他经营活动中使用。

3. 标准化管理制度(The Product Quality Standard System)

标准化是指在经济、技术、科学及管理等社会实践中,对重复性事物和概念通过制定、发布和实施标准,达到统一,以获得最佳秩序和社会效益的活动。这种活动一旦法律化,就会产生标准的法律效力问题。也就是说,遵守质量标准是否是一项法律义务?如果是,质量标准就具有了法律意义的约束力。随着社会的发展,法律与科技的联系越来越紧密,技术标准将逐步具有法律的功能。当然,这种法律规则演进应当理性。

我国产品质量标准体系以国家标准、行业标准为中心,辅之以地方标准和企业标准。国家标准是指对全国经济技术发展有重大意义,需要在全国范围内统一技术要求所制定的标准;行业标准是指对没有国家标准而又需要在全国某个行业范围内统一技术要求所制定的标准;地方标准是指没有国家标准和行业标准而又需要在省、自治区、直辖市范围内统一工业产品的安全、卫生要求所制定的标准,在本行政区域内适用,不得与国家标准和行业标准相抵触;企业标准是指企业所制定的产品标准和在企业内需要协调、统一的技术要求、管理、工作要求所制定的标准。根据我国《标准化法》和《标准化法实施条例》的规定,企业生产的产品如没有国家标准、行业标准和地方标准,应制定相应的企业标准,作为组织生产的依据。企业标准由企业组织制定,并按省、自治区和直辖市人民政府的规定备案。此外,国家鼓励推行科学的质量管理方法,采用先进的科学技术,鼓励企业产品质量达到并且超过行业标准、国家标准和国际标准。对产品质量管理先进和产品质量达到国际先进水平、成绩显著的单位和个人,给予奖励。

在《产品质量法》中,产品标准的原则是"保障人体健康和人身、财产安全",《标准化法》则以"有利于保障安全和人民的身体健康,保护消费者的利益,保护环境"为原则,《进出口商品检验法》则规定了"保护人类健康和安全、保护动物或者植物的生命和健康、保护环境、防止欺诈行为、维护国家安全"的原则。因此,如何协调上述法律之间的关系,形成统一的产品质量管理制度,增强标准对国内、国外市场的适应性,①至关重要。

4. 产品质量检验制度(The Product Quality Inspection System)

产品质量检验包括经营者检验、检测机构检验和监管机关检验。生产者、销售者等经营者对产品质量应当检验合格,不得以不合格产品冒充合格产品。生产者、销售者应当建立健全内部产品质量管理制度,严格实施岗位质量规范、质量责任以及相应的考核办法。

根据产品生产流通需要,市场主体可以委托产品质量检验机构检验。产品质量检验机构必须依法按照有关标准,客观、公正地出具检验结果或者认证证明。对于列入必须进行检验目录的进出口商品,由检验机构实施检验。进口商品未经检验的,不准销售、使用;出口商品未经检验合格的,不准出口。

此外,产品质量监督部门根据监督抽查的需要,可以对产品进行检验。但是,检验抽取样品的数量不得超过检验的合理需要,并不得向被检查人收取检验费用,监督抽查所需检验费用按照国务院规定列支。生产者、销售者对抽查检验的结果有异议的,可以自收到检验结果之日起十五日内向实施监督抽查的产品质量监督部门或其上级产品质量监督部门申请复检,由受理复检的产品质量监督部门作出复检结论。

目前,除《产品质量法》外,《食品安全法》、《进出口商品检验法》、《特种设备安全法》等对产品质量检测作了特殊规定,形成了我国质量检验检疫法的体系。这一法律体系体现了安全法的属性、要求,但在价值追求上又高于安全法。②

5. 生产许可证制度(The Production License System)

20世纪80年代初,我国就开始实行生产许可证制度,国务院还制定了《工业产品生产许可证试行条例》,此后许多部委还制定了一些特殊规章。2005年,国务院制定了《工业产品生产许可证管理条例》,国家质量监督检验检疫总局此后也发布了相关实施办法。因此,生产许可证制度是目前我国产品质量管理的一项重要制度。根据《工业产品生产许可证管理条例》,国家对生产下列重要工业产品的企业实行生产许可证制度:(1)乳制品、肉制品、饮料、米、面、食用油、酒类等直接关系人体健康的加工食品;(2)电热毯、压力锅、燃气热水器等可能危及人身、财产安全的产品;(3)税控收款机、防伪验钞仪、卫星电视广播地面接收设备、无线广播电视发射设备等关系金融安全和通信质量安全的产品;(4)安全网、安全帽、建筑扣件等保障劳动安全的产品;(5)电力铁塔、桥梁支座、铁路工业产品、水工金属结构、危险化学品及其包装物、容器等影响生产安全、公共安全的产品;

---

① 邢造宇:《产品质量"法定标准"之比较》,《华东政法学院学报》2005年第1期。
② 王艳林:《质量监督检验检疫法学理新诠》,《华东政法学院学报》2005年第1期。

（6）法律、行政法规要求依照条例的规定实行生产许可证管理的其他产品。国家实行生产许可证制度的工业产品目录由国务院工业产品生产许可证主管部门会同国务院有关部门制定，并征求消费者协会和相关产品行业协会的意见，报国务院批准后向社会公布。此外，对于工业产品的质量安全通过消费者自我判断、企业自律和市场竞争能够有效保证的，不实行生产许可证制度；工业产品的质量安全通过认证认可制度能够有效保证的，不实行生产许可证制度。国务院工业产品生产许可证主管部门会同国务院有关部门适时对目录进行评价、调整和逐步缩减，报国务院批准后向社会公布。

不过，理论上一直存在生产许可证制度的存废之争。[①] 核心问题在于，生产许可证制度是否符合市场经济的基本理念，尤其是在我国已经开始建立产品质量认证制度的背景下，该制度是否还有存在的必要。我们认为，现代社会的产品质量风险需要规制，关键是在尽可能不损害市场主体经济权利的情况下何种规制手段更为有效。从这一角度看，保留部分特殊产品生产许可证制度可能是必要的；同时，通过产品质量认证制度尤其是强制性制度来规范部分产品质量风险也是合理的；而对于大多数产品的质量管理，应通过其他制度规范而不是通过生产许可证制度进行规范。

6. 以抽查为主要方式的监督检查制度（The System of Supervision and Inspection with Random Checking as the Main Form）

产品质量监督抽查是指质量技术监督部门为监督产品质量，依法组织对生产、销售的产品进行有计划的随机抽样、检验，并对抽查结果公布和处理的活动。

根据国家质检总局 2010 年 12 月 29 日发布的《产品质量监督抽查管理办法》，我国现行的以抽查为主的监督检查制度主要包括以下主要内容：

（1）抽查的对象主要包括：可能危及人体健康和人身、财产安全的产品；影响国计民生的重要工业产品；消费者、有关组织反映有质量问题的产品。

（2）负责抽查工作的部门主要是国务院产品质量监督管理部门，县级地方人民政府主管产品质量监督工作的部门在本行政区域内也可以组织监督抽查，但不得重复抽查。凡经上级部门监督抽查产品质量合格的，自抽样之日起 6 个月内，下级部门对该企业的该种产品不得重复进行监督抽查，依据有关规定为应对突发事件开展的监督抽查除外。

（3）监督抽查应当遵循科学、公正原则。抽查的实施包括抽样、检验、异议复检、结果处理等程序。监督抽查的样品应当由抽样人员在市场上或者企业成品仓库内待销的产品中随机抽取，不得由企业抽样。抽取的样品应当是有产品质量检验合格证明或者以其他形式表明合格的产品。监督抽查的样品由被抽查企业无

---

① 胡光志：《工业产品生产许可证制度存废之探析》，《现代法学》1996 年第 1 期。

偿提供,抽取样品应当按有关规定的数量抽取,没有具体数量规定的,抽取样品不得超过检验的合理需要。抽样人员封样时,应当采取防拆封措施,以保证样品的真实性。

(4)产品质量的抽查结果应当公布。组织监督抽查的质量技术监督部门负责发布监督抽查信息。未经批准,任何单位和个人不得擅自发布监督抽查信息。

第四节 产品质量责任
Section Four　Legal Responsibilities for Product Quality

一、产品质量责任概述(Introduction to Legal Responsibilities for Product Quality)

产品质量责任,是指产品的生产者、销售者以及对产品质量负有直接责任的人违反产品质量义务应承担的不利法律后果。

需要特别注意的是,产品质量责任(legal responsibilities for product quality)和产品责任(product liabilities)是两个不同的概念。产品责任,又称产品缺陷责任(legal liabilities for product defects),是指产品的生产者、销售者因产品存在缺陷而给消费者或者其他人造成人身伤害或财产损失所应承担的一种民事责任,其性质是一种侵权民事责任。产品质量责任的范围要宽于产品责任,是一种综合性责任,既包括民事责任,也包括行政责任和刑事责任;既包括产品缺陷责任,又包括产品瑕疵责任。

二、产品质量民事责任(Civil Liabilities for Product Quality)

1. 产品瑕疵责任(Civil Liabilities for Product Quality Problems Beside Defects)

产品瑕疵(product quality problems beside defects)责任,是一种合同责任,是指生产者和销售者违反产品质量明示担保(express warranty)或者默示担保(implied warranty)所应当承担的违约责任。

《产品质量法》第40条对产品瑕疵责任的具体情形作出了规定,主要包括以下三种情形:(1)不具备产品应当具备的使用性能而事先未作说明的,如果经营者提供商品时将该情况如实地告知了消费者,则可以视为消费者和经营者之间达成了容忍一定产品瑕疵的约定,经营者可以在一定范围内免责;(2)不符合在产品或者其包装上注明采用的产品标准的;(3)不符合以产品说明、实物样品等方式表明的质量状况的。

针对产品质量瑕疵责任,为了方便消费者追究责任,《产品质量法》第40条规定了销售者的先行赔偿责任,即销售者售出的产品有该条规定的三种情形的,销售者应当负责修理、更换、退货;给购买产品的消费者造成损失的,销售者应当先行赔偿损失。如果是属于生产者或者向销售者提供产品的其他销售者的责任的,销售者有权向生产者、供货者追偿。生产者之间,销售者之间,生产者与销售者之间订立的买卖合同、承揽合同有不同约定的,合同当事人按照合同约定执行。

对产品质量瑕疵责任,有研究提出可以考虑赋予交易当事人之外的第三人提起救济的权利。① 我们认为,这样会增加因第三人加入而产生的纠纷解决成本,从产品质量瑕疵的不利影响看也无需作这样的制度设计。

2. 产品缺陷责任(Civil Liabilities for Product Defects)

(1) 产品缺陷责任的含义(definition)。产品缺陷责任,又称产品责任,是指生产者、销售者因为其生产、销售的产品存在缺陷,造成他人人身、财产损害所应承担的民事侵权赔偿责任。这种责任是一种侵权赔偿责任,不以当事人之间存在合同关系为前提,而是以损害事实的发生作为基础。《产品质量法》第 41 条规定:因产品存在缺陷,造成人身损害以及缺陷产品以外的其他财产损害的,生产者应当承担赔偿责任。

所谓产品缺陷(defects of product),根据《产品质量法》第 46 条的规定,是指产品存在危及人身、他人财产安全的不合理的危险(unreasonable threats to personal and property safety);产品有保障人体健康和人身、财产安全的国家标准、行业标准(national or industrial standards)的,是指不符合该标准。在这里,法律对认定产品缺陷确定了双重标准:一是存在不合理危险,这是对所有产品统一的规定,所有的产品都应该符合不存在"不合理危险"这个最低限度的质量保证;二是不符合国家强制性标准,这个标准只针对有国家标准的产品,并且在符合国家标准的同时还应当保证产品符合第一个标准,即不存在"不合理危险"。产品缺陷一般包括以下三大类:制造缺陷(manufacturing defect);设计缺陷(design defect);警告缺陷(warning defect)。制造缺陷是由于制造过程出现问题而产生的缺陷;设计缺陷是产品设计本身存在的缺陷;警告缺陷是指对与产品有关的危险或产品的正确使用没有给予适当警告或指示,致使产品存在不合理的不安全性。我国产品责任法律制度中目前多是关于警告缺陷与制造缺陷的规定。

(2) 产品缺陷责任的承担条件(requirements)。生产者、销售者承担产品缺陷责任应当具备以下几个条件:①产品存在缺陷;②有损害事实的存在,即产品造成了消费者人身伤害或者缺陷产品以外的其他财产损失;③产品缺陷与损害事实之间存在因果关系,即产品缺陷与损害事实之间有内在的、必然的、合乎规律的联系。

产品缺陷责任对生产者、销售者分别适用不同的归责原则:①无过错责任原

---

① 李政辉、王菲:《简单争议的法学分析——兼论第三人产品瑕疵求偿权》,《法学》2003 年第 2 期。

则,这一归责原则主要适用于生产者。《产品质量法》第 41 条规定:因产品存在缺陷造成人身、缺陷产品以外的其他财产损害的,生产者应当承担赔偿责任。消费者无需举证生产者存在过错,只要缺陷产品给消费者造成了损失,生产者就应当承担赔偿责任。但是消费者仍然应当就产品存在缺陷以及缺陷与损害结果之间存在因果关系承担举证责任。除此以外,《产品质量法》第 41 条也规定了生产者的三种免责事由(disclaimers of liability),生产者能够证明有三种免责事由之一的,不承担赔偿责任:第一,未将产品投入流通的;第二,产品投入流通时,引起损害的缺陷尚不存在的;第三,将产品投入流通时的科学技术水平尚不能发现缺陷存在的。②过错责任,这一归责原则适用于销售者。《产品责任法》第 42 条规定:由于销售者的过错使产品存在缺陷,造成人身、他人财产损害的,销售者应当承担赔偿责任。销售者不能指明缺陷产品生产者也不能指明缺陷产品的供货者的,销售者应当承担赔偿责任。根据该规定,销售者承担责任的情形主要有以下两种:一是由于销售者的过错使产品存在缺陷;二是销售者不能指明缺陷产品生产者也不能指明缺陷产品的供货者。

(3)产品缺陷责任的内容(contents)。产品缺陷责任的责任形式包括人身伤害赔偿责任和财产损失赔偿责任:①人身伤害赔偿责任。因产品存在缺陷造成受害人人身伤害的,侵害人应当赔偿医疗费、治疗期间的护理费、因误工减少的收入等费用;造成残疾的,还应当支付残疾者生活自助具费、生活补助费、残疾赔偿金以及由其扶养的人所必需的生活费等费用;造成受害人死亡的,还应当支付丧葬费、死亡赔偿金以及由死者生前扶养的人所必需的生活费用。而根据《侵权责任法》第 22 条规定,侵害他人人身权益,造成他人严重精神损害的,被侵权人可以请求精神损害赔偿;根据《侵权责任法》第 47 条规定,明知产品存在缺陷仍然生产、销售,造成他人死亡或者健康严重损害的,被侵权人有权请求相应的惩罚性赔偿。②财产损失责任。因产品存在缺陷造成受害人财产损失的,侵害人应当恢复原状或者折价赔偿。受害人因此遭受其他重大损失的,侵害人应当赔偿损失。值得指出的是,根据《产品质量法》,缺陷产品本身的损失不属于赔偿的范围。对此,一般应根据《合同法》来处理。产品缺陷责任的形式除赔偿(compensate)外,排除妨碍(exclude hindrance)、消除危险(eliminate hazards)、产品召回(recall product)、发布警告(issue warning)都是可采用的责任追究方式。

(4)产品缺陷责任主体(subjects)。在产品责任追究程序上,《产品质量法》第 43 条规定,因产品存在缺陷造成人身、他人财产损害的,受害人可以向产品的生产者要求赔偿,也可以向产品的销售者要求赔偿。属于产品生产者的责任,产品销售者赔偿的,产品的销售者有权向产品的生产者追偿。属于产品销售者的责任,产品生产者赔偿的,产品的生产者有权向产品的销售者追偿。承担产品缺陷责任的诉讼时效为 2 年。因产品存在缺陷造成损害要求赔偿的请求权,在造成损害的缺陷产品交付最初消费者满十年丧失;但是,尚未超过明示的安全使用期的除外。

产品责任的责任主体是生产者和销售者,运输者、仓储者等不是产品责任的先行责任主体。生产者和销售者对被侵权人承担赔偿责任均不以其存在过错为前提,在其中一方向被侵权人承担赔偿责任之后,可以向有过错的另一方追偿,这种追偿是最终责任承担意义上的追偿,生产者与销售者之间所承担的不是连带责任,而是不真正连带责任。[①]

此外,产品质量检验机构、认证机构出具的检验结果或者证明不实,造成损失的,应当承担相应的赔偿责任。产品质量认证机构违反《产品质量法》第21条第2款的规定,对不符合认证标准而使用认证标志的产品,未依法要求其改正或者取消其使用认证标志资格的,对因产品不符合认证标准给消费者造成的损失,与产品的生产者、销售者承担连带责任。不过,上述规定未明确针对产品存在缺陷情形还是产品存在瑕疵的情形。我们认为,两种情形都在其中,但主要针对产品存在缺陷的情形。上述规定也未明确产品质量检验机构、认证机构出具的检验结果或者证明不实的是承担连带责任还是补充赔偿责任。我们认为,对于这种情形规定连带责任更合理。理由是,质量认证具有"书面保证"的"担保"性质,[②]而这正可能是受害人权益受到侵害的重要原因。

社会团体、社会中介机构对产品质量作出承诺、保证,而该产品又不符合其承诺、保证的质量要求,给消费者造成损失的,与产品的生产者、销售者承担连带责任。当然,对于自然人代言的情形,追究其民事责任也是合理的。

(5)产品缺陷受害人(the injured parties)。产品缺陷的受害人都有权提起救济,包括自然人、法人和其他组织。产品缺陷可能造成自然人使用人人身财产损害,也可能造成使用人以外的第三人自然人人身财产损害,也可能造成法人、其他组织的财产损害。因此,有权对产品缺陷提起救济的人不限于购买人,也不限于消费者,并未排除法人、其他组织。[③] 当然,在另外的情况下,如受害人死亡后其配偶、子女等都有权提起救济。

三、产品质量行政责任(Administrative Responsibilities for Product Quality)

产品质量行政责任是指生产者、销售者以及其他有关人员违反产品质量法规所应承担的行政法律后果。主要包括以下内容:

[①] 高圣平:《论产品责任的责任主体及归责事由——以〈侵权责任法〉"产品责任"章的解释论为视角》,《政治与法律》2010年第5期。

[②] 何鹰:《我国质量认证法律制度若干问题评析》,《南京大学法律评论》2003年秋季号。

[③] 于海生、刘流:《论产品责任法律关系主体请求权的行使》,《法律适用》1999年第9期。

（1）生产、销售不符合保障人体健康和人身、财产安全的国家标准、行业标准的产品的，责令停止生产、销售、没收违法生产、销售的产品，并处违法生产、销售产品货值金额等值以上三倍以下的罚款；有违法所得的，并处没收违法所得；情节严重的，吊销营业执照。

（2）在产品中掺杂、掺假，以假充真，以次充好，或者以不合格产品冒充合格产品的，责令停止生产、销售，没收违法生产、销售的产品，并处违法生产、销售产品货值金额百分之五十以上三倍以下的罚款；有违法所得的，并处没收违法所得；情节严重的，吊销营业执照。

（3）生产国家明令淘汰的产品的，销售国家明令淘汰并停止销售的产品的，责令停止生产、销售，没收违法生产、销售的产品，并处违法生产、销售产品货值金额等值以下的罚款；有违法所得的，并处没收违法所得；情节严重的，吊销营业执照。

（4）销售失效、变质的产品的，责令停止销售，没收违法销售的产品，并处违法销售产品货值金额二倍以下的罚款；有违法所得的，并处没收违法所得；情节严重的，吊销营业执照。

（5）伪造产品产地的，伪造或者冒用他人厂名、厂址的，伪造或者冒用认证标志等质量标志的，责令改正，没收违法生产、销售的产品，并处违法生产、销售产品货值金额等值以下的罚款；有违法所得的，并处没收违法所得；情节严重的，吊销营业执照。

（6）产品标识不符合《产品质量法》第 27 条规定的，责令改正；有包装的产品标识不符合该法第 27 条第四项、第五项规定，情节严重的，责令停止生产、销售，并处违法生产、销售产品货值金额百分之三十以下的罚款；有违法所得的，并处没收违法所得。

（7）拒绝接受依法进行的产品质量监督检查的，给予警告，责令改正；拒不改正的，责令停业整顿；情节特别严重的，吊销营业执照。

（8）产品质量检验机构、认证机构伪造检验结果或者出具虚假证明的，责令改正，对单位处五万元以上十万元以下的罚款，对直接负责的主管人员和其他直接责任人员处一万元以上五万元以下的罚款；有违法所得的，并处没收违法所得；情节严重如造成重大损失的，取消其检验资格、认证资格。产品质量认证机构违反《产品质量法》第 21 条第 2 款的规定，对不符合认证标准而使用认证标志的产品，未依法要求其改正或者取消其使用认证标志资格，情节严重的，撤销其认证资格。

（9）在广告中对产品质量作虚假宣传，欺骗和误导消费者的，依照《广告法》的规定追究法律责任。

（10）对生产者专门用于生产《产品质量法》第 49 条、第 51 条所列的产品或者以假充真的产品的原辅材料、包装物、生产工具,应当予以没收。

(11)知道或者应当知道属于《产品质量法》禁止生产、销售的产品而为其提供运输、保管、仓储等便利条件的,或者为以假充真的产品提供制假生产技术的,没收全部运输、保管、仓储或者提供制假生产技术的收入,并处违法收入百分之五十以上三倍以下的罚款。

(12)服务业的经营者将产品质量法第49条至第52条规定禁止销售的产品用于经营性服务的,责令停止使用;对知道或者应当知道所使用的产品属于禁止销售的产品的,按照违法使用的产品(包括已使用和尚未使用的产品)的货值金额,依法对销售者的处罚规定处罚。

(13)隐匿、转移、变卖、损毁被产品质量监督部门或者工商行政管理部门查封、扣押的物品的,处被隐匿、转移、变卖、损毁物品货值金额等值以上三倍以下的罚款;有违法所得的,并处没收违法所得。

(14)各级人民政府工作人员和其他国家机关工作人员有下列情形之一的,依法给予行政处分:包庇、放纵产品生产、销售中违反规定行为的;向从事违反规定的生产、销售活动的当事人通风报信,帮助其逃避查处的;阻挠、干预产品质量监督部门或者工商行政管理部门依法对产品生产、销售中违反规定的行为进行查处,造成严重后果的。

(15)产品质量监督部门在产品质量监督抽查中超过规定的数量索取样品或者向被检查人收取检验费用的,由上级产品质量监督部门或者监察机关责令退还;情节严重的,对直接负责的主管人员和其他直接责任人员依法给予行政处分。

(16)产品质量监督部门或者其他国家机关违反《产品质量法》第25条的规定,向社会推荐生产者的产品或者以监制、监销等方式参与产品经营活动的,由其上级机关或者监察机关责令改正,消除影响,有违法收入的予以没收;情节严重的,对直接负责的主管人员和其他直接责任人员依法给予行政处分。产品质量检验机构有前款所列违法行为的,由产品质量监督部门责令改正,消除影响,有违法收入的予以没收,可以并处违法收入一倍以下的罚款;情节严重的,撤销其质量检验资格。

四、产品质量刑事责任(Criminal Responsibilities for Product Quality)

产品质量刑事责任是指产品的生产者、销售者违反产品质量法的规定,达到我国刑法所禁止的行为而必须承担的法律后果。《产品质量法》对违反产品质量的刑事责任作了一系列的规定,该法第49条、第50条、第52条、第57条、第61条、第65条、第68条、第69条都规定了刑事责任的有关内容,该内容与我国《刑法》第二编第三章第一节规定的生产、销售伪劣商品罪相结合,明确了生产、销售伪劣商品的具体罪名和其量刑处罚规定。主要包括:生产、销售伪劣产品罪;生产销售假药罪;生产销售劣药罪;生产、销售不符合卫生标准的食品罪;生产、销售有毒有害食品罪;生产、销售不符合标准的医用器材罪;生产、销售不符合安全的产品(电器、压力容器、易燃易爆产品等)罪;生产、销售伪劣农药、兽药、化肥、种子罪;生产、销售不符合卫生标准的化妆品罪。当然,在现代社会,考虑到流通领域缺陷产品的高风险性,对不履行召回义务情节严重的情形,可以考虑追究相关主体的刑事责任。[①] 此外,产品质量检验机构、产品质量认证机构、产品质量监管部门及工作人员违反产品质量法,构成犯罪的,也应追究刑事责任。

　　总之,在产品生产、流通的过程中,原料的提供者、生产者、加工者、销售者等各个环节的经营主体都对保障产品质量负有不可推卸的责任;同时,国家产品质量的主管部门、职能部门以及各级人民政府也都应当在各自的职责范围内承担起保障消费者权益不受损害的责任。我们也期望通过国家相关法律、法规的健全,产品监管制度的完善,社会公众消费者权益意识的逐渐提高使我国产品质量水平更上一层楼。

[①] 吕英杰:《风险社会中的产品刑事责任》,《法律科学》2011 年第 6 期。

第十章 广告法

Chapter Ten Advertisement Law

第一节 广告法概述

Section One Introduction to Advertisement Law

一、广告的定义(The Definition of Advertisement)

广告是一种宣传,其本质是信息传播活动。广告可分为商业广告(commercial advertisement)和公益广告(advertisement for public interests or public service advertisement)。商业广告,是指商品经营者或者服务提供者承担费用,通过一定媒介和形式直接或者间接地介绍自己所推销的商品或者所提供的服务的商业广告。公益广告,是指通过一定载体传播维护发展公共利益的广告。

我国《广告法》(Advertisement Law of the People's Republic of China)主要规范商业广告。但是随着社会经济发展,非商业活动由于受利益驱动,也开展广告活动。此外,公益广告中也出现一些不规范情况甚至夹杂商业广告的目的,一些企业公益广告常常打"擦边球"挑战法律底线,[①]降低了其社会公益传播效力。[②]这样,对非商业广告、公益广告的法律规制十分重要。为此,国务院法制办2014年2月21日公布的《中华人民共和国广告法(修订草案)(征求意见稿)》(下称《广告法(修订稿)》)明确,非商业广告的管理参照广告法有关规定执行。

此外,《广告法(修订稿)》明确:国家鼓励、支持开展公益广告宣传活动,广告发布者有义务刊播公益广告;有关单位和个人应当遵守国家公益广告规定,承担公益广告刊播职责;鼓励单位和个人以资金、技术、劳动力、智力成果等方式参与公益广告活动;利用铁路、民航、城市交通工具、城市公共设施发布商业广告,以及广告发布者发布商业广告,应当有一定比例用于公益广告。

二、广告立法(Legislation about Advertisement)

20世纪90年代,随着市场经济的发展,经营者通过广告开展市场竞争的活

---

① 吴学安:《烟草广告"擦边球"挑战法律底线》,《法制日报》2013年5月18日。
② 邬盛根:《公益精神与商业利益博弈下的企业公益广告》,《暨南学报(哲学社会科学版)》2012年第12期。

动十分普遍。实践中,则出现许多不规范的广告行为,尤其是虚假广告。因此,我国于 1994 年制定了《广告法》。该法的目的主要是,规范广告经营活动,保护消费者的合法权益,维护社会经济秩序,促进广告业的健康发展,发挥广告在市场经济中的积极作用。该法有三个原则。首先是合法原则,其要求广告活动应当遵守法律、行政法规。例如,法律、行政法规规定禁止生产、销售的商品或者提供的服务,以及禁止发布广告的商品或者服务,不得设计、制作、发布广告。其次是公平原则。这是要求经营者的广告活动应与其他经营者公平竞争,并维护与消费者等主体的交易公平。再次是诚实信用原则。这要求经营者在广告活动做到诚实守信,不存在虚假、欺骗、诱导等违反商业道德的行为。

总体看来,我国《广告法》对我国广告市场规范、发展起到了一定的作用。但随着新世纪以来我国经济的快速增长和信息时代的迅猛发展,市场中出现了诸多新型的不规范广告行为。对此,我国广告法亟须针对市场经济发展中的新情况作出调整。因此,《广告法》目前正处于修订阶段。

三、广告法律关系主体(Subjects of Legal Relationship of Advertisement)

广告法律关系主体主要包括广告活动中的广告主、广告经营者、广告发布者、广告荐证者,也涉及受保护的消费者,还涉及广告规制机关。

(一)广告主(Advertisers)

广告主是指推销商品或者提供服务的法人、其他经济组织或者个人。广告主自行或者委托他人设计、制作、发布广告,所推销的商品或者所提供的服务应当符合广告主的经营范围。广告主委托设计、制作、发布广告,应当委托具有合法经营资格的广告经营者、广告发布者。广告主自行或者委托他人设计、制作、发布广告,应当具有或者提供真实、合法、有效的下列证明文件:营业执照以及其他生产、经营资格的证明文件;质量检验机构对广告中有关商品质量内容出具的证明文件;确认广告内容真实性的其他证明文件;发布广告需要经有关行政主管部门审查的,还应当提供有关批准文件。

(二)广告经营者(Advertisement Agents)

广告经营者是指受委托提供广告设计、制作、代理服务的法人、其他经济组织或者个人。对广告经营者的规定有:要有经营资格;具有必要的专业技术人员、制作设备;依法办理公司或者广告经营登记,取得合法经营资格。对未经登记,非法从事广告经营,并在经营中违反广告管理法规的,应当依法从重处罚。

（三）广告发布者（Advertisement Publishers）

广告发布者是指为广告主或者广告主委托的广告经营者发布广告的法人或者其他经济组织。广告发布者要有合法经营资格。广播电台、电视台、报刊出版单位的广告业务，应当由其专门从事广告业务的机构办理，并依法办理兼营广告的登记。广告发布者向广告主、广告经营者提供的媒介覆盖率、收视率、发行量、点击率等资料应当真实。值得注意的是，《广告法》不允许自然人作为广告发布者。显然，这不符合市场经济发展需要，对自然人来说也不公平。因此，《广告法（修订稿）》拟放开对自然人作为广告发布者的限制，也拟将网络平台服务者视为广告发布者。

（四）广告荐证者（Advertisement Recommenders）

在广告中，一些团体、组织、个人常常作为广告商品或服务的介绍者、推荐者、代言者等。这些主体常常由于具有一定的社会影响，较好地促进了广告商品或服务的宣传。但是，生活中也存在诸多损害消费者的情况。对此，我国《广告法》第38条规定，社会团体或者其他组织，在虚假广告中向消费者推荐商品或者服务，使消费者的合法权益受到损害的，应当依法承担连带责任。但是该法对个人代言广告的情况未规定，这给实践中的纠纷处理带来了障碍。因此，《广告法（修订稿）》拟修补这一缺漏，增设广告荐证者的概念。《广告法（修订稿）》明确，广告荐证者是指广告主以外的，在广告中对商品、服务进行推荐或者证明的自然人、法人或者其他组织。

（五）广告规制机关（Organs of Advertisement Regulation）

目前，我国的广告规制机关包括工商行政管理部门和有关主管部门。工商行政管理部门履行广告监督管理职责，包括违法广告活动调查和处罚等。而利用广播、电影、电视、报纸、期刊以及其他媒介发布药品、医疗器械、农药、兽药等商品的广告和法律、行政法规规定应当进行审查的其他广告，必须在发布前依照有关法律、行政法规由有关行政主管部门（广告审查机关）对广告内容进行审查；未经审查，不得发布。广告主申请广告审查，应当依照法律、行政法规向广告审查机关提交有关证明文件。广告审查机关应当依照法律、行政法规作出审查决定。另外，司法机关在审理广告案件时也参与广告法律关系中。

第二节　广告活动规制

Section Two　Advertising Activities Regulation

一、广告活动规制基本制度（General Rules of Advertising Activities Regulation）

在我国，广告与广告活动要遵守的规定主要有以下方面。

（一）要维护国家的尊严和利益（Shall Safeguard the Dignity and Interests of the State）

广告不得有下列情形：使用中华人民共和国国旗、国徽、国歌；使用国家机关和国家机关工作人员的名义；妨碍社会安定；妨碍社会公共秩序；妨碍环境和自然资源保护；损害其他社会公共利益（如文化遗产保护）。

（二）要有利于人民的身心健康（Shall Benefit the Physical and Mental Health of People）

广告不得危害人身安全，不得损害未成年人和残疾人的身心健康，不得含有淫秽、迷信、恐怖、暴力、丑恶的内容，不得含有民族、种族、宗教、性别歧视的内容。《广告法（修订稿）》还拟禁止损害未成年人身心健康的广告，内容包括：不得在中小学校、幼儿园内开展广告活动，不得利用中小学生、幼儿的教科书、教辅材料、练习册、校服、校车等发布广告，不得在针对未成年人的大众传播媒介、频率、频道、节目、栏目上发布药品广告、医疗广告、医疗器械广告、网络游戏广告、酒类广告。

（三）要促进商品和服务质量的提高（Shall Promote the Quality of Commodities and Services）

经营者对商品和服务的宣传要真实，不得夸大其词。根据我国广告法，广告不得使用国家级、最高级、最佳等用语。但是如果该使用属于依法取得，可以使用。理由在于，随着社会的发展进步，商品和服务质量总是处于不断提高的过程中，使用最高级不符合实际，也误导人们对商品和服务质量的辨别。从另一角度看，使用国家级、最高级、最佳等用语的广告也属于比较广告。

可惜的是，我国对比较广告未作明确规定。目前，除法国、意大利、西班牙、希腊等欧共体国家明文禁止比较广告外，大多数国家如美国、英国、加拿大、德国、日本允许比较广告合法存在，只是在法律的限制程度上有所区别。[①] 一些国家和地区关于比较广告合法的标准主要有：比较广告不得对竞争对手的企业、产品、服务

---

① 谭玲、夏蔚：《论比较广告的法律规制》，《法学评论》2001 年第 1 期。

或者商标等进行诋毁、贬损或攻击；比较广告所提出的主张应以已被证实的数据为基础，且该数据在广告发布时仍然是有效的；用以对比的方法必须公平、合理且真实；所选择的被比较对象与广告中的产品或服务必须大体属于一个类别，且彼此具有可比较性；不得滥用消费者的信任或者利用消费者经验的欠缺和知识的贫乏，进行虚假的或者引人误解的比较。① 可见，对于比较广告，我国在将来法律修改时应区分不同类型进行规范。

（四）要遵守社会公德和职业道德（Shall Abide by Social Ethics and Professional Ethics）

社会公德是人们在社会生活中应遵守的最基本的道德，如文明礼貌、助人为乐、爱护公物、保护环境、遵纪守法等；职业道德是人们在工作中应遵守的道德，如爱岗敬业、诚实守信、办事公正等。广告不得违背社会公德和职业道德，应当真实、合法，符合社会主义精神文明建设的要求，不得违背社会良好风尚。如果利用语言文字的多样性做"雷人"广告会挑战社会公德。②

（五）内容准确（Shall be True and Accurate）

广告不得含有虚假的内容，不得欺骗和误导消费者。广告使用数据、统计资料、调查结果、文摘、引用语，应当真实、准确，并标明出处。例如，广告中涉及专利产品或者专利方法的，应当标明专利号和专利种类。未取得专利权的，不得在广告中谎称取得专利权，禁止使用未授予专利权的专利申请和已经终止、撤销、无效的专利做广告。

（六）表述清楚（Representations shall be Clear）

广告要具有可识别性，能够使消费者辨明其为广告。因此，大众传播媒介不得以新闻报道形式发布广告，通过大众传播媒介发布的广告应当有广告标记。另外，广告内容应清楚、明白，如商品的性能、产地、用途、质量、价格、生产者、有效期限、允诺或者对服务的内容、形式、质量、价格、允诺都要清楚明白。附赠的，还应标明品种、数量、规格、有效期限和方式等。

（七）不得不正当竞争（Should not Engage in Unfair Competition Practices）

广告主、广告经营者、广告发布者不得在广告活动中进行任何形式的不正当竞争。例如，擅自使用他人的商业标记做广告，利用广告进行虚假宣传，利用广告不正当有奖销售、披露他人商业秘密、贬低其他生产经营者的商品或者服务等都

---

① 曹新明：《比较广告之法律问题探微》，《法商研究》1999 年第 5 期。
② 余飞：《广告法应增添约束违背公序良俗用语条款》，《法制日报》2012 年 7 月 13 日。

属于不正当竞争行为。

(八) 广告业务要规范(Advertisement Business Shall Be Operated under Law)

在此方面,主要规定有:第一,广告主、广告经营者、广告发布者之间在广告活动中应当依法订立书面合同,明确各方的权利和义务。第二,广告主或者广告经营者在广告中使用他人名义、形象的,应当事先取得他人的书面同意。使用无民事行为能力人、限制民事行为能力人的名义、形象的,应当事先取得其监护人的书面同意。第三,应建立、健全广告业务的承接登记、审核、档案管理制度。广告经营者、广告发布者在依据法律、行政法规查验有关证明文件以外,履行核实广告内容的义务,并承担相应的责任,以确保广告内容真实、合法。对内容不实或者证明文件不全的广告,广告经营者不得提供设计、制作、代理服务,广告发布者不得发布。第四,广告收费应当合理、公开,收费标准和收费办法应当向物价和工商行政管理部门备案,广告经营者、广告发布者应当公布其收费标准和收费办法。

二、特殊广告活动规制(Regulation of Special Advertisements)

(一) 药品、医疗器械广告(Drugs and Medical Apparatus Advertisements)

目前,我国有关药品、医疗器械广告的主要规定有:第一,禁止部分药品广告。禁止广告的药品包括麻醉药品、精神药品、毒性药品、放射性药品、其他特殊药品。第二,药品广告的内容必须以国务院卫生行政部门或者省、自治区、直辖市卫生行政部门批准的说明书为准。国家规定的应当在医生指导下使用的治疗性药品广告中,必须注明"按医生处方购买和使用"。当然,随着药品管理的改革,以注册证明文件为准也将是允许的。第三,药品、医疗器械广告不得有下列内容:含有不科学的表示功效的断言或者保证的;说明治愈率或者有效率的;与其他药品、医疗器械的功效和安全性比较的;用医药科研单位、学术机构、医疗机构或者专家、医生、患者的名义和形象作证明的;法律、行政法规规定禁止的其他内容。另外,行业协会作推荐也属于禁止的情形。此外,《广告法(修订稿)》拟禁止在国家指定的医学、药学专业刊物以外的媒介发布处方药广告。

(二) 烟草广告(Tobacco Advertisements)

首先,烟草广告要标明"吸烟有害健康"。其次,禁止利用大众传媒做烟草广告,如利用广播、电影、电视、报纸、期刊、图书、音像制品、电子出版物、移动通信网络、互联网等媒介。再次,禁止通过公共场所做烟草广告,如通过各类等候室、影剧院、会议厅堂、体育比赛场馆、图书馆、文化馆、博物馆、公园等公共场所以及医院和学校的建筑控制地带、公共交通工具等。此外,烟草广告不得损害人们的身心健康。我国已批准世界卫生组织《控制烟草框架公约》，因此应在遵守该公约规定的基础上，借鉴国际先进国家立法经验，对包括烟草产品品牌延伸在内的间接性烟草产品广告作出禁止性规定。[①] 另外，《广告法（修订稿）》拟规定，烟草广告不得有下列情形：出现吸烟形象的；使用未成年人名义、形象的；诱导、怂恿吸烟的；明示或者暗示吸烟有利于人体健康、解除疲劳、缓解精神紧张的。

（三）食品、酒类、化妆品广告（Foods，Alcohol and Cosmetics Advertisements）

食品、酒类、化妆品广告内容必须符合卫生许可的事项，不得使用医疗用语或者易与药品混淆的用语。另外，食品、酒类、化妆品也不得损害人们的身心健康。

（四）农业广告（Advertisements for Agricultural Production Supplies）

广告法规定，农药广告不得有下列内容：使用无毒、无害等表明安全性的绝对化断言的；含有不科学的表示功效的断言或者保证的；含有违反农药安全使用规程的文字、语言或者画面的；法律、行政法规规定禁止的其他内容。随着社会的发展，兽药、饲料和饲料添加剂广告、农作物种子、林木种子、草种子、种畜禽、水产苗种和种养殖广告也纷纷出现，《广告法（修订稿）》拟增加针对性规定。

（五）房地产广告（Real Estate Advertisements）

在房地产广告活动中，一些开发商对房地产的位置、周围环境、价格、面积、权属、市场价值、投资回报等进行模糊的表示甚至虚假的表示，有些广告貌似"馅饼"实为"陷阱"，[②]严重损害购买人的合法权益。国家工商行政管理局1998年修订的《房地产广告发布暂行规定》对房地产开发企业、房地产权利人、房地产中介服务机构发布的房地产项目预售、预租、出售、出租、项目转让以及其他房地产项目介绍的广告活动进行了规范，但对其他房地产广告未予以规定。因此，这也将是广告法修订时需明确的内容之一。

（六）投资广告（Investment Advertisements）

在证券投资、委托理财、保险服务、企业投资广告等领域，经营者经常对产品服务的收益作出承诺，但对风险问题不做明确提示，甚至利用专业机构、专业人士、参与人做推荐，损害了投资人权益。对于此类行为，也应加以禁止。

---

① 刘琳、欧福永：《欧盟及主要成员国禁止烟草产品品牌延伸广告立法概况及对我国的启示》，《中国卫生法制》2008年第2期。

② 赵文明：《虚假房地产广告貌似"馅饼"实为"陷阱"》，《法制日报》2008年10月20日。

（七）教育培训广告（Education and Training Advertisements）

在教育培训广告中,一些单位通常保证通过课程考试、水平考试、资格考试,保证获得合格证书、学历学位、培训后的就业发展前景,宣传与相关机关、团体、人员的联系,损害了正常的教育培训秩序,有时也损害了受教育者的合法权益。这属于广告法应规制的对象。

（八）户外广告（Outdoor Advertisements）

根据我国广告法律法规,有下列情形之一的,不得设置户外广告:利用交通安全设施、交通标志的;影响市政公共设施、交通安全设施、交通标志使用的;妨碍生产或者人民生活,损害市容市貌的;国家机关、文物保护单位和名胜风景点的建筑控制地带;当地县级以上地方人民政府禁止设置户外广告的区域。户外广告的设置规划和管理办法,由当地县级以上地方人民政府组织广告监督管理、城市建设、环境保护、公安等有关部门制定。但是,地方政府不能强制地限制与剥夺户外广告载体财产所有权人的通过合同形式许可他人行使广告发布的权利,更不能剥夺财产所有权人的财产收益,[1]因为此乃物权的范畴。

（九）电话广告、电子广告（Phone Call Advertisements and Digital Advertisements）

目前,通过固定电话、移动电话、电子邮箱向单位、个人进行宣传商品或服务的情形已经严重影响了人们的正常生活,因此亟须进行规范。《广告法(修订稿)》拟规定,任何组织或者个人未经当事人同意或者请求,或者当事人明确表示拒绝的,不得向其固定电话、移动电话或者个人电子邮箱发送广告。此外,《广告法(修订稿)》还将明确,对利用其场所或者信息传输平台进行的广告活动,公共场所的管理者或者电信运营商、互联网信息服务提供商,有权要求利用其场所或者信息传输平台发布广告的主体依法提供相关证明文件;对明知或者应知利用其场所或者信息传输平台发布违法广告的,应当予以制止。当然,建立政府监管、行业自律和消费者监督相结合的监督制度也是必要的。[2]

---

[1] 李友根、何丽萍:《论户外广告中的权利与权力——基于案例与法条的研究》,《经济法论坛》第7卷（2010年）。

[2] 陈煌、彭俊瑜:《探究网络广告之法律规制》,《网络法律评论》第16卷（2008年）。

第三节　广告法律责任

Section Three　Legal Responsibilities in Advertisement Law

一、民事责任(Civil Liabilities)

(一)虚假广告民事责任(Civil Liabilities for False Advertisements)

广告以虚假或者引人误解的内容欺骗、误导消费者的,属于虚假广告。广告有下列情形之一的,为虚假广告:推销的商品或者服务不存在的;推销的商品的性能、功能、产地、用途、质量、规格、成分、价格、生产者、有效期限、销售状况、曾获荣誉等信息,或者服务的内容、形式、质量、价格、销售状况、曾获荣誉等信息,以及与商品或者服务有关、能够影响购买行为的允诺等对合同订立有重大影响的信息,与实际情况不符的;使用虚构、伪造或者无法验证的科研成果、统计资料、调查成果、文摘、引用语等信息作证明材料的;虚构使用商品或者接受服务的效果的。

发布虚假广告,欺骗和误导消费者,使购买商品或者接受服务的消费者的合法权益受到损害的,应承担以下民事责任:广告主依法承担民事责任;广告经营者、广告发布者有过错的,应当依法承担连带责任;广告经营者、广告发布者不能提供广告主的真实名称、地址的,应当承担全部民事责任;社会团体或者其他组织致使消费者的合法权益受到损害的,应当依法承担连带责任。

从以上规定看,广告经营者、广告发布者对虚假广告承担的责任过轻,可考虑要求二者承担无过错责任。只有这样,才能有利于规范广告市场秩序,[1]将广告经营者置于严格的责任监督之下,也可促使广告经营者严格审查核实广告内容,将虚假广告消灭在未然之先,减少虚假广告对公众的危害,同时也可以避免受害者的举证困难。[2] 另外,上述规定也未提及广告荐证者。因此,《广告法(修订稿)》拟明确,广告荐证者明知或者应知广告虚假仍在广告中对商品、服务进行推荐或者证明,损害消费者合法权益的,依法承担连带责任。但是,这可能使广告荐证者尤其是代言名人承担较重的责任。[3] 因此,制定广告荐证指导规则是必要的,我国可借鉴美国制定《广告代言荐证指南》(Guides Concerning Use of Endorsement and Testimonials in Advertising)的做法加以规范。

---

[1] 王发强:《对广告经营者、发布者应确立无过错连带责任》,《人民司法》2000 年第 9 期。
[2] 曹登润:《虚假广告经营者民事责任初探》,《政治与法律》1993 年第 5 期。
[3] 蒙晓阳、李华:《名人代言虚假广告的法律责任》,《河北法学》2009 年第 6 期。

（二）其他违法广告民事责任（Civil Liabilities for other Illegal Advertisements）

广告主、广告经营者、广告发布者违法,有下列侵权行为之一的,依法承担民事责任:在广告中损害未成年人或者残疾人的身心健康的;假冒他人专利的;贬低其他生产经营者的商品或者服务的;广告中未经同意使用他人名义、形象的;其他侵犯他人合法民事权益的。

二、行政责任（Administrative Sanctions）

我国《广告法》规定,广告监督管理机关有权对下列行为进行行政处罚:利用广告对商品或者服务作虚假宣传的;未经广告审查机关审查批准,发布广告的;广告主提供虚假证明文件的;伪造、变造或者转让广告审查决定文件的;违反禁止性规定的其他情形。处罚手段包括责令经营者停止发布、公开更正、消除影响,没收广告费、罚款、停止广告业务。此外,《广告法（修订稿）》拟增加关于对广告违法行为负有个人责任的法定代表人任职限制的规定。

三、刑事责任（Criminal Punishments）

根据我国《刑法》222 条的规定,广告主、广告经营者、广告发布者违反国家规定,利用广告对商品或者服务作虚假宣传,情节严重的,处二年以下有期徒刑或者拘役,并处或者单处罚金。此为虚假广告罪。本罪的犯罪主体为广告主、广告经营者、广告发布者,包括单位,也包括个人。对于单位犯罪,对单位判处罚金,并对其直接负责的主管人员和其他直接责任人员依法处罚。本罪的客观方面是,违反国家规定,利用广告对商品或者服务作虚假宣传,情节严重的情形。具体包括:违法所得数额在十万元以上的;给单个消费者造成直接经济损失数额在五万元以上的,或者给多个消费者造成直接经济损失数额累计在二十万元以上的;假借预防、控制突发事件的名义,利用广告作虚假宣传,致使多人上当受骗,违法所得数额在三万元以上的;虽未达到上述数额标准,但两年内因利用广告作虚假宣传,受过行政处罚二次以上,又利用广告作虚假宣传的;造成人身伤残的;其他情节严重的情形。当然,上述规定存在下列问题:处罚设计显得过轻,尤其是在造成的后果特别严重时。因此,有必要将虚假广告行为导致的行为人的获益结果或被害者的具体财产损失作为该罪的加重情节,并为其设置相应的法定刑。[①] 此外,广告荐证者是否属于犯罪主体仍值得探讨。我们认为,在虚假广告情节严重的情形,法律规定广告荐证者承担刑事责任显然是必要的。

---

① 黎邦勇、张洪成:《重新认识虚假广告罪的法益位阶及构成要件》,《中国刑事法杂志》2009 年第 7 期。

第十一章　特殊市场规制法

Chapter Eleven　Special Markets Regulation Law

第一节　房地产法

Section One　Real Estate Law

一、房地产法概述（Introduction to Real Estate Law）

（一）房地产法的概念（The Concept of Real Estate Law）

1. 房地产的概念（The Concept of Real Estate）

一般认为，房地产是指房屋和土地的物质形态，即房产和地产的通称。广义上的房地产包括大部分作为生产资料和商品的房屋和土地，适用的主要法律规范包括民法及其相关法律、专门房地产法等。狭义上的房地产特指以商品经营为主的房产和地产，尤其特指城市中的商品房经营，而不包括农村房地产。狭义房地产的主要相关法律为城市房地产法及其相关法律法规，主要涉及商品房买卖领域和物业管理行业。

2. 房地产法的概念（The Concept of Real Estate Law）

房地产法就是调整城市、农村土地和房屋等诸种房地产经济关系的法律规范的总称。对于房地产法的理解，主要有广义与狭义上的两种：广义上的房地产法是指对房地产关系进行调整的所有法律、行政法规、部门规章、地方性法规、规章、政策文件等，包括宪法、民法中有关调整房地产的条款以及《土地管理法》、《城市房地产管理法》等众多专门性法律规范。狭义上的房地产法特指《中华人民共和国城市房地产管理法》（The Urban Real Estate Administration Law of the People's Republic of China）。

（二）房地产法的调整对象（Governing Scope of Real Estate Law）

房地产法的调整对象是指房地产法所调整的特定领域的房地产社会经济关系。关于房地产法调整对象的界定，学界有纵横说、广义狭义说、法律部门说等分类。本书从广义上出发，按照房地产法律关系参加主体的性质划分将房地产法调整的法律关系分为：

1. 土地财产关系（Land Property Relationship）

土地财产关系，即土地所有关系和土地利用关系。在我国，城市市区土地所有权是严格归国家所有的。土地利用关系包括土地使用权出让关系、土地出租关系、土地使用权转让关系、土地使用权租赁关系等。

2. 建筑物财产关系（Building Property Relationship）

建筑物财产关系包括房屋买卖关系、房屋租赁关系、房屋继承关系、房屋抵押关系、房屋典当关系、房屋相邻关系、房屋共有关系、房屋拆迁关系、物业管理关系等。

3. 房地产管理关系（Real Estate Regulation Relationship）

房地产管理关系即房地产主管机关依法对房地产经济运行中各参与者及其行为进行管理所产生的关系，是国家意志在房地产运行过程中的体现。房地产管理关系具体包括土地利用管理关系、土地利用规划关系、集体土地征收关系、房屋产权产籍管理关系、房屋拆迁管理关系、房地产建设项目管理关系、房屋交易管理关系、房地产评估与鉴定管理关系、物业行业管理关系等。

二、房地产开发用地（Land Use for Construction of Real Estate）

《城市房地产管理法》第2条中规定："本法所称房地产开发，是指在依据本法取得国有土地使用权的土地上进行基础设施、房屋建设的行为。"具体而言，房地产开发用地，就是对依法取得的国有土地使用权进行投资开发基础设施和房屋的国有土地。

（一）国有土地所有权（State-Owned Land Ownership）

我国《土地管理法》（The Law of Land Administration of the People's Republic of China）第8条规定："城市市区的土地属于国家所有。农村和城市郊区的土地，除由法律规定属于国家所有的以外，属于农民集体所有；宅基地和自留地、自留山，属于农民集体所有。"《土地管理法实施条例》第2条规定："下列土地属于全民所有即国家所有：城市市区的土地；农村和城市郊区中已经依法没收、征收、征购为国有的土地；国家依法征收的土地；依法不属于集体所有的林地、草地、荒地、滩涂及其他土地；农村集体经济组织全部成员转为城镇居民的，原属于其成员集体所有的土地；因国家组织移民、自然灾害等原因，农民成建制地集体迁移后不再使用的原属于迁移农民集体所有的土地。"土地所有权的国家所有就是全民所有，由国务院代表国家行使所有权，并且受到严格的保护。

（二）国有土地使用权出让、划拨与转让（Granting, Allocation and Assignment of the State-Owned Land Use Right）

1. 国有土地使用权出让（Granting）

土地使用权出让是指国家将国有土地使用权在一定年限内出让给土地使用者，由土地使用者向国家支付土地使用权出让金的行为。

2. 国有土地使用权出让的法律特征（Legal Features of Granting）

国有土地使用权出让的法律特征主要有：

（1）国有土地使用权出让法律关系中的出让方是特定的，即国家。在实务中，国有土地使用权是由国家授权给地方人民政府土地管理部门来代表行使，其他任何单位和个人都不能作为出让方出让国有土地使用权。

（2）国有土地使用权的出让是有计划有步骤地进行的，出让土地的位置、用途、使用年限以及其他条件，由人民政府土地管理部门会同城市规划部门、房产管理部门共同拟订方案，报经有批准权的人民政府批准后，由土地管理部门实施。

（3）土地使用权出让属于要式法律行为，出让方与受让方必须依法签订土地使用权出让合同，并在受让方支付全部土地使用权出让金后，按规定进行登记，领取国有土地使用证。

值得指出的是，理论界对国有土地使用权出让合同属于何种性质存在不同理解。一类观点认为该合同是民事合同，[①]一类观点认为该合同是行政合同[②]。实践中存在的难题是该类案件是民事案件还是行政案件。例如，一些合同的出让方不是法定的政府部门、有的受让方擅自改变土地用途、违法逾期不开工等。[③] 我们认为，国有土地使用权出让合同本质上是行政合同，而行政合同本身就是公法私法化、私法公法化的产物，其中体现了民事合同的特征，在处理相关纠纷时应主要遵守民事法律法规的一些规范。

3. 国有土地使用权出让的方式（Forms of Granting）

根据《物权法》、《城镇国有土地使用权出让和转让暂行条例》、《城市房地产管理法》以及《招标拍卖挂牌出让国有土地使用权》等法律法规的规定，国有土地使用权出让有协议、招标、拍卖和挂牌出让四种方式。具体如下：

（1）协议出让方式。协议出让土地使用权，又称为定向协议出让，是指出让方与选定的受让方通过协商的方式有偿出让土地使用权。具体来说，一般是由土地使用者向代表政府的土地管理部门提出用地申请。经批准后，再由出让方与受

---

① 宋志红：《国有土地使用权出让合同的法律性质与法律适用探讨》，《法学杂志》1996 年第 3 期；沈明磊：《对国有土地使用权出让合同若干问题的探讨》，《法律适用》1998 年第 5 期。

② 胡小平：《国有土地使用权出让合同若干法律问题的探讨》，《行政法学研究》1996 年第 3 期；邹挺骞：《国有土地有偿出让合同若干问题研究》，《人民司法》1997 年第 6 期。

③ 范长江、王海：《房地产案件中涉及国有土地出让转让的若干问题与对策》，《法律适用》1997 年第 1 期。

让方协商地价、出让年限、付款方式、付款期限以及用地条件,经双方达成协议后,签订土地使用权出让合同,实现土地使用权的有偿出让。

(2)招标出让方式。招标出让土地使用权,是指在规定的期限内,由符合规定的单位或个人,以书面投标的形式,竞买某片土地的使用权,土地招标小组择优而取。招标方式包括邀请招标与公开招标。

(3)拍卖出让方式。拍卖出让土地使用权,是指在指定的时间、地点利用公开场合由政府的代表者主持拍卖土地使用权,拍卖者报出底价,由竞买者出价或报价竞争,最后将拍卖的土地使用权归最高出价者的一种特殊买卖活动。拍卖出让土地使用权排除了任何主观因素,是公开的、完全竞争的土地市场竞买方式。

(4)挂牌出让方式。挂牌出让土地使用权,是由市、县土地管理部门或其委托的中介机构就国有土地使用权发出挂牌公告,按公告规定的期限将拟出让土地使用权的交易条件在指定土地交易场所挂牌公布,接受竞买人的报价申请并更新挂牌价格,根据挂牌期限截止时的出让结果确定土地使用者的行为。

另外,《城市房地产管理法》第13条还明确了前三种出让方式适用的范围:商业、旅游、娱乐和豪华住宅用地,有条件的,必须采用拍卖、招标方式;没有条件,不能采用拍卖、招标方式的,可以采取双方协议的方式。该条同时还规定"采取双方协议出让土地使用权的出让金不得低于按国家规定所确定的最低价"。

4. 国有土地使用权出让的年限(Yeas of Granting)

(1)国有土地使用权出让的最高年限。我国《城镇国有土地使用权出让和转让暂行条例》规定的土地使用权出让年限是:居住用地70年;工业用地50年;商业、旅游、娱乐用地40年;综合或其他用地50年。这是土地使用权出让期限的最高年限。

(2)合同约定的出让年限。合同约定的出让年限是指出让方在出让合同中具体约定的受让方得以使用土地的年限。合同约定的土地使用权出让,在法律规定的土地使用权出让的最高年限内,出让方与受让方得自由约定土地使用权出让的年限。

(3)土地使用权出让年限的计算。土地所有权出让的年限,以领取土地使用证之日为期间的起算点;划拨土地使用权补办出让合同的出让年限,按出让合同双方主体约定的时间计算;通过转让方式取得的土地使用权,其使用年限为土地使用权出让合同约定的使用年限减去原土地使用者已使用年限后的剩余年限。

(4)土地使用权出让年限届满与续展。土地使用权的续展是指土地使用权出让年限的延续。《城市房地产管理法》规定,土地使用权出让合同约定的使用年限届满,土地使用者需要继续使用土地的,应当不迟于届满前一年申请续期。除根据社会公共利益需要收回该幅土地的,应当予以批准。经批准准予续期的,应当重新签订土地使用权出让合同,依照规定支付土地使用权出让金。

关于土地使用期限届满后地上建筑物的归属,《城镇国有土地使用权出让和转让暂行条例》规定,土地使用权期满后,土地使用权及其地上建筑物、其他附着物所有权由国家无偿取得。

《物权法》将建设用地区分为住宅用地和非住宅用地,并对其作了不同的规定。对住宅建设用地,使用权期间届满的,自动续期,地上物不存在由政府无偿取得的可能。对于非住宅建设用地,《物权法》规定,使用权期满后的续期,依照法律规定办理。该土地上的房屋及其他不动产的归属,有约定的,按照约定;没有约定或者约定不明确的,依照法律、行政法规的规定办理。

5. 国有土地使用权划拨(Allocation)

国有土地使用权划拨是指县级以上人民政府依法批准,在土地使用者缴纳补偿、安置等费用后将该幅土地交付其使用,或者将土地使用权无偿交付给土地使用者的行为。出让与划拨是房地产开发用地取得的两种最主要方式,两者相比最主要的区别表现在:(1)使用期限不同。划拨土地使用权是无期限限制的,而出让土地使用权是有期限的,在出让合同中有明确规定。(2)取得方式不同。划拨土地使用权是以非竞争方式取得的,且不需要支付任何地租性质的费用。而出让土地使用权是以竞价的方式取得,且必须向国家缴纳符合标准的土地出让金。(3)使用权内容不同。通过划拨方式取得的土地使用权,除符合法律规定的条件外,不得转让、出租和抵押。因此,若无特别规定,对通过划拨取得的国有土地使用权的转让、出租和抵押行为无效。而出让土地使用权则具有一般所有权的各项权能,即占有、使用、收益、处分。

6. 划拨土地使用权取得的范围(Scope of Allocation)

《物权法》第137条规定:"严格限制以划拨方式设立建设用地使用权。采用划拨方式的,应当遵守法律、行政法规关于土地用途的规定。"根据《城市房地产管理法》和《土地管理法》的规定,可以通过划拨方式取得土地使用权的范围是:(1)国家机关用地;(2)军事用地;(3)国家重点扶持的能源、交通、水利等项目用地;(4)公益事业用地;(5)城市基础设施用地;(6)法律、法规明确规定可以采用划拨方式供地的其他项目用地。

7. 国有土地使用权转让(Assignment)

国有土地使用权转让,是指土地使用者在其权利年限有效范围内,将土地出让合同规定的全部权利和义务随土地使用权一起转移给第三者的行为。土地使用权的转让与土地使用权出让都属于土地的使用权的转移,但也存在明显的不同。首先,土地使用权出让是国家以土地所有权者的身份,将土地使用权在一定年限内让与土地使用者的行为,其产生是土地所有权人行使土地所有权的结果;而土地使用权转让是土地使用者将土地使用权再转移的行为,该法律关系的主体双方都是各自独立的法人或个人,而不是政府和用地单位,并且转让行为不能改变国家作为土地所有者的地位与身份。另外,从土地交易市场来说,土地使用权出让属于一级市场,土地使用权转让属于二级市场。

国有土地使用权转让的类型主要有二:(1)以出让方式取得的土地使用权转让。以出让方式取得的土地使用权转让必须具备的法定有效条件:土地使用权转让方须持有依法签订的有效的出让合同;土地使用权转让方已经支付全部土地使用权出让金;土地使用权转让方已取得国有土地使用权证;土地使用权转让方已按出让合同约定的期限与条件进行投资开发并达到法定要求;土地使用权转让时,其地上建筑物已建成的,还应持有房屋所有权证。其中,学界提出国有土地使用权转让方未完成最低开发要求即转让的问题,①也提出建筑物未建成能否转让土地使用权的问题。② 我们认为,此类转让应认定为无效行为。(2)以划拨方式取得的土地使用权转让。根据《城市产管理法》的规定,以行政划拨方式取得的土地使用权转让,首先必须报有批准权的人民政府审批,有批准权的人民政府准予转让的,应当由受让方办理土地使用权出让手续,并依法缴纳土地使用权出让金。其次,有批准权的人民政府不办理土地使用权出让手续的,转让方应将转让收益中的土地收益上缴国家。另外,以划拨的土地使用权作价投资、入股、合作建房等,实际上是土地使用权转让的一种特殊形式,双方必须签订有效的转让合同,办理土地使用权变更手续,受让方取得土地使用权。

值得指出的是,违法擅自批准出让或者擅自出让土地使用权用于房地产开发的,由上级机关或者所在单位给予有关责任人员行政处分。违法转让土地使用权的,由县级以上人民政府土地管理部门没收违法所得,可以并处罚款。违法转让房地产的,由县级以上人民政府土地管理部门责令缴纳土地使用权出让金,没收违法所得,可以并处罚款。此外,根据《刑法》第 228 条,以牟利为目的,违反土地管理法规,非法转让、倒卖土地使用权,情节严重的,处三年以下有期徒刑或者拘役,并处或者单处非法转让、倒卖土地使用权价额百分之五以上百分之二十以下罚金;情节特别严重的,处三年以上七年以下有期徒刑,并处非法转让、倒卖土地使用权价额百分之五以上百分之二十以下罚金。

三、房地产开发法律制度(The System of Construction of Real Estate)

(一)房地产开发与房地产开发企业(Construction of Real Estate and Real Estate Construction Enterprise)

房地产开发是指在依法取得国有土地使用权的土地上,进行基础设施、房屋建设的行为。房地产开发企业,是指以营利为目的,从事房地产开发和经营的企

---

① 王淑华:《土地使用权转让合同与物权变动之效力辨析》,《法学论坛》2009 年第 1 期。
② 徐开墅、祁晓东:《对土地使用权有偿转让问题的几点意见》,《政治与法律》1989 年第 1 期。

业。目前,我国房地产开发企业主要有三种:(1)专营企业。房地产开发专营企业,是以房地产开发经营为主的房地产综合开发企业,有独立健全的组织机构及同企业等级相适应的专职技术人员和经济管理人员。(2)兼营企业。房地产开发兼营企业,是以其他经营项目为主,兼营房地产开发经营的企业。(3)项目公司。房地产开发项目公司,是以房地产开发项目为对象,从事单项房地产开发经营的企业,其经营对象只限于批准的项目,项目开发经营完毕后,应向工商行政管理机关办理注销经营范围的登记。

(二)房地产开发企业的设立条件(Requirements for Establishment of Real Estate Construction Enterprise)

根据《城市房地产管理法》第 30 条,设立房地产开发企业,应当具备下列条件:(1)有自己的名称和组织机构;(2)有固定的经营场所;(3)有符合国务院规定的注册资本;(4)有足够的专业技术人员;(5)法律、行政法规规定的其他条件。

(三)房地产开发企业的资质管理(Qualification Regulation of Real Estate Construction Enterprise)

为了加强房地产开发企业资质管理,规范房地产开发企业经营行为,根据《城市房地产管理法》、《城市房地产开发经营管理条例》,建设部制定了《房地产开发企业资质管理规定》。该规定将房地产开发企业按资质条件分为一级、二级、三级、四级四个等级,实行分级审批。各级资质企业的具体标准为:

1. 一级资质(Level One Qualification)

具体条件是:(1)注册资本不低于 5 000 万元;(2)从事房地产开发经营 5 年以上;(3)近 3 年房屋建筑面积累计竣工 30 万平方米以上,或者累计完成与此相当的房地产开发投资额;(4)连续 5 年建筑工程质量合格率达 100%;(5)上一年房屋建筑施工面积 15 万平方米以上,或者完成与此相当的房地产开发投资额;(6)有职称的建筑、结构、财务、房地产及有关经济类的专业管理人员不少于 40人,其中具有中级以上职称的管理人员不少于 20 人,持有资格证书的专职会计人员不少于 4 人;(7)工程技术、财务、统计等业务负责人具有相应专业中级以上职称;(8)具有完善的质量保证体系,商品住宅销售中实行了《住宅质量保证书》和《住宅使用说明书》制度;(9)未发生过重大工程质量事故。

2. 二级资质(Level Two Qualification)

具体条件是:(1)注册资本不低于 2 000 万元;(2)从事房地产开发经营 3 年以上;(3)近 3 年房屋建筑面积累计竣工 15 万平方米以上,或者累计完成与此相当的房地产开发投资额;(4)连续 3 年建筑工程质量合格率达 100%;(5)上一年房屋建筑施工面积 10 万平方米以上,或者完成与此相当的房地产开发投资额;(6)有职称的建筑、结构、财务、房地产及有关经济类的专业管理人员不少于 20

人,其中具有中级以上职称的管理人员不少于 10 人,持有资格证书的专职会计人员不少于 3 人;(7) 工程技术、财务、统计等业务负责人具有相应专业中级以上职称;(8) 具有完善的质量保证体系,商品住宅销售中实行了《住宅质量保证书》和《住宅使用说明书》制度;(9) 未发生过重大工程质量事故。

3. 三级资质(Level Three Qualification)

具体条件是:(1) 注册资本不低于 800 万元;(2) 从事房地产开发经营 2 年以上;(3) 房屋建筑面积累计竣工 5 万平方米以上,或者累计完成与此相当的房地产开发投资额;(4) 连续 2 年建筑工程质量合格率达 100%;(5) 有职称的建筑、结构、财务、房地产及有关经济类的专业管理人员不少于 10 人,其中具有中级以上职称的管理人员不少于 5 人,持有资格证书的专职会计人员不少于 2 人;(6) 工程技术、财务等业务负责人具有相应专业中级以上职称,统计等其他业务负责人具有相应专业初级以上职称;(7) 具有完善的质量保证体系,商品住宅销售中实行了《住宅质量保证书》和《住宅使用说明书》制度;(8) 未发生过重大工程质量事故。

4. 四级资质(Level Four Qualification)

具体条件是:(1) 注册资本不低于 100 万元;(2) 从事房地产开发经营 1 年以上;(3) 已竣工的建筑工程质量合格率达 100%;(4) 有职称的建筑、结构、财务、房地产及有关经济类的专业管理人员不少于 5 人,持有资格证书的专职会计人员不少于 2 人;(5) 工程技术负责人具有相应专业中级以上职称,财务负责人具有相应专业初级以上职称,配有专业统计人员;(6) 商品住宅销售中实行了《住宅质量保证书》和《住宅使用说明书》制度;(7) 未发生过重大工程质量事故。

一级资质房地产开发企业的资质年检由国务院建设行政主管部门或者其委托的机构负责。一级资质的房地产开发企业承担房地产项目的建设规模不受限制,可以在全国范围承揽房地产开发项目。二级资质及二级资质以下的房地产开发企业的资质年检由省、自治区、直辖市人民政府建设行政主管部门制定办法。二级资质及二级资质以下的房地产开发企业可以承担建筑面积 25 万平方米以下的开发建设项目,承担业务的具体范围由省、自治区、直辖市人民政府建设行政主管部门确定。各资质等级企业应当在规定的业务范围内从事房地产开发经营业务,不得越级承担业务。

四、房地产转让法律制度(The System of Assignment of Real Estate)

(一)房地产买卖(Sale of Real Estate)

房地产买卖是房地产交易转让活动的主要形式,是指房地产权利人将自己享受的国有土地使用权和房屋所有权转移给他人并由他人支付房地产价款的行为。

房地产买卖的基本规定有：

（1）以出让方式取得土地使用权的,转让房地产,首先必须按照合同的约定已经支付全部土地使用权出让金,并取得土地使用权证书;其次按照出让合同约定进行投资开发,属于房屋建设工程的,必须完成开发投资总额25％以上,属于成片开发土地的,必须已经形成工业用地或者其他建设用地条件,房屋已经建成的,必须持有房屋所有权证书。

（2）以划拨方式取得土地使用权的,转让房地产,应当按照国务院规定,报有批准权的人民政府审批。准予转让的,应当由受让方办理土地使用权出让手续,并按照国家规定缴纳土地使用权出让金。未获批准的,转让方应当按照规定将转让房地产所获收益中的土地收益上缴国家或者作其他处理。

（3）下列房地产不得转让:司法机关和行政机关依法裁定,决定查封或者以其他形式限制房地产权利的;依法收回土地使用权的;共有房地产,未经其他共有人书面同意的;权属有争议的;未依法登记领取权属证书的;法律、行政法规规定禁止转让的其他情形。

（二）商品房预售（Presale of Commercial Housing）

商品房预售是从我国香港地区引进的一种房地产销售方式,是指房地产开发企业将正在建设中的房屋预先出售给承购人,由承购人支付定金或房价款的行为。

1. 商品房预售的条件（Conditions of Presale of Commercial Housing）

商品房预售的条件包括:（1）预售人必须已交付全部土地使用出让金,取得土地使用权证书;（2）持有建设工程规划许可证和施工许可证;（3）按提供预售的商品房计算,投入开发建设的资金达到工程建设总投资25％以上,并已经确定施工进度和竣工交付日期;（4）预售人已经取得商品房销售许可证。

2. 商品房预售许可证（Licence of Presale of Commercial Housing）

房地产开发企业进行商品房预售,应当向房地产管理部门办理预售登记,取得商品房预售许可证。开发企业申请办理商品房预售许可证,应当提交下列证件及资料:（1）土地使用权证书、建设工程规划许可证和施工许可证、投入开发建设的资金达到工程建设总投资25％以上的相关证明材料;（2）开发企业的《营业执照》和资质等级证书;（3）工程施工合同;（4）商品房预售方案。

值得指出,商品房预售制度本意是为了解决房地产开发中的资金不足问题。然而,商品房预售制度的融资功能完全能够通过房地产资本市场市场化乃至商品房抵押贷款证券化来替代。因此,以立法的形式采取统一步骤取消商品房预售制度是必然趋势。①

3. 商品房买卖中一房二卖及抵押的法律责任（Legal Liabilities of Two Sales of One House and Its Mortgage）

一房二卖,是指房地产开发商作为出卖人先后或者同时以两个买卖合同,将同一特定的房屋出卖给两个不同的买受人。此类纠纷处理,实质在于物权与债权的尖锐对立,登记原则、在先原则等是基本解决方法。② 最高人民法院在 2003 年 3 月 24 日发布的《关于审理商品房买卖合同纠纷案件适用法律若干问题的解释》（以下简称《解释》）中,专门针对房地产开发企业作为房屋出卖方在商品房买卖合同行为中的一房二卖以及抵押行为进行规范处理。

根据《解释》第 8 条,"具有下列情形之一,导致商品房买卖合同目的不能实现的,无法取得房屋的买受人可以请求解除合同、返还已付购房款及利息、赔偿损失,并可请求出卖人承担不超过已付购房款一倍的赔偿责任:(1) 商品房买卖合同订立后,出卖人未告知买受人又将该房屋抵押给第三人;(2) 商品房买卖合同订立后,出卖人又将该房屋出卖给第三人。"《解释》第 9 条规定:"出卖人订立商品房买卖合同时,具有下列情形之一,导致合同无效或者被撤销、解除的,买受人可以请求返还已付购房款及利息、赔偿损失,并可以请求出卖人承担不超过已付购房款一倍的赔偿责任:(1) 故意隐瞒没有取得商品房预售许可证明的事实或者提供虚假商品房预售许可证明;(2) 故意隐瞒所售房屋已经抵押的事实;(3) 故意隐瞒所售房屋已经出卖给第三人或者为拆迁补偿安置房屋的事实。"《解释》第 10 条规定:"买受人以出卖人与第三人恶意串通,另行订立商品房买卖合同并将房屋交付使用,导致其无法取得房屋为由,请求出卖人与第三人订立的商品房买卖合同无效的,应予支持。"

值得指出的是,一房二卖与商品房的重复销售,并非同一概念,而是一般与特殊的包含关系。由于该《解释》第 1 条开宗明义地指出:"本解释所称的商品房买卖合同,是指房地产开发企业将尚未建成或者已竣工的房屋向社会销售并转移房屋所有权于买受人,买受人支付价款的合同。"因此商品房重复销售的主体是特定的,出售方仅限于房地产开发企业。而现实生活中一房二卖的卖方,既可能是房地产开发企业,也可能是其他法人或者个人。基于特别规定优先的原则,商品房重复销售案件应适用《解释》,而普通的一房二卖案件,则应适用《合同法》和《民法通则》的规定。

---

① 雷兴虎、蔡科云:《中国商品房预售制度的存与废——兼谈我国房地产法律制度的完善》,《法学评论》2008 年第 1 期。

② 王咏霞:《不动产物权变动中债权和物权的保护——兼论"一房二卖"问题》,《法学评论》1998 年第 2 期。

（三）房屋租赁制度（The System of House Lease）

房屋租赁，是指房屋所有权人作为出租人将其房屋出租给承租人使用，由承租人向出租人支付租金的行为。将房地产交付他人占有、使用并收取一定租金的一方，称为出租人。支付一定租金，占有他人房地产为使用、收益行为的一方，称为承租人。

1. 出租人的权利与义务（Rights and Obligations of Lessor）

出租人的权利与义务包括：(1) 出租人应当依照租赁合同约定的期限将房屋交付承租人；(2) 出租人在租赁期限内，确需提前收回房屋的，应当事先征得承租人同意，给承租人造成损失的，应当予以赔偿；(3) 出租住宅用房的自然损坏或合同约定由出租人修缮的，由出租人负责修复；(4) 房地产出租而形成的税费，由出租人交纳，除非租赁合同另有约定。

2. 承租人的权利与义务（Rights and Obligations of Lessee）

承租人的权利与义务有：(1) 承租人必须按期缴纳租金；(2) 承租人应当合理使用所承租的房屋及附属设施，不得擅自拆改、扩建或增添；(3) 租赁期限届满，承租人应当返还房屋。

3. 房屋租赁合同的终止与解除（Termination and Rescission of House Lease Contract）

(1) 租赁合同约定的租赁期间届满，租赁关系即为终止。但租赁期限届满，承租人继续使用租赁房屋，出租人没有提出异议的，原租赁合同继续有效。此时，租赁为不定期租赁，任何一方有权随时终止租赁。

(2) 我国法律规定了定期租赁合同解除的法定事由。其中，承租人解除合同的法定事由包括：租赁房屋危及承租人安全或健康的；出租人有修缮义务，经催告仍不修缮的；租赁房屋部分或全部毁损致使租赁目的不能实现的；因第三人主张权利致使承租人不能对租赁房屋使用、收益的；原承租人死亡，生前共同居住人不再继续租赁房屋的。出租人解除合同的法定事由包括：承租人未按约定使用租赁房屋，致使房屋受到损失的；承租人擅自转租的；承租人擅自转让、转借或调换的；承租人擅自拆改房屋结构或改变用途的；承租人逾期不支付租金累计达 6 个月以上的；公有住宅房屋无正当理由闲置 6 个月以上的；利用承租房屋进行违法活动的；承租人故意损坏承租房屋的。实践中，承租人转租、添附等情况时有发生。[①] 对此，主要的处理方法应是，在保护出租人物权的基础上，合理兼顾平衡承租人的权益。

[①] 陈本寒、谢靖华：《房屋租赁权让与问题之探讨》，《政治与法律》2013 年第 3 期；崔建远：《租赁房屋装饰装修物的归属及利益返还》，《法学家》2009 年第 5 期。

（3）租赁房屋全部毁损、灭失的，租赁合同标的物消灭，租赁关系当然消灭。

第二节　金融业规制法

Section Two　Finance Regulation Law

一、商业银行法（Commercial Bank Law）

（一）商业银行法概述（Introduction to Commercial Bank Law）

在以市场经济为主体的国家，商业银行是极其重要的金融机构类型。商业银行是按商业原则进行经营、以营利为目的，能够办理各种金融业务的综合性金融企业。商业银行法就是关于商业银行的组织和活动的法律规范的总称。

自 20 世纪 80 年代开始的金融体制改革以来，我国商业银行发展迅速，全国人大常委会制定和修订了一系列商业银行法律规范。商业银行法的立法宗旨是，保护商业银行、存款人和其他客户的合法权益，规范商业银行的行为，提高信贷资产质量，加强监督管理，保障商业银行的稳健运行，维护金融秩序，促进会主义市场经济的发展。

由于各国经济发展水平和区域特点的不同，对商业银行的立法形式也不尽相同，或并入中央银行法之列，或单独立法。我国采取的是单行立法形式，即在中央银行法之外，于 1995 年 5 月制定、2003 年 12 月修订了《中华人民共和国商业银行法》（Law of the People's Republic of China on Commercial Banks）。

（二）商业银行的组织形式和设立条件（Forms of Organization and Requirements for Establishment of Commercial Banks）

各国立法对商业银行的组织形式的规定并不完全一致，有的国家要求商业银行必须是法人，有的国家则采用合伙或个体经营银行的形式亦可。如德国，法律允许个体商人经营银行，或采用两个公司的形式开办银行。我国商业银行立法从保护存款人利益出发，为了维护金融业稳定，规定了商业银行必须采取股份有限公司或有限责任公司的形式，即必须为独立法人实体，并且规定了较普通公司企业更为严格的条件和程序。具体是：

1. 有符合《商业银行法》和《公司法》规定的章程

章程是商业银行用以规定其组织形式、注册资本、业务范围、组织机构、内部管理以及其他重要事项的书面法律文件。

2. 有符合《商业银行法》规定的注册资本最低限额

商业银行的注册资本为商业银行在公司登记机关的全体股东实缴的出资额。

设立全国性商业银行、城市商业银行、农村商业银行的注册资本最低限额分别为10亿元人民币、1亿元人民币和5000万元人民币。中国银监会根据审慎监管的要求,可以调整注册资本的最低限额,但不得少于前述限额。

3. 有具备任职专业知识和业务工作经验的董事、高级管理人员

中国银监会对商业银行董事和高级管理人员实行任职资格管理,有下列情形之一的,不得担任商业银行的董事、高级管理人员:因犯有贪污、贿赂、侵吞财产、挪用财产罪或者破坏社会经济秩序罪,被判处刑罚,或者因犯罪被剥夺政治权利的;担任因经营管理不善破产清算的公司、企业的董事或者厂长、经理,并对该公司、企业的破产负有个人责任的;担任因违法被吊销营业执照的公司、企业的法定代表人,并负有个人责任的;个人所负数额较大的债务到期未清偿的。

4. 有健全的组织机构和管理制度

有限责任商业银行、国有独资商业银行、股份有限责任商业银行应按照《公司法》建立相应的组织机构。《商业银行法》还特别规定,国有独资商业银行设立监事会,对国有独资商业银行的信贷资产质量、资产负债比例、国有资产保值增值等情况以及高级管理人员违反法律、行政法规或者章程的行为和损害银行利益的行为进行监管。国有独资商业银行监事会的产生、监事的任职和职权等,适用2000年1月国务院公布施行的《国有重点金融机构监事会暂行条例》。商业银行应依法建立健全各项管理制度,如人事管理制度、业务审批制度、资产负债管理制度、风险管理制度、结算管理制度、财务管理制度、内部稽核制度等。

5. 有符合要求的营业场所、安全防范措施和与业务有关的其他设施

商业银行的营业场所、安全防范措施和与业务有关的其他设施,应符合中国银监会、公安部门、消防部门的有关规定。

6. 设立商业银行,还应当符合其他审慎性条件

所谓审慎性条件,是指能保障商业银行谨慎地安全经营的条件。例如,风险管理、内部控制、资产质量、资产流动性等方面的条件都属于其他审慎性条件。

(三)商业银行业务及其基本规则(Businesses and Its Basic Rules of Commercial Banks)

1. 商业银行业务(Businesses of Commercial Banks)

商业银行是以吸收公众存款、发放贷款、办理结算为主要业务,以经营收益为主要经营目标,以安全性、流动性、效益性为基本经营原则,实行自主经营、自担风险、自负盈亏、自我约束的企业法人,是银行体系中的主体。

根据《商业银行法》的规定,商业银行可以经营下列部分或全部业务:(1)吸收公众存款;(2)发放短期、中期和长期贷款;(3)办理国内外结算;(4)办理票据承兑与贴现;(5)发行金融债券;(6)代理发行、代理兑付、承销政府债券;(7)买

卖政府债券、金融债券;(8)从事同业拆借;(9)买卖、代理买卖外汇;(10)从事银行卡业务;(11)提供信用证服务及担保;(12)代理收付款项及代理保险业务;(13)提供保管箱业务;(14)经国务院银行业监督管理机构批准的其他业务。

由此可以看出,商业银行的业务范围主要包括:货币流通业务、货币融通业务和其他金融业务。货币融通业务主要包括负债业务和资产业务两个方面。其中,负债业务主要包括被动存款和主动负债,二者是商业银行的资金来源业务,是进行资产业务和中间业务经营的基础。商业银行的资金主要由自有资本、存款和借款构成。其中,吸收存款占总比例的百分之七十到百分之八十,是商业银行最重要的负债业务,也是负债管理的重点。资产业务是指商业银行运用其积聚的货币资金从事各种信用活动的业务,是商业银行取得收益的主要途径,包括发放贷款、进行投资、租赁业务、买卖外汇、票据贴现等,其中最主要的资产业务是贷款业务和投资业务。

2. 商业银行业务基本规则(Basic Businesses Rules of Commercial Banks)

一般情况下,银行经营货币融通业务有许多严格的限制。在负债业务方面主要是负债形式、负债利率和负债规模的性质。商业银行的负债形式主要是吸收存款、同业拆借和发行金融债券。商业银行应当按照中国人民银行规定的存款利率的上下限,确定存款利率,并予以公告。商业银行同业拆借应当遵守中国人民银行的规定,拆入资金用于弥补票据结算、联行汇差头寸的不足和解决临时性周转资金的需要,禁止利用拆入资金发放固定资产贷款或者用于投资。商业银行发行金融债券或者到境外借款,应当依照法律、行政法规的规定报经批准。

在贷款业务方面,商业银行要遵守贷款对象、贷款规模、贷款利率以及贷款条件的特殊限制。在商业银行贷款业务中,借款人应当提供担保。商业银行应当对保证人的偿还能力、抵押物、质物的权属和价值以及实现抵押权、质权的可行性进行严格审查。经商业银行审查、评估,确认借款人资信良好,确能偿还贷款的,可以不提供担保。商业银行不得向关系人发放信用贷款;向关系人发放担保贷款的条件不得优于其他借款人同类贷款的条件。前述所称关系人是指:商业银行的董事、监事、管理人员、信贷业务人员及其近亲属;前项所列人员投资或者担任高级管理职务的公司、企业和其他经济组织。商业银行贷款,应当与借款人订立书面合同,约定贷款种类、借款用途、金额、利率、还款期限、还款方式、违约责任和双方认为需要约定的其他事项。商业银行应当按照中国人民银行规定的贷款利率的上下限,确定贷款利率。此外,商业银行贷款应当遵守下列资产负债比例管理的规定:(1)资本充足率不得低于 8%;(2)贷款余额与存款余额的比例不得超过75%;(3)流动性资产余额与流动性负债余额的比例不得低于 25%;(4)对同一借款人的贷款余额与商业银行资本余额的比例不得超过 10%;(5)国务院银行业监督管理机构对资产负债比例管理的其他规定。

在投资业务方面主要是限制商业银行对外进行产业投资、对金融部门以外的资本证券进行投资，以保障商业银行的经营安全，维持稳定的金融秩序。商业银行在我国境内不得从事信托投资和证券经营业务，不得向非自用不动产投资或者向非银行金融机构和企业投资，但国家另有规定的除外。

此外，商业银行办理业务，提供服务，按照规定收取手续费。收费项目和标准由国务院银行业监督管理机构、中国人民银行根据职责分工，分别会同国务院价格主管部门制定。商业银行的营业时间应当方便客户，并予以公告。商业银行应当在公告的营业时间内营业，不得擅自停止营业或者缩短营业时间。商业银行开展业务，应当遵守公平竞争的原则，不得从事不正当竞争，不得违反规定提高或者降低利率以及采用其他不正当手段，吸收存款，发放贷款。

商业银行的工作人员应当遵守法律、行政法规和其他各项业务管理的规定，不得有下列行为：(1) 利用职务上的便利，索取、收受贿赂或者违反国家规定收受各种名义的回扣、手续费；(2) 利用职务上的便利，贪污、挪用、侵占本行或者客户的资金；(3) 违反规定徇私向亲属、朋友发放贷款或者提供担保；(4) 在其他经济组织兼职；(5) 违反法律、行政法规和业务管理规定的其他行为。此外，商业银行的工作人员不得泄露其在任职期间知悉的国家秘密、商业秘密。

（四）商业银行的监督管理法律制度（The System of Supervision and Regulation of Commercial Banks）

对商业银行依法实施监督管理，目的是促进商业银行合法、稳健运行，维护社会公众对商业银行及商业银行体系的信心，保护商业银行公平竞争，提高银行业的竞争能力。

世界各国由于政治、经济、地理、历史等条件的不同，以及所依据的监督与管理理论不同，分别采用了不同的银行监督管理体制，如一元化监管体制、一级多头监管体制、两级多头监管体制、跨国监管体制等。根据我国相关法律规范的规定，我国商业银行的监督管理制度属于一级多头监管体制，即监管权集中于中央，在中央一级分设多个机构，负责对商业银行的组织机构和业务经营进行监管。但从社会责任角度看，外部督促力量与内控督促制度相结合是提升商业银行践行社会责任之效果的重要方面。[①] 因此，商业银行的监督管理包括商业银行内部的监督管理和商业银行的外部监督管理两个方面。

1. 商业银行的内部监督管理（Internal Management of Commercial Banks）

商业银行应当按照有关规定，制定本行的业务规则，建立、健全本行的风险管理和内部控制制度。商业银行应当建立、健全本行对存款、贷款、结算、呆账等各

---

① 刘志云：《商业银行社会责任的兴起及其督促机制的完善》，《法律科学》2010 年第 1 期。

项情况的稽核、检查制度;对分支机构应当进行经常性的稽核和检查监督。具体工作中,商业银行的内部监督管理主要是通过网上银行内部治理和内部控制制度,设立独立的审计部门、合规部门、风险管理部门来实施。目前,我国商业银行内部监管主要是由其内部的稽核审计部门实施的。

2. 商业银行的外部监督管理(External Supervision and Regulation of Commercial Banks)

在我国,商业银行的外部监督管理机关包括:(1)中国银行业监督管理委员会。中国银监会有权依照《商业银行法》的相关规定,随时对商业银行的存款、贷款、结算、呆账等情况进行检查监督。此外,商业银行已经或者可能发生信用危机,严重影响存款人的利益时,国务院银行业监督管理机构可以对该银行实行接管,对于依法解散、被撤销、破产的,须经中国银监会批准、决定或同意。(2)中国人民银行。中国人民银行有权依照《中国人民银行法》的相关规定对商业银行的经营业务活动进行规范和监督。不过,中国人民银行主要从维护金融业的稳健经营目的出发进行监管,主要负责与货币有关活动的监管。(3)国家审计机关。商业银行应当依法接受审计机关的审计监督。审计机关对国有金融机构的资产、负债、损益,进行审计监督。

(五)违反商业银行法的法律责任(Legal Responsibilities of Acts Against Commercial Bank Law)

我国《商业银行法》规定了商业银行、商业银行的董事、高级管理人员及工作人员和其他有关组织和个人违反该法所应承担的法律后果,包括民事责任、行政责任和刑事责任。

1. 商业银行对存款人或其他客户造成财产损害的法律责任

商业银行有下列情形之一的,对存款人或其他客户造成财产损害的,应承担支付迟延履行的利息以及其他民事责任:(1)无故拖延、拒绝支付存款本金及利息的;(2)违反票据承兑等结算业务规定,不予兑现,不予收付入账,压单、压票或者违反规定退票的;(3)非法查询、冻结、扣划个人储蓄存款或者单位存款的;(4)违反规定对存款人或者其他客户造成损害的其他行为。

2. 商业银行违反贷款及《商业银行法》的其他规定的法律责任

商业银行有下列情形之一,由国务院银行业监督管理机构责令改正,有违法所得的,没收违法所得,违法所得五十万元以上的,并处违法所得一倍以上五倍以下罚款;没有违法所得或者违法所得不足五十万元的,处五十万元以上二百万元以下罚款;情节特别严重或者逾期不改正的,可以责令停业整顿或者吊销其经营许可证;构成犯罪的,依法追究刑事责任:(1)未经批准设立分支机构的;(2)未经批准分立、合并或者违反规定对变更事项不报批的;(3)违反规定提高或者降低利率以及采用其他不正当手段,吸收存款,发放贷款的;(4)出租、出借经营许可证的;(5)未经批准买卖、代理买卖外汇的;(6)未经批准买卖政府债券或者发行、买卖金融债券的;(7)违反国家规定从事信托投资和证券经营业务、向非自用不动产投资或者向非银行金融机构和企业投资的;(8)向关系人发放信用贷款或者发放担保贷款的条件优于其他借款人同类贷款的条件的。

商业银行有下列情形之一,由国务院银行业监督管理机构责令改正,并处二十万元以上五十万元以下罚款;情节特别严重或者逾期不改正的,可以责令停业整顿或者吊销其经营许可证;构成犯罪的,依法追究刑事责任:(1)拒绝或者阻碍国务院银行业监督管理机构检查监督的;(2)提供虚假的或者隐瞒重要事实的财务会计报告、报表和统计报表的;(3)未遵守资本充足率、存贷比例、资产流动性比例、同一借款人贷款比例和国务院银行业监督管理机构有关资产负债比例管理的其他规定的。

商业银行有下列情形之一,由中国人民银行责令改正,有违法所得的,没收违法所得,违法所得五十万元以上的,并处违法所得一倍以上五倍以下罚款;没有违法所得或者违法所得不足五十万元的,处五十万元以上二百万元以下罚款;情节特别严重或者逾期不改正的,中国人民银行可以建议国务院银行业监督管理机构责令停业整顿或者吊销其经营许可证;构成犯罪的,依法追究刑事责任:(1)未经批准办理结汇、售汇的;(2)未经批准在银行间债券市场发行、买卖金融债券或者到境外借款的;(3)违反规定同业拆借的。

商业银行有下列情形之一,由中国人民银行责令改正,并处二十万元以上五十万元以下罚款;情节特别严重或者逾期不改正的,中国人民银行可以建议国务院银行业监督管理机构责令停业整顿或者吊销其经营许可证;构成犯罪的,依法追究刑事责任:(1)拒绝或者阻碍中国人民银行检查监督的;(2)提供虚假的或者隐瞒重要事实的财务会计报告、报表和统计报表的;(3)未按照中国人民银行规定的比例交存存款准备金的。

商业银行不按照规定向国务院银行业监督管理机构报送有关文件、资料的,由国务院银行业监督管理机构责令改正,逾期不改正的,处十万元以上三十万元以下罚款。商业银行不按照规定向中国人民银行报送有关文件、资料的,由中国人民银行责令改正,逾期不改正的,处十万元以上三十万元以下罚款。

3. 商业银行的工作人员违反《商业银行法》规定的法律责任

商业银行工作人员利用职务上的便利,索取、收受贿赂或者违反国家规定收受各种名义的回扣、手续费,构成犯罪的,依法追究刑事责任;尚不构成犯罪的,应当给予纪律处分。有前款行为,发放贷款或者提供担保造成损失的,应当承担全部或者部分赔偿责任。

商业银行工作人员利用职务上的便利,贪污、挪用、侵占本行或者客户资金,构成犯罪的,依法追究刑事责任;尚不构成犯罪的,应当给予纪律处分。

商业银行工作人员违反规定玩忽职守造成损失的,应当给予纪律处分;构成犯罪的,依法追究刑事责任。违反规定徇私向亲属、朋友发放贷款或者提供担保造成损失的,应当承担全部或者部分赔偿责任。

商业银行工作人员泄露在任职期间知悉的国家秘密、商业秘密的,应当给予纪律处分;构成犯罪的,依法追究刑事责任。

商业银行的工作人员对单位或者个人强令其发放贷款或者提供担保未予拒绝的,应当给予纪律处分;造成损失的,应当承担相应的赔偿责任。

二、证券法(Securities Law)

(一) 证券及证券法概述(Introduction to Securities and Securities Law)

1. 证券(Securities)

在建立和发展社会主义市场经济中,证券市场发挥着重要作用。关于证券的概念,通说认为证券是用以证明或设定权利的书面凭证。广义的证券是指权利凭证,用以证明持券人享有一定的经济权益的书面凭证,包括资本证券、货币证券和商品证券。狭义的证券专指资本证券,即具有一定票面金额,证明持券人享有一定的财产权乃至社员权的书面凭证。

我国证券法和这里所要探讨的证券就是资本证券。按照不同的标准,可以将证券作多种分类。我国目前证券市场上发行和流通的证券主要有以下几种:

(1) 股票(Stocks)。股票是股份有限公司签发的证明股东权利义务的要式有价证券。目前,我国发行的股票按照投资主体的不同,可分为国家股、法人股、内部职工股和社会公众个人股;按照股东权益和风险大小,可分为普通股、优先股及普通和优先混合股;按照票面上记载内容,可分为记名股票和不记名股票;按照认购股票投资者身份和上市地点的不同,可以分为境内上市内资股、境内上市外资股和境外上市外资股。

(2) 债券(Bonds)。债券是企业、金融机构或政府为募集资金向社会公众发行的、保证在规定时间内向债券持有人还本付息的有价证券。债券按照发行主体不同可以分为政府债券、金融债券和公司债券。

(3) 基金券(Share of Securities Investment Funds)。证券投资基金是我国近年来证券市场逐步成熟而发展起来的产物,投资基金市场已成为我国资本市场的重要组成部分。基金券,又称基金受益凭证,是基金公司发给投资者,用以记载投资者所持基金单位数的凭证。在证券基金活动中,通过公开发售基金份额募集基金形成独立的基金财产,由基金管理人管理,基金托管人托管,为基金份额持有人的利益,以资产组合方式从事证券投资,基金份额持有人按其所持基金券在基金中所占的比例来分享基金盈利、分担基金亏损。

另外，我国目前市场上发行和流通的证券还有认股权证、期货、期权(stock warrants, futures and options)等。

2. 证券法(Securities Law)

证券法是调整证券发行、交易等活动中以及国家在管理证券机构和管理证券的发行、交易等活动的过程中，所发生的社会关系的法律规范的总称。证券活动关系包括在证券发行、交易活动中形成的各种社会关系，既有证券发行人、证券投资人和证券商等之间的平等的、横向的证券发行关系、证券交易关系和证券服务关系，又有证券监督管理机构对证券市场参与者进行领导、组织、协调、监督等活动过程中所发生的纵向监管关系。

证券法有广义和狭义之分。在我国，狭义的证券法是指分别在 1998 年 12 月通过和 2013 年 6 月最新修订的《中华人民共和国证券法》(Law of the People's Republic of China on Securities)。广义的证券法除了《证券法》之外，还包括一切有关证券发行、交易及其监督管理关系的法律规范，如《公司法》、《证券投资基金法》、《期货交易管理条例》、《上市公司证券发行管理办法》、《证券市场禁入规定》等。

（二）证券发行制度(Legal System of Securities Issuance)

证券发行是指符合发行条件的商业组织或政府组织，以募集资金为目的，依照法律规定的条件和程序向社会投资者出售代表一定权利的资本证券的直接融资行为。

证券发行一般有两种管理体制：申报制和核准制。我国《证券法》第 10 条规定："公开发行证券，必须符合法律、行政法规规定的条件，并依法报经国务院证券监督管理机构或者国务院授权的部门核准或者审批；未经依法核准或者审批，任何单位和个人不得向社会公开发行证券。"由此可以看出，我国的证券发行实行核准制，由《证券法》及修订后的《公司法》规定证券发行的实质条件和程序，并由国务院证券监督管理机构或国务院授权的部门予以核准。具体来讲，一般公司债券的发行由国务院授权的部门核准，股票、可转换公司债券的公开发行报经中国证监会核准。

证券发行的有关规定如下：(1) 证券公司应当依照法律、行政法规的规定承销发行人向社会公开发行的证券。证券承销业务采取代销或者包销的方式。证券代销是指证券公司代发行人发售证券，在承销期结束时，将未销出的证券全部退还给发行人的承销方式。证券包销是指证券公司将发行人的证券按照协议全部购入，或者在承销期结束时将售后剩余证券全部自行购入的承销方式。(2) 公开发行证券的发行人有权自行选择承销的证券公司，证券公司不得以不正当手段招揽承销业务。（3）证券公司承销证券，应当同发行人签订代销或者包销协议，载明《证券法》规定的有关事项。（4）向社会公开发行的证券票面总额超过人民币 5000 万元的，应当由承销团承销。承销团应当由主承销和参与承销的证券公司组成。（5）证券的代销、包销期最长不得超过 90 日。证券公司在代销、包销期间，对所代销、包销的证券，应当保证先行出售给认购人，证券公司不得为本公司事先预留所代销的证券和预先购入并留存所包销的证券。（6）公开发行股票，代销、包销期限届满，发行人应当在规定的期限内将股票发行情况报国务院证券监督管理机构备案。（7）股票采取溢价发行的，其发行价格由发行人和承销的证券公司协商确定。（8）股票发行采用代销方式，代销期限届满，向投资者出售的股票数量未达到拟公开发行股票数量百分之七十的，为发行失败。发行人应当按照发行价并加算银行同期存款利息返还股票认购人。（9）境内企业直接或者间接到境外发行证券，或者将其证券在境外上市交易，必须经国务院证券监督管理机构批准。

（三）证券交易制度（Legal System of Securities Transactions）

证券交易是指证券发行人公开发行的证券在证券交易所挂牌进行集中交易的法律行为。证券在一级市场出售之后，就要进入二级市场流通转让，以实现投资者对证券变现和增值的需要。证券市场上最频繁、最活跃和风险最集中的就是证券交易行为，证券立法的最重要的任务就是规范和监督证券交易活动，确立证券交易的基本原则。

1. 证券交易的一般规定（General Provisions of Securities Transactions）

允许交易的证券，必须是依法发行并交付的证券。所谓依法发行并交付，是指证券的发行是完全按照有关法律的规定进行的，符合法律规定的条件和程序，具有法律依据，通过发行程序并将证券已经交付给购买者。也就是说，进行证券交易的当事人依法买卖的证券，是其合法持有的证券。非依法发行的证券，即证券的发行没有按照法律规定的条件和程序进行，这样的证券，不得买卖。

依法发行的股票或者公司债券及其他证券，都允许依法进行交易。依法发行的证券可以进行交易，但并不排除法律根据证券的性质和其他情况，对某些证券的交易作出限制性规定。在现实中，对某些证券的转让期限作出限制是可能存在的。如有些债券，只允许在发行后满一定期限才可转让。对于股票，如我国《公司法》对股份有限公司发起人持有的股份有限公司的股份的转让限定为 3 年之内不得转让。再如，目前对上市公司中内部职工股的转让也有期限的限制。凡是法律对转让期限作出限制性规定的，在限定的期限内，该种证券不得买卖。

经依法核准的上市交易的证券在证券交易所挂牌交易，必须采用公开的集中竞价交易方式。公开的集中竞价，是所有有关购售该证券的买主和卖主集中在一个市场公开申报、竞价交易,每当买卖出价相吻合就构成一笔买卖,交易依买卖组连续进行,每个买卖组形成不同的价格。公开的集中竞价具有过程公开性、时间连续性、价格合理性和对快速变化的适应性等特点。证券交易的集中竞价实行价格优先、时间优先的原则。即买方出价高的优先买方出价低的,卖方出价低的优先于卖方出价高的,多数卖方中出价最低的与多数买方中出价最高的优先成交,以此类推,连续竞价。在出价相同时,由最先出价者优先成交。

证券交易以现货进行交易,即证券交易达成后,按当时的价格进行实物交割的交易方式。买卖双方的资金和股票发生转移,购买者以直接持有股票为目标,相对其他交易形式来讲更具有投资性。

证券交易所、证券公司、证券登记结算机构从业人员、证券监督管理机构工作人员和法律、行政法规禁止参与股票交易的其他人员,在任期或者法定限期内,不得直接或者以化名、借他人名义持有、买卖股票,也不得收受他人赠送的股票。任何人在成为上列人员时,其原已持有的股票必须依法转让。为股票发行出具审计报告、资产评估报告或者法律意见书等文件的专业机构和人员,在该股票承销期内和期满后6个月内,不得买卖该种股票。此外,为上市公司出具审计报告、资产评估报告或者法律意见书等文件的专业机构和人员,自接受上市公司委托之日起至上述文件公开后5日内,不得买卖该种股票。

持有一个股份有限公司已发行股份5％的股东,应当在其持股数额达到该比例之日起3日内,向该公司报告,公司必须在接到报告之日起3日内向国务院证券监督管理机构报告;属于上市公司的,应当同时向证券交易所报告。上述股东将其所持有的股票在买入后6个月内卖出,或者在卖出后6个月内又买入,由此所得收益归该公司所有,公司董事会应当收回该股东所得收益。公司董事会不按规定执行的,其他股东有权要求董事会执行。如董事会不执行,以致公司遭受损害的,负有责任的董事依法承担连带赔偿责任。但是,证券公司从事证券包销业务,因购入售后剩余股票而持有5％以上股份的,卖出该部分股票时不受6个月时间的限制,即可以在6个月之内将该部分股票卖出。

2. 证券交易的限制与禁止(Prohibitions in Securities Transactions)

由于证券交易尤其是上市证券的交易公众性强,交易又具有很高的技术性,证券交易市场上,欺诈和各种非法交易盛行,且具有极大的隐蔽性和破坏性,严重损害广大投资者的利益。因此,各国都通过加强证券交易监管立法来防范和惩治各种非法证券交易行为,以保护公众投资者的利益,维护证券市场健康运行。根据我国《证券法》,禁止以下四类行为:

(1)禁止内幕交易(Prohibition of Insider Trading)。所谓内幕交易,又称内线交易或知情交易,是指知悉证券交易内幕信息的知情人员,利用内幕信息自己买卖证券、建议他人买卖证券,或者泄露内幕信息使他人利用该信息买卖证券,从中牟利或者避免损失的行为。内幕信息,是指在证券交易中涉及公司的经营、财务或者对该公司证券的市场价格有重大影响的尚未公开的信息,具体范围包括《证券法》第 67 条第 2 款列举的十二项重大事件以及第 75 条第 2 款列举的八类信息。内幕交易行为必然会损害证券市场的秩序,因此,《证券法》明文规定禁止这种行为。

(2) 禁止市场操纵(Prohibition of Manipulation of the Securities Market)。所谓市场操纵,又称操纵证券价格行为,是指任何单位和个人利用掌握的资金、信息等优势或者滥用职权,采取不正当手段,人为地制造证券行情,操纵或者影响证券市场价格,以诱导证券投资者盲目进行证券买卖,从而为自己谋取利益或者转嫁风险的行为。市场操纵行为是一种扭曲证券价格机制,破坏证券的供求关系,严重损害中小投资者的合法权益,扰乱经济市场秩序的行为。我国及其他各国对市场操纵行为一向采取严格禁止的态度。

(3) 禁止编造和传播虚假信息(Prohibition of Fabricating and Disseminating False Information)。编造和传播虚假信息,又称不实陈述行为,是指证券市场主体及其工作人员以及其他有关人员,作出虚假陈述、信息误导,或者编造并传播虚假信息,以影响证券交易的行为。在证券交易过程中,投资者主要是通过了解证券市场的信息和各证券发行人或上市公司的发行、经营信息,来作出证券投资的决定。同样的,政府管理证券市场,也需要掌握和分析这些信息。因此,这些信息是否真实和客观,直接关系到投资者能否正确作出投资决定以及政府对证券市场能否作出有效管理,关系到证券市场的秩序,《证券法》明文禁止编造和传播虚假信息的行为。

(4) 禁止欺诈客户(Prohibition of Cheating Clients)。欺诈客户行为,是指在证券交易中,证券公司及其工作人员利用受托人的地位,违背客户真实意思表示,进行损害投资者利益或者诱使投资者进行证券买卖而从中获利的行为。《证券法》严禁各种欺诈客户的行为,并明确规定欺诈客户行为给客户造成损失的,行为人应当依法承担赔偿责任。

3. 信息持续公开制度(Legal System of On-going Information Disclosure)

信息持续公开制度,又称信息持续披露制度,是指申请证券上市的证券发行人,在证券上市前后依法将其经营和财务信息予以充分、完整、准确、及时的披露,以供证券投资者作出投资决策的制度。信息持续公开制度是证券市场公开原则的具体体现,旨在保护投资者的利益,强化对发行人和上市公司的社会监督,有效地防止证券欺诈行为。

法定必须公开的信息包括:(1) 证券发行的信息,如招股说明书、公司财务会计报告等;(2) 证券上市的信息,如上市报告书、公司章程等;(3) 定期报告,主要指中期报告和年度报告;(4) 临时报告,主要指重大事件报告;(5) 5% 以上股东的持股变动报告和上市公司收购报告。

（四）上市公司收购管理制度（Legal System of Acquisition of Listed Companies）

所谓上市公司收购，是指投资者依法收购上市公司已发行股份以达到取得该公司控制权或与该公司合并的行为。在收购行为中，实施收购行为的投资者为收购人，作为收购目标的上市公司为被收购公司或目标公司。

上市公司收购是证券市场发展中的必然现象，它对于收购人、目标公司、上市公司股东、上市公司管理人员、雇员、债权人乃至整个证券市场，都会产生重大影响。因此，世界上各个国家都将上市公司收购行为作为一项重要的证券监督管理内容加以规定。

我国《证券法》规定，上市公司收购以采取要约收购和协议收购两种方式进行。要约收购是指收购人通过向目标公司的股东发出购买其所持该公司股份的要约，并按照该要约所规定的收购条件、收购价格、收购期限等内容进行收购的方式。协议收购是指收购人通过与目标公司的股东进行协商达成收购协议，并按照该协议所规定的收购条件、收购价格、收购期限等内容进行收购的方式。

《证券法》中关于上市公司的收购制度的规定，主要有两个方面：一是持股披露制度。持股披露制度是各国证券法用以规范场内上市公司收购的主要措施，它要求投资者在持有上市公司股份的一定比例时，必须向证券管理机构和社会公众披露持股情况，目的在于防止出现操纵市场等行为，也使上市公司的其他投资者及时了解这些大宗股份买卖行为，对今后的投资作出决策。二是强制要约收购制度。根据《证券法》规定，无论通过证券交易所的证券交易还是通过协议收购的方式，投资者持有或者通过协议、其他安排与他人共同持有一个上市公司已发行的股份达到30％时，继续进行收购的，应当依法向该上市公司所有股东发出收购上市公司全部或者部分股份的要约，并事先向国务院证券监督管理机构报送上市公司收购报告书。这一规定的目的，是保证当上市公司被大量买进的投资者控制时，上市公司其他股东起码拥有向该收购者卖出所持全部或部分股票的权利。在协议收购方式下，经国务院证券监督管理机构批准，可以免除收购人的要约收购义务。

（五）违反证券法的法律责任（Legal Liabilities of Acts Against Securities Law）

证券违法行为，是指在证券发行、交易及其相关活动中违反法律、法规的行为。严重的证券违法行为的危害极大，不仅会破坏证券市场秩序，而且损害证券投资者的合法权益，甚至还会影响社会秩序的稳定。

根据我国《证券法》以及其他有关法律、法规的规定，违反证券法的责任方式有民事责任、行政责任、刑事责任。证券违法行为主要分为以下几类：

1. 违反证券发行规定行为

证券发行违法行为主要包括:(1)擅自发行证券或者制作虚假发行文件发行证券的;(2)证券公司承销或者代理买卖擅自发行的证券;(3)核准上市交易证券的发行人未按规定披露信息,或者披露的信息有虚假记载、误导性陈述或有重要遗漏的。

2. 违反证券交易规定行为

证券交易违法行为主要包括:(1)内幕交易;(2)操纵市场;(3)编造、传播虚假信息和进行虚假陈述;(4)违背客户委托买卖证券,办理交易事项及其他事项;(5)挪用公款买卖证券;(6)为客户进行融资、融券交易;(7)法人以个人名义开立账户买卖证券;(8)禁止持有、买卖或者限制买卖股票的人员持有、买卖股票。

3. 违反证券管理机构管理规定的行为

违反证券管理机构管理规定的行为主要包括:(1)非法开设证券交易场所;(2)擅自设立证券公司经营证券业务;(3)擅自设立证券登记结算机构或者证券交易服务机构;(4)骗取证券业务许可;(5)证券公司擅自经营非上市证券的交易、私自接受客户委托买卖证券;(6)综合证券公司对自营业务和经纪业务混合操作,假借他人名义或者以个人名义从事自营业务;(7)中介机构为证券发行、上市和交易活动出具的报告有弄虚作假内容;(8)证券监督管理机构对不合法的证券发行、上市的申请以及不合法的证券公司、证券登记结算机构、证券交易服务机构的申请予以批准;(9)证券监督管理机构的工作人员和发行审核委员会的组成人员徇私舞弊、玩忽职守或者刁难有关当事人的。

不过,我国证券法法律责任的规定亟须完善,尤其是民事责任方面,包括公益诉讼、和解机制等。[①]

三、保险法(Insurance Law)

(一)保险与保险法(Insurance and Insurance Law)

保险是对可能发生的风险采取的预防措施,是现代社会的稳定器和减震器。[②] 现代意义的保险是一种资金融通活动。即众多投保人将一定的资金转让给保险机构,保险机构对发生实际风险的投保情形支付保险金。保险可用于诸多行业领域,可用于人的生命健康保障,也可以用于人们的基本生活保障,还可以用于商业投资等。通常而言,保险可作以下分类:社会保险(social insurance)和商业保险(commercial insurance);人身保险(personal insurance)和财产保险

---

① 周芬棉:《证券法修改须重点完善民事赔偿制度》,《法制日报》2013 年 11 月 29 日。

② 陆爱勤:《保险欺诈及其防范》,《政治与法律》1999 年第 6 期。

(property insurance)；自愿保险（voluntary insurance）和强制保险（compulsory insurance）；原保险（original insurance）和再保险（reinsurance）；单保险（single insurance）和复保险（double insurance）。

广义的保险法包括一切调整保险关系的法律规范，如我国的《社会保险法》、《保险法》、《军人保险法》等。而狭义的保险法仅指调整商业保险关系的法律法规，在我国主要指《保险法》（Insurance Law of the People's Republic of China）。该法于 1995 年制定，后经过 2002 年和 2009 年两次修订。这里所阐述的是狭义的保险法的内容。

（二）保险合同（Insurance Contract）

1. 主体（Parties）

保险合同涉及的主体包括保险合同当事人、保险合同关系人和保险合同辅助人。保险合同是投保人与保险人约定保险权利义务关系的协议，投保人（insurant or insurance applicant）与保险人（insurer）都是保险合同当事人。投保人是指与保险人订立保险合同，并按照合同约定负有支付保险费（premium）义务的人。保险人是指与投保人订立保险合同，并按照合同约定承担赔偿或者给付保险金（indemnity）责任的保险公司。保险合同的关系人，包括被保险人（the insured）和受益人（the beneficiary）。被保险人是指其财产或者人身受保险合同保障，享有保险金请求权的人，投保人可以为被保险人。受益人是指人身保险合同中由被保险人或者投保人指定的享有保险金请求权的人。投保人、被保险人可以为受益人。保险合同的辅助人，包括保险代理人（insurance agent）和保险经纪人（insurance broker）。保险代理人是根据保险人的委托，向投保人收取佣金，并在保险人授权的范围内代为办理保险业务的机构或者个人。保险经纪人是基于投保人的利益，为投保人与保险人订立保险合同提供中介服务，并依法收取佣金的机构。

2. 订立（Formation）

订立保险合同，应当协商一致，遵循公平原则确定各方的权利和义务。除法律、行政法规规定必须保险的以外，保险合同自愿订立。人身保险是以人的寿命和身体为保险标的的保险；财产保险是以财产及其有关利益为保险标的的保险。人身保险的投保人在保险合同订立时，对被保险人应当具有保险利益（insurance interest）；财产保险的被保险人在保险事故发生时，对保险标的应当具有保险利益。保险利益是指投保人或者被保险人对保险标的具有的法律上承认的利益。

保险合同应当包括下列事项：(1) 保险人的名称和住所；(2) 投保人、被保险人的姓名或者名称、住所，以及人身保险的受益人的姓名或者名称、住所；(3) 保险标的；(4) 保险责任和责任免除；(5) 保险期间和保险责任开始时间；(6) 保险金额;(7) 保险费以及支付办法;(8) 保险金赔偿或者给付办法;(9) 违约责任和争议处理;(10) 投保人和保险人可以约定与保险有关的其他事项;(11) 订立合同的年、月、日。

投保人提出保险要求,经保险人同意承保,保险合同成立。保险人应当及时向投保人签发保险单或者其他保险凭证。保险单或者其他保险凭证应当载明当事人双方约定的合同内容。当事人也可以约定采用其他书面形式载明合同内容。依法成立的保险合同,自成立时生效。投保人和保险人可以对合同的效力约定附条件或者附期限。订立保险合同,保险人就保险标的或者被保险人的有关情况提出询问的,投保人应当如实告知。

3. 履行(Performance)

保险合同成立后,投保人按照约定交付保险费,保险人按照约定的时间开始承担保险责任。投保人、被保险人或者受益人知道保险事故发生后,应当及时通知保险人。投保人、被保险人或者受益人应当向保险人提供其所能提供的与确认保险事故的性质、原因、损失程度等有关的证明和资料。保险人收到被保险人或者受益人的赔偿或者给付保险金的请求后,应当及时作出核定;情形复杂的,应当在三十日内作出核定,但合同另有约定的除外。保险人应当将核定结果通知被保险人或者受益人。对属于保险责任的,在与被保险人或者受益人达成赔偿或者给付保险金的协议后十日内,履行赔偿或者给付保险金义务。保险合同对赔偿或者给付保险金的期限有约定的,保险人应当按照约定履行赔偿或者给付保险金义务。保险人未及时履行前款规定义务的,除支付保险金外,应当赔偿被保险人或者受益人因此受到的损失。任何单位和个人不得非法干预保险人履行赔偿或者给付保险金的义务,也不得限制被保险人或者受益人取得保险金的权利。

对不属于保险责任的,应当自作出核定之日起三日内向被保险人或者受益人发出拒绝赔偿或者拒绝给付保险金通知书,并说明理由。保险人自收到赔偿或者给付保险金的请求和有关证明、资料之日起六十日内,对其赔偿或者给付保险金的数额不能确定的,应当根据已有证明和资料可以确定的数额先予支付;保险人最终确定赔偿或者给付保险金的数额后,应当支付相应的差额。人寿保险以外的其他保险的被保险人或者受益人,向保险人请求赔偿或者给付保险金的诉讼时效期间为二年,自其知道或者应当知道保险事故发生之日起计算。人寿保险的被保险人或者受益人向保险人请求给付保险金的诉讼时效期间为五年,自其知道或者应当知道保险事故发生之日起计算。

4. 变更和解除(Alternation and Rescission)

投保人和保险人可以协商变更合同内容。变更保险合同的,应当由保险人在保险单或者其他保险凭证上批注或者附贴批单,或者由投保人和保险人订立变更的书面协议。除法律另有规定或者保险合同另有约定外,保险合同成立后,投保人可以解除合同,保险人不得解除合同。投保人故意或者因重大过失未履行如实告知义务,足以影响保险人决定是否同意承保或者提高保险费率的,保险人有权解除合同。前款规定的合同解除权,自保险人知道有解除事由之日起,超过三十日不行使而消灭。自合同成立之日起超过二年的,保险人不得解除合同;发生保险事故的,保险人应当承担赔偿或者给付保险金的责任。未发生保险事故,被保险人或者受益人谎称发生了保险事故,向保险人提出赔偿或者给付保险金请求的,保险人有权解除合同,并不退还保险费。投保人、被保险人故意制造保险事故的,保险人有权解除合同,不承担赔偿或者给付保险金的责任;除《保险法》第43条规定外,不退还保险费。

(三)保险经营规则(Insurance Operational Rules)

保险经营应遵守安全性原则,需应当按照其注册资本总额的百分之二十提取保证金(security reserve fund),提取各项责任准备金(liability reserve funds),依法提取公积金(general reserve fund),缴纳保险保障基金(public security reserve fund),应具有最低偿付能力(the minimum payment ability),当年自留保险费不得超过其实有资本金加公积金总和的四倍,遵守再保险(reinsurance)规则,保险公司的资金必须稳健运用等。

此外,保险公司及其工作人员在保险业务活动中不得有下列行为:欺骗投保人、被保险人或者受益人;对投保人隐瞒与保险合同有关的重要情况;阻碍投保人履行如实告知义务,或者诱导其不履行法律规定的如实告知义务;给予或者承诺给予投保人、被保险人、受益人保险合同约定以外的保险费回扣或者其他利益;拒不依法履行保险合同约定的赔偿或者给付保险金义务;故意编造未曾发生的保险事故、虚构保险合同或者故意夸大已经发生的保险事故的损失程度进行虚假理赔,骗取保险金或者牟取其他不正当利益;挪用、截留、侵占保险费;委托未取得合法资格的机构或者个人从事保险销售活动;利用开展保险业务为其他机构或者个人牟取不正当利益;利用保险代理人、保险经纪人或者保险评估机构,从事以虚构保险中介业务或者编造退保等方式套取费用等违法活动;以捏造、散布虚假事实等方式损害竞争对手的商业信誉,或者以其他不正当竞争行为扰乱保险市场秩序;泄露在业务活动中知悉的投保人、被保险人的商业秘密;违反法律、行政法规和国务院保险监督管理机构规定的其他行为。生活中,保险欺诈、[1]利用垄断行业销售保险等情况时有发生,[2]严重损害了投保人、被保险人、受益人的合法权益。

---

① 张大海:《银行、保险理财产品诉讼证明责任问题研究》,《法律适用》2009 年第 4 期。
② 张君:《保险市场屡见违规现象、依傍垄断特权限制竞争》,《民主与法制时报》2001 年 12 月 4 日。

（四）保险业监督管理制度（The System of Supervision and Regulation of the Insurance Business）

1. 审批备案制度（Approval or Filing Rules）

关系社会公众利益的保险险种、依法实行强制保险的险种和新开发的人寿保险险种等的保险条款和保险费率，应当报国务院保险监督管理机构批准。国务院保险监督管理机构审批时，应当遵循保护社会公众利益和防止不正当竞争的原则。其他保险险种的保险条款和保险费率，应当报保险监督管理机构备案。保险公司使用的保险条款和保险费率违反法律、行政法规或者国务院保险监督管理机构的有关规定的，由保险监督管理机构责令停止使用，限期修改；情节严重的，可以在一定期限内禁止申报新的保险条款和保险费率。

2. 偿付能力监督制度（Solvency Supervision Rules）

对偿付能力不足的保险公司，国务院保险监督管理机构应当将其列为重点监管对象，并可以根据具体情况采取下列措施：责令增加资本金、办理再保险；限制业务范围；限制向股东分红；限制固定资产购置或者经营费用规模；限制资金运用的形式、比例；限制增设分支机构；责令拍卖不良资产、转让保险业务；限制董事、监事、高级管理人员的薪酬水平；限制商业性广告；责令停止接受新业务。

3. 整顿与接管制度（Consolidation and Takeover Rules）

保险公司未依照规定提取或者结转各项责任准备金，或者未依照规定办理再保险，或者严重违反法律关于资金运用的规定的，由保险监督管理机构责令限期改正，并可以责令调整负责人及有关管理人员。保险公司逾期未改正的，国务院保险监督管理机构可以决定选派保险专业人员和指定该保险公司的有关人员组成整顿组，对公司进行整顿。整顿组有权监督被整顿保险公司的日常业务。被整顿公司的负责人及有关管理人员应当在整顿组的监督下行使职权，被整顿保险公司经整顿已纠正其违反规定的行为，恢复正常经营状况的，由整顿组提出报告，经国务院保险监督管理机构批准，结束整顿，并由国务院保险监督管理机构予以公告。

保险公司有下列情形之一的，国务院保险监督管理机构可以对其实行接管：公司的偿付能力严重不足的；违法损害社会公共利益，可能严重危及或者已经严重危及公司的偿付能力的。被接管的保险公司的债权债务关系不因接管而变化。接管期限届满，国务院保险监督管理机构可以决定延长接管期限，但接管期限最长不得超过二年。

4. 破产与撤销制度（Bankruptcy and Disqualification Rules）

被整顿、被接管的保险公司有《企业破产法》第 2 条规定情形的，国务院保险监督管理机构可以依法向人民法院申请对该保险公司进行重整或者破产清算。保险公司因违法经营被依法吊销经营保险业务许可证的，或者偿付能力低于国务院保险监督管理机构规定标准,不予撤销将严重危害保险市场秩序、损害公共利益的,由国务院保险监督管理机构予以撤销并公告,依法及时组织清算组进行清算。

（五）违反保险法的法律责任（Legal Liabilities about Violating Insurance Law）

我国《保险法》第七章对违反保险法的法律责任做了明确规定,承担责任的主体包括保险公司及其工作人员、保险代理人和保险经纪人、投保人、被保险人或者受益人、金融监督管理部门工作人员等,责任的类型包括民事责任、行政责任,有的甚至还会承担刑事责任,如保险诈骗犯罪行为。

第三节　食品药品管理法

Section Three　Food and Pharmaceutical Regulation Law

一、食品安全法（Food Safety Law）

（一）立法情况（Enacting）

长期以来,中国关于食品安全的规定散见于《食品卫生法》(Food Hygiene Law of the People's Republic of China)、《产品质量法》(Law of the People's Republic of China on Product Quality)等法律法规中,未从全局进行细致的统筹规划,食品安全监管远远滞后于食品工业的迅猛发展,从而导致近年来食品安全事件频频出现,比如苏丹红事件、阜阳奶粉事件,引起全社会高度关注。在这样的背景下,为保证食品安全,保障公众身体健康和生命安全,制定专门的《食品安全法》,对食品生产各个环节加强监管成为当务之急。2009 年 2 月 28 日,十一届全国人大常委会第七次会议通过了《中华人民共和国食品安全法》(Food Safety Law of the People's Republic of China)。

（二）主要内容（Main Contents）

《食品安全法》是适应新形势发展的需要,为了从制度上解决现实生活中存在的食品安全问题,更好地保证食品安全而制定的,其中确立了以食品安全风险监测和评估为基础的科学管理制度,明确食品安全风险评估结果作为制定、修订食品安全标准和对食品安全实施监督管理的科学依据;坚持了预防为主的原则,对食品的生产、加工、包装、运输、储藏和销售等各个环节,对食品生产经营过程中涉及的食品添加剂、食品相关产品、用于食品生产经营的工具和设备等各有关事项,明确了有关制度,以防患于未然;建立了食品安全预防和处置机制,以提高应急处理能力;明确了食品安全监督管理体制,以提高监督管理效能;加大了对食品生产经营违法行为的处罚力度,以切实保障人民群众的生命安全和身体健康。《食品安全法》的施行,对于防止、控制、减少和消除食品污染以及食品中有害因素对人体的危害,预防和控制食源性疾病的发生,保证食品安全,保障公众身体健康和生命安全,具有十分重要的意义。我国《食品安全法》的主要内容包括以下几项:

1. 确立了食品召回制度(Food Recall System)

在现代社会,不安全食品可能造成巨大的社会危害。从法经济学的角度看,食品召回制度是解决不安全食品负外部性的有效机制。[1] 根据我国《食品安全法》,食品生产者、经营者都有召回相关义务,县级以上质量监督、工商行政管理、食品药品监督管理部门有责令召回相关职权。不过,如何协调质量监督、工商行政管理、食品药品监督管理部门的关系是需要解决的问题。此外,食品召回责任险、行业安全赔偿基金、食品溯源管理等制度也需要建立完善。[2]

2. 明确限定并严格管理食品添加剂(Food Additives)的品种

《食品安全法》对食品添加剂实行严格的审批管理。目录里面没有的,哪怕暂时证明对人体没有害处,也不能添加。经营者在食品中使用了什么添加剂以及用量,都要在产品的外包装标签里严格地注明。食品的标签必须和实际内容相一致,否则就要接受处罚。

3. 区分保健品(Health Products)和药品(Pharmaceuticals)

具有特定保健功能的食品,在标签、说明书不得涉及疾病预防、治疗功能,内容必须真实,应载明适宜人群、不适宜人群、功效成分或者标志性成分及其含量等。如果是按照保健食品审批的,宣传过程中就不得做有治疗功效的宣传或类似宣传。

4. 取消免检制度(Abolished the Exemption System of Food Inspection)

"免检"是指质检部门因企业既往"产品质量长期稳定"而予以免检。实行产品免检制的初衷是为了减轻企业负担、减少行政成本、摆脱地方的行政干预。本来,对企业来说免检是一种荣誉,但此制度容易导致企业在没有监督的情况下,放松对自身的质量要求。因而免检并不一定都是安全的,有时它会麻痹消费者。在引入风险理论之后可以发现,食品免检制忽视了食品行业在风险治理秩序中的优先位置,忽视了食品风险的社会建构性,这使食品免检制在风险社会中难获正当性。因此,《食品安全法》规定,食品安全监督管理部门对食品不得实施免检,将国务院废除免检的措施法制化。[3]

---

[1] 张云、林晖辉:《效率视野中的食品召回制度》,《当代法学》2007 年第 6 期。

[2] 王宗玉:《论我国食品召回制度的改革及完善》,《法学家》2009 年第 3 期。

[3] 沈岿:《食品免检制之反思——以风险治理为视角》,《法商研究》2009 年第 3 期。

5. 统一食品安全标准(Food Safety Standards)

《食品安全法》对食品安全标准进行了整合,这意味着今后我国食品安全有了统一标准。此前,食品安全标准不统一一直是我国食品安全监管的软肋。以黄花菜为例,根据卫生部门的标准,它不属于干菜,不得有二氧化硫残留。而根据质检、农业部门的规定,黄花菜属于干菜,且明确了其二氧化硫残留标准。食品安全标准的不统一难免会让食品生产企业无所适从,最终受害的还是消费者。

6. 确立十倍惩罚性赔偿金(A Penalty of Ten Times Damages)制度

对于生产不符合食品安全标准的食品或者销售明知是不符合食品安全标准的食品,消费者除要求赔偿损失外,还可以向生产者或者销售者要求支付价款十倍的赔偿金。不过,该规则在设计上还要完善,[1]要处理好该规则与《侵权责任法》、《消费者权益保护法》、《产品质量法》等相关规则的关系。否则,十倍惩罚性赔偿金无法起到应有的效果。[2]

二、药品管理法(Pharmaceutical Regulation Law)

(一)立法沿革(Legislative History)

早在 1984 年,我国就制定了《药品管理法》。该法共六十条,对药品生产企业的管理、药品经营企业的管理、医疗单位的药剂管理、药品的管理、药品的包装和分装、特殊管理的药品、药品商标和广告的管理、药品监督等八个方面进行了规定。随着时代的发展,这些规定不能适应社会发展变化。因此,2001 年,我国对该法进行修订,修订后的《药品管理法》(Pharmaceutical Administration Law of the People's Republic of China)共一百零六条。2013 年,我国对该法的个别条文进行了修改。此外,国务院还制定了《药品管理法实施条例》、《中药品种保护条例》、《麻醉药品和精神药品管理条例》、《戒毒条例》等行政法规,国家食品药品监督管理总局也制定了一些相关部门规章。

(二)主要内容(Main Contents)

1. 确立了发展现代药(Modern Pharmaceuticals)和传统药(Traditional Pharmaceuticals)的基本制度

我国同时重视发展现代药和传统药,以充分发挥其在预防、医疗和保健中的作用。一方面,国家保护野生药材资源,鼓励培育中药材,实行中药品种保护制度。另一方面,国家鼓励研究和创制新药,保护公民、法人和其他组织研究、开发

---

① 周江洪:《惩罚性赔偿责任的竞合及其适用——〈侵权责任法〉第 47 条与〈食品安全法〉第 96 条第 2 款之适用关系》,《法学》2010 年第 4 期。

② 李响:《我国食品安全法"十倍赔偿"规定之批判与完善》,《法商研究》2009 年第 6 期。

新药的合法权益。其中,专利法等知识产权法律法规对新药研制创新进行保护。不过,加强对中药的知识产权保护是主要问题之一。①

2. 实行药品生产、经营、配制制剂许可证(Pharmaceutical Manufacturing, Supplying and Preparation Licence)制度

在我国,开办药品生产企业,须经企业所在地省、自治区、直辖市人民政府药品监督管理部门批准并发给《药品生产许可证》,凭《药品生产许可证》到工商行政管理部门办理登记注册。无《药品生产许可证》的,不得生产药品。《药品生产许可证》应当标明有效期和生产范围,到期重新审查发证。开办药品批发企业,须经企业所在地省、自治区、直辖市人民政府药品监督管理部门批准并发给《药品经营许可证》,开办药品零售企业,须经企业所在地县级以上地方药品监督管理部门批准并发给《药品经营许可证》,凭《药品经营许可证》到工商行政管理部门办理登记注册。无《药品经营许可证》的,不得经营药品。《药品经营许可证》应当标明有效期和经营范围,到期重新审查发证。城乡集市贸易市场不得出售中药材以外的药品,但持有《药品经营许可证》的药品零售企业在规定的范围内可以在城乡集市贸易市场设点出售中药材以外的药品。医疗机构配制制剂,须经所在地省、自治区、直辖市人民政府卫生行政部门审核同意,由省、自治区、直辖市人民政府药品监督管理部门批准,发给《医疗机构制剂许可证》。无《医疗机构制剂许可证》的,不得配制制剂。《医疗机构制剂许可证》应当标明有效期,到期重新审查发证。此外,进口、出口麻醉药品和国家规定范围内的精神药品,必须持有国务院药品监督管理部门发给的《进口准许证》、《出口准许证》。

3. 实行药品临床试验、生产、进口审批(Approval of Clinical Trial, New Pharmaceutical Manufacturing, Importation)制度

研制新药,必须按照国务院药品监督管理部门的规定如实报送研制方法、质量指标、药理及毒理试验结果等有关资料和样品,经国务院药品监督管理部门批准后,方可进行临床试验。药物临床试验机构资格的认定办法,由国务院药品监督管理部门、国务院卫生行政部门共同制定。完成临床试验并通过审批的新药,由国务院药品监督管理部门批准,发给新药证书。生产新药或者已有国家标准的药品的,须经国务院药品监督管理部门批准,并发给药品批准文号;但是,生产没有实施批准文号管理的中药材和中药饮片除外。实施批准文号管理的中药材、中药饮片品种目录由国务院药品监督管理部门会同国务院中医药管理部门制定。药品生产企业在取得药品批准文号后,方可生产该药品。实践中,祖传秘方的制售问题需要合理规制。② 药品进口,须经国务院药品监督管理部门组织审查,经

---

① 常宗宇:《在现有制度下保护我国中药复方知识利益的建议》,《法学》2006 年第 3 期。
② 赵丽等:《祖传秘方制售药品被判生产销售假药》,《法制日报》2012 年 9 月 12 日。

审查确认符合质量标准、安全有效的,方可批准进口,并发给进口药品注册证书。医疗单位临床急需或者个人自用进口的少量药品,按照国家有关规定办理进口手续。

4. 实行国家药品标准制度(National Pharmaceutical Standards)

药品必须符合国家药品标准,国务院药品监督管理部门颁布的《中华人民共和国药典》和药品标准为国家药品标准。国务院药品监督管理部门组织药典委员会,负责国家药品标准的制定和修订,国务院药品监督管理部门的药品检验机构负责标定国家药品标准品、对照品。

5. 实施国家实行药品不良反应报告(Report on Adverse Pharmaceutical Reaction)制度

药品生产企业、药品经营企业和医疗机构必须经常考察本单位所生产、经营、使用的药品质量、疗效和反应。发现可能与用药有关的严重不良反应,必须及时向当地省、自治区、直辖市人民政府药品监督管理部门和卫生行政部门报告。对已确认发生严重不良反应的药品,国务院或者省、自治区、直辖市人民政府的药品监督管理部门可以采取停止生产、销售、使用的紧急控制措施,并应当在五日内组织鉴定,自鉴定结论作出之日起十五日内依法作出行政处理决定。

6. 对药品包装(Pharmaceutical Packaging)进行管理

直接接触药品的包装材料和容器,必须符合药用要求,符合保障人体健康、安全的标准,并由药品监督管理部门在审批药品时一并审批。药品生产企业不得使用未经批准的直接接触药品的包装材料和容器。对不合格的直接接触药品的包装材料和容器,由药品监督管理部门责令停止使用。药品包装必须适合药品质量的要求,方便储存、运输和医疗使用。实践中,对于擅自增加改变药品外包装的行为应作违法处理。① 发运中药材必须有包装,每件包装上必须注明品名、产地、日期、调出单位,并附有质量合格的标志。药品包装必须按照规定印有或者贴有标签并附有说明书,标签或者说明书上必须注明药品的通用名称、成分、规格、生产企业、批准文号、产品批号、生产日期、有效期、适应证或者功能主治、用法、用量、禁忌、不良反应和注意事项。麻醉药品、精神药品、医疗用毒性药品、放射性药品、外用药品和非处方药的标签,必须印有规定的标志。

7. 药品价格实行政府定价、政府指导价和市场调节价(Prices Fixed by the Government,Prices Guided by the Government,Prices Adjusted by Market)相结合的机制

对于依法实行政府定价、政府指导价的药品,政府价格主管部门应当依照《价格法》规定的定价原则,依据社会平均成本、市场供求状况和社会承受能力合理制

---

① 江旺明、高秦伟:《药品外包装擅自添印未经批准内容如何处理》,《中国医药报》2006 年 2 月 11 日。

定和调整价格,做到质价相符,消除虚高价格,保护用药者的正当利益。药品的生产企业、经营企业和医疗机构必须执行政府定价、政府指导价,不得以任何形式擅自提高价格,药品生产企业应当依法向政府价格主管部门如实提供药品的生产经营成本,不得拒报、虚报、瞒报。依法实行市场调节价的药品,药品的生产企业、经营企业和医疗机构应当按照公平、合理和诚实信用、质价相符的原则制定价格,为用药者提供价格合理的药品。药品的生产企业、经营企业和医疗机构应当遵守国务院价格主管部门关于药价管理的规定,制定和标明药品零售价格,禁止暴利和损害用药者利益的价格欺诈行为。当然,规制药物回扣[①]等不正当竞争行为也是规范药品价格的重要方面。

实践中,药品价格直接影响人们医疗费用开支。前几年,我国药品价格水平整体过高,经过一段时间的调节后,目前逐渐回归理性。不过,药品价格机制尤其是政府管理价格目录应更加完善,以引导药品价格与我国社会经济发展相适应。

除上述制度外,我国还对药品实行处方药与非处方药分类管理制度,麻醉药品、精神药品、医疗用毒性药品、放射性药品特殊管理制度,药品储备制度等。

---

① 谭辉杰:《药品回扣的多重性思考》,《法律与医学杂志》2007年第4期。

第十二章　规划法

Chapter Twelve　Planning Law

第一节　规划法概述

Section One　Introduction to Planning Law

一、规划（Planning）

从一般意义上说,规划是指人们在行动之前进行的构想、设计、计划。从主体角度看,规划可分为个人规划、单位规划、地区规划、国家规划。不过,法律意义上的规划是指国家规划。其中,既包括全国规划,也包括地方规划。当然,国家规划还可作以下分类:从内容看,可分为综合性规划、行业规划、专项规划;从周期看,可分为长期规划(十年规划)、中期规划(五年规划)、短期规划(年度规划);从拘束力看,可分为指令性规划和指导性规划。

在现代社会,经济发展是其他各项事业发展的基础。因此,国家规划的核心内容是国家经济规划。在我国,国家规划曾以"国民经济计划"称谓,到了"六五"就开始称为"国民经济和社会发展计划",而到了"十一五",则开始以"国民经济和社会发展规划"表述之。这体现出我国从计划经济到市场经济的转变。[①] 当然,其中也体现了法治社会的精神。因此,本章中除直接引用外,主要采用规划的概念表述。

从经济法的角度看,国家规划,或言国家经济规划、国民经济规划、国家经济发展规划、国民经济发展规划（plan or planning for national economic development）,是指国家对未来一定时期的经济总量目标及其实现策略的谋划。值得指出的是,我国国民经济与社会发展规划中除含有经济规划外,还包括文化发展、政治文明、法治建设、社会保障、国防建设、环境保护、人口工作、民族团结、祖国统一等诸多方面的内容。本章主要阐述经济法意义上的规划,即国家经济发展规划。

二、规划法（Planning Law）

规划法是调整经济总量目标及其实现策略编制、审批、实施过程中发生的社

---

① 刘立志:《"计划"与"规划"一字之差说明了什么》,《北京日报》2005 年 10 月 31 日。

会关系的法律规划的总称。总体来说,规划法的调整对象包括:(1)规划编制关系。这是指在规划数据的收集、报送、汇总、调整过程中各级政府之间、各级部门之间、政府机关与市场主体之间等形成的社会关系。(2)规划批准关系。这类关系是指在规划草案的提出、审议、表决和公布过程中权力机关、行政机关等主体之间的社会关系。(3)规划实施关系。这是指国家机关、事业单位、社会团体、企业、自然人等各类主体以实际行动完成规划的内容过程中所形成的社会关系。(4)规划监督关系。这是指各类主体在对规划的编制、批准、实施等一系列过程中的行为进行监督过程中发生的社会关系。在规划法中,宏观性、经济性、国家调节性等特征十分明显。原因是,规划关系的客体是经济总量目标及其实现策略,因此其具有经济性、宏观性;同时,规划主要是国家机关的行为,体现了国家意志性,[①]因此具有国家调节性。

三、规划立法(Legislations of Planning Law Home and Abroad)

(一)国外的规划立法(Legislations of Planning Law Abroad)

在西方,法国是最早采用规划的西方国家之一。法国于 1946 年 1 月正式颁布了实施中期规划的法令,并于 1947 年开始实施第一个规划。[②] 法国的前三个规划,旨在重建遭受战争严重破坏的法国经济;第四个规划后改名为经济和社会发展规划,旨在高速度发展法国经济。[③] 1982 年,法国制定了《规划化改革法》。该法分国家规划、地区规划、其他的和暂行的措施三部分。国家规划的编制分为第一规划法和第二规划法。第一规划法规定 5 年中的战略选择和目标以及为达到预期的结果所提出的重大行动,第二规划法规定为达到第一规划法的目标所要实行的法律、财政和行政方面的措施,确定规划内优先实施的项目,确定国家打算同地区签署规划合同的目的和范围,以及确定市镇、省和地区经济干预的条款等。由此可见,第二规划法是对第一规划法的落实和具体化。[④]

在德国,从上世纪中叶至 1966 年,经济生活主要由市场调节,这一时期的主要立法是 1957 年 7 月颁布的《反对限制竞争法》。1966 年至 80 年代初,由于经济衰退,经济发展侧重于全面调节和干预,但也不否定市场的力量,这一时期的主要立法是 1967 年 6 月颁布的《促进经济稳定与增长法》。[⑤] 该法明确了德国经济政策的总方针,对联邦政府提交年度经济报告、制定一致行动指导方针、应对对外经

---

① 董开军:《计划法的调整对象和范围如何确定》,《河北法学》1990 年第 5 期。
② 黄田华:《法国计划的性质以及规划的演变、制定和实施》,《法国研究》1991 年第 1 期。
③ 张继英:《法国第九个计划的发展战略和优先实施项目》,《法国研究》1985 年第 2 期。
④ 邢会强:《法国的〈计划化改革法〉》,《法国研究》2001 年第 2 期。
⑤ 崔红星:《二战后的德国法治与经济腾飞》,《法学》1998 年第 4 期。

济干扰、制定实施投资规划、编制财政五年规划等内容进行了规定,并规定了经济协调储备金制度,设立经济平衡发展委员会,对公共贷款限制及其中联邦、州、乡镇之间的关系等进行了规定。①

在南斯拉夫,规划由自治规划和社会规划两部分组成。前者由各联合劳动基层组织自行制定,后者由联邦政权机构制定。1976 年,南斯拉夫制定了第一部系统的规划法即《社会经济体制基础和社会规划法》,以全面实施自治规划制度,明确任何单位不得干涉基层组织的规划权利;而联邦的社会规划仅仅是各级规划的简单汇总。为了加强综合经济协调,南斯拉夫又于 1985 年通过了新的规划法,确定全国的经济规划发展方针和共同目标是制定各共和国、自治省及各级规划的出发点和主要依据,联邦执行委员会具体负责联邦社会规划的制定和实施,并制定经济政策措施和发展政策,保证经济均衡发展。②

在罗马尼亚,1979 年制定的《经济和社会发展规划法》,规定了五年规划和年度规划的两种体制。该法规定,为了保持年度规划执行过程中的节奏和平衡,包括在年度规划中的主要任务可以按季度和月进行分配;规划的内容包括国家每个发展阶段所提出的目标、规定达到这些目标的途径和必要手段。该法还规定,规划由部长会议编制,经济和社会发展最高委员会和人民委员会立法院审议,大国民议会批准,国务委员会以法令形式公布。如果情况需要且有充分根据,可以按法令规定的程序进行修改,但必须确定必要的措施来保持规划的比例、节奏和平衡。③

在日本,在 20 世纪中期,为了解决经济发展不平衡问题,日本内阁会议于1960 年通过了《国民收入倍增规划》。该规划包括总论、政府公共部门规划、民间部门的预测与诱导政策、未来国民生活状况四部分,提出了推进农业现代化、实现中小企业现代化、促进后进地区发展、推进配套产业发展和重新研究公共投资按地区分配、积极发展外贸和推进国际合作五大措施。虽然政府的经济规划并不具有法律效力,只对国民经济整体和各个组成部分具有指导作用,但该倍增规划出台的政策措施以法律法规形式颁布,例如《农业基本法》、《农业现代化资金助成法》等。④

可见,许多国家不仅采用规划的手段促进经济发展,而且以法律的形式将规划制度固定下来,上升到规划法的层次。

---

① 联邦德国《经济稳定与增长促进法》中文译文,谢怀栻译,《环球法律评论》1989 年第 1 期。
② 杨克勤:《南斯拉夫新计划法简介》,《计划工作动态》1986 年第 8 期。
③ 罗马尼亚《经济和社会发展计划法》中文译文,郭庆云摘译,《国际经济评论》1980 年第 8 期。
④ 程信和、刘国臻:《比较法在日本经济法发展中的作用及对中国的启示》,《法学评论》1999 年第 2期;金柏松:《日本国民收入倍增计划和启示》,《观察与思考》2010 年第 7 期;欧阳君山:《日本的富民计划仍是榜样》,《法人杂志》2008 年第 7 期。

（二）我国的规划立法（Legislations of Planning Law in China）

新中国成立以来,我国一直采取规划的方式进行经济建设。在这一过程中,规划制度已以一些法律规范或专门法规的形式出现。我国《宪法》中规定了各级权力机关对规划的审查、批准权,各级政府的规划编制及执行的权力,这就确立了我国规划法律的基本框架。另外,我国还颁行了诸多规划专门法规规章。主要有:1952年1月中央人民政府政务院财政经济委员会发布的《国民经济计划编制暂行办法》;1957年1月国务院发布的《关于各部负责综合平衡和编制各该管生产、事业、基建和劳动计划的规定》;1958年9月国务院发布的《关于改进计划管理体制的规定》;1960年1月国务院发布的《关于加强综合财政计划工作的决定》;1983年8月国家计委办公厅印发的《关于建立和完善计划综合指标体系的暂行规定》;1984年10月国务院批转国家计委制定的《关于改进计划体制工作的若干暂行规定》;1993年8月国家计委等部门发布的《国家指令性计划和国家订货的暂行规定》;2005年10月国务院发布的《关于加强国民经济和社会发展规划编制工作的若干意见》。但总体来说,我国的规划专门立法还限于行政法规及其以下层级,还没有法律层面的专门规划立法。20世纪90年代前后,我国曾拟起草出台一部《计划法》,①不过未能如愿,其中可能与当时我国向市场经济转轨的时代背景不符有关。在今天,仍然存在一些反对声音。② 不过,这一立法活动仍在开展中。③

四、规划法律关系（Legal Relationship in Planning）

规划法律关系包括规划法律关系主体、规划法律关系客体、规划法律关系三个方面的内容。从主体看,参加规划法律关系的主体几乎涵盖一切国家机关、事业单位、社会团体、企业和个人。不过,行政机关和权力机关是规划法律关系中的重要主体。从客体看,规划法律关系主要涉及规划目标、实现规划目标的措施、实现规划目标的机制及相关行为。从内容看,规划法律关系中涉及行政机关的规划编制权、执行权,权力机关的审批权,市场主体的参与权、建议权、监督权等;同时,行政机关承担依法编制规划、执行规划的义务,市场主体承担依法报送有关信息的义务和依法、依约执行规划的义务。例如,1993年8月国家计委等部门发布的《国家指令性计划和国家订货的暂行规定》第4条、第5条就规定,"对于国家指令性计划,企业必须执行,按照计划要求,与需方签订供货合同,并按合同组织生产

---

① 《国家计委召开〈计划法〉研讨会》,《中国计划管理》1991年第8期。
② 薛克鹏:《论计划法的终结》,《社会科学研究》2007年第3期。
③ 彭森:《应加快制定发展规划法》,《中国人大》2014年第1期。

和销售产品";"政府有关部门不按规定下达指令性计划,企业可以拒绝执行;在应当由国家规划保证的主要生产条件不能落实时,企业可以根据自身的承受能力和市场变化,要求调整指令性计划";"计划下达部门不予调整的,企业有权拒绝执行"。

五、规划法律责任(Legal Responsibilities in Planning Law)

规划法律责任是指违反规划法律法规所承担的不利法律后果。总体而言,规划法律责任主要包括规划编制责任和规划执行责任。前者主要是有关政府部门或人员在规划编制过程中不履行工作职责甚至故意违法所承担的责任。后者则是针对规划执行主体不按照规划确定目标、措施、机制执行规划所承担的责任。例如,1993 年 8 月国家计委等部门发布的《国家指令性计划和国家订货的暂行规定》第 6 条、第 7 条规定,"政府有关部门及有关人员超越、滥用管理权限下达指令性计划并强令企业执行的,上级机关应责令其改正;情节严重的给予行政处分;触犯刑律的,由司法机关依法追究其刑事责任"。"企业无正当理由不执行国家指令性计划,或不履行合同的,计划下达部门应责令其改正;情节严重的,给予经济和行政处罚;由此给国家造成重大经济损失的,由司法机关依法追究有关人员的刑事责任"。

不过,就当前的国家五年规划而言,如何落实规划法律责任值得拷问。"十二五"规划明确指出,本规划确定的约束性指标和公共服务领域的任务,是政府对人民群众的承诺;主要约束性指标要分解落实到有关部门和各省、自治区、直辖市;促进基本公共服务均等化的任务,要明确工作责任和进度,主要通过政府运用公共资源全力完成。但是,究竟依据何法何规追究不落实规划者责任呢? 有研究认为,《公务员法》中的官员问责制规则可适用之,不过还需以专门规定明确中央政府经济调控行为违反正当程序的责任承担、地方政府与相关部门违反中央政府经济调控的责任承担和地方政府与相关部门经济行为不当或者程序违法时的责任承担等。[①] 我们认为,规划法律责任必须以明文规定确定下来,否则,规划的运行很难具有实效。

---

① 彭飞荣:《论规划效力对政府责任的法律控制》,《南华大学学报(社会科学版)》2007 年第 6 期。

第二节　规划实体法律制度

Section Two　Substantive Rules of Planning Law

一、规划目标制度(Rules about Goals of Planning)

规划目标制度是指一个国家关于经济发展规划总目标的制度。一个国家的经济发展规划要有明确的目标。否则,国家经济发展就不可能有的放矢。规划法应明确一个国家经济发展的总体目标,在总体目标下可确定一些具体目标。

在西方,一些国家以法律的形式确定规划的目标。如在德国,《经济稳定与增长促进法》第 1 条明确规定了经济政策的总方针:"联邦和各州应该通过各种经济的和财政的措施以达到总体经济的平衡。这些措施的目的在于,在市场经济的体制下促使经济持续地适当地增长,同时保持物价稳定、高度就业和外资平衡。"其中,德国一方面规定总体经济平衡这一总目标,又规定了经济持续适当增长、物价稳定、高度就业、外资平衡四个具体目标。这一规定将德国的规划目标以法律的形式确定下来,为其规划的编制、执行提供了依据。

而在法国,根据《法兰西共和国宪法》和《规划化改革法》,"有关国家规划的法律确定国家的经济和社会活动的目标","规划决定国家的经济、社会和文化发展的战略选择和中期目标以及为达到这些战略选择和中期目标所采取的必要措施。"可见,法国法未直接规定规划的目标,但授权"有关国家规划的法律确定"之,换言之,法国政府编制报经议会批准的国家规划具有法律的效力。①

在我国,国家经济规划目标尚未以明确的法律规范的形式固定下来。但是,我国历次五年规划中都确定了国家经济发展目标。以我国《国民经济和社会发展第十二个五年规划纲要》为例,其中的发展目标包括经济发展、结构调整、科技教育、资源环境、人民生活、社会建设、改革开放。不过,直接与经济有关的目标主要有三个方面:(1) 经济平稳较快发展,价格总水平基本稳定,国际收支趋向基本平衡,经济增长质量和效益明显提高;(2) 结构调整取得重大进展,农业基础进一步巩固,工业结构继续优化,战略性新兴产业发展取得突破,服务业所占比重提高,城乡区域发展的协调性进一步增强;(3) 改革开放不断深化,财税金融、要素价格、垄断行业等重要领域和关键环节改革取得明显进展,对外开放广度和深度不断拓展,互利共赢开放格局进一步形成。另外,其中还包括一些量化的发展指标,如国内生产总值年均增长 7%,城镇新增就业 4 500 万人,城镇登记失业率控制在 5% 以内,服务业增加值占国内生产总值比重提高 4 个百分点,城镇化率提高 4 个

---

① 邢会强:《法国的〈计划化改革法〉》,《法国研究》2001 年第 2 期。

百分点等。

比较而言,我国的经济发展目标比较全面。但是,在存在多个经济发展目标的情况下,如何解决它们之间的关系至关重要。也就是说,在规划目标制度中,必须明确各经济目标的顺位问题。这些,都需要我国将来制定规划专门法时予以明确。因为,毕竟规划不同于法律,但有必要转化为法律。[①]

二、规划目标实现措施制度(Rules about Resources for Realization of Goals of Planning)

所谓实现规划目标的措施,是指实现经济规划目标的资金、财产、物资、优惠措施等支撑条件。通常而言,一个国家经济发展的支撑条件主要包括以下方面:(1) 财政投入(budgetary allocation);(2) 土地资源(land resources);(3) 税收政策(tax policy);(4) 货币政策(monetary policy);(5) 产业政策(industrial policy);(6) 投资政策(investment policy)等。在我国"十二五"规划中,扩大消费需求、调整优化投资结构、同步推进工业化、城镇化和农业现代化、依靠科技创新推动产业升级、促进区域协调互动发展也都是规划中的措施。

值得指出的是,在实现规划目标所有的政策措施中,财政措施是最直接、最有效的措施。我们知道,财政资金的主要来源是税收,而税的征收需根据税收法律法规实施,且不得随意增加税种,也不得随意提高税率。这样,一个国家一定时期的财政收入是基本稳定的。这样,以财政措施促进经济发展目标实现的核心在于,如何调配财政资金的使用。也就是说,规划法必须明确,财政资金中需另设专项基金,以应对规划目标实现中的风险问题。

同样的推理是,规划法也必须明确,为实现规划目标,国家有关机关有制定、实施货币、税收、土地、产业、投资政策的权力义务。更为关键的是,要对有关机关的规划措施动用权进行限制,规定权力行使的条件、程序和监督机制等。在我国,国家为实现经济目标,积极地出台财税等促进经济发展的措施,但是如何做到实体合法且程序规范至关重要。

三、规划目标实现机制制度(Rules about Mechanisms for Realization of Goals of Planning)

在规划目标确定、实现目标的资源条件具备的情况下,建立有效的目标实效机制是关键。在市场经济理念为主导的经济社会中,政府不可能完全采取发布命令或附加义务的方式以实现规划目标。但是,完全希望以没有任何法律拘束力的

---

① 张德峰、龙在飞:《计划与法律的关系——兼论〈十一五规划纲要〉实施的法律保障》,《云南大学学报(法学版)》2007 年第 2 期。

机制实现规划的目标也往往是虚幻的。

实践中，人们对我国五年规划的约束力和性质问题进行了反思。有的认为规划是政策，是政府宣示自己的承诺；[1]有的认为规划是法律文件，具有法律约束力，但这种法律约束力主要针对政府。[2] 我们认为，规划总体上可以归类入法律文件，因为其是权力机关批准的文件。但问题并不在此，而在于规划如何得到落实。

从国外的经验看，为实现规划目标，德国主要规定了联邦政府、州、乡镇的规划职责义务，也设置了经济平衡发展委员会来协调规划的实施；法国采取行政合同的机制实施规划，其中包括政府机关与政府机关之间的合同，也包括政府机关与市场主体之间的合同；而日本主要的方法是将规划的内容再转化为特别法的方式实施。可见，实现规划目标的核心在于，要把规划内容转化为法定义务或约定义务。

当然，在市场经济理念深入人心的背景下，为了实现规划目标让市场主体承担更多的强制性法定义务和约定义务有违常理。因此，实现规划的核心机制在于，赋予政府机关的实施职责或言义务。从法理上说，行政机关本身就承担着经济发展职能，明确其实现规划的义务也是其职能所在。不过，更为重要的是，如何将实施规划目标的义务具体化、确定化。从目前的法律机制看，全面推行行政合同制是较好的选择。这样，对于违反规划行政契约义务、未完成规划目标的，追究适当的契约责任也是合理的。

过去，我国曾采用合同方式实施规划。如，1993 年 8 月国家计委等部门发布的《国家指令性计划和国家订货的暂行规定》中就建立了国家订货制度。国家订货是由国家委托有关部门、单位，或组织用户直接向生产企业进行采购取得重要物资的一种订货方式，主要用于满足国家储备、调控市场、国防军工、重点建设以及救灾等其他特殊需要。这一机制，是我国将来规划执行的经验基础。

第三节　规划程序法律制度
Section Three　Procedural Rules of Planning Law

一、规划的编制（Compilation of Plans）

在我国，根据《宪法》第 89 条，国务院行使编制国民经济和社会发展规划的职权。2005 年，国务院发布了《关于加强国民经济和社会发展规划编制工作的若干

---

[1]　薛克鹏：《〈十一五规划〉的经济法解读》，《法学杂志》2007 年第 1 期。
[2]　颜运秋、范爽：《法理学视野下的中国经济规划》，《法治研究》2010 年第 3 期。

意见》,对国家规划的编制作了较为全面的规定。该文件明确了我国规划编制工作的主要制度。

1. 实行三级三类规划管理制度(The Regulation System of Three Level and Three Type Plans)

国民经济和社会发展规划按行政层级分为国家级规划、省(区、市)级规划、市县级规划;按对象和功能类别分为总体规划、专项规划、区域规划。国家总体规划和省(区、市)级、市县级总体规划分别由同级人民政府组织编制,并由同级人民政府发展改革部门会同有关部门负责起草;专项规划由各级人民政府有关部门组织编制;跨省(区、市)的区域规划,由国务院发展改革部门组织国务院有关部门和区域内省(区、市)人民政府有关部门编制。国家总体规划、省(区、市)级总体规划和区域规划的规划期一般为5年,可以展望到10年以上,市县级总体规划和各类专项规划的规划期可根据需要确定。

2. 遵循正确的规划编制原则(Right Compilation Principles)制度

规划编制要遵守以下原则:坚持以人为本、全面协调可持续的科学发展观;坚持从实际出发,遵循自然规律、经济规律和社会发展规律;坚持科学化、民主化,广泛听取社会各界和人民群众的意见;坚持统筹兼顾,加强各级各类规划之间的衔接和协调;坚持社会主义市场经济体制的改革方向,充分发挥市场配置资源的基础性作用。

3. 规划编制前期论证(Preparatory Studies)制度

编制规划前,必须认真做好基础调查、信息搜集、课题研究以及纳入规划重大项目的论证等前期工作,及时与有关方面进行沟通协调。编制国家级专项规划,编制部门要拟订规划编制工作方案,明确规划编制的必要性、衔接单位、论证方式、进度安排和批准机关等,并送有关部门进行协调。需由国务院批准的专项规划,要拟订年度规划,由国务院发展改革部门商有关部门报国务院批准后执行。编制跨省(区、市)区域规划,由国务院发展改革部门会同有关省(区、市)人民政府提出申请,经国务院批准后实施。

4. 规划间衔接协调(Connection and Coordination of Plans)制度

规划衔接的目的是,使各类规划协调一致,形成合力。规划衔接要遵循专项规划和区域规划服从本级和上级总体规划,下级政府规划服从上级政府规划,专项规划之间不得相互矛盾的原则。编制跨省(区、市)区域规划,还要充分考虑土地利用总体规划、城市规划等相关领域规划的要求。省(区、市)级总体规划草案在送本级人民政府审定前,应由省(区、市)发展改革部门送国务院发展改革部门与国家总体规划进行衔接,并送相关的相邻省(区、市)人民政府发展改革部门与其总体规划进行衔接,必要时还应送国务院其他有关部门与国家级专项规划进行衔接。相邻地区间规划衔接不能达成一致意见的,可由国务院发展改革部门进行协调,重大事项报国务院决定。专项规划草案由编制部门送本级人民政府发展改革部门与总体规划进行衔接,送上一级人民政府有关部门与其编制的专项规划进行衔接,涉及其他领域时还应当送本级人民政府有关部门与其编制的专项规划进行衔接。同级专项规划之间衔接不能达成一致意见的,由本级人民政府协调决定。跨省(区、市)的区域规划草案由国务院发展改革部门送国务院其他有关部门与相关专项规划进行衔接。各有关部门要积极配合规划编制部门,认真做好衔接工作,并自收到规划草案之日起 30 个工作日内,以书面形式向规划编制部门反馈意见。

5. 规划编制社会参与(Social Participation)制度

在编制规划中,让社会参与、广泛听取意见,有助于保障规划的合理性、公正性。因此,国务院的规定是,各级各类规划应视不同情况,征求本级人民政府有关部门和下一级人民政府以及其他有关单位、个人的意见。除涉及国家秘密的外,规划编制部门应当公布规划草案或者举行听证会,听取公众意见。国务院发展改革部门、省(区、市)人民政府发展改革部门在将国家总体规划、省(区、市)级总体规划草案送本级人民政府审定前,要认真听取本级人民代表大会、政治协商会议有关专门委员会的意见,自觉接受指导。显然,对涉及人民群众切身利益的规划内容,要尽可能采取社会公示和公众听证的制度,尤其是对于一些重特大项目、工程的筛选和论证工作,更要力争做到每个环节都公开。①

6. 编制规划专家论证(Expert Evaluation)制度

在编制规划中,实行专家论证制度能提高规划的科学性。国务院的规定,国务院发展改革部门和省(区、市)人民政府发展改革部门要组建由不同领域专家组成的规划专家委员会,并在规划编制过程中认真听取专家委员会的意见。规划草案形成后,要组织专家进行深入论证;对国家级、省(区、市)级专项规划组织专家论证时,专项规划领域以外的相关领域专家应当不少于 1/3;规划经专家论证后,应当由专家出具论证报告。

二、规划的审批(Approval of Plans)

根据我国《宪法》第 62 条、第 69 条,全国人民代表大会行使审查和批准国民经济和社会发展规划和规划执行情况的报告的职权,全国人民代表大会常务委员会在全国人民代表大会闭会期间,行使审查和批准国民经济和社会发展规划的职权。根据《宪法》第 99 条,地方各级人民代表大会在本行政区域内,依照法律规定的权限,审查和决定地方的经济建设、文化建设和公共事业建设的规划;县级以上的地方各级人民代表大会审查和批准本行政区域内的国民经济和社会发展规划

---

① 徐孟洲:《论经济社会发展规划与规划法制建设》,《法学家》2012 年第 2 期。

及其执行情况的报告。可见,我国权力机关享有规划审批权。

对此,国务院《关于加强国民经济和社会发展规划编制工作的若干意见》进行了明确:总体规划草案由各级人民政府报同级人民代表大会审议批准。关系国民经济和社会发展全局、需要国务院审批或者核准重大项目以及安排国家投资数额较大的国家级专项规划,由国务院审批;其他国家级专项规划由国务院有关部门批准,报国务院备案;跨省(区、市)的区域规划由国务院批准。此外,规划编制部门向规划批准机关提交规划草案时应当报送规划编制说明、论证报告以及法律、行政法规规定需要报送的其他有关材料。其中,规划编制说明要载明规划编制过程,征求意见和规划衔接、专家论证的情况以及未采纳的重要意见和理由。

除法律、行政法规另有规定以及涉及国家秘密的外,规划经法定程序批准后应当及时公布。未经衔接或专家论证的规划,不得报请批准和公布实施。

三、规划的执行(Performance of Plans)

在我国,根据《宪法》第 89 条、第 107 条,国务院行使执行国民经济和社会发展规划的职权,县级以上地方各级人民政府依照法律规定的权限管理本行政区域内的经济、城乡建设事业等,因此其也是规划的执行主体。如"十二五"规划明确指出,本规划确定的约束性指标和公共服务领域的任务,是政府对人民群众的承诺;主要约束性指标要分解落实到有关部门和各省、自治区、直辖市。

国务院《关于加强国民经济和社会发展规划编制工作的若干意见》还规定,规划编制部门要在规划实施过程中适时组织开展对规划实施情况的评估,及时发现问题,认真分析产生问题的原因,提出有针对性的对策建议。评估工作可以由编制部门自行承担,也可以委托其他机构进行评估。评估结果要形成报告,作为修订规划的重要依据。有关地区和部门也要密切跟踪分析规划实施情况,及时向规划编制部门反馈意见。经评估或者因其他原因需要对规划进行修订的,规划编制部门应当提出规划修订方案(需要报批、公布的要履行报批、公布手续)。总体规划涉及的特定领域或区域发展方向等内容有重大变化的,专项规划或区域规划也要相应调整和修订。

不过,我国规划提出的预期性指标和产业发展、结构调整等任务,主要依靠市场主体的自主行为实现。各级政府要通过完善市场机制和利益导向机制,创造良好的政策环境、体制环境和法治环境,打破市场分割和行业垄断,激发市场主体的积极性和创造性,引导市场主体行为与国家战略意图相一致。

四、规划的监督(Supervision of Planning Activities)

根据我国现行法律法规,各级人民代表大会及其常委会应有权对行政机关执行规划情况进行监督,必要时可依法纠正。例如,"十二五"规划明确指出,要加强服务业、节能减排、气候变化、劳动就业、收入分配、房地产等方面统计工作,强化对规划实施情况跟踪分析,国务院有关部门要加强对规划相关领域实施情况的评估,接受全国人民代表大会及其常务委员会的监督检查。此外,上级政府及其部门有权对下级政府或其部门的规划行为进行监督;司法机关可以通过追究规划人员的违法责任进行监督;而全社会人员可以发挥民主监督的作用。

第十三章　产业政策法

Chapter Thirteen　Industry Policy Law

第一节　产业政策法概述

Section One　Introduction to Industry Policy Law

一、产业政策法的概念(The Definition of Industry Policy Law)

在学界,产业法、产业结构法、产业调节法、产业政策法都被研究者们所使用,并常常表达几乎相同的含义。[1] 例如,有的认为,产业法是调整国家产业政策制定和实施过程中发生的经济关系的法律规范的总称。[2] 有的认为,产业结构法是所有对产业结构进行调整的法律规范的总称。[3] 有的认为,产业调节法是关于促进产业结构合理化,规定各产业部门在社会经济发展中的地位和作用,规范产业调节关系,确定国家进行宏观调控的基本措施和手段的法律规范的总称。[4] 有的认为,产业政策法是调整国家产业政策的制定和实施过程中发生的各种社会关系的法律规范的总称。[5] 目前,产业政策法的称谓被广为接受。其中可能的原因是,调节产业发展的规定措施经常变化,往往体现出政策的灵活性。不过,从本质上说,产业政策法是产业调节法。因此,产业政策法,是指调整产业发展调节过程中的社会关系的法律规范的总称。

二、产业政策法的体系(The System of Industry Policy Law)

1994 年,国务院发布了《90 年代国家产业政策纲要》。其中明确,产业政策包括产业结构政策、产业组织政策、产业技术政策和产业布局政策。这样,学界按照这一思路基本认为,除综合性的产业政策法外,专项产业政策法应包括产业结构法、产业组织法、产业技术法和产业布局法四部分。[6] 不过,也有研究认为,产业

---

① 宾雪花:《改革开放 30 年中国产业政策法研究述评》,《河北法学》2010 年第 8 期。

② 杨紫烜:《经济法》,北京大学出版社、高等教育出版社 2010 年版,第 459 页。

③ 张雪楳:《产业结构法研究》,中国人民大学出版社 2005 年版,第 19 页。

④ 李昌麒:《经济法学》,中国政法大学出版社 2011 年版,第 418 页。

⑤ 漆多俊:《经济法学》,高等教育出版社 2010 年版,第 315 页。

⑥ 王先林:《产业政策法初论》,《中国法学》2003 年第 3 期。

政策法至少还包括产业国际竞争力促进法和产业环境保护法两部分。[①] 我们认为,国际竞争力促进法的内容可以融入其他各部分中,不必单列。故,产业政策法的体系可按五部分理解。

产业结构法(industry structure law),旨在调整第一产业、第二产业、第三产业等之间的关系,即主要调整农业、工业和服务业之间的地位、发展重点、促进措施等关系。在我国,农业是基础,工业是支柱,服务业是保障。因此,产业结构法可分为农业发展法、基础工业发展法、支柱产业发展法、第三产业发展法等。不过,产业结构法还可分为综合性产业结构法、单项产业结构法;也可分战略产业扶持法、衰退产业调整援助法、产业合理化促进法。

产业组织法(industry activities law),旨在调整某一产业发展中企业竞争、合作、国家保护等关系。产业组织法的内容包括产业竞争制度、产业组织合作制度、产业组织保护制度、行业协会制度等。产业组织法主要包括竞争法、企业集团法、中小企业促进法等。

产业技术法(industry technology law),在于调整产业技术研发、应用、转让、保护等关系。产业技术法可分为产业技术选择和发展法、促进资源向技术领域投入法、基础性研究资助和组织法等,也可分为先进产业技术创新法、落后产业技术淘汰法、产业技术保护法、产业技术引进法、产业技术成果转化法等。

产业布局法(regional industry law),旨在调整区域经济发展、协调、合作等关系。从内容看,产业布局法主要涉及区域经济发展目标制度、区域经济发展策略制度、区域经济发展措施制度;从调节性质看,产业布局法可分为发达地区产业保护法、发展中地区产业调整法、落后地区产业扶持法等。

随着时代的发展,产业的可持续发展日益要求产业生态化,[②]产业环境法(law of environmental protection in industry development)或言产业可持续发展法也应归入产业政策法的范畴。产业环境法主要包括产业发展环境保护法、产业发展资源节约法和产业发展资源再利用法等。

三、产业政策法立法(Legislations of Industry Policy Law)

在国外,美国一直崇尚竞争型产业政策法立法模式,集中于进行竞争关系的法律调整,以反托拉斯法的实施来改善产业行为,尽管历史上美国曾于1933年制定了《产业复兴法》(National Industrial Recovery Act)、1954年制定了《农业贸易发展与援助法》(Agricultural Trade Development and Assistant Act),但这是偶然的现象。日本、韩国则采用倾斜型产业政策立法模式,制定了诸多专门法律法

---

① 卢炯星:《论宏观经济法中产业调节法理论及体系的完善》,《政法论坛》2004年第1期。
② 刘则渊、代锦:《产业生态化与我国经济的可持续发展道路》,《自然辩证法研究》1994年第12期。

规,如日本的《机械工业振兴临时措施法》、韩国的《电气产业结构改善促进法》等。①

在我国,《国民经济和社会发展第七个五年计划》第一次正式使用了"产业政策"的概念,1989 年国务院发布了我国第一个关于产业政策的规范性文件《关于当前产业政策要点的决定》。此后,我国一直存在着产业政策与产业政策法之间的争论。有人认为,产业政策应该法律化。② 有人则反对制定一部专门的产业政策法,理由是一些产业政策规划是计划经济的变通。③ 因此,后来除 1994 年国务院发布的《90 年代国家产业政策纲要》(Outline of State Industry Policies for the 1990s)外,目前尚无较高层次的综合性的产业调节法律。

在产业结构法方面,《农业法》(Agriculture Law of the People's Republic of China)、《农业技术推广法》(Law of the People's Republic of China on the Popularization of Agricultural Technology)、《农业机械化促进法》(Law of the People's Republic of China on Promotion of Agricultural Mechanization)是我国农业产业结构基本法律,国务院《促进产业结构调整暂行规定》是主要综合性法规,而国家发改委等发布的《产业结构调整指导目录》、《外商投资产业指导目录》是具体产业结构调整规定。

在产业布局法方面,我国的相关法规文件主要有全国人大常委会批准的《广东省经济特区条例》、国务院发布的《关于进一步推进西部大开发的若干意见》、《关于中西部地区承接产业转移的指导意见》和《关于进一步实施东北地区等老工业基地振兴战略的若干意见》等。

在产业组织法方面,我国的法律法规主要有《反垄断法》(Anti-monopoly Law of the People's Republic of China)、《反不正当竞争法》(Law of the People's Republic of China Against Unfair Competition)、《中小企业促进法》(Law of the People's Republic of China on Promotion of Small and Medium-sized Enterprises)等基本法律,以及国务院、发改委、工信部等部门发布的专门针对具体产业的政策文件,如汽车产业政策、信息产业政策等。

在产业技术法方面,我国的基本法律有《科学技术进步法》(Law of the People's Republic Of China On Science and Technology Progress)、《促进科技成果转化法》(Law of the People's Republic of China on Promoting the Transformation of Scientific and Technological Achievements)、《农业技术推广

---

① 漆多俊:《经济法学》,高等教育出版社 2010 年版,第 316－318 页;王健:《产业政策法若干问题研究》,《法律科学》2002 年第 1 期。

② 郑州大学经济法系产业政策课题组:《引导产业成长的法律——产业政策法》,《法律与学习研究》1990 年第 5 期。

③ 李曙光:《对制定中国产业政策法的几点不同看法》,《法学》2010 年第 9 期。

法》(Law of the People's Republic of China on the Popularization of Agricultural Technology)等。另外,国务院、科技部、发改委等部门也发布了诸多产业技术法规政策文件。

在产业环境法方面,《环境保护法》(Environmental Protection Law of the People's Republic of China)、《清洁生产促进法》(Law of the People's Republic of China on Promotion of Cleaner Production)、《节约能源法》(Law of the People's Republic of China on Energy Conservation)、《循环经济促进法》(Circular Economy Promotion Law of the People's Republic of China)等诸多法律法规都对我国产业环境问题作了规定。

第二节 产业政策法律制度
Section Two Main Contents of Industry Policy Law

一、产业结构法律制度(Rules of Industry Structure Law)

在我国,规范产业结构调整的综合性法规主要是国务院 2005 年发布的《促进产业结构调整暂行规定》。另外,国家发改委还于 2011 年发布了《产业结构调整指导目录》(2013 修正)以指导产业结构调整。在农业方面,我国《农业法》、《农业技术推广法》、《农业机械化促进法》、国务院办公厅 1999 年批转农业部制定的《关于当前调整农业产业结构的若干意见》等都涉及农业产业结构调整的内容。在服务业领域,中共中央、国务院 1992 年发布的《关于加快发展第三产业的决定》、国务院 1993 年批转国家计委制定的《关于全国第三产业发展规划基本思路的通知》、国务院 2007 年发布的《关于加快发展服务业的若干意见》等也含有第三产业发展的内容。我国产业结构法律制度的内容包括:

(一)产业结构调整目标(Goals of Industry Structure Adjustment)

我国产业结构调整的目标是,推进产业结构优化升级,促进一、二、三产业健康协调发展,逐步形成农业为基础、高新技术产业为先导、基础产业和制造业为支撑、服务业全面发展的产业格局,坚持节约发展、清洁发展、安全发展,实现可持续发展。

(二)产业结构调整原则(Principles of Industry Structure Adjustment)

我国产业结构调整的原则有:

(1)市场调节和政府引导相结合的原则。即,充分发挥市场配置资源的基础性作用,加强国家产业政策的合理引导,实现资源优化配置。

（2）以自主创新提升产业技术水平的原则。即，把增强自主创新能力作为调整产业结构的中心环节，建立以企业为主体、市场为导向、产学研相结合的技术创新体系，大力提高原始创新能力、集成创新能力和引进消化吸收再创新能力，提升产业整体技术水平。

（3）走新型工业化道路的原则。即，以信息化带动工业化，以工业化促进信息化，走科技含量高、经济效益好、资源消耗低、环境污染少、安全有保障、人力资源优势得到充分发挥的发展道路，努力推进经济增长方式的根本转变。

（4）促进产业协调健康发展的原则。即，发展先进制造业，提高服务业比重和水平，加强基础设施建设，优化城乡区域产业结构和布局，优化对外贸易和利用外资结构，维护群众合法权益，努力扩大就业，推进经济社会协调发展。

（三）产业结构调整的方向和重点（Orientation and Emphases of Industry Structure Adjustment）

我国产业结构调整的方向和重点主要是：（1）巩固和加强农业基础地位，加快传统农业向现代农业转变；（2）加强能源、交通、水利和信息等基础设施建设，增强对经济社会发展的保障能力；（3）以振兴装备制造业为重点发展先进制造业，发挥其对经济发展的重要支撑作用；（4）加快发展高技术产业，进一步增强高技术产业对经济增长的带动作用；（5）提高服务业比重，优化服务业结构，促进服务业全面快速发展；（6）大力发展循环经济，建设资源节约和环境友好型社会，实现经济增长与人口资源环境相协调；（7）实施互利共赢的开放战略，提高对外开放水平，促进国内产业结构升级。

（四）产业结构调整指导目录（Catalogue of Guiding of Industry Structure Adjustment）

《产业结构调整指导目录》是引导投资方向，政府管理投资项目，制定和实施财税、信贷、土地、进出口等政策的重要依据。《产业结构调整指导目录》由发展改革委会同国务院有关部门依据国家有关法律法规制定，经国务院批准后公布。根据实际情况，需要对《产业结构调整指导目录》进行部分调整时，由发展改革委会同国务院有关部门适时修订并公布。

《产业结构调整指导目录》由鼓励、限制和淘汰三类目录组成。不属于鼓励类、限制类和淘汰类，且符合国家有关法律、法规和政策规定的，为允许类。允许类不列入《产业结构调整指导目录》。

1. 鼓励类（The Encouraged Categories）

鼓励类主要是对经济社会发展有重要促进作用，有利于节约资源、保护环境、产业结构优化升级，需要采取政策措施予以鼓励和支持的关键技术、装备及产品。我国按照以下原则确定鼓励类产业指导目录：（1）国内具备研究开发、产业化的技术基础,有利于技术创新,形成新的经济增长点;(2)当前和今后一个时期有较大的市场需求,发展前景广阔,有利于提高短缺商品的供给能力,有利于开拓国内外市场;(3)有较高技术含量,有利于促进产业技术进步,提高产业竞争力;(4)符合可持续发展战略要求,有利于安全生产,有利于资源节约和综合利用,有利于新能源和可再生能源开发利用、提高能源效率,有利于保护和改善生态环境;(5)有利于发挥我国比较优势,特别是中西部地区和东北地区等老工业基地的能源、矿产资源与劳动力资源等优势;(6)有利于扩大就业,增加就业岗位;(7)法律、行政法规规定的其他情形。

对鼓励类投资项目,各有关部门按照国家有关投资管理规定进行审批、核准或备案;各金融机构应按照信贷原则提供信贷支持;在投资总额内进口的自用设备,除财政部发布的《国内投资项目不予免税的进口商品目录(2000 年修订)》所列商品外,继续免征关税和进口环节增值税,在国家出台不予免税的投资项目目录等新规定后,按新规定执行。对鼓励类产业项目的其他优惠政策,按照国家有关规定执行。

2. 限制类(The Restricted Categories)

限制类主要是工艺技术落后,不符合行业准入条件和有关规定,不利于产业结构优化升级,需要督促改造和禁止新建的生产能力、工艺技术、装备及产品。我国按照以下原则确定限制类产业指导目录:(1)不符合行业准入条件,工艺技术落后,对产业结构没有改善;(2)不利于安全生产;(3)不利于资源和能源节约;(4)不利于环境保护和生态系统的恢复;(5)低水平重复建设比较严重,生产能力明显过剩;(6)法律、行政法规规定的其他情形。

对属于限制类的新建项目,禁止投资。投资管理部门不予审批、核准或备案,各金融机构不得发放贷款,土地管理、城市规划和建设、环境保护、质检、消防、海关、工商等部门不得办理有关手续。对属于限制类的现有生产能力,允许企业在一定期限内采取措施改造升级,金融机构按信贷原则继续给予支持,国家有关部门要根据产业结构优化升级的要求,遵循优胜劣汰的原则,实行分类指导。

3. 淘汰类(The Prohibited Categories)

淘汰类主要是不符合有关法律法规规定,严重浪费资源、污染环境、不具备安全生产条件,需要淘汰的落后工艺技术、装备及产品。我国按照以下原则确定淘汰类产业指导目录:(1)危及生产和人身安全,不具备安全生产条件;(2)严重污染环境或严重破坏生态环境;(3)产品质量低于国家规定或行业规定的最低标准;(4)严重浪费资源、能源;(5)法律、行政法规规定的其他情形。

对淘汰类项目,禁止投资。各金融机构应停止各种形式的授信支持,并采取措施收回已发放的贷款;各地区、各部门和有关企业要采取有力措施,按规定限期淘汰;在淘汰期限内国家价格主管部门可提高供电价格;对国家明令淘汰的生产工艺技术、装备和产品,一律不得进口、转移、生产、销售、使用和采用。

值得指出的是,我国还专门对外商投资进行了规定,制定了《外商投资产业指导目录》,按照鼓励类、限制类、淘汰类三类,明确了外商投资的产业领域。

从某种意义上说,产业结构调整指导目录制度以政府管控市场竞争,直接影响企业产业重组、市场进入、地区竞争等,这无疑会影响反垄断法的实施。[①] 因此,如何协调产业政策法与反垄断法的关系就显得十分重要。从这一角度看,建立产业政策审议制度、建立国家产业政策监督、检查及评价制度等就是十分必要的了。[②]

二、产业布局法律制度(Rules of Regional Industry Law)

对于产业发展地区布局协调问题,我国目前尚无统一的法律制度进行规范。我国目前的产业发展布局法律制度建设基本是与我国不同时期重点支持发展的区域有关。从改革开放一直到 20 世纪末,我国重点支持沿海地区经济发展。新世纪以来,我国开始重视中西部、东北地区的经济发展。因此,我国产业布局法律制度可分述如下。

(一)促进沿海地区经济发展制度(Rules for Promoting Economic Development of Coastal Regions)

从 1980 年全国人大常委会批准《广东省经济特区条例》开始,国务院、国务院多个部委出台诸多法规支持沿海地区经济发展,沿海省市也制定了诸多地方法规规章。总体来说,我国促进沿海地区经济发展制度及其特点主要有:

1. 实行经济特区制度

经济特区是指享有特殊经济法律政策的地区。从这一角度看,划定经济特区就是明确特殊经济法律政策所适用的领域。因此,划定经济特区必须由有权机关作出决定。从实践看,我国经济特区是全国人大或其常委会通过决定作出的。目前,我国的经济特区有深圳、珠海、汕头、厦门、海南和上海浦东新区等。不过,随着我国加入 WTO,经济特区不能违反 WTO 规则,其是否仍有存在的必要问题值得思考。[③]

2. 重在吸引鼓励外商投资

促进国家经济的快速发展,发展外向型经济是重要手段。因此,我国促进沿海地区经济发展制度主要是为了吸引、鼓励外商投资。例如,国务院 1988 年发布的《关于沿海地区发展外向型经济的若干补充规定》就规定了扩大沿海地区吸收

---

① 叶卫平:《产业结构调整的反垄断法思考》,《法商研究》2010 年第 6 期。
② 董玉明、李冰强:《试论政府在产业结构调整中的经济职责》,《中国法学》2000 年第 2 期。
③ 周成新:《关于我国加入 WTO 后经济特区存在和发展的法律思考》,《法商研究》2003 年第 2 期。

外商直接投资的审批权限、鼓励采用中外合资、合作方式加快老企业技术改造、下放外贸企业审批权、改进进料加工出口的原材料管理、改进和完善对进料加工出口的海关监管、合理安排外汇周转资金、收汇实行先还贷后分成、进一步搞活外汇调剂、建立出口风险基金、为发展外向型经济提供运输保障、简化国内外商务人员出入境手续、组织科技力量为发展外向型经济服务等方面的措施。

3. 实行多项优惠制度

沿海地区经济发展的优惠措施包括土地、税收、出口、进口、投资收回等多个方面。不过,其中的主要措施是税收优惠。1984 年,国务院发布了《关于经济特区和沿海十四个港口城市减征、免征企业所得税和工商统一税的暂行规定》,其中详细规定了税收优惠措施。不过,随着时代发展,这些优惠逐步减少。根据国务院 2007 年发布的《关于经济特区和上海浦东新区新设立高新技术企业实行过渡性税收优惠的通知》,对经济特区和上海浦东新区内在 2008 年 1 月 1 日(含)之后完成登记注册的国家需要重点扶持的高新技术企业,在经济特区和上海浦东新区内取得的所得,自取得第一笔生产经营收入所属纳税年度起,第一年至第二年免征企业所得税,第三年至第五年按照 25% 的法定税率减半征收企业所得税。

4. 存在诸多授权地方法规

在发展沿海地区经济过程中,全国人大及其常委会授权地方人大制定法规,在本地区内实施。广东、福建、深圳、厦门、珠海、汕头等省市都曾获得授权。这样,授权法规就是我国沿海地区经济发展制度的重要组成部分。可是,这带来了法规与授权决定的冲突、法规与法律的冲突、法规与行政法规的冲突、法规与地方性法规的冲突。[①] 不过,研究指出,经济特区法规的位阶低于法律、行政法规,其变通规定优于法律、行政法规,但这不是效力优先的例外,而属于适用优先。[②]

5. 建立专门管理机构

例如,《广东省经济特区条例》规定广东省经济特区管理委员会行使以下职权:制订特区发展计划并组织实施;审核、批准客商在特区的投资项目;办理特区工商登记和土地核配;协调设在特区内的银行、保险、税务、海关、边检、邮电等机构的工作关系;为特区企业所需的职工提供来源,并保护职工的正当权益;举办特区教育、文化、卫生和各项公益事业;维护特区治安,依法保护特区内人身和财产不受侵犯。

---

① 宋方青:《中国经济特区授权立法中法规冲突现象之评析》,《法学》2000 年第 1 期。
② 吴恩玉:《上下位法间的效力优先与适用优先——兼论自治法规、经济特区法规和较大市法规的位阶与适用》,《法律科学》2010 年第 6 期。

（二）促进中西部经济发展制度（Rules for Promoting Economic Development of the Midwest of China）

2000 年，国务院发布了《关于实施西部大开发若干政策措施的通知》，2004 年发布了《关于进一步推进西部大开发的若干意见》，2010 年又发布了《关于中西部地区承接产业转移的指导意见》。以上文件构成了我国目前促进中西部经济发展的主要制度，[①]其主要内容是：

（1）推进生态建设和环境保护。生态建设和环境保护是西部大开发的重要任务和切入点，退耕还林、退牧还草、天然林保护、京津风沙源治理和已垦草原退耕还草等是其主要内容，而实现生态改善和农民增收是其主要目的。

（2）加快基础设施重点工程建设。规定是，要集中力量建设好青藏铁路、西气东输、西电东送、水利枢纽、交通干线等重大项目；坚持把水资源的合理开发利用和节约保护放在首要位置，加快推行节水技术和节水措施，加强各类节水设施建设；推进重点流域综合治理、水资源科学调配、水源涵养地保护。

（3）加强农业和农村基础设施建设。如积极发展棉花、糖料、水果、肉类、奶类、毛绒类、花卉、中药材等特色农产品及其深加工；在国家给予适当资金补助的基础上，广泛动员农民和其他社会力量参与节水灌溉、人畜饮水、农村道路、农村沼气、农村水电、草场围栏等小型公共工程建设。

（4）发展有特色的优势产业。如积极发展能源、矿业、机械、旅游、特色农业、中药材加工等优势产业。

（5）推进重点地带开发。内容是，积极培育并形成西陇海兰新线经济带、长江上游经济带和南贵昆经济区等重点经济区域；制定区域规划，加大交通、通信、市政等基础设施的建设力度，逐步建成通江达海的骨干交通网络、快速便捷的通信网络和生产要素集聚的城镇体系。

（6）加强区域发展合作。规定是，要加强西部与东部、中部地区之间的经济交流与合作，建立市场化的跨地区企业协作机制，把东部、中部地区的资金、技术和人才优势与西部地区的资源、市场和劳动力优势结合起来，实现优势互补、互惠互利，共同发展。

（7）中西部地区承接产业转移。依托中西部地区产业基础和劳动力、资源等优势，推动重点产业承接发展，进一步壮大产业规模，加快产业结构调整，培育产业发展新优势，构建现代产业体系。

---

① 曾有研究者提出制定《西部开发法》。参见王肃元：《西部经济开发的法律思考》，《政法论坛》1998年第 2 期。

（三）促进东北地区经济发展制度（Rules for Promoting Economic Development of the Northeast of China）

2004 年,国家启动实施东北地区等老工业基地振兴战略。2007 年,国务院批复了《东北地区振兴规划》。2009 年,国务院发布了《关于进一步实施东北地区等老工业基地振兴战略的若干意见》,对促进东北地区经济发展制度作了明确规定,其内容涉及:

（1）东北地区经济发展的定位。努力将东北地区建设成为综合经济发展水平较高的重要经济增长区域,具有国际竞争力的装备制造业基地,国家新型原材料和能源保障基地,国家重要的商品粮和农牧业生产基地,国家重要的技术研发与创新基地,国家生态安全的重要保障区,实现东北地区经济社会又好又快发展。

（2）东北地区经济发展的主要措施。主要有:①深化国有企业改革,推进企业兼并重组,落实重点产业调整振兴规划,加大结构调整力度,加快淘汰落后产业,防止重复建设;②推动辽宁沿海经济带、沈阳经济区、哈大齐工业走廊、长吉图经济区加快发展,建设国内一流的现代产业基地;③促进老工业基地的企业技术改造;④加快发展现代农业,巩固农业基础地位,加强农业和农村基础条件建设;⑤加快构建综合交通运输体系,优化能源结构,积极推进节能减排,为全面振兴创造条件。

（3）建立东北地区合作机制。内容是,建立东北地区四省（区）行政首长协商机制,定期研究协调跨省（区）重大基础设施项目建设、产业布局以及区域协调发展等问题,并对老工业基地调整改造的重大事项提出意见建议。

三、产业组织法律制度（Rules of Industry Activities Law）

产业组织法是促进产业发展方式的法律制度。它可以分为一般产业组织法律制度和具体产业组织法律制度。前者,主要指促进市场竞争的法律制度,如我国的《反垄断法》、《反不正当竞争法》、《中小企业促进法》等。之所以这样认为,原因是,在市场经济国家,竞争机制是核心机制,而促进市场竞争的法律制度也是组织各产业发展的基本制度。后者,则针对具体产业出台专门法律制度,如汽车产业法律制度、信息产业法律制度等。由于前述章节已论述了反垄断法和反不正当竞争法的内容,故以下主要从中小企业促进法和特殊产业法律制度两个层面进行分析。

（一）中小企业促进法（Law of Promotion of Small and Medium-sized Enterprises）

促进中小企业发展的意义在于,有利于扩大就业,也有利于促进市场竞争活力。因此,我国制定了《中小企业促进法》。该法明确规定,国家对中小企业实行积极扶持、加强引导、完善服务、依法规范、保障权益的方针,为中小企业创立和发展创造有利的环境。该法的主要内容包括以下方面。

1. 中小企业的内涵(The Scope)

在我国,根据《中小企业促进法》第 2 条,中小企业,是指在我国境内依法设立的有利于满足社会需要,增加就业,符合国家产业政策,生产经营规模属于中小型的各种所有制和各种形式的企业。而根据工业和信息化部等部委 2011 年发布的《中小企业划型标准规定》,将中小企业划分为中型、小型、微型三种类型,并根据企业从业人员、营业收入、资产总额等指标对 15 类行业中小微企业划分标准进行了规定。对于其他未列明行业,从业人员 300 人以下的为中小微型企业。其中,从业人员 100 人及以上的为中型企业;从业人员 10 人及以上的为小型企业;从业人员 10 人以下的为微型企业。

2. 中小企业发展促进管理体制(The Regulation System)

在我国,国务院、国务院负责企业工作的部门、国务院有关部门、县级以上地方各级人民政府及其所属的负责企业工作的部门和其他有关部门都承担着中小企业发展促进管理职责。其中,国务院负责制定中小企业政策,对全国中小企业的发展进行统筹规划;国务院负责企业工作的部门组织实施国家中小企业政策和规划,对全国中小企业工作进行综合协调、指导和服务,并根据国家产业政策,结合中小企业特点和发展状况,以制定中小企业发展产业指导目录等方式,确定扶持重点,引导鼓励中小企业发展;国务院有关部门根据国家中小企业政策和统筹规划,在各自职责范围内对中小企业工作进行指导和服务;县级以上地方各级人民政府及其所属的负责企业工作的部门和其他有关部门在各自职责范围内对本行政区域内的中小企业进行指导和服务。

3. 中小企业发展促进措施制度(Measures)

(1) 中小企业发展基金(the state development funds for small and medium-sized enterprises)制度。中小企业发展基金由下列资金组成:中央财政预算安排的扶持中小企业发展专项资金;基金收益;捐赠;其他资金。国家通过税收政策,鼓励对中小企业发展基金的捐赠。国家中小企业发展基金用于下列扶持中小企业的事项:创业辅导和服务;支持建立中小企业信用担保体系;支持技术创新;鼓励专业化发展以及与大企业的协作配套;支持中小企业服务机构开展人员培训、信息咨询等项工作;支持中小企业开拓国际市场;支持中小企业实施清洁生产;其他事项。此外,地方人民政府应当根据实际情况为中小企业提供财政支持。

(2) 创业扶持(support for establishment of enterprises)制度。该法明确规定,政府有关部门应当积极创造条件,提供必要的、相应的信息和咨询服务,在城乡建设规划中根据中小企业发展的需要,合理安排必要的场地和设施,支持创办中小企业。地方人民政府应当根据实际情况,为创业人员提供工商、财税、融资、劳动用工、社会保障等方面的政策咨询和信息服务。国家对失业人员创立的中小企业和当年吸纳失业人员达到国家规定比例的中小企业,符合国家支持和鼓励发展政策的高新技术中小企业,在少数民族地区、贫困地区创办的中小企业,安置残疾人员达到国家规定比例的中小企业,在一定期限内减征、免征所得税,实行税收优惠。企业登记机关应当依法定条件和法定程序办理中小企业设立登记手续,提高工作效率,方便登记者;不得在法律、行政法规规定之外设置企业登记的前置条件;不得在法律、行政法规规定的收费项目和收费标准之外,收取其他费用。行政管理部门应当维护中小企业的合法权益,保护其依法参与公平竞争与公平交易的权利,不得歧视,不得附加不平等的交易条件。

(3)技术创新促进(promotion of technological innovation)制度。根据《中小企业促进法》,政府有关部门应当在规划、用地、财政等方面提供政策支持,推进建立各类技术服务机构,建立生产力促进中心和科技企业孵化基地,为中小企业提供技术信息、技术咨询和技术转让服务,为中小企业产品研制、技术开发提供服务,促进科技成果转化,实现企业技术、产品升级。此外,中小企业技术创新项目以及为大企业产品配套的技术改造项目,可以享受贷款贴息政策。

(4)市场开拓促进(promotion of market development)制度。《中小企业促进法》规定,政府采购应当优先安排向中小企业购买商品或者服务,政府有关部门和机构应当为中小企业提供指导和帮助,促进中小企业产品出口,推动对外经济技术合作与交流。国家有关政策性金融机构应当通过开展进出口信贷、出口信用保险等业务,支持中小企业开拓国外市场。此外,国家制定政策,鼓励符合条件的中小企业到境外投资,参与国际贸易,开拓国际市场。

(5)社会服务扶持(support for public services)制度。《中小企业促进法》规定,政府根据实际需要扶持建立的中小企业服务机构,应当为中小企业提供优质服务。中小企业服务机构应当充分利用计算机网络等先进技术手段,逐步建立健全向全社会开放的信息服务系统。中小企业自我约束、自我服务的自律性组织,应当维护中小企业的合法权益,反映中小企业的建议和要求,为中小企业开拓市场、提高经营管理能力提供服务。

(6)合法权益保护(protection for lawful rights and interests)制度。根据《中小企业促进法》第6条,国家保护中小企业及其出资人的合法投资,及因投资取得的合法收益。任何单位和个人不得侵犯中小企业财产及其合法收益;任何单位不得违反法律、法规向中小企业收费和罚款,不得向中小企业摊派财物。中小企业对违反上述规定的行为有权拒绝和有权举报、控告。

不过,该法的诸多规定比较概括,具有可操作性的条款不多,也缺乏法律责任的相关规定。因此,有关部门目前正在关于公开征集《中小企业促进法》修改意见建议。

（二）特殊产业发展法律制度（Rules of Special Industries Law）

目前,国务院、发改委、工信部等发布了诸多专门针对具体产业的政策文件,涉及农药产业、乳制品产业、工业产业、轮胎产业、汽车产业、页岩气产业、煤层气产业、煤炭产业、公路水运交通产业、水利产业、信息产业、国防科技产业、股票企业产业、外资产业等。这些政策文件的内容一般包括具体产业政策目标、实现产业政策的措施等,它们对我国特殊产业的发展起到了较好的促进作用。

四、产业技术法律制度（Rules of Industry Technology Law）

在产业发展中,科技是关键。我国很早就重视科技法律制度建设。目前,我国有关产业技术的基本法律有《科学技术进步法》、《促进科技成果转化法》、《农业技术推广法》等。另外,国务院、科技部、发改委等也发布了诸多产业技术法规政策文件。总的来说,我国产业技术法律制度的主要内容有以下几个方面。

1. 实行基金扶持（Funds Support）的制度

根据我国《科学技术进步法》,目前扶持产业技术的基金主要有:(1) 自然科学基金,资助基础研究和科学前沿探索,培养科学技术人才;(2) 科技型中小企业创新基金,资助中小企业开展技术创新;(3) 其他专项基金,为企业自主创新与成果产业化贷款提供贴息、担保,资助科学技术进步活动。

2. 知识产权保护（Protection for Intellectual Property Rights）制度

国家依法保护企业研究开发所取得的知识产权,利用财政性资金设立的科学技术基金项目或者科学技术计划项目所形成的发明专利权、计算机软件著作权、集成电路布图设计专有权和植物新品种权,除涉及国家安全、国家利益和重大社会公共利益的外,授权项目承担者依法取得。此外,还规定国有企业应当建立健全有利于技术创新的分配制度,完善激励约束机制。

3. 促进成果转化（Promotion of the Transformation of Achievements）制度

促进成果转化制度涉及产学研结合、地区合作、军民结合等方面。首先,国家鼓励科学技术研究开发与高等教育、产业发展相结合,鼓励自然科学与人文社会科学交叉融合和相互促进。其次,国家加强跨地区、跨行业和跨领域的科学技术合作,扶持民族地区、边远地区、贫困地区的科学技术进步。第三,国家加强军用与民用科学技术计划的衔接与协调,促进军用与民用科学技术资源、技术开发需求的互通交流和技术双向转移,发展军民两用技术。

另外,国家在促进成果转化方面给予经费支持。主要规定有:国家财政用于科学技术、固定资产投资和技术改造的经费,应当有一定比例用于科技成果转化;科技成果转化的国家财政经费,主要用于科技成果转化的引导资金、贷款贴息、补助资金和风险投资以及其他促进科技成果转化的资金用途;国家金融机构应当在信贷方面支持科技成果转化,逐步增加用于科技成果转化的贷款;国家鼓励设立科技成果转化基金或者风险基金,其资金来源由国家、地方、企业、事业单位以及其他组织或者个人提供,用于支持高投入、高风险、高产出的科技成果的转化,加速重大科技成果的产业化。

4. 促进高新技术发展(The Development of New and High Technology)制度

促进高新技术发展的内涵包括保护高新技术,淘汰落后技术。因此,根据《科学技术进步法》第 40 条的规定,我国有关部门和省、自治区、直辖市人民政府应当通过制定产业、财政、能源、环境保护等政策,引导、促使企业研究开发新技术、新产品、新工艺,进行技术改造和设备更新,淘汰技术落后的设备、工艺,停止生产技术落后的产品。国家鼓励根据国家的产业政策和技术政策引进国外先进技术、装备,利用财政性资金和国有资本引进重大技术、装备的,应当进行技术消化、吸收和再创新。此外,县级以上地方人民政府及其有关部门应当创造公平竞争的市场环境,推动企业技术进步。

5. 高新技术产业开发区(The New and High Technology Industries Development Zones)制度

国务院可以根据需要批准建立国家高新技术产业开发区,并对国家高新技术产业开发区的建设、发展给予引导和扶持,使其形成特色和优势,发挥集聚效应。

6. 促进技术市场发展(The Development of Technology Market)制度

国家培育和发展技术市场,鼓励创办从事技术评估、技术经纪等活动的中介服务机构,引导建立社会化、专业化和网络化的技术交易服务体系,推动科学技术成果的推广和应用。国家对公共研究开发平台和科学技术中介服务机构的建设给予支持。

7. 税收优惠(Tax Incentives)制度

根据《科学技术进步法》第 17 条,从事下列活动的,按照国家有关规定享受税收优惠:(1)从事技术开发、技术转让、技术咨询、技术服务;(2)进口国内不能生产或者性能不能满足需要的科学研究或者技术开发用品;(3)为实施国家重大科学技术专项、国家科学技术计划重大项目,进口国内不能生产的关键设备、原材料或者零部件;(4)法律、国家有关规定规定的其他科学研究、技术开发与科学技术应用活动。另外,企业开发新技术、新产品、新工艺发生的研究开发费用可以按照国家有关规定,税前列支并加计扣除,企业科学技术研究开发仪器、设备可以加速折旧。

8. 促进农业技术发展(The Development of Agricultural Technology)制度

国家鼓励和支持农业科学技术的基础研究和应用研究,传播和普及农业科学技术知识,加快农业科学技术成果转化和产业化,促进农业科学技术进步。县级以上人民政府应当采取措施,支持公益性农业科学技术研究开发机构和农业技术推广机构进行农业新品种、新技术的研究开发和应用。另外,地方各级人民政府应当鼓励和引导农村群众性科学技术组织为种植业、林业、畜牧业、渔业等的发展提供科学技术服务,对农民进行科学技术培训。

9. 科学技术奖励(Science and Technology Awards)制度

我国对在科学技术进步活动中作出重要贡献的组织和个人给予奖励。同时,国家鼓励国内外的组织或者个人设立科学技术奖项,对科学技术进步给予奖励。

五、产业环境法律制度(Rules of Law of Environmental Protection in Industry Development)

在产业发展过程中,协调产业发展与环境保护、资源保护的关系至关重要。一方面,产业发展不得破坏人们所生活的自然环境;另一方面,产业发展中也要注意节约资源,为经济的可持续发展提供保障。在我国,《环境保护法》、《清洁生产促进法》、《节约能源法》、《循环经济促进法》等诸多法律法规都对产业环境保护问题进行了规定。综合观之,可主要归纳为三个方面。

(一)清洁生产制度(Rules of Cleaner Production)

所谓清洁生产,是指不断采取改进设计、使用清洁的能源和原料、采用先进的工艺技术与设备、改善管理、综合利用等措施,从源头削减污染,提高资源利用效率,减少或者避免生产、服务和产品使用过程中污染物的产生和排放,以减轻或者消除对人类健康和环境的危害。而清洁生产法,就是以确认并规范政府引导,促进甚至迫使工业企业实施清洁生产为基本目标的,以经济调节、环境信息公开、行政指导、行政合同以及行政强制等为内容的法律规范的总和。① 对此,我国的有关制度有:

1. 清洁生产目录(Catalogues on Cleaner Production)制度

国务院清洁生产综合协调部门会同国务院环境保护、工业、科学技术、建设、农业等有关部门定期发布清洁生产技术、工艺、设备和产品导向目录。国务院清洁生产综合协调部门、环境保护部门和省、自治区、直辖市人民政府负责清洁生产综合协调的部门、环境保护部门会同同级有关部门,组织编制重点行业或者地区的清洁生产指南,指导实施清洁生产。国家对浪费资源和严重污染环境的落后生产技术、工艺、设备和产品实行限期淘汰制度,有关部门按照职责分工,制定并发布限期淘汰的生产技术、工艺、设备以及产品的名录。企业在进行技术改造过程中,应当采取以下清洁生产措施:采用无毒、无害或者低毒、低害的原料,替代毒性

---

① 王明远:《清洁生产法的含义与本质辨析》,《现代法学》2006 年第 6 期。

大、危害严重的原料;采用资源利用率高、污染物产生量少的工艺和设备,替代资源利用率低、污染物产生量多的工艺和设备;对生产过程中产生的废物、废水和余热等进行综合利用或者循环使用;采用能够达到国家或者地方规定的污染物排放标准和污染物排放总量控制指标的污染防治技术。

2. 清洁生产审核(Cleaner Production Review)制度

企业应当对生产和服务过程中的资源消耗以及废物的产生情况进行监测,并根据需要对生产和服务实施清洁生产审核。有下列情形之一的企业,应当实施强制性清洁生产审核:(1) 污染物排放超过国家或者地方规定的排放标准,或者虽未超过国家或者地方规定的排放标准,但超过重点污染物排放总量控制指标的;(2) 超过单位产品能源消耗限额标准构成高耗能的;(3) 使用有毒、有害原料进行生产或者在生产中排放有毒、有害物质的。实施强制性清洁生产审核的企业,应当将审核结果向所在地县级以上地方人民政府负责清洁生产综合协调的部门、环境保护部门报告,并在本地区主要媒体上公布,接受公众监督,但涉及商业秘密的除外。

3. 环境影响评价(Environmental Impact Assessment)制度

新建、改建和扩建项目应当进行环境影响评价,对原料使用、资源消耗、资源综合利用以及污染物产生与处置等要进行分析论证,优先采用资源利用率高以及污染物产生量少的清洁生产技术、工艺和设备。

4. 清洁生产认证(Cleaner Production Authentication)制度

企业可以根据自愿原则,按照国家有关环境管理体系等认证的规定,委托经国务院认证认可监督管理部门认可的认证机构进行认证,提高清洁生产水平。

5. 清洁生产协议(Cleaner Production Agreement)制度

对于实施强制性清洁生产审核以外的事项,企业可以自愿与清洁生产综合协调部门和环境保护部门签订进一步节约资源、削减污染物排放量的协议。该清洁生产综合协调部门和环境保护部门应当在本地区主要媒体上公布该企业的名称以及节约资源、防治污染的成果。

(二) 资源节约制度(Rules of Resource Conservation)

资源节约制度涉及不可再生资源的节约制度和可再生资源的利用制度。在我国,《清洁生产促进法》、《节约能源法》、《循环经济促进法》、《可再生能源法》等法律法规都作了相关规定。主要制度有:

1. 鼓励、限制和淘汰项目目录(A Catalogue of the Encouraged, Restricted and Eliminated Techniques, Crafts, Equipments and Materials)制度

在我国,国务院循环经济发展综合管理部门会同国务院环境保护等有关主管部门,定期发布鼓励、限制和淘汰的技术、工艺、设备、材料和产品名录。禁止生

产、进口、销售列入淘汰名录的设备、材料和产品,禁止使用列入淘汰名录的技术、工艺、设备和材料。

2. 高效节油产品(Highly Efficient and Oil-saving Products)制度

电力、石油加工、化工、钢铁、有色金属和建材等企业,必须在国家规定的范围和期限内,以洁净煤、石油焦、天然气等清洁能源替代燃料油,停止使用不符合国家规定的燃油发电机组和燃油锅炉。内燃机和机动车制造企业应当按照国家规定的内燃机和机动车燃油经济性标准,采用节油技术,减少石油产品消耗量。

3. 可再生能源利用(Renewable Energy Utilization)制度

建筑设计、建设、施工等单位应当按照国家有关规定和标准,对其设计、建设、施工的建筑物及构筑物采用节能、节水、节地、节材的技术工艺和小型、轻型、再生产品。有条件的地区,应当充分利用太阳能、地热能、风能等可再生能源。

4. 节约用水(Water-saving)制度

在有条件使用再生水的地区,限制或者禁止将自来水作为城市道路清扫、城市绿化和景观用水使用。县级以上人民政府及其农业等主管部门应当推进土地集约利用,鼓励和支持农业生产者采用节水、节肥、节药的先进种植、养殖和灌溉技术,推动农业机械节能,优先发展生态农业。在缺水地区,应当调整种植结构,优先发展节水型农业,推进雨水集蓄利用,建设和管护节水灌溉设施,提高用水效率,减少水的蒸发和漏失。

5. 一次性消费品限制(Restrictions on the Production and Distribution of One-time Products)制度

国家在保障产品安全和卫生的前提下,限制一次性消费品的生产和销售。具体名录由国务院循环经济发展综合管理部门会同国务院财政、环境保护等有关主管部门制定。对列入前款规定名录中的一次性消费品的生产和销售,由国务院财政、税务和对外贸易等主管部门制定限制性的税收和出口等措施。

不过,总体来看,我国能源规制基本是政府的独角戏,采取的是政府一只手配置资源的模式,而真正理想的模式是市场、政府、社会分工协作的三只手共同作用的新模式。[1] 更为关键的是,应当确立保障能源安全、实现可持续发展的立法指导思想。[2]

(三) 循环经济制度(Rules of Recycling Economy)

所谓循环经济,是指在生产、流通和消费等过程中进行的减量化、再利用、资

---

[1] 王明远:《我国能源法实施中的问题及解决方案——以〈节约能源法〉和〈可再生能源法〉为例》,《法学》2007 年第 2 期。

[2] 张梓太:《我国〈节约能源法〉修订的新思维——在理念与制度层面的生成与展开》,《法学》2007 年第 2 期。

源化活动的总称。减量化(reduction),是指在生产、流通和消费等过程中减少资源消耗和废物产生。再利用(reuse),是指将废物直接作为产品或者经修复、翻新、再制造后继续作为产品使用,或者将废物的全部或者部分作为其他产品的部件予以使用。资源化(recycle),是指将废物直接作为原料进行利用或者对废物进行再生利用。对此,我国的有关制度有:

1. 强制回收(Compulsory Recycle) 制度

根据《循环经济促进法》第 15 条,生产列入强制回收名录的产品或者包装物的企业,必须对废弃的产品或者包装物负责回收;对其中可以利用的,由各该生产企业负责利用。对前款规定的废弃产品或者包装物,生产者委托销售者或者其他组织进行回收的,或者委托废物利用或者处置企业进行利用或者处置的,受托方应当依照有关法律、行政法规的规定和合同的约定负责回收或者利用、处置。对列入强制回收名录的产品和包装物,消费者应当将废弃的产品或者包装物交给生产者或者其委托回收的销售者或者其他组织。

2. 产业园区的资源综合利用(Comprehensive Utilization of Resources by Industrial Parks or Zones)制度

各类产业园区应当组织区内企业进行资源综合利用,促进循环经济发展。国家鼓励各类产业园区的企业进行废物交换利用、能量梯级利用、土地集约利用、水的分类利用和循环使用,共同使用基础设施和其他有关设施。

3. 企业工业废物再利用(Reuse of Industrial Wastes)制度

企业有义务按照国家规定,对粉煤灰、煤矸石、尾矿、废石、废料、废气、余热、余压、废电器电子产品、报废机动车船、废轮胎、废铅酸电池、零部件、工程机械、机床等进行再利用。

4. 废物回收体系(A Waste Recovery System)管理制度

根据《循环经济促进法》第 37 条,国家鼓励和推进废物回收体系建设,地方人民政府应当按照城乡规划,合理布局废物回收网点和交易市场,支持废物回收企业和其他组织开展废物的收集、储存、运输及信息交流。此外,废物回收交易市场应当符合国家环境保护、安全和消防等规定。

第三节　产业政策法律后果

Section Three　Legal Consequences in Industry Policy Law

一、产业政策奖励(Awards in Industry Policy Law)

在产业政策法律制度中,激励措施或鼓励措施制度是主要内容之一。不仅如此,对于遵守产业政策法律制度突出的,还可获得表彰奖励。例如,我国《清洁生产促进法》第 30 条就规定,国家建立清洁生产表彰奖励制度,对在清洁生产工作中做出显著成绩的单位和个人,由人民政府给予表彰和奖励。根据《循环经济促进法》第 48 条,县级以上人民政府及其有关部门应当对在循环经济管理、科学技术研究、产品开发、示范和推广工作中做出显著成绩的单位和个人给予表彰和奖励,企业事业单位应当对在循环经济发展中作出突出贡献的集体和个人给予表彰和奖励。根据《节约能源法》第 67 条,各级人民政府对在节能管理、节能科学技术研究和推广应用中有显著成绩以及检举严重浪费能源行为的单位和个人,给予表彰和奖励。另外,《科学技术进步法》第 15 条也规定,国家建立科学技术奖励制度,对在科学技术进步活动中作出重要贡献的组织和个人给予奖励,国家鼓励国内外的组织或者个人设立科学技术奖项,对科学技术进步给予奖励。可见,在产业政策法中,奖励是一种肯定性的法律后果。此乃经济法中的特殊法律后果之一。

二、产业政策法律责任(Legal Responsibilities in Industry Policy Law)

在产业政策法律制度中,法律责任规定也是其重要内容。在产业结构法中,国务院制定的《促进产业结构调整暂行规定》第 18、19 条就规定,对属于限制类的新建项目,禁止投资;投资管理部门不予审批、核准或备案,各金融机构不得发放贷款,土地管理、城市规划和建设、环境保护、质检、消防、海关、工商等部门不得办理有关手续。凡违反规定进行投融资建设的,要追究有关单位和人员的责任。对不按期淘汰生产工艺技术、装备和产品的企业,地方各级人民政府及有关部门要依据国家有关法律法规责令其停产或予以关闭,并采取妥善措施安置企业人员、保全金融机构信贷资产安全等;其产品属实行生产许可证管理的,有关部门要依法吊销生产许可证;工商行政管理部门要督促其依法办理变更登记或注销登记;环境保护管理部门要吊销其排污许可证;电力供应企业要依法停止供电。对违反规定者,要依法追究直接责任人和有关领导的责任。

在产业组织法中,《中小企业促进法》第 6 条也规定,国家保护中小企业及其出资人的合法投资,及因投资取得的合法收益。任何单位和个人不得侵犯中小企业财产及其合法收益。任何单位不得违反法律、法规向中小企业收费和罚款,不得向中小企业摊派财物。中小企业对违反上述规定的行为有权拒绝和有权举报、控告。尽管该法未明确违者应承担何种责任,但仍可结合其他法律进行推定。不过,该法要真正有效落实,必须明确规定法律责任条款。[①]

在产业技术法中,《科学技术进步法》第 67、68、69 条规定,违反规定,虚报、冒

---

① 沈木珠:《国际金融危机下我国产业法的作用、问题与完善——以中小企业促进法为例》,《法学论坛》2010 年第 2 期。

领、贪污、挪用、截留用于科学技术进步的财政性资金,依照有关财政违法行为处罚处分的规定责令改正,追回有关财政性资金和违法所得,依法给予行政处罚;对直接负责的主管人员和其他直接责任人员依法给予处分。违反规定,利用财政性资金和国有资本购置大型科学仪器、设备后,不履行大型科学仪器、设备等科学技术资源共享使用义务的,由有关主管部门责令改正,对直接负责的主管人员和其他直接责任人员依法给予处分。违反规定,滥用职权,限制、压制科学技术研究开发活动的,对直接负责的主管人员和其他直接责任人员依法给予处分。

在产业环境法中,《清洁生产促进法》第 36、37、38、39 条就规定,未按照规定公布能源消耗或者重点污染物产生、排放情况的,由县级以上地方人民政府负责清洁生产综合协调的部门、环境保护部门按照职责分工责令公布,可以处十万元以下的罚款。对于违反规定未标注产品材料的成分或者不如实标注的,由县级以上地方人民政府质量技术监督部门责令限期改正;拒不改正的,处以五万元以下的罚款。不实施强制性清洁生产审核或者在清洁生产审核中弄虚作假的,或者实施强制性清洁生产审核的企业不报告或者不如实报告审核结果的,由县级以上地方人民政府负责清洁生产综合协调的部门、环境保护部门按照职责分工责令限期改正;拒不改正的,处以五万元以上五十万元以下的罚款。另外,违法生产、销售有毒、有害物质超过国家标准的建筑和装修材料的,依照产品质量法和有关民事、刑事法律的规定,追究行政、民事、刑事法律责任;

不过,我国目前的产业布局制度中,尚无明确的法律责任的规定。但是,这并不能否定违反产业布局制度承担法律责任的存在。理由在于,各级部门在执行产业布局规定是履行行政机关职能义务,违反义务时也会产生法律责任的承担问题。

第十四章　财税法

Chapter Fourteen　Public Finance and Tax Law

第一节　财税法概述

Section One　Introduction to Public Finance and Tax Law

一、财税的含义（Public Finance and Tax）

所谓财税,是财政和税收的合称。而财政是指国家为实现国家职能而取得、使用和管理资财的活动的总称。从资金的流向看,财政可分为财政收入和财政支出两部分。前者,主要通过征纳税收、发行政府债券、取得其他收入等方式取得;后者则指财政资金的划拨,包括向各级政府及其部门划拨资金,也包括向社会主体划拨资金。财政是国家实现其财政经济职能和社会公共职能的重要工具,也是国家参与国民收入分配和再分配的重要手段,它在资源配置、收入分配等宏观调控以及保障社会稳定等方面都具有重要的作用。

税收则是指国家就市场经济活动中的客体或行为向纳税义务人征收一定货币或财物的活动。从静态意义上说,税收指的税收资金或财物。就地位看,税收是财政资金的主要来源,理由是发行的政府债券的本息最终要由未来的税收偿还,而财政资金的其他收入又仅占极小的比例。

综上可见,财政的概念涵盖了税收。但由于税收是财政资金的主要来源,人们在表达财政的概念时也经常将其与税收联系起来,而使用财税的概念。从这个意义说,财政与财税应是相同的概念。学界也常常将财政、财税两个概念混用,不加区分。不过,如果将财政理解为财政支出,那么财政的范围就是与税收相对的概念。如果如此认识,财税的概念则是更大的概念。

二、财税法的界定（The Definition of Public Finance and Tax Law）

关于财税法的概念,学界存在不同的见解。有的认为,它是调整在国家为了公共欲望而取得、使用和管理资财的过程中发生的社会关系的法律规范的总称,它包括财政管理体制法、财政支出管理法、财政活动程序法,具体为预算法、税法、国债法、政府采购法、转移支付法。① 有的认为,它是调整财政分配和财政管理活

---

①　杨紫烜:《经济法》,北京大学出版社、高等教育出版社 2010 年版,第 552 - 554 页。

动中形成的财政关系的法律规范的总称,应由财政法总则、预算法、税法、国有资产管理法、财政监督法组成。[①] 有的认为,它是指国家按照立法权限、通过立法程序制定或认可的公开透明的财政活动及财政管理的法律规范的总称,包括财政体制法(中央与地方收支划分法)、预算法、预算外资金管理法、税收法、国债法、转移支付法、财政补贴法、基本建设投资法、政府采购法、国有资产管理法、国有企业财务法、行政事业财务管理法、财政监督法、会计法等。[②]

我们认为,财税法是调整国家财政收支关系的法律规范的总称。财政法调整的关系是财政关系,即财政收入关系和财政支出关系。如果再细分,财税法调整的对象主要包括预算管理关系、税收关系、国家信用管理关系、财政分配关系等。从构成看,财税法的体系应主要包括预算法(budget law)、税法(tax law)、国债法(public debt law or state's debt law)、政府采购法(government procurement law)、转移支付法(transfer payment law)等。

三、财税法立法(Legislations of Public Finance and Tax Law)

改革开放后不久,我国就于 1980 年制定了《个人所得税法》、《中外合资经营企业所得税法》,并于 1981 年制定了《外国企业所得税法》。市场经济体制确立后,除国务院作出的《关于实行分税制财政管理体制的决定》外,我国于 1992 年制定了《税收征收管理法》,1994 年制定了《预算法》(The Budget Law of the People's Republic of China)。新世纪以来,我国修改完善了《税收征收管理法》(Law of the People's Republic of China on the Administration of Tax Collection)、《个人所得税法》(Law of the People's Republic of China on Individual Income Tax),并制定了《企业所得税法》(Law of the People's Republic of China on Enterprise Income Tax)、《车船税法》(Vehicle and Vessel Tax Law of the People's Republic of China)、《政府采购法》(The Government Procurement Law of the People's Republic of China)等基本财税法律。此外,国务院制定的《国库券条例》、《增值税暂行条例》、《营业税暂行条例》、《消费税暂行条例》、《进出口关税条例》、《土地增值税暂行条例》、《资源税暂行条例》、《车辆购置税暂行条例》、《烟叶税暂行条例》、《土地使用税暂行条例》、《印花税暂行条例》等行政法规也是我国财税法律法规中的重要组成部分。另外,财政部、国家税务总局等部门也发布了诸多财税规章。这些法律法规在促进我国社会主义市场经济基础的形成、巩固和发展等方面起着重要的作用。

---

① 潘静成、刘文华:《经济法》,中国人民大学出版社 2005 年版;第 390 - 392 页。
② 刘隆亨:《学习研究当代财税法学的几个问题》,《法学杂志》2003 年第 6 期。

第二节 财政法

Section Two Public Finance Law

一、财政预算法律制度(Rules of Budget Law)

财政预算指国家预算,是国家对会计年度内的收入和支出的预先估算。它包括中央预算和地方预算。预算法,即是调整在国家进行预算资金的筹集、分配、使用和管理的过程中发生的经济关系的法律规范的总称。预算法的调整对象是国家进行预算资金的筹集、分配、使用和管理的过程中发生的经济关系,简称预算关系。预算关系包括预算程序关系和预算实体关系两个方面。预算程序关系是预算主体在履行预算的编制、议定、执行的程序的过程中发生的经济关系,预算实体关系是指在组织、取得和分配使用预算资金过程中发生的经济关系。预算是整个国家财政活动的重要内容,是国家筹集和分配财政资金的重要手段。

国家的预算活动必须依法进行管理,才能有效地实现预算法的宗旨;而预算管理必须依法定的职权进行。我国《预算法》规定了各级权力机构的预算管理职权(functions and powers for budget regulation),各级政府机关的预算管理职权以及各级财政部门的预算管理职权。

我国实行中央和地方分税制(a system of tax division between the central and local governments),并在《预算法》中确定了预算收入和预算支出的范围。预算收入(budgetary revenues)包括税收收入、按照规定应当上缴的国有资产收益、专项收入以及其他收入。而根据分税制的要求,预算收入分为中央预算收入、地方预算收入、中央和地方共享收入。预算支出(budgetary expenditures)包括经济建设支出,教育、科学、文化、卫生、体育等事业发展的支出,国家管理费用支出,国防支出,各项补贴支出以及其他支出。预算支出可以分为中央预算支出和地方预算支出。

预算管理程序是国家在预算管理方面依程序进行的各个工作环节所构成的有秩序活动的总体,在广义上预算管理程序由预算编制(budget preparation)、审批(budget examination and approval)、执行和调整(budget implementation and adjustment)、决算(final accounts)四个环节组成。预算的编制指国家取得和分配使用预算资金的年度计划的活动,我国各级政府、各部门、各单位应当按照国务院规定的时间编制预算草案。预算的审批指国家各级权力机关对同级政府所提出的预算草案进行审查和批准的活动,我国中央预算由全国人民代表大会审查和批准,地方各级政府预算由本级人民代表大会审查和批准。预算的执行指各级财政部门和其他预算主体组织预算收入和划拨预算支出的活动,我国各级预算由本级政府组织执行,具体工作由本级政府财政部门负责。在预算执行过程中,需要调整的,要经过权力机关的批准。另外,决算在形式上是对年度预算收支执行结果的会计报告,在实质上则是对年度预算执行结果的总结。它是预算管理程序中的最后一个环节。决算制度主要包括决算草案的编制和审批两个方面的内容。决算在形式上包括决算报表和文字说明两个部分,其体系构成和包括的收支项目同预算是一致的。决算草案只有经过权力机关依法定程序审查和批准,政府在年度内的预算执行责任才能得以免除,一个预算年度的预算管理程序才告结束。预算与决算的监督,指对各级政府实施的预算与决算活动所进行的监督。我国《预算法》将预算监督和决算监督并提,并从监督主体的角度将预算与决算监督分为立法机关的监督、行政机关的监督、政府专门机构的监督。其中,各级政府应当在每一预算年度内至少二次向本级人民代表大会或者其常务委员会作预算执行情况的报告。

在预算活动中,违反预算法律规定,要承担法律责任。各级政府未经依法批准擅自变更预算,使经批准的收支平衡的预算的总支出超过总收入,或者使经批准的预算中举借债务的数额增加的,对负有直接责任的主管人员和其他直接责任人员追究行政责任。违反法律、行政法规的规定,擅自动用国库库款或者擅自以其他方式支配已入国库的库款的,由政府财政部门责令退还或者追回国库库款,并由上级机关给予负有直接责任的主管人员和其他直接责任人员行政处分。另外,隐瞒预算收入或者将不应当在预算内支出的款项转为预算内支出的,由上一级政府或者本级政府财政部门责令纠正,并由上级机关给予负有直接责任的主管人员和其他直接责任人员行政处分。

我国《预算法》已颁行近二十年,实践中也存在一些问题,例如预算调整的规范性问题、预算的社会参与问题、预算公开问题、预算外资金的存废问题等。有的研究提出,在我国预算法的完善问题上,人大监督、预算公开、公众参与是三条合理的进路。[①] 其实,解决思路不限于如此。总体而言,预算程序的法律化、公开化、民主化是基本的路径。目前,我国《预算法》正在修改中。

二、国家信用管理法律制度(Rules of State Credit Regulation Law)

国家信用管理关系指国家作为政权主体在参与信用活动过程中所形成的财政关系,包括国家债务管理关系和财政融资管理关系。在经济运行过程中,国家信用的主要形式是国债(state debt),因而国家信用管理法律制度主要体现在国债法律制度中。国债是国家为实现其职能而以国家信用为基础所举借的债务,是国家筹集财政收入、弥补财政赤字和进行宏观调控的重要手段。国债具有不同于

---

① 蒋悟真:《推动预算民主的三条进路》,《法学》2011 年第 11 期。

其他相关对象的特征:(1)国债的一方主体特定,即国债的债务人一般只能是国家;(2)国债作为一种国家债务,一般来说具有隶属性,尤其对于国内债权来说更是如此;(3)国债同金融债、企业债相比,其信用度最高,流动性更好、变现力、担保力更强。国债最基本的职能是弥补财政赤字、对财政预算进行季节性资金余缺的调剂以及对国民经济的运行进行宏观调控。

国债法主要调整国债的发行、使用、偿还和管理的过程中发生的经济关系的法律规范的总称。国债法的调整对象是在国债的发行、使用、偿还和管理的过程中发生的经济关系,简称国债关系。国债的发行指国债的售出或者被认购的过程。国债发行的重要问题是发行条件和发行方法。前者涉及国债的种类、发行对象、数额、发行价格、利率、付息方式、流动性等内容;后者关系到国债能否顺利地发行,因而同样是国债发行方面十分重要的问题。国债的发行方法主要有直接发行法、间接发行法、销售发行法和摊派发行法。

国债的使用包括政府对国债资金的使用以及国债债权人对其债券权利的行使两方面。政府的国债资金的使用途径主要是弥补财政赤字,进行经济建设和用于特定用途。国债债权人对其债券权利的行使,主要是体现在证券的转让、质押等方面。国债的偿还是国家依法定或约定,对到期国债还本付息的过程。偿还国债本息的资金来源可以是预算盈余,或者是专门的偿债基金、预算拨款,也可以是借新债还旧债。在偿还方法方面,可以是直接由政府或其委托的金融机构进行偿还,也可以通过市场收购来偿还,还可以通过抽签等方法来偿还。为了调控国债的规模、结构、利率等所采取的各种国债管理措施,贯穿于国债的发行、使用、偿还等环节,对于经济的稳定增长和社会安定都极为重要。

实践中,地方政府在发行债券过程中存在诸多问题,例如发行的合法性问题、规模大小问题、偿还问题等,甚至存在地方政府所发债券逾期十年一分不还的现象。① 这些,都需要法律予以规制。不过,我国目前正在进行的《预算法》修改也拟处理这些问题。

三、政府采购法律制度(Rules of Government Procurement Law)

国家财政支出包括购买支出和转移支付两类。购买支出就是政府采购方面的支出,政府采购(government procurement)就是指国家各级政府为从事日常的政务活动或为了满足公共服务的目的,利用国家财政性资金和政府借款购买货物、工程和服务(goods, engineering and services)的行为。政府采购不仅是指具体的采购过程,而且是采购政策、采购程序、采购过程及采购管理的总称,涉及一种对公共采购管理的制度。

---

① 陈虹伟、焦红艳:《地方政府发债券逾期十年一分不还》,《法制日报》2007 年 11 月 18 日。

从国际上看,凡是实行政府采购制度的国家和地区,为了规范政府采购行为及健全政府采购运行机制,都制定了一系列的有关政府采购法规体系,这些法规政策对保证政府采购目标的实现起到了重要作用。政府采购有如下作用:强化对财政支出的管理,提高财政资金流向的透明度和财政资金的使用效率;调节国民经济的运行,影响经济结构的调整和经济总量的平衡;保护民族经济,提高国际竞争力;通过存货吞吐来弥补市场缺陷,维护企业和消费者的合法权益,促进充分就业和环境保护;加强财政监督,促进反腐倡廉。政府采购应遵循有效竞争原则、公正原则、公平原则等。我国还规定,政府采购应当有助于实现国家的经济和社会发展政策目标,包括保护环境,扶持不发达地区和少数民族地区,促进中小企业发展等。因此,财政部规定,对于国内企业或科研机构生产或开发的,暂不具有市场竞争力,但符合国民经济发展要求、代表先进技术发展方向的首次投向市场的产品,通过政府采购方式由采购人或政府首先采购。对于国家需要研究开发的重大创新产品、技术、软科学研究课题等,通过政府采购方式面向全社会确定研究开发和生产机构。①

国际上的政府采购模式大致有三种类型:一种是集中采购(centralized procurement)模式,即由财政部门或另由一个专门负责的部门负责本级政府所有的采购;一种是分散采购模式(decentralized procurement),由各支出单位自行采购;一种是半集中、半分散采购模式(in the way of combination of centralized procurement and decentralized procurement),由财政部门或一个专职机构直接负责对部分商品的采购,其他商品(主要是低价值和特殊商品)由各支出单位自行采购。从我国情况来看,我国应实行半集中、半分散的模式。对政府采购中的集中采购部分,通过设立一个专门机构如政府采购中心来组织进行,从而有利于形成采购规模,节约财政资金,有利于加快政府采购市场的形成;对政府采购中的分散采购部分,由各支出单位自行进行,但必须遵循有关的政府采购法规政策。

政府采购的方式包括公开招标(public bidding)、邀请招标(invitation for bid)、竞争性谈判(competitive negotiation)、单一来源采购(unitary source purchase)、询价(inquiry)等。政府采购一般都经过以下程序:行政事业单位向财政部门提出专项申请;由财政部门成立的政府采购管理机构,采取公开、公正、公平的招标方式进行招标、采购和供应;购货单位应与供货商签订合同,由财政部门进行监督。从社会发展情况来看,我国应选择以竞争性招标采购方式为主,其他采购方式为辅的方式。

我国政府采购的历史短,虽然制定了《政府采购法》,但是在采购方面还是存

---

① 《财政部:政府采购应优先买国货》,参见新浪网新闻中心,http://news.sina.com.cn/c/2008-02-25/032013468292s.shtml,访问日期:2009年4月13日。

在不少问题。我国的《政府采购法》的适用范围是各级国家机关、事业单位和团体组织使用财政性资金的采购行为,未将其他使用财政资金的采购行为如国有企业的相关行为纳入进来,[①]显得不够合理。另外,我国《政府采购法》在一般情况下倾斜保护国货,但这与国际规则如《政府采购协定》的内容不协调。[②] 我们认为,随着我国社会的发展,各经济组织应通过提高国货的技术、质量、品质以增强竞争力,而不是依靠法律的特殊保护。从这一角度看,我国《政府采购法》应逐步完善。

四、财政转移支付法律制度(Rules of Transfer Payment Law)

财政转移支付是政府财政支出的一种形式。转移支付(transfer payment),指各级政府之间为解决财政失衡而通过一定的形式和途径转移财政资金的活动,用以补充公共物品而提供的一种无偿支出。一般来说,财政转移支付表现为中央政府或地方政府为解决财政失衡而将部分财政收入无偿地让渡给下级政府、企业和居民时所发生的转移财政资金的活动。财政转移支付的最大作用就是解决财政失衡问题,从而保证社会经济秩序的良性运行与协调发展。

财政转移支付法,是调整在财政转移支付的过程中发生的社会关系的法律规范的总称。财政转移支付法的主体包括两类,即发出财政转移支付的主体与接受财政转移支付的主体。中央政府只能作为发出财政转移支付的主体。我国现有的财政转移支付的形式包括政府间财政转移支付和财政补贴两大类。政府间财政转移支付指上级政府的财政收入转作下级政府的财政收入来源并由下级政府作为本级财政支出来支付。政府间的转移支付根据其起因和目的,可以分为体制性转移支付、专项转移支付、特殊转移支付以及建设性转移支付。财政补贴指各级政府向企业、居民做出的财政转移支付,也就是政府将部分财政资金转移给企业、居民的无偿支出。支付给居民的补贴叫做社会保障支出,是政府基于社会保障目的支付给居民的补贴。支付给企业的补贴叫做企业补贴,如农产品价格补贴、税收抵免等。

我国目前仍实行的转移支付制度不是很规范。目前,我国《预算法》、国务院1993年作出的《关于实行分税制财政管理体制的决定》确立了我国转移支付制度的基本框架。后来,财政部发布了《边境地区转移支付资金管理办法》、《革命老区转移支付资金管理办法》、《国家重点生态功能区转移支付办法》等专项转移支付规章。总的来说,我国尚无真正意义上的转移支付一般法。这导致实践中转移支付测算标准不科学,效用相互抵冲,难以对地区之间形成均衡效果,未体现公平兼顾效率原则,财政转移支付主体及其权利义务不明确,财政转移支付缺乏法定程

---

① 刘锐:《完善政府采购法律制度,应对 WTO〈政府采购协定〉》,《行政法学研究》2011 年第 2 期。

② 于安:《加入〈政府采购协定〉对我国国内制度的影响》,《法学》2005 年第 6 期。

序的制约，①专项转移支付拨付随意性大，使用缺乏监督。② 这主要是由于各级政府的职责和事权尚未明确划分，难以确定标准的收支概念；既得利益调整的力度过大，困难很大；受体制、经济结构、自然环境和人口状况等因素影响，地区间经济发展水平相差很大、发展能力存在极大差别，致使通过转移支付实现地区均衡难以在短期内实现。

因此，我国应针对财政转移支付法调控的重点和我国中央与地方财政转移支付存在的问题，确立转移支付的目标，规范转移支付的形式，优化转移支付资金的计算确定方法和附加条件的设定。③ 我国的《预算法》修改草案提出，要强调一般转移支付在转移支付中的主体地位，限制专项转移支付的范围，并规定上级政府在安排专项转移支付时，一般不得要求下级政府承担配套资金。④ 不过，真正有效的解决方法还是尽快制定出台《转移支付法》。

第三节 税 法
Section Three　Tax Law

一、税法概述（Introduction to Tax Law）

（一）税收（Tax）

税收是国家为了实现其职能的需要，凭借政治权力，依照法律规定的程序对满足法定课税要件的自然人和法人所征收的货币或实物。税收可以组织财政收入、调节社会经济、监管社会经济活动，它在国民收入的分配和再分配过程中发挥着重要作用。与其他分配方式相比，税收具有法定性、强制性、无偿性。

（二）税法（Tax Law）

税法是调整税收关系的法律规范的总称。它是以宪法为依据，调整国家与社会成员在征纳税上的社会关系，维护社会经济秩序和税收秩序，保障国家利益和纳税人合法权益的一种法律规范，是国家税务机关及一切纳税单位和个人依法征纳税的行为规则。

税法主要由税收体制法、税收征纳法组成，税收征纳法又包括税收征纳实体法与税收征纳程序法。而税收征纳实体法主要包括商品税法、所得税法、财产税

---

① 罗荆、唐红军：《论政府间转移支付制度的立法建设》，《西南政法大学学报》2006 年第 4 期。
② 宋槿篱、李玮：《对我国财政转移支付立法的几点建议》，《法学杂志》2005 年第 3 期。
③ 张道庆：《论中央与地方财政转移支付关系的法律调控》，《现代法学》2007 年第 6 期。
④ 林江：《预算法修正案三审》，《羊城晚报》2014 年 4 月 22 日。

法和行为税法。商品税法主要包括增值税法、消费税法、营业税法、关税法等。所得税法包括企业所得税法、个人所得税法。财产税法包括资源税法、房产税法、土地使用税法等。行为税法主要包括印花税法。随着时代的发展,环境税、物业税、遗产税、房产税等是否要征收都在讨论中,[①]因此今后会陆续产生一些新的税收法律法规。

二、增值税法(Value-Added Tax Law)

(一)增值税法概述(Introduction)

增值税是以商品和劳务在流通各环节的增加值为征税对象的一种税。和传统的流转税相比,增值税税源广、税源普遍并且可以避免重复征税。目前,我国的增值税法是以国务院 1993 年制定、2008 年修订的《增值税暂行条例》(Provisional Regulations of the People's Republic of China on Value-Added Tax)为中心组成的法规体系。

(二)我国增值税法的主要内容(Main Rules)

1. 增值税的纳税人(Taxpayers)

在中华人民共和国境内销售货物或者提供加工、修理修配劳务以及进口货物的单位和个人,为增值税的纳税义务人。增值税的纳税人一般包括一般纳税人和小规模纳税人。一般纳税人指年应征增值税销售额超过规定标准的纳税人。小规模纳税人指年销售额在规定标准以下,并且会计核算不健全,不能按规定报送有关税务资料的增值税纳税人。

2. 增值税的征税范围(The Scope of Taxation)

增值税的征税范围包括:销售和进口货物,提供加工及修理修配劳务。这里的货物是指有形动产,包括电力、热力、气体等,不包括不动产。加工是指受托加工货物,即委托方提供原料及主要材料,受托方按照委托方的要求制造货物并收取加工费的业务;修理修配是指受托对损伤和丧失功能的货物进行修复,使其恢复原状和功能的业务。

增值税的征税范围还包括视同销售的行为、混合销售行为、兼营非应税劳务行为、兼营不同税率的货物或应税劳务行为。视同销售的行为包括:(1) 将货物交付给他人代销;(2) 销售代销货物;(3) 设有两个以上机构并实行统一核算的纳税人,将货物从一个机构移送其他机构用于销售,但相关机构设在同一县(市)的

---

① 王宇、李延霞:《四大税种出台前景预测》,《人民法院报》2008 年 1 月 14 日;朱继民:《向少数富裕人士开征遗产税》,《人民法院报》2013 年 1 月 12 日;刘剑文、陈立城:《论房产税改革路径的法治化建构》,《法学杂志》2014 年第 1 期。

除外;(4)将自产或委托加工的货物用于非应税项目、集体福利或个人消费;(5)将自产、委托加工或购买的货物作为投资,提供给其他单位或个体经营者;(6)将自产、委托加工或购买的货物分配给股东或投资者,或无偿赠送他人。混合销售行为指增值税纳税人的一项销售行为既涉及货物又涉及非应税劳务。兼营非应税劳务行为指纳税人在从事应税货物或提供应税劳务的同时,还从事非应税劳务,且从事的非应税劳务与某一项销售货物或提供应税劳务并无直接的联系和从属关系。兼营不同税率的货物或应税劳务行为指纳税人生产、销售不同税率的货物,或者既销售货物又提供应税劳务的行为。

3. 增值税的税率(Tax Rate)

增值税税率分为三档:基本税率、低税率和零税率。税率的调整,由国务院决定。纳税人销售或者进口货物,除了适用低税率的以外,税率为17%。纳税人提供加工、修理、修配劳务,税率为17%。纳税人销售或者进口下列货物,税率为13%:(1)粮食、食用植物油;(2)自来水、暖气、冷气、热水、煤气、石油液化气、天然气、沼气、居民用煤炭制品;(3)图书、报纸、杂志;(4)饲料、化肥、农药、农机、农膜;(5)国务院规定的其他货物。增值税一般纳税人出口货物,适用零税率;但是,国务院另有规定的除外。此外,小规模纳税人增值税征收税率为3%。

4. 增值税的税收优惠制度(Tax Preferences)

纳税人销售额未达到起征点的,免征增值税;达到或超过起征点的,就其销售额全额征收增值税。对于特定的项目,法律规定免征增值税:农业生产者销售的自产初级农业产品;避孕药品和用具;古旧图书;直接用于科学研究、科学试验和教学的进口仪器、设备;外国政府、国际组织无偿援助的进口物资、设备;来料加工、来件装配和补偿贸易所需进口的设备;由残疾人组织直接进口供残疾人专用的物品;销售的自己使用过的物品(不含游艇、摩托车、应征消费税的汽车)。

三、消费税法(Consumption Tax Law)

(一)消费税法概述(Introduction)

消费税是以特定消费品的流转额为计税依据而征收的一种商品税。它在各国开征亦较为普遍,具有特定的财政意义、经济意义和社会意义。我国国务院于1993年12月13日发布了《消费税暂行条例》(Provisional Regulations of the People's Republic of China on Consumption Tax),并于2008年11月5日作了修订。此后,财政部于2008年12月15日制定了新的《消费税暂行条例实施细则》。这两个法律规范性文件对我国消费税的征纳作了明确的规定。

（二）我国消费税法的主要内容（**Main Rules**）

1. 消费税的纳税人（Taxpayers）

消费税的纳税人是在中国境内从事生产、委托加工和进口应税消费品的单位和个人，以及国务院确定的销售消费品的其他单位和个人。纳税人生产的应税消费品，于纳税人销售时纳税。纳税人自产自用的应税消费品，用于连续生产应税消费品的，不纳税；用于其他方面的，于移送使用时纳税。委托加工的应税消费品，除受托方为个人外，由受托方在向委托方交货时代收代缴税款。委托加工的应税消费品，委托方用于连续生产应税消费品的，所纳税款准予按规定抵扣。进口的应税消费品，于报关进口时纳税。纳税人出口应税消费品，免征消费税；国务院另有规定的除外。

2. 消费税的征税范围（The Scope of Taxation）

我国消费税的征税范围主要包括：（1）过度消费会对人类的健康、生态环境等方面造成危害的消费品，如烟、酒及酒精、木质一次性筷子、实木地板、鞭炮、焰火；（2）奢侈品和非生活必需品，如化妆品、贵重首饰、高尔夫球及球具、高档手表、游艇；（3）高能耗及高档消费品，如汽车轮胎、摩托车、小汽车；（4）不可再生和替代的消费品，如汽油、柴油；（5）具有一定财政意义的消费品。当前，我国一些行业领域存在过度消费现象，适当调整乃至扩大对高能源消费、高档消费品的消费税征收是必要的。[①]

3. 消费税的税目与税率（Taxable Items and Tax Rate）

消费税的税目采取列举的方式，消费税设置的税目可以调整，以确定各种应税消费品的税负，体现国家在不同的经济背景下，对某些商品的消费或为奖励或为限制的政策。消费税的税率主要采取比例税率和定额税率两种形式。对于供求基本平衡、价格差异不大、计量单位规范的消费品，实行计税简便的定额税率。对于供求矛盾突出、价格差异较大、计量单位不规范的消费品，采取比例税率。此外，有些消费税的计税实行复合计税办法，即针对销售额采取比例税率，针对销售数量采取定额税率。

四、营业税法（Business Tax law）

（一）营业税法概述（**Introduction**）

营业税是以从事工商营利事业和服务业所取得的收入为征税对象的一种税。营业税作为我国流转税和地方税体系中的主要税种，在筹集财政资金、协调行业

---

① 陈丽平：《部分高档消费品拟征消费税》，《法制日报》2011 年 4 月 15 日。

发展方面发挥着重要的作用。目前,我国的主要营业税立法是国务院 1993 年制定、2008 年修订的《营业税暂行条例》(Provisional Regulations of the People's Republic of China on Business Tax)。

(二)我国营业税法的主要内容(Main Rules)

1. 营业税的纳税人(Taxpayers)

营业税的纳税人为在中国境内提供应税劳务、转让无形资产或者销售不动产的单位和个人。比较营业税和增值税,二者都涉及劳务和销售,对此采取两种税制不尽合理。因此,我国目前正在进行营业税改增值税试点,拟逐步统一为一个税种。不过,改革试点也应遵守税收法定原则,以防止立法"试点"对公平和效率产生负面影响。①

2. 营业税的征收范围(The Scope of Taxation)

营业税的征税对象为应税劳务、转让无形资产或者销售不动产,具体行业领域包括:(1)交通运输业;(2)建筑业;(3)金融保险业;(4)邮电通信业;(5)文化体育业;(6)娱乐业;(7)服务业;(8)转让无形资产;(9)销售不动产。

3. 营业税的税目和税率(Taxable Items and Tax Rate)

营业税的税目有九个,包括交通运输业、建筑业、金融保险业、邮电通信业、文化体育业、娱乐业、服务业、转让无形资产、销售不动产。营业税除娱乐业实行幅度比例税率外,其他税目实行固定比例税率。具体来说,交通运输业为 3%,建筑业为 3%,金融保险业为 5%,邮电通信业为 3%,文化体育业为 3%,娱乐业为 5%~20%,服务业为 5%,转让无形资产为 5%,销售不动产为 5%。

4. 营业税的起征点和减免规定(Tax Threshold and Tax Reduction or Exemption)

纳税人营业额未达到国务院财政、税务主管部门规定的营业税起征点的,免征营业税。下列项目免征营业税:(1)养老院、托儿所、幼儿园、残疾人福利机构提供的育养服务,婚姻介绍,殡葬服务;(2)残疾人员个人提供的劳务,即残疾人员本人为社会提供的劳务;(3)医院、诊所和其他医疗机构提供的医疗服务;(4)学校和其他教育机构提供的教育劳务,学生勤工俭学提供的劳务;(5)农业机耕、排灌、病虫害防治、植保、农牧保险以及相关技术培训业务,家禽、牲畜、水生动物的配种和疾病防治;(6)纪念馆、博物馆、文化馆、美术馆、展览馆、书画院、图书馆、文物保护单位举办文化活动的门票收入,宗教场所举办文化活动的门票收入;(7)境内保险机构为出口货物提供的保险产品。除上述项目外,营业税的减税、免税项目由国务院规定,任何地区、部门均不得规定免税、减税项目。纳税人兼营

---

① 张守文:《我国税收立法的"试点模式"——以增值税立法"试点"为例》,《法学》2013 年第 4 期。

免税、减税项目的,应当单独核算免税、减税项目的营业额,未单独核算营业额的,不得免税、减税。

五、企业所得税法(Enterprise Income Tax Law)

(一) 企业所得税法概述(Introduction)

企业所得税是以企业在一定期间内的纯所得为征税对象的一种税。2007 年 3 月 16 日第十届全国人民代表大会第五次会议通过了《企业所得税法》(Law of the People's Republic of China on Enterprise Income Tax),自 2008 年 1 月 1 日起施行。自此,我国对内外资企业实行统一的所得税征收标准,改变了长期以来内外有别的企业所得税制度,更加体现了税收公平的原则,体现了和谐社会民主法治的特征。[1]

(二) 我国企业所得税法的主要内容(Main Rules)

1. 企业所得税的纳税人(Taxpayers)

企业所得税的纳税人为在中华人民共和国境内的企业和其他取得收入的组织,个人独资企业和合伙企业除外。企业分为居民企业和非居民企业。居民企业,是指依法在中国境内成立,或者依照外国(地区)法律成立但实际管理机构在中国境内的企业。非居民企业,是指依照外国(地区)法律成立且实际管理机构不在中国境内,但在中国境内设立机构、场所的,或者在中国境内未设立机构、场所,但有来源于中国境内所得的企业。居民企业应当就其来源于中国境内、境外的所得缴纳企业所得税。非居民企业在中国境内设立机构、场所的,应当就其所设机构、场所取得的来源于中国境内的所得,以及发生在中国境外但与其所设机构、场所有实际联系的所得,缴纳企业所得税。非居民企业在中国境内未设立机构、场所的,或者虽设立机构、场所但取得的所得与其所设机构、场所没有实际联系的,应当就其来源于中国境内的所得缴纳企业所得税。

2. 企业所得税的征税对象(Objects of Taxation)

企业每一纳税年度的收入总额,减除不征税收入、免税收入、各项扣除以及允许弥补的以前年度亏损后的余额,为应纳税所得额。企业以货币形式和非货币形式从各种来源取得的收入,为收入总额。包括:(1) 销售货物收入;(2) 提供劳务收入;(3) 转让财产收入;(4) 股息、红利等权益性投资收益;(5) 利息收入;(6) 租金收入;(7) 特许权使用费收入;(8) 接受捐赠收入;(9) 其他收入。收入总额中的下列收入为不征税收入:(1) 财政拨款;(2) 依法收取并纳入财政管理的行政事

---

[1] 陈少英:《论企业所得税法的统一与和谐社会的构建》,《政治与法律》2007 年第 3 期。

业性收费、政府性基金;(3)国务院规定的其他不征税收入。企业实际发生的与取得收入有关的、合理的支出,包括成本、费用、税金、损失和其他支出,准予在计算应纳税所得额时扣除。企业发生的公益性捐赠支出,在年度利润总额12%以内的部分,准予在计算应纳税所得额时扣除。

3. 企业所得税的税率(Tax Rate)

企业所得税的税率为25%。非居民企业在中国境内未设立机构、场所的,或者虽设立机构、场所但取得的所得与其所设机构、场所没有实际联系的,适用税率为20%。

4. 企业所得税的税收优惠(Tax Reduction or Exemption)

为了促进经济发展、维护社会公平、保护生态环境、刺激企业的创新,我国《企业所得税法》第四章专章规定了税收优惠的内容。税收优惠的内容主要包括:免税收入;税款的免征、减征;降低税率;加计扣除支出、减计收入;抵扣应纳税所得额;缩短折旧年限或加速固定资产折旧;税额抵免;专项优惠政策;过渡性税收优惠。

5. 企业所得税的特别纳税调整(Special Tax Payment Adjustment)

《企业所得税法》新增了有关"特别纳税调整"的专章规定,来调整企业的避税行为。具体制度设计包括独立交易原则;预约定价安排;核定应纳税所得额;防范避税地避税;防范资本弱化;一般反避税条款;补征税款加收利息。具体如下:

(1)独立交易原则制度指企业与其关联方之间的业务往来,不符合独立交易原则而减少企业或者其关联方应纳税收入或者所得额的,税务机关有权按照合理方法调整。企业与其关联方共同开发、受让无形资产,或者共同提供、接受劳务发生的成本,在计算应纳税所得额时应当按照独立交易原则进行分摊。

(2)预约定价安排指企业可以向税务机关提出与其关联方之间业务往来的定价原则和计算方法,税务机关与企业协商、确认后,达成预约定价安排。

(3)核定应纳税所得额指企业向税务机关报送年度企业所得税纳税申报表时,应当就其与关联方之间的业务往来,附送年度关联业务往来报告表。税务机关在进行关联业务调查时,企业及其关联方,以及与关联业务调查有关的其他企业,应当按照规定提供相关资料。

(4)防范避税地避税指由居民企业,或者由居民企业和中国居民控制的设立在实际税负明显低于法定税率水平的国家(地区)的企业,并非由于合理的经营需要而对利润不作分配或者减少分配的,上述利润中应归属于该居民企业的部分,应当计入该居民企业的当期收入。

(5)防范资本弱化指企业从其关联方接受的债权性投资与权益性投资的比例超过规定标准而发生的利息支出,不得在计算应纳税所得额时扣除。

(6)一般反避税条款指企业实施其他不具有合理商业目的的安排而减少其

应纳税收入或者所得额的,税务机关有权按照合理方法调整。从各国的经验来看,证明交易存在商业目的,最为重要的是证明"非税目的"的存在。[1]

(7)补征税款加收利息指税务机关依照规定作出纳税调整,需要补征税款的,应当补征税款,并按照国务院规定加收利息。

6. 企业所得税的申报与缴纳制度(Tax Declaration and Payment)

企业所得税的申报与缴纳制度主要涉及源泉扣缴的情形、未扣缴应扣缴税款的处理以及扣缴税款的解缴。根据规定,税款由扣缴义务人在每次支付或者到期应支付时,从支付或者到期应支付的款项中扣缴。对非居民企业在中国境内取得工程作业和劳务所得应缴纳的所得税,税务机关可以指定工程价款或者劳务费的支付人为扣缴义务人。应当扣缴的所得税,扣缴义务人未依法扣缴或者无法履行扣缴义务的,由纳税人在所得发生地缴纳。纳税人未依法缴纳的,税务机关可以从该纳税人在中国境内其他收入项目的支付人应付的款项中,追缴该纳税人的应纳税款。

六、个人所得税法(Individual Income Tax Law)

(一)个人所得税法概述(Introduction)

个人所得税指以个人的所得为征税对象的一种税。个人所得税是世界各国普遍征收的税种。个人所得税法指国家调整个人所得税税收关系的法律规范的总称。我国于1980年就制定了《个人所得税法》,此后经过了六次修订,最近一次修订是2011年进行的。

(二)个人所得税法的基本内容(Main Rules)

1. 个人所得税的纳税人(Taxpayers)

个人所得税的纳税人包括在中国境内有住所,或者无住所而在境内居住满一年的个人,以及在中国境内无住所又不居住或者无住所而在境内居住不满一年的个人但从中国境内取得所得的个人。我国现行法律制度就个人所得税课税单位实行的是个人制,其所存在的有违税负公平问题一直饱受诟病。[2] 原因是,在有些情况下,按照家庭征税更加合理。

2. 个人所得税的征税对象与范围(Objects and Scope of Taxation)

个人所得税的征税对象为应税所得,包括:工资、薪金所得;个体工商户的生产、经营所得;对企事业单位的承包经营、承租经营所得;劳务报酬所得;稿酬所

---

[1] 汤洁茵:《〈企业所得税法〉一般反避税条款适用要件的审思与确立——基于国外的经验与借鉴》,《现代法学》2012年第5期。

[2] 陈茂国、袁希:《我国个人所得税课税单位改革探究》,《法学评论》2013年第1期。

得;特许权使用费所得;利息、股息、红利所得;财产租赁所得;财产转让所得;偶然所得;经国务院财政部门确定征税的其他所得。

3. 个人所得税的税率(Tax Rate)

个人所得税率的规定如下:工资、薪金所得,适用超额累进税率,税率为百分之三至百分之四十五;个体工商户的生产、经营所得和对企事业单位的承包经营、承租经营所得,适用百分之五至百分之三十五的超额累进税率;稿酬所得,适用比例税率,税率为百分之二十,并按应纳税额减征百分之三十;劳务报酬所得,适用比例税率,税率为百分之二十,对劳务报酬所得一次收入畸高的,可以实行加成征收;特许权使用费所得,利息、股息、红利所得,财产租赁所得,财产转让所得,偶然所得和其他所得,适用比例税率,税率为百分之二十。

4. 应纳税所得额的计算(Taxable Amount)

个人所得税的应纳税所得额的计算方法是:(1)工资、薪金所得,以每月收入额减除费用三千五百元后的余额,为应纳税所得额;(2)个体工商户的生产、经营所得,以每一纳税年度的收入总额,减除成本、费用以及损失后的余额,为应纳税所得额;(3)对企事业单位的承包经营、承租经营所得,以每一纳税年度的收入总额,减除必要费用后的余额,为应纳税所得额;(4)劳务报酬所得、稿酬所得、特许权使用费所得、财产租赁所得,每次收入不超过四千元的,减除费用八百元;四千元以上的,减除百分之二十的费用,其余额为应纳税所得额;(5)财产转让所得,以转让财产的收入额减除财产原值和合理费用后的余额,为应纳税所得额;(6)利息、股息、红利所得,偶然所得和其他所得,以每次收入额为应纳税所得额。个人将其所得对教育事业和其他公益事业捐赠的部分,按照国务院有关规定从应纳税所得中扣除。对在中国境内无住所而在中国境内取得工资、薪金所得的纳税义务人和在中国境内有住所而在中国境外取得工资、薪金所得的纳税义务人,可以根据其平均收入水平、生活水平以及汇率变化情况确定附加减除费用,附加减除费用适用的范围和标准由国务院规定。

5. 个人所得税的税收优惠(Tax Preferences)

下列各项个人所得,免纳个人所得税:(1)省级人民政府、国务院部委和中国人民解放军军以上单位,以及外国组织、国际组织颁发的科学、教育、技术、文化、卫生、体育、环境保护等方面的奖金;(2)国债和国家发行的金融债券利息;(3)按照国家统一规定发给的补贴、津贴;(4)福利费、抚恤金、救济金;(5)保险赔款;(6)军人的转业费、复员费;(7)按照国家统一规定发给干部、职工的安家费、退职费、退休工资、离休工资、离休生活补助费;(8)依照我国有关法律规定应予免税的各国驻华使馆、领事馆的外交代表、领事官员和其他人员的所得;(9)中国政府参加的国际公约、签订的协议中规定免税的所得;(10)经国务院财政部门批准免税的所得。

有下列情形之一的,经批准可以减征个人所得税:残疾、孤老人员和烈属的所得;因严重自然灾害造成重大损失的;其他经国务院财政部门批准减税的。

纳税义务人从中国境外取得的所得,准予其在应纳税额中扣除已在境外缴纳的个人所得税税额。但扣除额不得超过该纳税义务人境外所得依照我国法律规定计算的应纳税额。

七、税收征收管理法(Law of Administration of Tax Collection)

(一)税收征收管理法概述(Introduction)

税收征收管理法是调整、规范征税机关在税收征收以及税收管理的过程中所发生的社会关系的法律规范的总称。凡依法由税务机关征收的各种税收的征收管理,均适用税收征管法的规定。在税收征管过程中,税收征管法发挥着重大的作用:税收征管法可以加强税收征收管理,规范税收征收和缴纳行为,保障国家税收收入,保护纳税人的合法权益,最终促进经济和社会的和谐发展。

我国税收征管法规定了纳税人的权利,包括:纳税人、扣缴义务人有权向税务机关了解国家税收法律、行政法规的规定以及与纳税程序有关的情况;纳税人、扣缴义务人有权要求税务机关为纳税人、扣缴义务人的情况保密;纳税人依法享有申请减税、免税、退税的权利;纳税人、扣缴义务人对税务机关所作出的决定,享有陈述权、申辩权;纳税人、扣缴义务人依法享有申请行政复议、提起行政诉讼、请求国家赔偿等权利;纳税人、扣缴义务人有权控告和检举税务机关、税务人员的违法违纪行为。纳税人权利的规定体现在 2013 年修订的《税收征收管理法》(Law of the People's Republic of China on the Administration of Tax Collection)中,这也是我国税收征管法的历史性的进步。

(二)税务管理(Tax Administration)

税务管理是税收征管法的重要内容。税务管理主要包括税务登记制度、账簿凭证管理制度以及纳税申报制度。

税务登记(tax registration)指纳税人在开业、歇业前或其他生产经营期间发生重大变动的,应当在法定期限内向主管的税务机关办理书面登记的制度。其中,税务登记包括开业登记、歇业登记以及注销登记。企业,企业在外地设立的分支机构和从事生产、经营的场所,个体工商户和从事生产、经营的事业单位自领取营业执照之日起三十日内,持有关证件,向税务机关申报办理税务登记。税务机关应当于收到申报的当日办理登记并发给税务登记证件。

账簿、凭证管理(administration of account books and vouchers)制度包括账簿凭证设置制度、财务会计制度、发票管理制度、账簿凭证的保管制度和税控装置制度等。其中,税务机关是发票的主管机关,负责发票印制、领购、开具、取得、保管、缴销的管理和监督。单位、个人在购销商品、提供或者接受经营服务以及从事其他经营活动中,应当按照规定开具、使用、取得发票。

纳税申报(filing tax returns)是纳税人按照法律规定的期限和内容,向征税机关提交有关纳税事项的书面报告的一项制度,涉及纳税申报的方式、期限、内容等方面的制度。纳税人、扣缴义务人可以直接到税务机关办理纳税申报或者报送代扣代缴、代收代缴税款报告表,也可以按照规定采取邮寄、数据电文或者其他方式办理上述申报、报送事项。

(三) 税款征收(Tax Collection)

税款征收是实现税收的重要方式,是税收征管制度中的核心内容,具体包括税款征收基本制度、税收减免制度和税款征收保障制度。

1. 税收征收基本制度(Basic Rules of Tax Collection)

税收征收基本制度主要包括征纳主体制度、征纳期限制度、退税制度、应纳税额的确定制度、税款入库制度和文书送达制度。

(1) 征纳主体制度(subjects in tax collection)。征税主体包括税务机关、税务人员以及经税务机关依照法律、行政法规委托的单位和人员。纳税主体包括纳税人(taxpayers)和扣缴义务人(tax withholding agents)。扣缴义务人依照法律、行政法规的规定履行代扣、代收税款的义务,依法履行代扣、代收税款义务时,纳税人不得拒绝。纳税人拒绝的,扣缴义务人应当及时报告税务机关处理。税务机关按照规定付给扣缴义务人代扣、代收手续费。

(2) 征纳期限制度(time limit in tax collection)。征纳期限制度主要包括纳税主体的纳税期限和征税主体的征税期限。在纳税期限方面,纳税人因有特殊困难,不能按期缴纳税款的,经省、自治区、直辖市国家税务局、地方税务局批准,可以延期缴纳税款,但是最长不得超过三个月。纳税人未按照规定期限缴纳税款的,扣缴义务人未按照规定期限解缴税款的,税务机关除责令限期缴纳外,从滞纳税款之日起,按日加收滞纳税款万分之五的滞纳金(surcharge)。

在征税期限方面,主要规定表现在征税机关的补征期和追征期上。因税务机关的责任,致使纳税人、扣缴义务人未缴或者少缴税款的,税务机关在三年内可以要求纳税人、扣缴义务人补缴税款,但是不得加收滞纳金。因纳税人、扣缴义务人计算错误等失误,未缴或者少缴税款的,税务机关在三年内可以追征(recollection)税款、滞纳金;有特殊情况的,追征期可以延长到五年。对偷税、抗税、骗税的,税务机关追征其未缴或者少缴的税款、滞纳金或者所骗取的税款,不受前款规定期限的限制。

(3) 退税制度(refund of tax)。纳税人超过应纳税额缴纳的税款,税务机关发现后应当立即退还;纳税人自结算缴纳税款之日起三年内发现的,可以向税务机关要求退还多缴的税款并加算银行同期存款利息,税务机关及时查实后应当立即退还;涉及从国库中退库的,依照法律、行政法规有关国库管理的规定退还。

(4)应纳税额的确定制度(assess the amount of tax payable)。应纳税额的确定一般由征税机关根据纳税人的纳税申报来确定,对于无法根据账簿征收的、纳税人申报不实或不申报的,税务机关享有核定权和调整权。税务机关核定应纳税额的具体程序和方法由国务院税务主管部门规定。

(5)税款入库制度(place the tax revenue into the state treasury)。国家税务局和地方税务局应当按照国家规定的税收征收管理范围和税款入库预算级次,将征收的税款缴入国库。对审计机关、财政机关依法查出的税收违法行为,税务机关应当根据有关机关的决定、意见书,依法将应收的税款、滞纳金按照税款入库预算级次缴入国库,并将结果及时回复有关机关。

2. 税收减免制度(Tax Reduction or Exemption)

纳税人可以依照法律、行政法规的规定书面申请减税、免税。减税、免税的申请须经法律、行政法规规定的减税、免税审查批准机关审批。地方各级人民政府、各级人民政府主管部门、单位和个人违反法律、行政法规规定,擅自作出的减税、免税决定无效,税务机关不得执行,并向上级税务机关报告。

3. 税款征收保障制度(Tax Protection Rules)

税款征收保障制度包括税收保全制度、税收强制执行制度和其他保障制度。

(1)税收保全制度(measures for preserving tax revenue)。税收保全制度包括责令限期缴纳税款(order the taxpayer to pay tax)、通知冻结存款(notify to freeze deposit)、行使税收代位权和撤销权(exercise the rights of subrogation and revocation)等制度。

其一,对未按照规定办理税务登记的从事生产、经营的纳税人以及临时从事经营的纳税人,由税务机关核定其应纳税额,责令缴纳;不缴纳的,税务机关可以扣押其价值相当于应纳税款的商品、货物。扣押后缴纳应纳税款的,税务机关必须立即解除扣押,并归还所扣押的商品、货物。

其二,税务机关有根据认为从事生产、经营的纳税人有逃避纳税义务行为的,可以在规定的纳税期之前,责令限期缴纳应纳税款;在限期内发现纳税人有明显的转移、隐匿其应纳税的商品、货物以及其他财产或者应纳税的收入的迹象的,税务机关可以责成纳税人提供纳税担保。如果纳税人不能提供纳税担保,经县以上税务局(分局)局长批准,税务机关可以采取下列税收保全措施:书面通知纳税人开户银行或者其他金融机构冻结纳税人的金额相当于应纳税款的存款;扣押、查封纳税人的价值相当于应纳税款的商品、货物或者其他财产。纳税人在前款规定的限期内缴纳税款的,税务机关必须立即解除税收保全措施。个人及其所扶养家属维持生活必需的住房和用品,不在税收保全措施的范围之内。

其三,欠缴税款的纳税人因怠于行使到期债权,或者放弃到期债权,或者无偿转让财产,或者以明显不合理的低价转让财产而受让人知道该情形,对国家税收造成损害的,税务机关可以依照合同法的规定行使代位权、撤销权。税务机关依照前款规定行使代位权、撤销权的,不免除欠缴税款的纳税人尚未履行的纳税义务和应承担的法律责任。

(2) 税收强制执行制度(measures for compulsory tax payment)。从事生产、经营的纳税人、扣缴义务人未按照规定的期限缴纳或者解缴税款,纳税担保人未按照规定的期限缴纳所担保的税款,由税务机关责令限期缴纳,逾期仍未缴纳的,经县以上税务局(分局)局长批准,税务机关可以采取下列强制执行措施:书面通知其开户银行或者其他金融机构从其存款中扣缴税款(notify to withhold);扣押、查封、依法拍卖或者变卖其价值相当于应纳税款的商品、货物或者其他财产,以拍卖或者变卖(sell by auction or in the market)所得抵缴税款。税务机关采取强制执行措施时,对前款所列纳税人、扣缴义务人、纳税担保人未缴纳的滞纳金同时强制执行。个人及其所扶养家属维持生活必需的住房和用品,不在强制执行措施的范围之内。

(3) 其他税收保障制度(other measures)。其他税收保障制度主要包括税收优先权制度(priority of tax)、纳税担保(guarantee for tax)制度和离境清税(pay off tax before departure)制度。主要规定有,税务机关征收税款,税收优先于无担保债权,法律另有规定的除外;纳税人欠缴的税款发生在纳税人以其财产设定抵押、质押或者纳税人的财产被留置之前的,税收应当先于抵押权、质权、留置权执行。纳税人欠缴税款,同时又被行政机关决定处以罚款、没收违法所得的,税收优先于罚款、没收违法所得。税务机关应当对纳税人欠缴税款的情况定期予以公告。不过,税收优先权是适用于税收行政执法程序还是同时适用于民事司法程序、税收优先权与相关法律规定冲突时如何适用、税收债权之间的效力顺序等尚需明确。[①] 此外,根据《税收征收管理法》,欠缴税款的纳税人或者他的法定代表人需要出境的,应当在出境前向税务机关结清应纳税款、滞纳金或者提供担保。未结清税款、滞纳金,又不提供担保的,税务机关可以通知出境管理机关阻止其出境。

(四) 税务检查(Tax Inspections)

税务检查制度是税收征管制度中的保障性制度,主要包括税务检查的事项、纳税人在税务检查中的义务和税务机关在税务检查中的权力义务。

税务机关有权进行下列税务检查:(1)检查纳税人的账簿、记账凭证、报表和

---

① 钟广池、林昊:《论民事司法视野中的税收优先权》,《法律适用》2009 年第 8 期。

有关资料,检查扣缴义务人代扣代缴、代收代缴税款账簿、记账凭证和有关资料;(2)到纳税人的生产、经营场所和货物存放地检查纳税人应纳税的商品、货物或者其他财产,检查扣缴义务人与代扣代缴、代收代缴税款有关的经营情况;(3)责成纳税人、扣缴义务人提供与纳税或者代扣代缴、代收代缴税款有关的文件、证明材料和有关资料;(4)询问纳税人、扣缴义务人与纳税或者代扣代缴、代收代缴税款有关的问题和情况;(5)到车站、码头、机场、邮政企业及其分支机构检查纳税人托运、邮寄应纳税商品、货物或者其他财产的有关单据、凭证和有关资料;(6)经县以上税务局(分局)局长批准,凭全国统一格式的检查存款账户许可证明,查询从事生产、经营的纳税人、扣缴义务人在银行或者其他金融机构的存款账户。税务机关在调查税收违法案件时,经设区的市、自治州以上税务局(分局)局长批准,可以查询案件涉嫌人员的储蓄存款。税务机关查询所获得的资料,不得用于税收以外的用途。

税务机关依法进行税务检查时,有权向有关单位和个人调查纳税人、扣缴义务人和其他当事人与纳税或者代扣代缴、代收代缴税款有关的情况,有关单位和个人有义务向税务机关如实提供有关资料及证明材料。

纳税人、扣缴义务人必须接受税务机关依法进行的税务检查,如实反映情况,提供有关资料,不得拒绝、隐瞒。

税务机关派出的人员进行税务检查时,应当出示税务检查证和税务检查通知书,并有责任为被检查人保守秘密;未出示税务检查证和税务检查通知书的,被检查人有权拒绝检查。

(五) 法律责任(Legal Responsibilities)

税收法律关系的主体违反税收法律规范应当承担法律责任。税收征管关系主体的法律责任主要包括纳税人、扣缴义务人、征税机关及其工作人员违反税收征管法所要承担的法律责任。纳税人的违法行为主要包括违反税收征收管理制度的行为、偷税行为、欠税行为、抗税行为、骗取出口退税行为以及其他的违法行为。扣缴义务人的违法行为包括违反税收征收管理制度的行为、偷税、欠税以及其他违反行为。征税机关及其工作人员的违法行为主要包括违反税收征收管理制度的行为、徇私舞弊行为、渎职行为、滥用职权行为。

税收法律责任的形式一般包括经济责任、行政责任和刑事责任。经济责任包括加收滞纳金和赔偿损失。行政责任包括行政处罚和行政处分。其中,行政处罚主要针对纳税人和扣缴义务人,主要包括责令限期改正、责令缴纳税款、采取税收保全措施和税收强制执行措施、罚款、吊销税务登记证、收回税务机关发给的票证、吊销营业执照等;行政处分主要针对税务机关的工作人员,处分方式包括警告、记过、记大过、降级、撤职和开除。刑事责任主要包括罚金、拘役、有期徒刑、无期徒刑、死刑。追究税收法律责任的主体主要包括征税机关和人民法院。

第十五章 金融调控法

Chapter Fifteen Law of Macro-Control of Financial Markets

第一节 金融调控法概述

Section One Introduction to Law of Macro-Control of Financial Markets

一、金融调控法界说(The Reach of Law of Macro-Control of Financial Markets)

从宏观微观二元视角出发,金融可分为宏观金融和微观金融。宏观金融的客体是金融总量,金融调控即是对金融总量的调节控制。金融调控的原因是金融市场存在失灵和道德风险,金融调控的目的在于信用创造,促进金融总量平衡,维持金融业健康运行。而金融调控法就是调整国家在调节金融总量过程中所形成的社会关系的法律规范的总称。不过,也有研究将金融调控缩小理解为货币调控,进而形成货币调控法即金融调控法的思维。[①] 在本章中,金融调控法采较广义的理解。

金融调控法的调整对象包括货币总量调控关系、证券总量调控关系、保险总量调控关系、信托总量调控关系、期货总量调控关系等。因此,金融调控法可分为货币调控法、证券市场调控法、保险市场调控法、信托市场调控法、期货市场调控法等。在我国,《中国人民银行法》(Law of the People's Republic of China on the People's Bank of China)、《证券法》(Law of the People's Republic of China on Securities)、《保险法》(Insurance Law of the People's Republic of China)、《证券投资基金法》(Securities Investment Fund Law of the People's Republic of China)、《期货交易管理条例》(Regulations on Administration of Futures Trading)、《外汇管理条例》(Regulations of the People's Republic of China on Foreign Exchange Administration)等法律法规中都有金融调控的法律规范。

在金融调控法中,金融调控法律关系主体为金融调控机关和金融调控相对人,即金融调控主体和金融调控受体;金融调控法律关系的客体为金融总量,即货币总量、证券总量、保险总量、信托总量、期货总量;金融调控法律关系的内容主要为金融调控机关的金融调控权和依法调控的义务,以及金融调控相对人的遵守金

---

① 胡光志、周昌发:《金融调控权若干问题探讨》,《经济体制改革》2009 年第 2 期;刘蕾:《试论中央银行的金融调控权》,《西北大学学报(哲学社会科学版)》2012 年第 5 期。

融调控的义务和对金融调控的知情权、参与权、平等权①乃至救济权。

二、金融调控机关（Agencies of Macro-Control of Financial Markets）

（一）中国人民银行（The People's Bank of China）

中国人民银行是我国的中央银行。一般而言,中央银行是适应信用经济活动发展的需要,在社会化大生产进程中执行国家经济政策的产物。中央银行是一国金融体制中处于核心地位、依法制定和执行国家货币金融政策、实施金融调控与监管的特殊金融机关。在现代社会,中央银行一般具有发行的银行、银行的银行、政府的银行、金融调控与监管的银行等重要职能。中国人民银行也是如此。

从调控职能看,中国人民银行作为国家宏观经济调控体系的重要组成部分,在国务院领导下,②制定和执行货币政策,通过金融手段,对国家的货币、信用活动进行有目的、有目标的调节和控制,促进整个国民经济健康发展。中央银行调控的对象主要是货币供应量,运用的手段主要是货币政策工具,包括存款准备金、再贴现、公开市场业务等。

世界各国中央银行的组织机构的设置不尽相同,一般包括决策机构、咨询机构、执行机构、监督机构、内部职能部门、分支机构等。《中国人民银行法》仅就中国人民银行的领导机构、咨询机构、分支机构作了原则性规定。中国人民银行实行行长负责制,设行长一人,副行长若干人协助行长工作。行长由国务院提名,报全国人大或其常委会决定,由国家主席任免;副行长由国务院总理任免。中国人民银行设立货币政策委员会,其职责、组成和工作程序由国务院规定,报全国人大常委会备案。根据1997年4月国务院发布的《中国人民银行货币政策委员会条例》,货币政策委员会是中国人民银行制定货币政策的咨询议事机构;它通过会议履行职责,其委员派出单位的调整由国务院决定;中国人民银行将决定方案报国务院批准或备案时,应附送货币政策委员会的建议书或会议纪要。2003年12月修改后的《中国人民银行法》新增规定如下:"中国人民银行货币政策委员会应当在国家宏观调控、货币政策制定和调整中,发挥重要作用。"《中国人民银行法》规定:中国人民银行根据履行职责的需要设立分支机构;分支机构是中国人民银行的派出机构,接受总行的统一领导和管理;分支机构根据中国人民银行的授权,维护本辖区金融稳定,承办有关业务。1998年底,经国务院同意,中国人民银行对分支机构进行改革,在全国设立九大分行,实现了分支机构按行政区划设置到按

---

① 周昌发:《金融调控中受控主体权利问题研究》,《云南大学学报(法学版)》2013年第2期。

② 学界一直在探讨中国人民银行独立性的问题。但有研究认为,作为经济转型国家,受制于诸多限制因素,人民银行独立性建设不可能一蹴而就,应当是循序渐进、积极稳妥地进行。参见:杨松、闫海:《中国人民银行独立性:条文分析与规范重构》,《时代法学》2008年第3期。

经济区划设置的转变。

（二）其他调控机关（Other Agencies）

在我国,中国证监会（The China Securities Regulatory Commission）、中国保监会（The China Insurance Regulatory Commission）、财政部（The Ministry of Finance of the People's Republic of China）、国家税务总局（The State Administration of Taxation of the People's Republic of China）也是国务院领导下的金融调控机关。在证券市场调控领域,中国证监会有权就证券交易所风险基金、证券结算风险准备金、证券公司交易风险准备金、证券投资者保护基金的提取进行调控,财政部、国家税务总局有权根据证券市场发展情况调整证券交易相关税种的征收。在保险市场调控领域,中国保监会有权就保险业中的保证金、责任准备金、保险保障基金进行调控,对保险公司的偿付能力进行监控。在期货市场调控领域,中国证监会等部门有权对期货业中的保证金、大户持仓、投资者保障基金进行调控。

第二节　金融调控具体制度
Section Two　Main Rules of Law of Macro-Control of Financial Markets

一、货币调控制度（Rules of Monetary Control）

货币调控的方式就是制定和执行货币政策。而货币政策就是中央银行为实现宏观经济调控目标,对货币供求进行调节的方针与政策的总称。制定和执行货币政策是中央银行的主要职能,是国家为了实现特定的经济目标而采用各种调控货币供应量或者信用量的金融措施的活动。

（一）货币政策目标（The Goal of Monetary Policy）

货币政策目标是中央银行制定和执行货币政策所要实现的终极目的。对此,各国中央银行立法规定不一。根据中央银行对货币政策的影响力和影响速度,通常把货币政策划分为三个层次,即货币政策的最终目标、中介目标和操作目标。一般所称的货币政策目标多为最终目标,包括有稳定物价、维持充分就业、促进经济增长、保持国际收支平衡。在我国,根据《中国人民银行法》的规定:中国人民银行的"货币政策目标是保持货币币值的稳定,并以此促进经济增长"。然而,上述目标是存在内在矛盾的。① 我们认为,保持货币币值的稳定是首要目标,促进经济增长是保障目标。

(二) 货币政策工具(Monetary Policy Instruments)

货币政策工具是指中央银行为实现货币政策目标而运用的手段。中央银行运用货币政策工具的活动即为中央银行的金融业务活动。在市场经济国家,中央银行用以实现货币政策目标的工具,主要包括存款准备金政策、再贴现政策和公开市场业务。在我国,根据《中国人民银行法》的规定:"中国人民银行为执行货币政策.可以运用下列货币政策工具:(1) 要求银行业金融机构按照规定的比例交存存款准备金;(2) 确定中央银行基准利率;(3) 为在中国人民银行开立账户的银行业金融机构办理再贴现;(4) 向商业银行提供贷款;(5) 在公开市场上买卖国债、其他政府债券和金融债券及外汇;(6) 国务院确定的其他货币政策工具。"以下分析之。

1. 存款准备金(Deposit Reserve)

存款准备金制度是指法定的金融机构,有义务从其所吸收的存款中,按照中央银行根据法律授权所确定的比例,提取一定的金额存入中央银行。其主要内容包括:规定存款准备金率;规定存款准备金的缴存范围;存款准备金缴存时间以及迟缴、少缴的处罚。

2. 利率(Interest Rate)

中国人民银行有权确定中央银行基准利率,如再贷款利率、再贴现利率、存款准备金利率、超额存款准备金利率。其中,再贷款利率是指中国人民银行向金融机构发放再贷款时所采用的利率;再贴现利率指金融机构将其所持有的已贴现票据向中国人民银行办理再贴现时所遵守采用的利率;存款准备金利率指中国人民银行对金融机构交存的法定存款准备金支付的利率;超额存款准备金利率,指中国人民银行对金融机构缴存的准备金中超过法定存款准备金水平的部分支付的利率。此外,中国人民银行有权确定金融机构法定存贷款利率基准。

3. 汇率(Exchange Rate)

汇率是指一国货币兑换另一国货币的比率。汇率调控旨在调节外汇市场交易,促进国际经济交往,维护国际收支平衡。我国曾采取双轨汇率制,后转变为单一汇率制,并逐渐取消仅盯住一个国家货币确定汇率的制度。目前,人民币汇率制度实行以市场供求为基础、参考一篮子货币进行调节、有管理的浮动汇率制度。

---

① 张建伟、李妍:《通胀预期管理与货币政策目标:一个法律金融学的分析视角》,《法学杂志》2010 年第 9 期。

4. 再贴现（Rediscount）

贴现就是以未到期的票据向商业银行转让，融通资金。再贴现政策是中央银行以再贷款和再贴现业务为基础，以调节货币供应为目的进行的政策性操作。再贴现是中央银行以折扣收买普通金融机构持有的未到期票据，其折扣率被称为再贴现率。中央银行的再贴现率，决定着商业银行向中央银行借款或贴现票据的成本。中央银行提高再贴现率，可以抑制商业银行的借款需求，减少基础货币的投放；降低再贴现率，则可以刺激商业银行的借款需求，增加基础货币的投放。

5. 公开市场业务（Open Market Operation）

公开市场业务，又称公开市场政策、公开市场操作，是指中央银行在金融市场上公开买卖有价证券（主要是政府公债券、国库券、央行融资券、外汇等），影响金融机构的头寸，吞吐基础货币，从而控制货币供应量和市场利率的一种业务活动。目前，中国人民银行采取的工具主要包括回购交易、现券交易和中央银行票据。回购交易分为正回购和逆回购两种：正回购为中国人民银行向一级交易商卖出有价证券，并约定在未来特定日期买回有价证券的交易行为，正回购为央行从市场收回流动性的操作，正回购到期则为央行向市场投放流动性的操作；逆回购为中国人民银行向一级交易商购买有价证券，并约定在未来特定日期将有价证券卖给一级交易商的交易行为，逆回购为央行向市场上投放流动性的操作，逆回购到期则为央行从市场收回流动性的操作。现券交易分为现券买断和现券卖断两种，前者为央行直接从二级市场买入债券，一次性地投放基础货币；后者为央行直接卖出持有债券，一次性地回笼基础货币。中央银行票据是中国人民银行发行的短期债券，央行通过发行央行票据可以回笼基础货币，央行票据到期则体现为投放基础货币。

6. 中央银行贷款（The Central Bank Loans）

中央银行贷款指中央银行对金融机构的贷款，简称再贷款。我国中央银行贷款按期限分为 20 天、3 个月、6 个月、1 年四种，最长不得超过 1 年。近年来，我国中央银新增再贷款主要用于促进信贷结构调整，引导扩大县域和"三农"信贷投放。

此外，中央银行采用的其他货币政策还包括窗口指导、道义劝说、公开宣传等。在国外，存款保险、最后贷款人等政策也是比较常见的。

（三）宏观监督管理（Regulation for Macro-Control）

金融监督管理就是一国的有关机关对金融机构进行较为全面的外部监督和管理。改革开放以后，中国人民银行一度是全国统一的金融监管机构。其后，它的证券监管职责、保险监管职责、银行监管职责被先后剥离，分别划归中国证券监督管理委员会、中国保险业监督管理委员会和中国银行业监督管理委员会。但是,2003 年修改后的《中国人民银行法》为中国人民银行保留了必要的金融监管职权。与以往不同,目前中国人民银行的金融监管,更加注重金融风险特别是系统性金融风险的防范和化解,更加注重维护金融的宏观稳定。根据《中国人民银行法》的规定,中国人民银行金融监管的主要内容有:(1) 对存款准备金、特种贷款、人民币、同业拆借、银行间债券、外汇、黄金、代理经理国库、清算、反洗钱有关的行为的管理;(2) 根据执行货币政策和维护金融稳定的需要,可以建议国务院银行业监督管理机构对银行业金融机构进行检查监督;(3) 当银行业金融机构出现支付困难,可能引发金融风险时,为了维护金融稳定,中国人民银行经国务院批准,有权对银行业金融机构进行检查监督。

二、证券市场调控制度(Rules of Macro-Control of Securities Market)

(一)证券风险基金制度(Securities Risk Funds)

证券风险基金主要包括证券交易所风险基金(the risk fund of stock exchange)、证券结算风险准备金(the fund for securities clearing risks)、证券公司交易风险准备金(reserve funds against trading risks)。根据我国证券法,证券交易所风险基金由证券交易所应当从其收取的交易费用和会员费、席位费中提取一定比例的金额设立,提取具体比例和使用办法由国务院证券监督管理机构会同国务院财政部门规定;证券交易所应当将收存的风险基金存入开户银行专门账户,不得擅自使用;风险基金由证券交易所理事会管理。

证券登记结算机构应当设立证券结算风险基金,用于垫付或者弥补因违约交收、技术故障、操作失误、不可抗力造成的证券登记结算机构的损失。证券结算风险基金从证券登记结算机构的业务收入和收益中提取,并可以由结算参与人按照证券交易业务量的一定比例缴纳;证券结算风险基金的筹集、管理办法,由国务院证券监督管理机构会同国务院财政部门规定;证券结算风险基金应当存入指定银行的专门账户,实行专项管理;证券登记结算机构以证券结算风险基金赔偿后,应当向有关责任人追偿。

此外,证券公司从每年的税后利润中提取交易风险准备金,用于弥补证券交易的损失,其提取的具体比例由国务院证券监督管理机构规定。

(二)证券投资者保护基金制度(The Fund for Protection of Securities Investors)

根据我国《证券法》第 134 条,国家设立证券投资者保护基金。证券投资者保护基金由证券公司缴纳的资金及其他依法筹集的资金组成,其筹集、管理和使用的具体办法由国务院规定。根据中国证监会 2005 年 6 月 30 日制定的《证券投资者保护基金管理办法》,设立国有独资的中国证券投资者保护基金有限责任公司,负责基金的筹集、管理和使用。

证券投资者保护基金的来源为：(1) 上海、深圳证券交易所在风险基金分别达到规定的上限后，交易经手费的 20％纳入基金；(2) 所有在中国境内注册的证券公司，按其营业收入的 0.5％~5％缴纳基金，经营管理、运作水平较差、风险较高的证券公司，应当按较高比例缴纳基金，各证券公司的具体缴纳比例由基金公司根据证券公司风险状况确定后，报证监会批准，并按年进行调整，证券公司缴纳的基金在其营业成本中列支；(3) 发行股票、可转债等证券时，申购冻结资金的利息收入；(4) 依法向有关责任方追偿所得和从证券公司破产清算中受偿收入；(5) 国内外机构、组织及个人的捐赠；(6) 其他合法收入。

证券投资者保护基金的用途为：(1) 证券公司被撤销、关闭和破产或被证监会实施行政接管、托管经营等强制性监管措施时，按照国家有关政策规定对债权人予以偿付；(2) 国务院批准的其他用途。为处置证券公司风险需要动用基金的，证监会根据证券公司的风险状况制定风险处置方案，基金公司制定基金使用方案，报经国务院批准后，由基金公司办理发放基金的具体事宜。可见，我国投资者保护基金的功效在于经济补偿功能和信心支撑功能。[①]

(三) 税收调控制度(Tax Leverage)

我国调控证券市场的税种主要有证券交易印花税、营业税、个人所得税、企业所得税等。

在证券交易印花税方面，1997 年 5 月 9 日国务院发布的《关于调整证券(股票)交易印花税税率的通知》规定，为了促进证券市场稳步健康发展，适当调节市场参与者的收入，决定对买卖、继承、赠与所书立的股权转让书据，均依照书立时证券市场当日实际成交价格计算的金额，由立据双方当事人分别按 5‰的税率缴纳印花税。不过，该税种经过多次调整，最新一次调整是在 2008 年。[②] 具体内容是改为单边征税，即对买卖、继承、赠与所书立的 A 股、B 股股权转让书据的出让方按 1‰的税率征收证券(股票)交易印花税，对受让方不再征税。

另外，证券交易中，由于证券公司提供了服务(金融服务)，因此要缴纳营业税。对此，2000 年国家税务总局在《关于证券交易所征收营业税问题的批复》中明确，对证券交易所为券商和上市公司提供交易场所等服务收取的股票交易经手费、席位管理年费、上市费，应按"服务业"税目征收营业税。若证券交易所取得了其他属于"金融保险业"营业税征税范围的收入，应按规定征收"金融保险业"营业税。

[①] 黎四奇：《对我国证券投资者保护基金制度之检讨与反思》，《现代法学》2008 年第 1 期。

[②] 也有研究分析其中的程序是否合法问题。参见金福海：《论政府宏观调控行为的合法性——以上调证券交易印花税为例》，《经济法论坛》第 5 卷(2008 年)。

在个人所得税方面,我国对证券交易结算资金孳生的利息所得、个人转让限售股所得、股民从证券公司或雇主取得的回扣收入、证券经纪人个人所得的税收都作了规定。而根据财政部、国家税务总局发布的《关于证券市场个人投资者证券交易结算资金利息所得有关个人所得税政策的通知》,自 2008 年 10 月 9 日起,证券市场个人投资者的证券交易结算资金孳生的利息所得,暂免征收个人所得税。

在证券行业企业所得税方面,1995 年 5 月 3 日国家税务总局发布了《关于加强证券交易所得企业所得税征收管理问题的通知》,规定机构从事股票、国债、期货交易取得的所得,应计入当期损益,按规定征收企业所得税。任何机构都应严格遵守财经纪律,不允许将从事证券交易的所得置于账外隐瞒不报。2012 年,财政部、国家税务总局还规定,证券交易所风险基金、证券结算风险基金、证券投资者保护基金类证券行业准备金支出可在企业所得税税前扣除。

此外,我国对证券行业还采取契税等税种进行调控。

(四) 证券信息监控制度(Information Disclosure and Monitoring)

1992 年 12 月 17 日,国务院发布了《关于进一步加强证券市场宏观管理的通知》,其中明确规定要研究制定证券市场的发展战略和规划,不断加强和改善国家对证券市场的宏观调控,要建立证券市场的分析、预测和信息发布系统。1997 年 4 月 24 日,中国证券监督管理委员会发布了《关于定期报送证券市场有关数据的通知》,要求证券公司于每月 7 日以前报送上月的有关数据,内容包括:有关客户保证金的数据,即客户保证金月末余额总量、客户保证金中个人与机构的比例、客户保证金的累计存入、取出额(分别统计);有关证券交易金额的数据,即代理客户累计买入、卖出证券金额,累计代理交易金额及其在公司交易总额中的比例,公司自营累计买入、卖出证券金额,累计自营交易金额及其在公司交易总额中的比例。此外,我国《证券法》第 115 条也明确,证券交易所对证券交易实行实时监控,并按照国务院证券监督管理机构的要求,对异常的交易情况提出报告。证券交易所应当对上市公司及相关信息披露义务人披露信息进行监督,督促其依法及时、准确地披露信息。证券交易所根据需要,可以对出现重大异常交易情况的证券账户限制交易,并报国务院证券监督管理机构备案。

三、保险市场调控制度(Rules of Macro-Control of Insurance Market)

(一) 保证金制度(Security Reserve Fund)

保险公司应当按照其注册资本总额的 20% 提取保证金,存入国务院保险监督管理机构指定的银行,除公司清算时用于清偿债务外,不得动用。

（二）责任准备金制度（Liability Reserve Funds）

保险公司应当根据保障被保险人利益、保证偿付能力的原则，提取各项责任准备金。保险公司提取和结转责任准备金的具体办法，由国务院保险监督管理机构制定。保险公司未依照规定提取或者结转各项责任准备金的，由保险监督管理机构责令限期改正，并可以责令调整负责人及有关管理人员。保险公司逾期未改正的，国务院保险监督管理机构可以决定选派保险专业人员和指定该保险公司的有关人员组成整顿组，对公司进行整顿。

（三）保险保障基金制度（The Insurance Protection Fund）

保险公司应当缴纳保险保障基金。保险保障基金应当集中管理，并在下列情形下统筹使用：（1）在保险公司被撤销或者被宣告破产时，向投保人、被保险人或者受益人提供救济；（2）在保险公司被撤销或者被宣告破产时，向依法接受其人寿保险合同的保险公司提供救济；（3）国务院规定的其他情形。保险保障基金筹集、管理和使用的具体办法，由国务院制定。

（四）偿付能力监控制度（Monitoring of the Minimum Payment Ability）

国务院保险监督管理机构应当建立健全保险公司偿付能力监管体系，对保险公司的偿付能力实施监控。对偿付能力不足的保险公司，国务院保险监督管理机构应当将其列为重点监管对象，并可以根据具体情况采取下列措施：（1）责令增加资本金、办理再保险；（2）限制业务范围；（3）限制向股东分红；（4）限制固定资产购置或者经营费用规模；（5）限制资金运用的形式、比例；（6）限制增设分支机构；（7）责令拍卖不良资产、转让保险业务；（8）限制董事、监事、高级管理人员的薪酬水平；（9）限制商业性广告；（10）责令停止接受新业务。保险公司有下列情形之一的，国务院保险监督管理机构可以对其实行接管：（1）公司的偿付能力严重不足的；（2）违反本法规定，损害社会公共利益，可能严重危及或者已经严重危及公司的偿付能力的。被接管的保险公司的债权债务关系不因接管而变化。

四、期货市场调控制度（Rules of Macro-Control of Futures Market）

（一）保证金制度（Security Reserve Fund）

根据我国《期货交易管理条例》，期货交易所向会员、期货公司向客户收取的保证金，不得低于国务院期货监督管理机构、期货交易所规定的标准，并应当与自有资金分开，专户存放。当期货市场出现异常情况时，期货交易所可以按照其章程规定的权限和程序，决定提高保证金，并应当立即报告国务院期货监督管理机构。异常情况是指在交易中发生操纵期货交易价格的行为或者发生不可抗拒的突发事件以及国务院期货监督管理机构规定的其他情形。异常情况消失后,期货交易所应当及时取消紧急措施。当期货市场出现异常情况时,国务院期货监督管理机构可以采取必要的风险处置措施。

此外,期货交易所应当按照国家有关规定建立、健全风险准备金制度。实行会员分级结算制度的期货交易所,还应当建立、健全结算担保金制度。

(二)大户持仓调控制度(Limiting the Maximum Position)

期货公司应当建立、健全并严格执行业务管理规则、风险管理制度,遵守信息披露制度,保障客户保证金的存管安全,按照期货交易所的规定,向期货交易所报告大户名单、交易情况。当期货市场出现异常情况时,期货交易所可以按照其章程规定的权限和程序,限制会员或者客户的最大持仓量,并应当立即报告国务院期货监督管理机构。

(三)涨跌幅度调整制度(Adjustment of Price Limit)

当期货市场出现异常情况时,期货交易所可以按照其章程规定的权限和程序,调整涨跌停板幅度,并应当立即报告国务院期货监督管理机构。

(四)期货投资者保障基金制度(The Guarantee Fund for Futures Investors)

国家根据期货市场发展的需要,设立期货投资者保障基金。期货投资者保障基金的筹集、管理和使用的具体办法,由国务院期货监督管理机构会同国务院财政部门制定。

第三节　金融调控法律责任
Section Three　Legal Responsibilities in Law of Macro-Control of Financial Markets

一、货币调控法律责任(Legal Responsibilities in Monetary Control)

根据《中国人民银行法》第46条,对金融机构以及其他单位和个人违反执行有关存款准备金、中国人民银行特种贷款、人民币、外汇管理规定的行为,有关法律、行政法规有处罚规定的,依照其规定给予处罚;有关法律、行政法规未作处罚规定的,由中国人民银行区别不同情形给予警告,没收违法所得,违法所得五十万元以上的,并处违法所得一倍以上五倍以下罚款;没有违法所得或者违法所得不足五十万元的,处五十万元以上二百万元以下罚款;对负有直接责任的董事、高级管理人员和其他直接责任人员给予警告,处五万元以上五十万元以下罚款;构成犯罪的,依法追究刑事责任。显然,上述规定适用于违反存款准备金、利率、汇率、再贷款、公共市场操作管理规定等情形。此外,根据《商业银行法》第74条,商业银行违反规定提高或者降低利率以及采用其他不正当手段,吸收存款,发放贷款的,由国务院银行业监督管理机构责令改正,有违法所得的,没收违法所得,违法所得五十万元以上的,并处违法所得一倍以上五倍以下罚款;没有违法所得或者违法所得不足五十万元的,处五十万元以上二百万元以下罚款;情节特别严重或者逾期不改正的,可以责令停业整顿或者吊销其经营许可证;构成犯罪的,依法追究刑事责任。

根据《中国人民银行法》第48条,"中国人民银行有下列行为之一的,对负有直接责任的主管人员和其他直接责任人员,依法给予行政处分;构成犯罪的,依法追究刑事责任:(1)违反本法第三十条第一款的规定提供贷款的;(2)对单位和个人提供担保的;(3)擅自动用发行基金的。"

值得注意的是,以上责任多数是针对金融调控受体的。对调控主体而言,承担责任的情形是违法贷款、违法担保、擅自动用发行基金的行为,责任主体为负有直接责任的主管人员和其他直接责任人员。不过,对于存款准备金、利率、汇率、公开市场操作等情形,未明确是否要对违法行为承担责任。有研究认为,为保障金融调控法律制度的执行和适用,对金融调控主体设定相应的法律责任实属必要,在认定金融调控违法行为时,主要以是否违反金融调控法定程序为标准,法律责任主要通过金融调控复议和诉讼两种途径予以实现。[①] 这样看来,货币政策决策以及货币政策执行都应法律程序化。[②]

二、证券调控法律责任(Legal Responsibilities in Macro-Control of Securities Market)

根据《证券法》第150条,证券公司的净资本或者其他风险控制指标不符合规定的,国务院证券监督管理机构应当责令其限期改正;逾期未改正,或者其行为严重危及该证券公司的稳健运行、损害客户合法权益的,国务院证券监督管理机构可以区别情形,对其采取限制业务活动、责令暂停部分业务、停止批准新业务等措施。因此,若证券公司未按规定提取交易风险准备金,应承担以上责任。而根据该法第226条的规定,证券登记结算机构违反证券结算风险基金相关规定的,可由证券监督管理机构责令改正,没收违法所得,并处以违法所得一倍以上五倍以下的罚款;没有违法所得或者违法所得不足十万元的,处以十万元以上三十万元以下的罚款;情节严重的,责令关闭或者撤销证券服务业务许可。

① 周昌发:《金融调控主体法律责任机制研究》,《西南石油大学学报(社会科学版)》2013年第3期。
② 刘蕾:《论货币政策的程序法规制》,《河北法学》2012年第11期。

三、保险调控法律责任（Legal Responsibilities in Macro-Control of Insurance Market）

根据《保险法》第 165 条、167 条，未按照规定提存保证金或者违反规定动用保证金的、未按照规定提取或者结转各项责任准备金的、未按照规定缴纳保险保障基金的，由保险监督管理机构责令改正，处五万元以上三十万元以下的罚款；情节严重的，可以限制其业务范围、责令停止接受新业务或者吊销业务许可证。保险代理机构、保险经纪人未按照规定缴存保证金或者投保职业责任保险的，由保险监督管理机构责令改正，处二万元以上十万元以下的罚款；情节严重的，责令停业整顿或者吊销业务许可证。

四、期货调控法律责任（Legal Responsibilities in Macro-Control of Futures Market）

根据《期货交易管理条例》第 65 条、第 66 条、第 67 条，期货交易所、非期货公司结算会员、期货公司违反保证金、风险准备金、大户持仓报告等期货调控相关规定的，根据具体情形承担责令改正、给予警告、没收违法所得、责令停业整顿、吊销期货业务许可证、罚款等责任，直接负责的主管人员和其他直接责任人员则要接受给予纪律处分、罚款、暂停或者撤销任职资格、期货从业人员资格等处罚。

第十六章 价格法

Chapter Sixteen Price Law

第一节 价格法概述

Section One Introduction to Price Law

一、价格的意义（Values of Price）

价格是商品价值的货币表现，是商品或货币的交换比例，是国民经济运行的综合反映，是各方面经济活动的调节机制。在市场经济条件下，价格作用的范围遍及经济关系的各个方面。国民经济各部门之间，生产、分配、交换、消费各个环节之间，都要借助价格这个桥梁实现其相互间的经济联系。价格直接关系到经济的发展、群众的生活和社会的稳定，在整个经济运行中发挥着非常重要的作用。

二、价格法的界定（The Definition of Price Law）

价格法是国家调整经济活动中产生的价格关系的法律规范的总称。在我国，狭义的价格法，仅指《中华人民共和国价格法》（Price Law of the People's Republic of China），其是整个价格法律体系的基本法。广义的价格法，除了《价格法》之外，还包括所有调整价格关系的法规、规章和地方性法规。

价格法的调整对象是价格关系。价格关系是指经营者与消费者之间、各经营者之间、政府价格管理机关和经营者之间在价格制定、价格执行、价格监督检查、价格调控活动中所发生的社会关系。因此，价格法律制度具体由价格形成制度、价格运行制度、价格监管制度、价格调控制度四个部分构成。①

价格法是国家运用法律手段进行宏观经济调控，加强价格管理，规范价格行为，发挥价格合理配置资源作用，稳定市场物价总水平，保护消费者和经营者合法权益，促进市场经济健康发展的重要手段。

三、价格法的调整范围（The Reach of Price Law）

《价格法》第 2 条规定："在中华人民共和国境内发生的价格行为，适用本法。"

---

① 李国本：《论经济立法的科学路径——以价格法为视角》，《法学家》2007 年第 2 期。

而价格包括商品价格和服务价格：商品价格是指各类有形产品和无形资产的价格；服务价格是指各类有偿服务的收费。

但根据《价格法》第 47 条，"国家行政机关的收费，应当依法进行，严格控制收费项目，限定收费范围、标准。收费的具体管理办法由国务院另行制定。""利率、汇率、保险费率、证券及期货价格，适用有关法律、行政法规的规定，不适用本法。"

因此，我国价格法的调整范围不包括行政收费和金融行业的部分价格行为。不过，因情况复杂，问题较多，我国至今尚未出台有关行政收费的法规。这不仅留下了法律缺口，降低了规范行政性收费的力度，而且不利于行政审批制度改革和《行政许可法》的制定及实施。[①] 因此，上述问题需要解决。

四、价格管理体制（The System of Price Regulation）

根据《价格法》的规定，国务院价格主管部门统一负责全国的价格工作，县级以上地方各级人民政府价格主管部门负责本行政区域内的价格工作。另外，国务院其他有关部门以及县级以上地方各级人民政府其他有关部门在各自的职责范围内负责有关的价格工作。

目前，国家发展和改革委员会是统一负责全国价格工作的机关，而地方发改部门和物价局是地方负责价格工作的机关。此外，相关行业主管部门在法律法规授权范围内负责或参与价格工作。

第二节 价格形成制度
Section Two Rules for Prices Formation

一、价格形成机制和定价形式（Mechanism of Prices Formation and Forms of Prices）

我国社会主义市场经济体制已初步建立，但是，改革的任务还没有完成，已经形成的社会主义市场经济体制还不成熟。经济体制改革的目标是完全建立社会主义市场经济体制，即在政府宏观调控下，充分发挥市场在资源配置中的基础性作用。在市场经济中，市场机制合理配置资源的作用，是以价格职能的正常发挥为前提的，价格职能的正常发挥又是以价格能够及时、正确地反映劳动耗费、供求状况和资源稀缺程度的变化为条件的。因此，转换价格形成机制，建立起与社会主义市场经济体制相适应的价格新体制，是价格改革的根本任务。因此，我国《价格法》明确规定，国家实行并逐步完善宏观经济调控下主要由市场形成价格的机

---

① 韦大乐：《〈价格法〉的成效与完善建议》，《法学杂志》2003 年第 4 期。

制,价格的制定应当符合价值规律。

价格形式是指由不同的定价主体所决定的并由价格法所确认的价格的法定形态。《价格法》第3条明确规定,我国大多数商品和服务价格实行市场调节价(the prices adjusted by market),极少数商品和服务实行政府指导价(the prices guided by the government)或政府定价(the prices fixed by the government)。

二、经营者的价格行为(Pricing by Business Operator)

西方国家市场发育较为成熟,其市场机制运作所依赖的信号体系较为完善,政府一般较少干涉价格管理,价格行为基本上是经营者的自主行为。我国价格体制改革和价格法确立了市场调节价即经营者自主定价在价格形成中的主要地位,使生产经营者能够直接根据市场价格和供求的变化,决定生产经营活动,这对促进企业及其他经济主体自主决策、自我约束、自我发展,意义非常重大。其中,《价格法》所称的经营者,是指从事生产、经营商品或者提供有偿服务的法人、其他组织和个人,既包括一般意义上的经营者,也包括一般意义上的生产者,而不仅仅限于流通过程中的销售经营者。且依照《价格法》的规定享有自主定价等权利的经营者,应当是依法取得经营资格的合法经营者。①

《价格法》规定,经营者定价的基本依据是生产经营成本和市场供求状况。这是价值规律的反映。为了真实反映和努力降低生产经营成本,《价格法》规定经营者应当努力改进生产经营管理,降低生产经营成本,为消费者提供价格合理的商品和服务,并在市场竞争中获取合法利润。经营者定价应遵守公平(合理)、合法和诚实信用原则(follow the principles of fairness, lawfulness and good faith)。

经营者依《价格法》享有以下价格权利:(1) 自主定价权(right to decide price),即自主制定属于市场调节的价格、在政府指导价规定的幅度内制定价格、制定属于政府指导价、政府定价产品范围内的新产品的试销价格,特定产品除外;(2) 检举、控告权(right to impeach or accuse),检举、控告侵犯其依法自主定价权利的行为;(3) 建议权(right to make suggestions),可以对政府指导价、政府定价提出调整建议;(4) 陈述、申辩权(right to state and defend),即行为人对被调查的行为进行出陈述和辩明的权利。

经营者享有价格权利的同时,须依法承担以下价格义务:(1) 努力改革生产经营管理;(2) 真实准确核定并记录生产经营成本;(3) 依法执行政府指导价、政府定价和法定价格干预措施、紧急措施;(4) 遵守政府价格主管部门关于商品和服务的有关规定;(5) 销售、收购商品和提供服务,应当按照政府价格主管部门的

---

① 但是,凡在经营活动中有《价格法》规定的应受处罚的价格违法行为,不论违法者是否依法取得经营资格,都应依法处罚。

规定明码标价,注明商品的品名、产地、规格、等级、计价单位、价格或者服务的项目、收费标准等有关情况;^①(6)不得收取任何标价之外的费用。

我国《价格法》及相关规定禁止或限制经营者的下列价格违法行为:(1)不正当价格行为,包括价格垄断行为、价格欺诈行为、哄抬价格行为、变相抬价、压价行为;(2)其他价格违法行为,包括不执行政府指导价、政府定价,不执行法定的价格干预措施,违反明码标价规定,拒绝提供价格监督检查所需资料或者提供虚假材料。

三、政府的定价行为(Pricing by the Government)

政府定价行为,是指政府价格主管部门或其他有关部门,依照定价权限和范围制定政府定价和政府指导价的活动。在市场经济条件下,虽然市场调节价成为价格体系的主要形式,但为了保障国计民生的需要,仍需对部分商品和服务实行政府定价和政府指导价。这两种价格形式主要是通过政府的定价行为最终实现的。在我国,政府定价主体主要有两类:一是国务院价格主管部门和其他有关部门;二是省、自治区、直辖市人民政府价格主管部门和其他有关部门。为了规范政府定价行为,《价格法》及相关法规对政府定价主体定价的范围、内容、程序等作了专门规定。分述如下。

(1)政府定价的范围(the scope of pricing)。下列商品和服务价格,政府在必要时实行政府指导价或者政府定价:一是与国民经济发展和人民生活关系重大的极少数商品(a very small number of commodities that have a vital bearing on the development of the national economy and the well-being of the people);二是资源稀缺的少数商品(a small number of commodities for which resources are scarce);三是自然垄断经营的商品(commodities placed under natural monopoly);四是重要的公用事业(important public utilities);五是重要的公益性服务(important public welfare services)。

(2)政府定价的目录(the catalogue of pricing)。政府对商品和服务价格实行政府指导价、政府定价的,应当制定定价目录。政府定价目录实行中央和地方两级管理,分为中央定价目录(the central government pricing catalogue)和地方定价目录(the local government pricing catalogue)。中央定价目录由国务院价格主管部门制定、修订,报国务院批准后公布。地方定价目录由省、自治区、直辖市

---

① 随着社会经济的发展和信息化程度的提高,超市等零售交易已由原来的手工收费改为电脑按商品信息条码计费,可以不再要求开架柜台、自动售货机、自选市场等采取自选方式售货的经营者使用打码机在每件(每个)商品或其包装上胶贴价格标签。但是,经营者应当区分商品种类,在商品陈列柜(架)处,按照规定明码标价,同时采用条形码、电脑查询、电子显示屏等灵活便捷的方式明码标价,保障消费者的知情权、选择权、监督权。

人民政府价格主管部门按照中央定价目录规定的定价权限和具体适用范围制定，经省级人民政府审核同意，报国务院价格主管部门审定后公布。政府定价目录是各级人民政府及政府有关部门行使定价权的重要法律依据，各级政府的定价行为都必须以定价目录的规定为准。根据 2001 年国务院批准的《国家计委和国务院有关部门定价目录》，目前政府定价的项目为十三类：重要的中央储备物资（粮食、食用植物油（料）、棉花、食糖、石油、化肥、厂丝），国家专营烟叶、食盐和民爆器材，部分化肥，部分重要药品，教材，天然气，中央直属及跨省水利工程供水，电力，军品，重要交通运输，邮政基本业务，电信基本业务，重要专业服务（金融结算和交易服务、工程勘察设计服务、部分中介服务）。

（3）政府定价的原则（the principles of pricing）。政府制定或调整价格应当遵循公平、公正和效率的原则，制定政府指导价、政府定价，应当依据有关商品或者服务的社会平均成本和市场供求状况、国民经济与社会发展要求以及社会承受能力，实行合理的购销差价、批零差价、地区差价和季节差价（reasonable price disparity between purchase and sale, between wholesale and retail, between regions and between seasons），与国际市场联系紧密的，还应当参考国际市场价格。

（4）政府定价的程序（the procedure of pricing）。根据价格法的规定，政府的定价行为应当遵循一定的程序，包括：①调价动议。制定或调整价格，可以要求制定或调整价格的行业主管部门、行业协会、消费者协会或经营者提出书面报告报有定价权的政府部门，也可由有定价权的政府部门根据价格法的规定直接确定。②初步审议。有定价权的政府部门收到制定或调整价格的申请报告后，应当对申请报告进行初步审查。③价格听证。制定或调整列入价格听证目录及政府价格主管部门认为需要听证的商品或服务价格，应当举行听证。应当举行听证而未进行听证的价格决策无效。④集体审议。有定价权的政府部门应建立价格审议委员会或其他集体审议方式，负责听取制定或调整价格的汇报，咨询有关情况，审议并作出是否制定或调整价格的决策意见。⑤申请批准。⑥价格公告。除涉及国家秘密外，政府指导价、政府定价制定或调整后，由制定或调整价格的政府部门在媒体和指定报刊上公布。⑦定期监测与跟踪调查。

（5）价格听证制度（public hearing）。价格听证制度是政府在制定和调整公用事业价格、公益性服务价格、自然垄断经营的商品价格时，由政府价格主管部门支持，请社会有关方面对其必要性、可行性、科学性进行论证，以形成合理价格的制度。价格听证制度是价格决策民主化和科学化的体现。然而，有的听证会最终成了听涨会，人们对价格听证制度的功能存在质疑。研究者提出了两种路经：一是强化消费者代表的遴选机制，增加消费的比例（提高到三分之一），以改变消费者在我国价格听证中的劣势地位，实现价格听证在人格尊重、理性决策和平衡利益等方面的功能。① 二是应让消费者组织作为消费者的代理人,以减轻信息不对称、实现消费者与厂商的平等对抗并有效克服消费者个体有限理性及行为模式所带来的缺陷。② 还有的认为,为了从根本上摆脱价格听证的困境,必须弱化政府的主导权,坚持类型化的方式产生听证代表,确保代表的民意基础和专业技能,科学配置听证申请人、听证会代表和听证组织者的权利义务,努力消弭价格听证过程中的信息不对称,并通过引入行政案卷排他规则,明确价格听证笔录对价格决策机关的法律拘束力。③ 我们认为,除完善听证程序外,听证商品或服务的成本公开是关键之重。只要公开了听证商品或服务的成本,并经过反复论证,进而就能成为产生较为合理的制定价格的基础。

第三节 价格监督调控制度
Section Three Rules of Supervision over and Macro-Control of Prices

一、价格监督检查制度(Supervision over and Inspection of Pricing)

价格监督检查是指政府价格主管部门依法对价格管理相对人遵守法律、法规情况所进行的监督检查活动。

《价格法》规定,价格主管部门进行价格监督检查时,可以行使下列职权:(1)询问当事人或者有关人员,并要求其提供证明材料和与价格违法行为有关的其他资料。(2)查询、复制与价格违法行为有关的账簿、单据、凭证、文件及其他资料,核对与价格违法行为有关的银行资料。(3)检查与价格违法行为有关的财物,必要时可以责令当事人暂行相关营业。(4)在证据可能灭失或者以后难以取得的情况下,可以依法先行登记保存,当事人或者有关人员不得转移、隐匿或者销毁。

《价格法》规定,经营者接受价格主管部门的监督检查时,应当如实提供价格检查所必须的账簿、单据、凭证、文件以及其他资料。政府价格工作人员不得将依法取得的资料或了解的情况用于依法进行价格管理以外的任何其他目的,不得泄露当事人的商业秘密。

除了政府价格主管部门进行价格检查监督之外,消费者组织、职工价格监督组织、居民委员会、村民委员会等组织以及消费者,都有权对价格行为进行社会监

---

① 王菁、张鑫:《对价格听证程序中的消费者代表的法律思考》,《河北法学》2009 年第 11 期。
② 刘大伟、唐要家:《社会公共组织参与管制优势的法经济学分析——以公用事业价格听证中的消费者组织为例》,《法商研究》2009 年第 4 期。
③ 章志远:《价格听证困境的解决之道》,《法商研究》2005 年第 2 期。

督。此外,新闻单位有权进行舆论监督。

二、价格总水平调控制度(Macro-Control of the General Price Level)

价格总水平,是指一个国家或地区在一定的时期内,全社会所有商品和服务价格的动态综合反映,是社会各类商品价格指数的加权平均。价格总水平属于宏观经济范畴,它既综合地反映国民经济状况,又能动地发挥调节国民经济的作用,是国家进行宏观经济管理不可忽视的一个重要方面。为了加强和改善宏观调控,我国价格法把稳定市场价格总水平(stabilizing the general level of market prices)作为立法宗旨的一项主要内容,并且在第 26 条明确规定:"稳定市场价格总水平是国家重要的宏观经济政策目标。国家根据国民经济发展的需要和社会承受能力,确定市场价格总水平调控目标,列入国民经济和社会发展计划,并综合运用货币、财政、投资、进出口等方面的政策和措施(measures concerning currency, finance, investment and import and export),予以实现。"

我国宏观价格问题主要是价格总水平的波动和控制问题。在市场经济条件下,市场价格机制在稳定价格总水平方面的不足,当然需要国家的宏观调控来加以弥补。我国调整价格总水平,主要采取经济手段,通过货币政策的调整来合理调节投资需求,通过进出口政策调剂余缺,通过财政政策控制收支。通过各种手段保持国内总供给与总需求的平衡以及重要的结构平衡,以达到预期的价格总水平调控目标。

为了实现市场价格总水平的稳定,我国价格法规定了以下价格调控措施:

(1)建立重要商品储备制度(the system for reserving important commodities)。这是政府为了平抑或者稳定某些重要商品的价格,建立该商品的库存,并通过吞吐库存来调控价格的制度。中央政府对某些重要商品建立国家级商品储备,省级政府负责建立地方性的商品储备。需要储备的商品主要是粮、棉、石油产品、对国计民生有重要影响的农副产品、原油、重要稀有金属等战略物资。

(2)设立价格调节基金制度(the price control fund)。我国《价格法》第 27 条规定,政府可以设立价格调节基金,调控价格,稳定市场。实践中,国务院和国家发展改革委员会多次发布规范性文件要求县级以上地方政府依法设立价格调节基金,但由于价格法的规定不够明确,导致财政部门和被征收人经常质疑征收的合法性。① 因此,价格法在未来修订时应细化价格调节基金的征收标准、程序等制度。

(3)对主要农产品实行保护价格(the protective prices system for farm products)。《价格法》规定,政府在粮食等重要农产品的市场购买价格过低时,可以在收购中

---

① 叶姗:《征收价格调节基金的合法性质证》,《法学论坛》2013 年第 2 期。

实行保护价格,并采取相应的经济措施保证其实现。依法对重要的农产品实行保护价格的制度,能够极大地鼓舞和调动农民的生产积极性,为保持农业发展的良好势头和国民经济持续、快速、健康发展奠定基础。

(4)建立价格监测制度(the system for monitoring prices)。这是政府价格主管部门为了及时掌握价格信息,为宏观经济决策提供可靠依据,而对重要商品、服务价格的变动进行监测的制度。只有通过科学的方法,对重要商品和服务价格的变动进行必要的和经常性的监测,才能获得准确的有价值的价格信息。这是政府及时对价格采取必要、正确的调控措施的基础和前提。

(5)价格干预措施和紧急措施(intervention measures and emergency measures)。在市场经济条件下,价格围绕商品价值上下波动,受供求关系的影响而发生涨落,是正常现象,也是发挥市场优化资源配置功能的必要条件。然而,当重要商品和价格显著上涨或者有可能显著上涨时,国务院和省、自治区、直辖市人民政府可以对部分价格采取限定差价率或者利润率、规定现价、实行提价申报制度和调价备案制度(setting price differential rates or profit rates, ceiling prices, introducing the markup declaration system and the system for putting readjusted prices on record)等干预措施。在特殊情况下,国务院可以采取紧急措施,调控市场价格总水平。价格法规定,当市场价格总水平出现剧烈波动等异常状态时,国务院可以在全国范围内或者部分区域内采取临时集中定价权限(temporarily centralizing the price-fixing powers)、部分或者全面冻结价格(freezing part or all of prices)的紧急措施。这是在非常时期稳定物价、保障供给、安定生活、维持正常社会经济秩序、避免给国民经济造成严重损失的正确决策。

应当指出,我国的价格调控制度在我国市场经济发展过程中起到了应有的作用。但是,有些行业价格调控效果不佳,如房地产市场价格就是如此。这也表明,我国的价格调控制度需要完善,其中包括调控机构、①调控权力配置、调控措施、调控程序等方面都需要进行改革。

第四节 违反价格法的法律责任
Section Four　Legal Responsibilities against Price Law

违反价格法的法律责任主要是施行行政处罚,价格违法行为情节严重,构成犯罪的,依法追究刑事责任。《价格法》对经营者、各级人民政府和价格工作人员的价格法律责任均作了明确规定。

---

① 有研究提出我国应创设价格总水平调控委员会,负责全国性价格总水平调控的相关事宜,总揽全局,综合协调,调动政府各部门整体联动,形成合力。参见陈志:《新改革背景下完善价格法之思考——基于韩国价格调控的经验》,《法学》2014 年第 4 期。

一、经营者的法律责任(Legal Responsibilities of Business Operator)

《价格法》中对经营者的法律责任的主要规定如下：

第一，经营者实行价格垄断行为、价格欺诈行为、哄抬价格或变相抬价压价行为的，责令改正，没收违法所得，可以并处违法所得 5 倍以下的罚款；没有违法所得的，予以警告，可并处罚款；情节严重的，责令停业整顿或由工商行政管理机关吊销营业执照。

第二，经营者不执行政府指导价、政府定价或不执行法定的价格干预措施、紧急措施，责令改正，没收违法所得，可以并处违法所得 5 倍以下的罚款；没有违法所得的，予以警告，可并处罚款；情节严重的，责令停业整顿。

第三，经营者违反明码标价规定，责令改正，没收违法所得，可以并处 5000 元以下的罚款。

第四，拒绝提供价格监督检查所需资料或提供虚假资料，责令改正，给予警告；逾期不改的，可处 5 万元以下罚款，对直接负责的主管人员和其他直接责任人员给予纪律处分。

第五，经营者因价格违法行为致使消费者或其他经营者多付价款的，责令限期退还；难以查找多付价款的消费者、经营者的，责令公告查找；公告期限届满仍无法退还的价款，以违法所得论处。

第六，经营者从事价格违法行为，情节严重，拒不改正，政府价格主管部门除给予处罚外，还可在其营业场地公告其价格违法行为，直至改正。

第七，逾期不缴纳罚款的，每日按罚款数额的 3% 加处罚款；逾期不缴纳违法所得的，每日按违法所得数额的 2‰ 加处罚款。

第八，经营者有《行政处罚法》第 27 条所列情形的，应依法从轻或减轻处罚。经营者有下列情形之一的，应从重处罚：价格违法行为严重或者社会影响较大；屡查屡犯；伪造、涂改或转移、销毁证据；转移与价格违法行为有关的资金或者商品。

第九，经营者对政府价格主管部门作出的处罚不服，应当依法申请行政复议；对复议决定不服的，可依法向人民法院起诉。

二、政府及其部门和价格工作人员的法律责任(Legal Responsibilities of the Government, Its departments and Their Staff)

地方各级人民政府或有关部门违反价格法规定，超越定价权限和范围擅自制定、调整价格或不执行法定价格干预措施、紧急措施的，责令改正，并可通报批评；对直接负责的主管人员和其他直接责任人员，依法给予行政处分。

价格执法人员泄露国家秘密、经营者的商业秘密或者滥用职权、玩忽职守、徇私舞弊，构成犯罪的，依法追究刑事责任；尚不构成犯罪的，依法给予行政处分。

第三编
经济法相关法

Part Three
Law Related to Economic Law

第十七章　企业法

Chapter Seventeen　Enterprise Law

第一节　公司法

Section One　Company Law

一、公司的一般理论（General Theory of Company）

（一）公司的概念（The Definition of Company）

公司的概念在不同的国家和地区,由于立法习惯及法律体系的差异而有不同的表述。例如日本《商法典》规定"本法所谓公司,指以经营商行为为目的而设立的社团","依本法规定设立的以营利为目的的社团,虽不以经营商行为为业者,亦视为公司","公司为法人"。我国台湾地区公司法规定"本法所称公司,谓以营利为目的依照公司法组织登记成立之社团法人"。[①] 我国《公司法》(Company Law of the People's Republic of China)第 2 条规定:"本法所称公司是指依照本法在中国境内设立的有限责任公司和股份有限公司。"该法第 3 条规定:"公司是企业法人,有独立的法人财产,享有法人财产权。公司以其全部财产对公司的债务承担责任。有限责任公司的股东以其认缴的出资额为限对公司承担责任;股份有限公司的股东以其认购的股份为限对公司承担责任。"该法第 5 条第 2 款规定:"公司的合法权益受法律保护,不受侵犯。"根据上述规定,公司可作如下定义:公司是依法设立的,以营利为目的的企业法人。

（二）公司的特征（Features of Company）

1. 公司是依法设立的经济组织

公司的设立具有明确的法定性,受公司法的直接调整。各国公司法不仅规定了公司成立的条件、设立程序,还规定了公司的权利义务等。这是法律的强行性规定,只有依据这些规定,具备法定条件并经过注册登记才能取得公司的资格。

2. 公司是以营利为目的的经济组织

设立公司的目的在于营利,通过经营获取利润,以较少的经营投入获取较大

---

① 赵旭东:《公司法学》,高等教育出版社 2003 年版,第 2 页。

的经营收益,并把营利所得分配给公司的出资人。可见,没有营利就没有公司,营利性是公司与生俱来的本性。

3. 公司是具有独立性的经济组织

公司是企业法人,①不但享有由股东投资形成的全部法人财产权,依法自主经营,而且还能自负盈亏,独立承担民事责任。公司不仅独立于其他经济组织,其独立性还表现在于其投资人及经营者在权利、义务及责任上的分离。

4. 公司是由两个以上股东共同出资经营的经济组织

各国公司法普遍规定公司由两个以上的股东组成。各股东按照公司章程的规定,共同出资、共享收益、共担风险。当然,也有例外,有些国家允许设立只有一个股东的"一人公司",如我国公司法规定,一人有限责任公司的设立和组织机构适用公司法。

(三) 公司的种类(Classification of Companies)

根据股东对公司所负的责任和集资方式不同,公司可以分为无限责任公司(unlimited companies)、有限责任公司(limited companies)、股份有限公司(public companies or public limited companies)和两合公司(Kommanditgesellschaft, limited partnership)。无限责任公司简称无限公司,是指全体股东对公司债务负无限连带责任的公司。有限责任公司简称有限公司,是指由法定人数的股东出资组成,股东以其所认缴的出资额为限对公司承担责任。股份有限公司,简称股份公司,是指由一定数量的股东组成,其全部资本分为等额股份,股东以其所持股份为限对公司承担责任的公司。两合公司是指由无限责任股东和有限责任股东共同投资设立的,有限责任股东以其出资额为限对公司负责,无限责任股东对公司债务负无限连带责任的公司。

根据公司与公司之间的控制与依附关系,公司可以分为母公司和子公司(parent company and subsidiary company)。母公司,又称控股公司,是指通过拥有另一个公司相对多数股份并能实际控制②其经营活动的公司。子公司,又称被控股公司,是指其股份被另一个公司持有并受其控制的公司。

(四) 公司的作用(Functions of Companies)

公司是以营利为目的的经济组织,是投资者可以选择的投资工具,公司的经营收益最终都要分配给公司的股东即投资者。利益与风险并存,利益大的投资风险也大,但投资者仍可以选择。投资者在追求最大利益的同时,也在寻求最小的

---

① 法人是具有民事权利能力和民事行为能力,依法独立享有民事权利、承担民事义务的组织。法人的特征在于其具有独立的人格、独立的财产、独立的组织机构和独立承担民事责任。

② 这里的控制并不是指对子公司负直接责任,而是以其出资额或所持股份为限对子公司承担责任的

风险。"不要把鸡蛋放入同一个篮子",对不同公司的投资可以分散风险,实现利益与风险的合理分配。公司是社会经济活动最主要的主体,公司法作为规定各种公司的设立、活动、解散以及其他对内对外关系的法律规范的总称,对鼓励投资、集中资本兴办企业、维护商业组织、繁荣经济起着十分重要的作用。公司法确认公司的法律地位,赋予公司法人资格,也规定公司的权利、义务等,不但保护了公司本身、股东、债权人的利益,也维护了社会交易安全和经济秩序的稳定。

二、公司的设立与变更(Establishment and Changes of Company)

(一)公司的设立(Establishment of Company)

1. 公司设立的概念(The Definition of Establishment of Company)

公司设立是指设立人依照法律规定,在公司成立之前为组建公司进行的,目的在于取得公司主体资格的活动。由于公司的种类不同,设立的基础各异,各国公司法对不同种类公司设立的规定也有差异。一般来说,股份有限公司比起其他公司的设立,无论在设立程序上还是在设立行为的内容上,均较为复杂。

2. 公司设立的方式(Modes of Establishment of Company)

公司设立的方式有发起设立和募集设立两种。

(1)发起设立(establishment by promotion)。发起设立又称共同设立或单纯设立,是指由发起人认购应发行的全部股份而设立公司。无限公司、有限公司的资本具有封闭性,不容许向社会公众募股,所以只能采取发起设立这种方式。而股份有限公司的资本具有开放性,可以向社会公开发行股份,因此股份有限公司既可以采取发起设立方式设立,也可以采取募集设立方式设立。一般来说,采取发起设立方式创立公司时,无须向社会公众募集资金,可以有效缩短公司设立的时间,减少相关费用,降低公司的设立成本。因此,发起设立方式不适合大规模的公司。

(2)募集设立(establishment by public offer)。募集设立也称为渐次设立或复杂设立,是指发起人认购公司资本总额中的一部分,其余部分向社会公开募集而设立公司。在各类公司中,只有股份有限公司和两合公司在设立阶段可以对外募集股份,而我国法律不承认两合公司,因此只有股份有限公司可采取募集设立。与发起设立相比,募集设立具有充分吸收社会闲散资金、筹集巨额资本的优势,但其设立时间长、相关设立费用增加、公司的设立成本提高等弊端也是显而易见的。

因此,各国公司法对采取募集设立方式设立公司,发起人认购的股份应占发行资本总数的比例多作限制性规定。如有的国家规定,全体发起人所认购的股份应不得少于第一次发行股份总额的 25%。我国《公司法》第 84 条规定:"以募集设立方式设立股份有限公司的,发起人认购的股份不得少于公司股份总数的百分之三十五;但是,法律、行政法规另有规定的,从其规定。"

3. 公司设立的条件(Requirements for Establishment of Company)

(1) 股东或发起人(shareholder or promoter)符合法定人数。一般情况下,有限责任公司由两个以上五十个以下的股东共同出资设立。另外,我国《公司法》规定,只有一个自然人股东或一个法人股东,可以设立一人有限责任公司,国家授权投资的机构或者国家授权的部门可以单独投资设立国有独资的有限责任公司。

设立股份有限公司,应当有二人以上二百人以下为发起人,其中须有半数以上的发起人在中国境内有住所。

(2) 资本(capital)符合公司章程规定。资本是设立公司必不可少的条件。有限责任公司的注册资本(registered capital)为在公司登记机关登记的全体股东认缴的出资额。法律、行政法规以及国务院决定对有限责任公司注册资本实缴、注册资本最低限额另有规定的,从其规定。目前,普通公司的注册资本无最低要求。

股份有限公司采取发起设立方式设立的,注册资本为在公司登记机关登记的全体发起人认购的股本总额。在发起人认购的股份缴足前,不得向他人募集股份。股份有限公司采取募集方式设立的,注册资本为在公司登记机关登记的实收股本总额。法律、行政法规以及国务院决定对股份有限公司注册资本实缴、注册资本最低限额另有规定的,从其规定。

(3) 制定公司章程(articles of association)。有限责任公司要求股东共同制定公司章程;股份有限公司由发起人制定公司章程,采用募集设立方式设立的要经创立大会通过。

(4) 有公司名称(name),建立符合相应要求的组织机构(organization)。无论是有限责任公司还是股份有限公司,都应当有自己的公司名称,并分别建立符合有限责任公司或股份有限公司要求的组织机构。

(5) 有公司住所(domicile)。公司住所是指公司登记事项中所明确的公司主要办事机构所在地,它对于确定公司登记机关以及公司在民事诉讼中的地域管辖和法律适用有重要作用,是公司设立的条件之一。[①]

4. 公司设立的程序(Procedures of Establishment of Company)

(1) 制定公司章程(articles of association)。公司章程是记载有关公司组织和行为基本规则的文件,制定章程是设立公司的第一步。各国公司法均规定了公司章程应当记载的事项和可以记载的事项。公司章程的记载必须符合公司法的规定。我国《公司法》规定有限责任公司章程应当记载:公司名称和住所;公司经营范围;公司注册资本;股东的姓名或者名称;股东的出资方式、出资额和出资时间;公司的机构及其产生办法、职权、议事规则;公司法定代表人;股东会会议认为

---

① 黄来纪、徐明:《新公司法解读》,上海社会科学院出版社 2005 年版,第 34 页。

需要规定的其他事项。股份有限公司的章程除了记载与有限责任公司章程相同的事项外,还需要记载:公司设立方式;公司股份总数、每股金额;公司利润分配办法;公司的解散事由与清算办法;公司的通知和公告办法等。

(2) 缴纳出资(capital contribution)。出资是公司设立程序中的重要环节,凡股东均负有出资的义务。股东或发起人可以用货币出资,也可以用实物、工业产权、非专利技术、土地使用权作价出资。对作为出资的实物、工业产权、非专利技术或者土地使用权,必须进行评估作价,核实财产,不得高估或者低估作价。土地使用权的评估作价,依照法律、行政法规的规定办理。

如果股东出资不实或屡催不缴,根据各国公司法的规定,在无限公司则构成被除名的原因;在有限责任公司,各股东负有填补其差额的义务;在股份有限公司,发起人应负有填补其差额的义务。

(3) 召开创立大会(the founding meeting or inaugural meeting)。创立大会仅是对股份有限公司而言的。根据公司法规定,股份有限公司发起人应当自股款缴足之日起三十日内主持召开公司创立大会。创立大会由发起人、认股人组成。发行的股份超过招股说明书规定的截止期限尚未募足的,或者发行股份的股款缴足后,发起人在三十日内未召开创立大会的,认股人可以按照所缴股款并加算银行同期存款利息,要求发起人返还。另外,发起人应当在创立大会召开十五日前将会议日期通知各认股人或者予以公告。创立大会应有代表股份总数过半数的发起人、认股人出席,方可举行。

(4) 申请设立登记(registration for establishment)。这是公司设立的最后一个程序。全体股东指定的代表、共同委托的代理人或者股份有限公司的董事会向公司登记机关报送公司登记申请书、公司章程等文件,申请设立登记,领取营业执照,公司即告成立。

(二) 公司的变更(Changes of Company)

1. 公司的合并(Merger)

公司合并是指两个或两个以上的公司订立合并协议,依照法定程序直接合并为一个公司的法律行为。其方式有吸收合并和新设合并两种。吸收合并(merger by absorption),是指两个以上的公司合并后,其中一个公司(吸收方)存续,而其余公司(被吸收方)解散。新设合并(merger by new establishment),是指两个以上的公司合并建立一个新公司,原合并各方解散。

2. 公司的分立(Division)

公司分立是指一个公司依法分为两个或两个以上公司的法律行为,其方式有派生分立和新设分立两种。派生分立又称存续分立(derivative division),是指一个公司分离成两个以上的公司,本公司继续存在,并另设一个以上新公司。新设分立又称解散分立(division by dissolution),是指一个公司分解为两个以上公司,本公司解散并设立两个以上新的公司。

3. 公司注册资本的增加和减少(Increase or Reduction of the Registered Capital)

公司增加或减少注册资本,均应当由股东会会议作出决议,并对公司章程作相应修改,依法向公司登记机关办理变更登记手续。公司减少注册资本的,必须编制资产负债表及财产清单,而且减少后的注册资本不得低于法定的最低限额。

4. 公司组织形式的变更(Change of the Form of Company)

根据我国《公司法》第9条的规定,有限责任公司可以变更为股份有限公司,同时应当符合公司法规定的股份有限公司的条件。股份有限公司也可以变更为有限责任公司,也应当符合公司法规定的有限责任公司的条件。公司变更组织形式,应当依法到公司登记机关办理变更登记。而且,为了保护债权人的合法利益,从法律上确认公司变更组织形式后的债权、债务的归属,避免纠纷,公司法明确规定,有限责任公司和股份有限公司依法变更公司形式后,原公司的债权、债务由变更后的公司承继。

三、公司的资本制度(Rules of Company Capital)

(一) 公司资本的概念(The Definition of Company Capital)

公司资本(capital),又称股本或股份资本,是指在公司成立时,在章程中记载的,由股东出资构成的公司财产总额。公司资本是其自有的独立财产,是公司赖以生存的"血液",是公司运营的物质基础。公司资本的具体形态有以下几种:(1) 注册资本(registered capital),即公司成立时在公司登记机关注册的资本总额。(2) 发行资本(issued capital),即公司发行股份时已经发行的资本总额,无论股东是否已付清认缴款。在公司发行完全部的股份前,它一般小于公司资本。(3) 实缴资本(paid-up capital),即股东已经向公司缴纳的资本。(4) 待缴资本(uncalled capital),即股东同意缴付但尚未缴纳的资本。

(二) 公司资本原则(Principles of Company Capital)

为了保护股东和债权人的合法利益,维护社会交易安全,各国公司法普遍形成和确立了一系列基本的法律原则,其中最主要的是"资本三原则"。

1. 资本确定的原则(Capital Certainty)

资本确定原则又称资本法定原则,指公司设立时在章程中载明的公司资本总额,并须全部认足或募足,否则公司不能成立。资本确定原则的目的是为了保证公司资本的真实可靠,为公司运作提供坚实的基础,并防止公司的滥设、欺诈,维护经济秩序的稳定和交易安全。

各国公司法对资本确定原则的要求有所不同。有些国家实行法定资本制,有些国家实行授权资本制,还有些国家实行折中资本制。目前,我国取消了对一般公司的注册资本最低限额的要求。

2. 资本维持的原则(Capital Maintenance)

资本维持原则是指公司在其存续过程中应经常保持与其资本额相当的财产,其目的是防止因公司资本减少而降低其偿债能力,维护债权人的利益。

我国《公司法》中体现资本维持原则的规定主要有:①有限责任公司设立时的股东对非货币出资承担连带责任;②公司成立后,股东不得抽逃出资;③股票发行价格不得低于票面金额;④除法定情形外,公司不得收购本公司股份;⑤在公司弥补亏损和提取法定公积金之前不得向股东分配利润等。

3. 资本不变原则(Capital Constancy)

资本不变原则是指公司的资本一经确定,非经法定程序,不得任意变动。公司在经营过程中,可能发生增加或减少资本的情况。为此,我国《公司法》作了限制性规定,如第177条第2款规定,公司应当自作出减少注册资本决议之日起十日内通知债权人,并于三十日内在报纸上公告。债权人自接到通知书之日起三十日内,未接到通知书的自公告之日起四十五日内,有权要求公司清偿债务或者提供相应的担保。

(三) 公司的最低资本额(Minimum Capital Requirement for Company)

为了使公司正常运转,保障公司债权人的利益,多数国家法律都规定了公司的最低资本额。否则,公司不能成立。但是各国的规定差异很大。如法国规定股份有限公司发起设立不低于10万法郎,募集设立不低于50万法郎,有限公司不得低于2万法郎;意大利规定股份有限公司不得低于2亿里拉;日本规定有限公司不得低于300万日元,股份有限公司不得低于1 000万日元。相比之下,英美国家对公司的最低资本额要求不严。如英国公司法未规定最低资本额,但在英国设立公司必须支付保险金(最低数额为5 000英镑)。《美国标准公司法》对最低资本额未作规定,但各州可能有例外。

在我国,有限责任公司要有符合公司章程规定的全体股东认缴的出资额。股份有限公司采取发起设立方式设立的,注册资本为在公司登记机关登记的全体发起人认购的股本总额,在发起人认购的股份缴足前,不得向他人募集股份;股份有限公司采取募集方式设立的,注册资本为在公司登记机关登记的实收股本总额;但法律、行政法规以及国务院决定另有规定的除外。

（四）公司的股份与股票（Share and Stock of Company）

1. 股份的含义（The Definition of Share）

股份是指股份有限公司资本的构成单位。股份有限公司的资本分为等额股份，每一股份代表一份股东权，每股所代表的资本额一律相等。股份表现为有价证券，即股票，主要用于证明股东对公司股份的享有和便于股份的转让。

2. 股份的种类（Classifications of Shares）

（1）根据股东享有权益和承担风险的大小，股份可分为普通股和优先股（ordinary share and preference share）。

普通股是公司发行的，对股东权利和义务没有特别约定的股份。它是公司资本构成中最基本的股份，普通股的股息是不固定的，只有在公司有利润且支付了公司优先股股息后方能分得。普通股股东享有公司法规定的一般股东权，有权参与公司重大问题的决策。

优先股是在财产权利方面享有优先于普通股权利的股份。优先股的股息是固定的，不受公司经营状况好坏的影响，在利润和剩余财产的分配顺序上都优先于普通股。但是，优先股股东通常对公司重大事项没有表决权。

（2）根据是否在股票上记载股东的姓名，股份可分为记名股和不记名股（name share and bearer share）。

记名股是指将股东姓名或名称记载于股票的股份。记名股的权利只能由股东本人享有，股份转让时必须将受让人的姓名或名称及住所记载于公司股票之上，否则不产生转让的效力。因此，记名股便于公司掌握股份流通的情况，但其流通性较小。

不记名股是指股票上不记载股东姓名或名称的股份。股东享有权利无需证明自己的身份，只需出示股票，而且，股份一经交与受让人，即产生转让的效力。因此，不记名股的转让方便，流通性很强，但不利于公司掌握股份情况。

（3）根据股份是否以金额表示，股份可分为额面股和无额面股（shares with or without denominations）。

额面股是指在股票面上标明了一定金额的股份。额面股每股金额必须相等。股票发行价格可以按票面金额，也可以超过票面金额，但不得低于票面金额，以防止公司资本的虚空。

无额面股是指股票面上不标明一定金额，只标明其占公司资本总额的一定比例的股份。这种股票的价值随公司财产的增减而增减，股份所代表的金额常常处于不确定状态之中，为此增加了股份转让和交易的难度。因此，我国公司法未规定无额面股的发行。

（4）根据股票发行上市的地点和认购人的不同，股份可分为 A 股、B 股、H

股、N股、S股、T股等。

A股,也称人民币普通股票,是我国境内的股份有限公司发行,在上海或深圳证券交易所上市交易的,以人民币标明股票面值,主要供我国境内机构、组织或个人(不含港、澳、台投资者)以人民币认购和交易的普通股股票。

B股,又称人民币特种股票,其发行与上市地点与A股相同,是国内外的自然人、法人和其他组织均可用外币认购和交易的股票。

H股是指我国的股份有限公司在香港发行、上市的,以人民币标明股票面值,以外币认购的股份。

N股、S股、T股均为境外上市外资股,即我国股份有限公司向我国境外投资者发行、境外上市交易,以人民币标明股票面值,以外币认购的股份。其中,N股是指在美国纽约上市的股份,S股是指在新加坡上市的股份,T股是指在日本东京上市的股份。

3. 股票(Stock)

股票是股份有限公司签发的、证明股东所持股份的凭证,是股东借以取得股利的一种有价证券。

(1) 股票的特征(Features of Stock)。①股票是股份有限公司成立后签发的。新设公司时,股份在公司成立前发行并认购,而股票只能在公司依法成立后才能发行。②股票是证权证券。股票是证明股东与公司之间股权关系的法律凭证,[1]方便股东转让股份,具有权利证书的效力。③股票是有价证券。股票代表了一定的财产权利,股票持有人可以凭借股票获取股息或红利,也可以转让给他人获取本金。④股票是要式证券。[2] 股票必须依法制作,并记载法定事项,签发必须符合法律规定,否则不发生法律效力。⑤股票是流通证券。各国法律均允许股票在市场上流通,符合条件的还可以在证券交易所挂牌交易。

(2) 股票的发行(Issuance of Stock)。根据我国《公司法》第126条规定,股份的发行,实行公平、公正的原则,同种类的每一股份应当具有同等权利。这是股份发行的基本法律原则,必须遵循。

股票的发行可以分为两类,即设立发行与新股发行。设立发行是指公司设立过程中发行的股份,新股发行是指在公司成立后再次发行股份。股票发行关系到社会经济秩序的稳定和投资人的利益,因此各国法律都严格规定了股票发行的条件和程序。我国《公司法》及相关法律法规对股票的发行作了具体规定,限于篇幅,这里不作详细介绍。

---

① 生活中存在隐名出资现象,其实际出资人间接参股,其背后的合同有信托型与合伙型两种形式。参见张双根:《论隐名出资——对〈公司法解释(三)〉相关规定的批判与发展》,《法学家》2014年第2期。

② 要式是指必须依法定的方式才能成立的法律行为。

四、公司的利润分配（Profit Distribution of Company）

（一）公司的利润分配顺序（Procedure of Profit Distribution of Company）

公司可以分配的利润是公司的所得税后利润，包括营业利润、投资净收益以及营业外收支净额。根据我国《公司法》规定，公司的利润分配顺序为：(1) 弥补以前年度亏损；(2) 提取法定公积金，公司法定公积金累计额为公司注册资本的百分之五十以上的，可以不再提取；(3) 提取任意公积金；(4) 支付股利。股东会、股东大会或者董事会违反规定，在公司弥补亏损和提取法定公积金之前向股东分配利润的，股东必须将违反规定分配的利润退还公司。

（二）公积金制度（Common Accumulation Fund）

公积金又称储备金或准备金，是公司为了增强自身财力，弥补意外亏损，扩大业务范围，从公司的盈利中提取的、不作为股息分配、保留在公司内部、以备必要时使用的累积资金。我国公司法规定的公积金有两种，即法定公积金和任意公积金。

1. 法定公积金（Statutory Surplus Fund）

法定公积金又称强制公积金，是指依照法律规定必须提存的公积金。对于法定公积金，公司既不得以其章程或股东会议予以取消，也不得削减其法定比例。法定公积金的用途主要有弥补亏损，扩大公司生产经营，增加公司资本等。

2. 任意公积金（Optional Surplus Fund）

任意公积金是指公司依法提存法定公积金外，还可以根据公司股东大会的决议，在盈余中自由提取的公积金。对于任意公积金，法律没有强制，公司可以自由确定提取比例、最低额及其用途。这些内容一经确定，除非修改公司章程或股东会变更其决议，否则不得随意改变。我国《公司法》规定，公司从税后利润中提取法定公积金后，经股东会或者股东大会决议，还可以从税后利润中提取任意公积金。

（三）股利（Dividend）

1. 股利的含义（The Definition of Dividend）

股利可以分为股息和红利。股息是指股东定期从公司取得的确定比率的利润。红利是指公司在股息之外，向股东分配的公司盈余，其比率事先不确定，而视公司盈余情况由股东会确定。

2. 股利分配的原则（Principles of Dividend Allocation）

从各国公司法来看，一般遵循"无盈不分"原则，即如果当年公司没有盈利，则不得分配股息和红利。这是为了避免因无盈利分配而造成公司资本的实质减少，损害公司及债权人的利益和股东的长远利益。当然也有例外，对于那些从事公共工程建设的公司，允许报经主管机关核准后，在正式营业前向股东分配一定比例的股息与红利。这是因为公共工程建设的周期较长，不可能很快见到经济效益，如不作例外规定，将难以吸引投资者。

我国《公司法》规定有限责任公司按股东实缴的出资比例分取红利；公司新增资本时，股东有权优先按照实缴的出资比例认缴出资。但是，全体股东约定不按照出资比例分取红利或者不按照出资比例优先认缴出资的除外。股份有限公司按股东所持的股份比例分配，并且按照同股同利原则进行，但股份有限公司章程规定不按持股比例分配的除外。

3. 股利分配形式（Forms of Dividend Allocation）

（1）现金股利（cash dividend）。现金股利即公司分红时向股东分派现金，也称派现。这种分配形式可以使股东获得直接的现金收益，受到股东的欢迎，但是公司用于扩大再生产的资金就会减少，不利于公司的长远发展。如果派现过少，则股东的短期利益受到影响，从而影响投资者的积极性。

（2）股票红利（share bonus）。股票红利是指上市公司以本公司的股票代替现金作为股利向股东分红的一种形式，又称送红股。股票红利的好处在于，防止现金流出公司，即增加了公司的资本，为公司扩大生产经营保存了资金；另外，股东对分派的股票不需支付现金，而且在一些发达国家，获得股票红利可以不缴纳所得税。

五、公司的财务会计（Financial and Accounting Affairs of Company）

财务会计是公司经营管理中非常重要的工作。公司应当依照法律、行政法规和国务院财政主管部门的规定，建立本公司的财务、会计制度，依法进行财务管理和会计核算。公司应当单独设置会计机构，配备会计人员，并依法设置会计账册，编制财务会计报告，一切经济业务活动均应办理会计手续。公司不得在法定会计账册外另立账册，对公司资产不得以任何个人名义开立账户存储。

（一）财务会计报告的内容（Contents of Financial Statement）

公司的财务会计报告是指公司的业务执行部门依法于每一会计年度终了时制作的，反映公司财务情况和经营成果的书面文件，包括下列财务会计报表及附属明细表：

（1）资产负债表。资产负债表是公司在某一特定日期财务状况的报表，分列借、贷方，借方记载资产，贷方记载股东权益和公司负债。

（2）损益表。损益表是反映公司在一定期间的经营成果及其分配情况的报表。损益表反映了公司一定日期内的收入、费用（包括成本）及其盈利或亏损,展示了公司的盈亏账目,体现了公司在某一时期动态的业务经营状况。

（3）财务状况变动表。财务状况变动表是综合反映一定会计期间内营运资金来源和运用及其增减变动情况的报表。

（4）财务情况说明书。财务情况说明书是对公司资产负债表、损益表、财务状况变动表以及其他会计报表所列示的资料和未能列示的但对公司财务状况有重大影响的其他重要事项所做出的必要说明。

（5）利润分配表。利润分配表是反映公司利润分配情况和年末未分配利润情况的报表,是损益表的附属明细表。利润分配表所显示的利润总额分配走向为四个层次:一是应交所得税;二是当年税后利润;三是可供股东分配的利润;四是公司累计尚未分配的利润。

（二）财务会计报告的编制、审计、送交、置备（Procedure about Financial Statement）

1. 编制、审计（Making and Audit）

公司应当在每一会计年度终了时编制财务会计报告,并依法经会计师事务所审计。财务会计报告应当依照法律、行政法规和国务院财政部门的规定制作。公司制作的财务会计报告必须由公司有关负责人签名或者盖章。公司制作财务会计报告,编制财务报表,应做到数字真实、计算准确、内容完整,前后各期信息应具有可比性,并应编制及时。

财务会计报告依法应由会计师事务所审计的,由会计师事务所作为独立第三方,对公司的财务会计报告作出公正、客观的评价。公司应当向聘用的会计师事务所提供真实、完整的会计凭证、会计账簿、财务会计报告及其他会计资料,不得拒绝、隐匿、谎报。公司聘用、解聘承办公司审计业务的会计师事务所,依照公司章程的规定,由股东会、股东大会或者董事会决定。公司股东会、股东大会或者董事会就解聘会计师事务所进行表决时,应当允许会计师事务所陈述意见。

对财务报告进行审计有两方面的作用:一方面是验证作用。审计人员以独立第三人的身份,对被审计公司的财务报告是否合法、公正和一贯地反映该公司的财务状况、经营成果做出客观的鉴证,从而提高财务报告的公信力。另一方面是保护会计信息使用人的作用。注册会计师可以针对被审计公司的具体情况,出具不同类型意见的审计报告,以提高或降低报告使用人对财务报告的信赖程度,必要时警示报告使用人对特定项目给予特别的注意。

向会计师事务所提供真实、完整的会计资料是公司的法定义务。会计资料的真实与完整是会计师事务所进行审计的前提条件,否则,审计就不能准确反映公司的财务状况,不具有公信力,从而使第三方审计所应具有的可靠性、准确性大打折扣。

2. 送交、置备（Report and Placement）

有限责任公司应当按照公司章程规定的期限将财务会计报告送交各股东。有限责任公司的股东作为投资者，有权利了解公司的经营情况和经营成果，并据此作出正确的决策。让公司的股东了解作为反映公司的经营情况和经营成果的年度财务会计报告，是公司应尽的义务之一。

股份有限公司的财务会计报告应当在召开股东大会年会的二十日前置备于本公司，供股东查阅；而公开发行股票的股份有限公司必须公告其财务会计报告。因为公开发行股票的股份有限公司的股东人数众多，且分散于各地，采用送交或置备方式不能让公司股东知晓，所以法律规定此类公司必须采用公告的方法公示其财务报告。

六、公司的组织机构（Organizations of Company）

公司法是一部企业组织法，公司组织机构是公司存在和运行的制度体现与保障。为此，各国公司法都详细规定了公司应设的组织机构，各组织机构之间的关系，以及各机构的职权和职责，基本上形成了一个有利于公司经营管理和相互协调、相互制约的组织网络。公司组织机构一般设立股东会（权力机关）、董事会（决策机关）、监事会（监督机关）、经理（执行机关）等。

（一）股东会（The Shareholders' Assembly）

股东会，也称为股东大会，是依法由全体股东组成的公司最高权力机关，也是股东表达其意志、利益和要求的主要场所。股东会的设立受法律强制性约束。在我国，除一人有限责任公司和国有独资公司以及外商投资企业可以不设股东会外，其他公司应设立股东会。

1. 股东会的职权（Rights of the Shareholders' Assembly）

股东会为公司最高权力机构，对公司拥有领导权和管理权。股东会行使的职权一般针对公司的重大事项。除了法律规定的职权外，公司还可以以章程的形式规定其他职权。我国《公司法》第 37 条规定有限责任公司的股东会行使下列职权：(1) 决定公司的经营方针和投资计划；(2) 选举和更换非由职工代表担任的董事、监事，决定有关董事、监事的报酬事项；(3) 审议批准董事会的报告；(4) 审议批准监事会或者监事的报告；(5) 审议批准公司的年度财务预算方案、决算方案；(6) 审议批准公司的利润分配方案和弥补亏损方案；(7) 对公司增加或者减少注册资本作出决议；(8) 对发行公司债券作出决议；(9) 对公司合并、分立、解散、清算或者变更公司形式作出决议；(10) 修改公司章程；(11) 公司章程规定的其他职权。公司法对股份有限公司股东大会职权的规定与有限责任公司的基本相同。

2. 股东会的种类(Types of Meeting of the Shareholders' Assembly)

(1)定期会议(Regular Meeting)。定期会议,也称为普通会议、股东常会、股东年会,是指依照法律和公司章程的规定,公司一年一次必须召开的全体股东会议。定期会议是全体股东行使权利的基本形式,主要决定股东会职权范围内的例行重大事项。定期会议具体召开时间由公司章程进行规定,如不能保证每年召开一次,公司负责人要承担相应的责任。

(2)临时会议(Interim Meeting)。临时会议,也称为特别会议,是指必要时在两次年会之间不定期召开的全体股东会议。根据各国公司法的规定,以下情况可以召开临时会议:①根据股东的申请召开。一般情况需要持有一定比例股份的股东申请。如我国《公司法》规定,有限责任公司代表十分之一以上表决权的股东,可以提议召开临时会议,股份有限公司单独或者合计持有公司百分之十以上股份的股东请求,应当在两个月内召开临时股东大会。②根据董事提议或董事会认为必要时,可召开临时会议。我国《公司法》规定,有限责任公司三分之一以上的董事可以提议召开临时会议。③根据监事提议或在监事会认为必要时召开。我国《公司法》规定,有限责任公司的监事会或者不设监事会的公司的监事可以提议召开临时会议。④根据法院的决定召开。如英国公司法规定,法院可以责令当事人以适当方式和时间召集会议。⑤发生法定事由时召开。我国《公司法》规定,股份有限公司的董事人数不足法定人数或者公司章程所定人数的三分之二时,或者公司未弥补的亏损达实收股本总额三分之一时,应当在两个月内召开临时会议。有限责任公司则没有这种规定。

3. 股东会的召集(To Convene a Meeting of the Shareholders' Assembly)

根据我国《公司法》规定,有限责任公司首次股东会会议由出资最多的股东召集,此后由董事会召集,不设董事会的,由执行监事召集。在其他情况下,监事会或监事,代表十分之一以上表决权的股东也可召集股东会会议。股份有限公司股东会依次由董事会、监事会召集,前两者均不召集时,连续九十日以上单独或者合计持有公司百分之十以上股份的股东可以召集股东会。

有限责任公司召开股东会议,应当于会议召开15日前通知全体股东;股份有限公司召开股东会议,应当将会议召开的时间、地点和审议的事项于会议召开20日前通知各股东;临时股东大会应当于会议召开15日前通知各股东;发行无记名股票的,应当于会议召开30日前公告。

4. 股东会的决议(Resolution of the Shareholders' Assembly)

股东会的决议均采用多数决原则,即决议必须由出席股东会的代表表决权多数的股东通过方为有效。不同的决议事项有不同的多数标准。

(1)普通决议(ordinary resolution)。普通决议,是指股东会会议合法召集,经出席会议的代表二分之一以上表决权的股东通过即为有效的决议。这种决议方式也称为资本多数决定制。除特别决议事项外的普通决议,都可以适用简单多数原则。

(2) 特别决议(special resolution)。特别决议是指股东会会议合法召集,必须经出席会议的代表绝对多数表决权的股东通过方为有效的决议。在我国绝对多数为三分之二以上。我国《公司法》规定,有限责任公司的股东会会议作出修改公司章程、增加或者减少注册资本的决议,以及公司合并、分立、解散或者变更公司形式的决议,必须经代表三分之二以上表决权的股东通过。对于股份有限公司,也有类似规定。

(二) 董事会(Board of Directors)

董事会是指依法由股东会选举产生的董事所组成的,代表公司行使经营决策权的公司常设机关。股份有限公司必须设立董事会,股东人数较少或者规模较小的有限责任公司可以不设董事会。

1. 董事会的职权(Rights of Board of Directors)

董事会对内管理公司事务,对外代表公司行使职权。董事会是股东会的执行机关,又是公司经营决策和领导机关。它有独立的权限和责任。我国《公司法》第46条规定,有限责任公司的董事会对股东会负责,行使下列职权:(1) 召集股东会会议,并向股东会报告工作;(2) 执行股东会的决议;(3) 决定公司的经营计划和投资方案;(4) 制订公司的年度财务预算方案、决算方案;(5) 制订公司的利润分配方案和弥补亏损方案;(6) 制订公司增加或者减少注册资本以及发行公司债券的方案;(7) 制订公司合并、分立、解散或者变更公司形式的方案;(8) 决定公司内部管理机构的设置;(9) 决定聘任或者解聘公司经理及其报酬事项,并根据经理的提名决定聘任或者解聘公司副经理、财务负责人及其报酬事项;(10) 制定公司的基本管理制度;(11) 公司章程规定的其他职权。上述规定同样适用于股份有限公司董事会。

2. 董事会的组成(Composition of Board of Directors)

(1) 董事的任职资格(Requirements for Directors)。董事与股东不同,任何人只要拥有公司股份即可为股东,而董事负责对公司的经营管理事务进行决策,代表公司执行业务。因此,董事任职资格有法律限制,而各国的限制条件大不相同。有些国家规定只有满足某些条件或不得具备某些条件才能成为公司董事。如必须具有本国国籍;必须持有本公司股份;未成年人不得担任董事;董事不得兼职等。

我国《公司法》规定有下列情形之一的,不得担任公司的董事:①无民事行为能力或者限制民事行为能力;②因贪污、贿赂、侵占财产、挪用财产或者破坏社会主义市场经济秩序,被判处刑罚,执行期满未逾五年,或者因犯罪被剥夺政治权利,执行期满未逾五年;③担任破产清算的公司、企业的董事或者厂长、经理,对该公司、企业的破产负有个人责任的,自该公司、企业破产清算完结之日起未逾三年;④担任因违法被吊销营业执照、责令关闭的公司、企业的法定代表人,并负有个人责任的,自该公司、企业被吊销营业执照之日起未逾三年;⑤个人所负数额较大的债务到期未清偿。公司违反前款规定选举、委派董事的,该选举、委派或者聘任无效。

(2) 董事的任免(Appointment and Removal of Directors)。多数国家规定,董事由股东会任免。我国《公司法》规定,股东会有权选举和更换董事。德国公司法规定,董事可以由监事会选任。

董事的任期一般由公司章程规定,但每届不得超过 3 年,可以连选连任。有些国家规定不同,短则一二年,长至五六年。

我国《公司法》还规定,两个以上的国有企业或者其他两个以上的国有投资主体投资设立的有限责任公司,其董事会成员中应当有公司职工代表。董事会中的职工代表由公司职工民主选举产生。原因是,不管是在西方还是在东方特别是中国的公司制度变迁中,强化国有公司治理是核心问题。①

(3) 董事会成员(Members of Board of Directors)。董事会由当选的董事组成,通常推选 1 名董事长和 1 至 2 名副董事长。我国《公司法》规定,有限责任公司的董事会由 3~13 人组成,股份有限公司的董事会由 5~19 人组成。

3. 董事会会议(Meeting of Board of Directors)

(1) 董事会会议的召集(to convene a meeting of board of directors)。董事会会议通常由董事长召集并主持。董事长不能召集的,由董事长委托副董事长或其他董事负责召集并主持。董事长选出前的第一次董事会会议,一般由得票最多的董事召集。在召集董事会会议时,需要履行一定的通知程序,如我国规定应当于会议召开 10 日前通知全体董事。

(2) 董事会会议的决议(resolutions of meeting of board of directors)。董事会会议的决议可分为普通决议和特别决议。用于决定一般事项的普通决议,只需有符合法定人数(通常过半数)的出席董事的简单多数同意即可通过。特别决议,如选任董事长和发行公司债等,则要求有三分之二以上董事出席及出席董事过半数同意,方能通过。董事会通过决议,通常是一人一票制,每名董事有一票否决权。但是,凡涉及某一董事自身利害关系的事项,该董事无权参加表决。在投票出席僵局时,则由董事长行使裁决权。

---

① 甘培忠、周游:《我国公司法建构中的国家角色》,《当代法学》2014 年第 2 期。

（三）监事会（Board of Supervisors）

监事会是依法产生，对董事和经理的经营管理行为及公司财务进行监督的常设机构。股东人数较少或者规模较小的有限责任公司，可以不设监事会。股份有限公司必须设立监事会。

1. 监事会的职权（Rights of Board of Supervisors）

监事会代表全体股东监督公司的经营管理，行使监督职能。为了使监督有效，必须保持监事会行使职权的独立性。我国《公司法》第53条规定了监事会的职权，对有限责任公司和股份有限公司同样适用，具体职权如下：(1) 检查公司财务；(2) 对董事、高级管理人员执行公司职务的行为进行监督，对违反法律、行政法规、公司章程或者股东会决议的董事、高级管理人员提出罢免的建议；(3) 当董事、高级管理人员的行为损害公司的利益时，要求董事、高级管理人员予以纠正；(4) 提议召开临时股东会会议，在董事会不履行规定的召集和主持股东会会议职责时召集和主持股东会会议；(5) 向股东会会议提出提案；(6) 依法对董事、高级管理人员提起诉讼；(7) 公司章程规定的其他职权。

2. 监事会的组成（Composition of the Board of Supervisors）

监事会由监事组成，应当包括股东代表和适当比例的公司职工代表，其中职工代表的比例不得低于三分之一，具体比例由公司章程规定。监事会中的职工代表由公司职工通过职工代表大会、职工大会或者其他形式民主选举产生。我国公司法对监事任职资格的规定与董事的任职资格规定相同。此外，董事、高级管理人员不得兼任监事。股东人数较少或者规模较小的有限责任公司，可以设一至二名监事，不设监事会。设监事会的有限责任公司和股份有限公司，其监事会成员不得少于三人。监事的任期每届为三年。任期届满时，连选可以连任。

（四）经理（Manager）

经理是由董事会聘任的，负责组织日常经营管理活动的公司常设业务执行机关。经理的行为不需要通过会议形式的多数原则形成决议，只以担任总经理的高级管理人员的意志为准，因此与股东会、董事会、监事会不同。有限责任公司可以设立经理，也可以不设。

1. 经理的职权（Rights of Manager）

经理由董事会聘任或解聘，在董事会的领导下工作，对董事会负责。为了使公司有效运转，各国公司法一般规定经理管理公司的日常经营活动，并在董事会的授权范围内对外处理各类业务。我国《公司法》规定经理有下列职权：(1) 主持公司的生产经营管理工作，组织实施董事会决议；(2) 组织实施公司年度经营计划和投资方案；(3) 拟订公司内部管理机构设置方案；(4) 拟订公司的基本管理制度；(5) 制定公司的具体规章；(6) 提请聘任或者解聘公司副经理、财务负责人；(7) 决定聘任或者解聘除应由董事会决定聘任或者解聘以外的负责管理人员；(8) 董事会授予的其他职权。公司章程对经理职权另有规定的，从其规定。经理列席董事会会议。

2. 经理的设立（Appointment of Manager）

经理由董事会聘任或解聘，不是由选举产生的。经理职务的取得源自于董事会，董事会认为经理违法经营或者其能力、素质不足以管理公司的，可以将其解聘。

3. 经理的任职资格（Requirements for Manager）

经理负责公司的日常经营管理，因此经理应当具备什么样的能力是很重要的问题。如品德素质、知识能力、管理能力、心理素质等，但这些因素很难有统一标准，所以法律不予强行干预。各国公司法一般从消极方面对经理任职资格进行规范，我国《公司法》第 146 条对于经理的资格条件限制与董事、监事是一致的。此外，经理不得有下列行为：(1) 挪用公司资金；(2) 将公司资金以其个人名义或者以其他个人名义开立账户存储；(3) 违反公司章程的规定，未经股东会、股东大会或者董事会同意，将公司资金借贷给他人或者以公司财产为他人提供担保；(4) 违反公司章程的规定或者未经股东会、股东大会同意，与本公司订立合同或者进行交易；(5) 未经股东会或者股东大会同意，利用职务便利为自己或者他人谋取属于公司的商业机会，自营或者为他人经营与所任职公司同类的业务；(6) 接受他人与公司交易的佣金归为己有；(7) 擅自披露公司秘密；(8) 违反对公司忠实义务的其他行为；(9) 利用职权收受贿赂或者其他非法收入，侵占公司的财产。

七、公司主体资格的消灭（Termination of Company）

（一）公司主体资格消灭的含义及原因（Definition and Reasons of Termination of Company）

公司主体资格消灭即公司终止，是指公司根据法定程序彻底结束经营活动，原公司不再存续的法律结果。公司主体资格的消灭有两种原因：一是破产。公司因不能清偿到期债务，达到破产界限，依照有关法律规定被宣告破产，从而导致公司主体资格的消灭（关于破产清算的具体规定详见本章第四节）。二是解散。公司因发生法律或章程规定的解散事由而停止业务活动，并进行清算，从而使公司主体资格消灭。根据我国《公司法》规定，公司因下列原因解散：(1) 公司章程规定的营业期限届满或者公司章程规定的其他解散事由出现；(2) 股东会或者股东大会决议解散；(3) 因公司合并或者分立需要解散；(4) 依法被吊销营业执照、责令关闭或者被撤销;(5)公司经营管理发生严重困难,继续存续会使股东利益受到重大损失,通过其他途径不能解决的,持有公司全部股东表决权百分之十以上的股东,可以请求人民法院解散公司。

(二)公司解散时的清算(Liquidation of Company)

公司清算是指公司解散后,依照法定程序清理公司债权债务,处理公司剩余财产,待了结公司各种法律关系后,向公司登记机关申请注销登记,最终使公司主体资格消灭的程序。为了保护股东和债权人的利益,防止实际控制公司的董事、经理等私自处分或不公平地分配公司的财产,公司解散必须依法清算,通过法定程序来分配公司财产。

1. 成立清算组(Establishment of Liquidation Committee)

在公司解散的五种法定情形中,除了因公司合并或者分立可以不经过清算程序外,因其他四种原因解散的,都必须在解散事由出现之日起 15 日内成立清算组进行清算。有限责任公司的清算组由股东组成,股份有限公司的清算组由董事或者股东大会确定的人员组成。逾期不成立清算组进行清算的,债权人可以申请人民法院指定有关人员组成清算组进行清算。人民法院应当受理该申请,并及时组织清算组进行清算。

清算组在清算期间行使下列职权:(1)清理公司财产,分别编制资产负债表和财产清单;(2)通知、公告债权人;(3)处理与清算有关的公司未了结的业务;(4)清缴所欠税款以及清算过程中产生的税款;(5)清理债权、债务;(6)处理公司清偿债务后的剩余财产;(7)代表公司参与民事诉讼活动。

2. 清算程序(Procedure of Liquidation)

(1)通知公司债权人申报债权。清算组应当自成立之日起十日内通知债权人,并于六十日内在报纸上公告,催促债权人申报债权。债权人应当自接到通知书之日起三十日内,未接到通知书的自公告之日起四十五日内,向清算组申报债权。债权人申报债权,应当说明债权的有关事项,并提供证明材料。清算组应当对债权进行登记。在申报债权期间,清算组不得对债权人进行清偿。

(2)制订清算方案。清算组要全面清理公司的全部财产,不仅包括固定资产,也要包括流动资产;不仅包括有形资产,也包括知识产权等无形资产;不仅包括债权,也要包括债务。在清理完公司财产后,要编制资产负债表和财产清单,在此基础上才制订清算方案。清算方案应报股东会、股东大会或者人民法院确认。

(3)财产分配。清算的核心是财产分配。公司财产在分别支付清算费用、职工的工资、社会保险费用和法定补偿金,缴纳所欠税款,清偿公司债务后的剩余财产,有限责任公司按照股东的出资比例分配,股份有限公司按照股东持有的股份比例分配。清算期间,公司存续,但不得开展与清算无关的经营活动。公司财产在未依照前款规定清偿前,不得分配给股东。清算组在清理公司财产、编制资产负债表和财产清单后,如果发现公司财产不足清偿债务的,应当依法向人民法院申请宣告破产。

(4)制作清算报告,公告公司终止。公司清算结束后,清算组应当制作清算报告,报股东会、股东大会或者人民法院确认,并报送公司登记机关,申请注销公司登记,公告公司终止。

第二节　合伙企业法
Section Two　Partnership Law

一、合伙的一般理论(Basic Theory of Partnership)

(一)合伙企业(Partnership or Partnership Enterprise)溯源

企业是现代经济关系中最重要、最活跃的主体,是经济的细胞和动力之所在。在法律上是指具有某种人格的经营性主体,也可以作为交易客体。该词源于英语中的"enterprise",原意为企图冒险从事某种事业,后来用以指经营组织或经营体。日本用汉字将其意译为"企业",并传入中国。[①] 按照私人投机冒险要求、资本扩张、规避风险的逻辑和近代资本主义的传统,企业可以分为个人独资企业、合伙企业和有限责任公司这三种典型的法律形态。其中,与个人独资企业相比,合伙企业通过组织的形式分散风险;与有限责任公司相比,合伙企业通过承担连带责任的方式来承担企业的责任,具有更大的信用。

我国的"企业"具有特别的含义,其原本是与"事业"相对的一个词,这种两分法是我国的特有模式。企业单位一般是自负盈亏的经济组织,所谓"自负盈亏"意即自己承担亏损与盈利的后果,有一定的自主权;事业单位一般是国家设置的带有一定的公益性质的机构,但不属于政府机构,一般情况下国家会对这些事业单位予以财政补助。在我国,参照国家统计局和国家工商管理局联合发布的《关于经济类型划分的暂行规定》,按照所有制将企业划分为:国有企业、集体企业、私营企业、个体经济、联营企业、股份制企业、外商投资企业、港、澳、台投资企业,其中合伙企业可纳入私营企业;按照法律形式将企业划分为个体业主制企业、合伙制企业、公司制企业,其中合伙企业是三种企业形式之一。

早在法人制度形成以前,合伙作为自然人在商品经济关系中唯一的联合形式,纳入民法调整范围。在现代,虽然法人制度得到了充分的发展,但合伙基于其

---

① 参见《汉语外来词词典》,上海辞书出版社 1984 年版,284 页。

注册简单、信用强以及运作灵活等特点,在世界各国或地区仍然是相当普遍的一种经营方式。由于受各国或地区法律传统、经济基础等因素的影响,合伙立法的形式及内容均呈现出一定的差异性。一般认为,在大陆法系国家或地区,通常将合伙分为民事合伙和商事合伙,民法典是从契约的角度规范合伙,而商法典则从法律主体的角度规范合伙;在英美法系国家或地区,多从主体的角度规范合伙。我国属于大陆法系国家,《民法通则》和《合伙企业法》都可以作为规范合伙的法律,前者从民事的角度将合伙称为个人合伙,立法将其归入自然人一章,强调合伙的目的性,具有临时性;后者调整商事合伙,强调合伙的营利性,具有长期性和稳定性,属于从组织法性质的角度对合伙进行的规范,本章内容如无特别说明,合伙企业的性质和规则的分析皆源自对此一法律的理解。在此基础上,我们认为所谓合伙企业(partnership)是指依照《中华人民共和国合伙企业法》(Law of the People's Republic of China on Partnerships)在中国境内设立的由各合伙人(partner)共同出资、合伙经营、共享收益、共担风险,并对合伙企业债务承担无限连带责任的营利性组织。

(二)合伙企业的民事权利能力及民事行为能力(Capacity for Civil Rights and Capacity for Civil Acts)

法律主体必须具备民事权利能力和民事行为能力,是其参加法律关系的基础,也是承担义务、享有权利的前提。自然人的民事行为能力受到其自身特点的限制,有无民事行为能力人和限制民事行为能力人的说法。此外,其他民事主体的民事权利能力与民事行为能力自成立之时起具有一致性,即民事权利能力与民事行为能力在内容和范围上具有一致性,民事权利能力是民事行为能力的内在根据,民事行为能力是民事权利能力的外在表现和实现途径。合伙企业的民事权利能力和民事行为能力也具有这种一致性。法律通过设置物质条件来保证合伙企业的权利能力落到实处,如合伙企业的成立必须要具有一定的资产,具有一定的组织形式;法律也通过从合伙的实际运作层面保证合伙企业的民事行为能力的实现,如共同经营、共担风险等制度设计,从而为合伙企业的民事权利能力提供了实现的途径。

作为一类法律主体,合伙企业的民事权利能力及民事行为能力的独立性必须得到论证,基于两者之间的一致性,且民事行为能力是作为民事权利的手段而存在之故,合伙企业的民事权利能力的独立性对合伙的独立性具有决定意义。合伙民事权利能力的独立性并不体现在合伙与其他法律主体,如自然人和法人等相应的权利能力的对比上,而主要是体现为其与合伙人的民事权利能力而言的,具体体现在三个方面,即合伙企业财产的独立性,权利义务的独立性以及责任的独立性。

首先,合伙企业财产具有独立性。合伙人完成出资即意味着此财产为合伙企业所有,意味着该财产权益已脱离了各合伙人的个人意志和个人利益,而由全体合伙人根据共同意志和共同利益的需要来行使该项财产的使用管理权。以此方式联系在一起的合伙企业财产具有整体性,它不是合伙人个人财产的简单联合,特别是在合伙人以所有权转让为出资方式的情况下,合伙企业对这一财产整体享有财产权。合伙企业财产的独立性还表现为财产的优先偿付性,企业的债务偿还首先使用的是企业的整体财产而非个人财产,只有在企业财产不足以清偿合伙债务的情况下才涉及合伙人财产的补充赔偿的问题。另外,合伙企业财产的独立性也是合伙企业可以共同经营的基础,不管是企业财产的管理权还是处分权都归全体合伙人所有;否则,合伙的功能将得不到实现,合伙相对于私营企业的优势将得不到发挥。

其次,合伙企业的权利义务具有独立性。这是民事权利能力的应有之义。一般说来,权利能力即指法律主体享有权利并承担义务的能力,所以又叫民事义务能力。合伙企业的权利义务的独立性主要表现为,在区分合伙企业行为和合伙人个人行为的基础上,合伙企业以自己的名义对外享有权利、承担义务,具有形式人格。[1] 在实体法上,合伙企业可以自己的名义对外进行民事活动,为合伙企业谋取利益;在程序法上,合伙企业以自己名义起诉和应诉,可以独立享有诉讼法上的权利、承担诉讼法上的义务。[2] 法律赋予合伙企业相对独立于合伙人的诉讼地位,正是合伙企业自身独立利益维护的需要,是法律为保障实体法上的权利义务得以实现而设置的必要法律救济手段,是实体法上主体资格的自然延伸。权利的独立享有和义务的独立承担则是进行诉讼救济的前提性条件,同时也是企业进行诉讼的动力来源。

最后,合伙企业的法律责任具有独立性。法律责任是法律主体对违反法律义务而强制其承担的义务,是法律义务的义务。法律责任的独立性是法律主体独立性的法律保障,只有具有独立承担责任的能力,才能独立地享有权利和承担义务,因此从这个角度来说,独立的责任承担是独立承担义务和享有权利的法律前提,也是法律主体行为的法律保障。区分合伙责任和合伙人责任是由其重要意义决定的,前者是指合伙企业对外所需承担的法律责任,这一责任的承担方式与具有独立人格的公司以及自然人等其他法律主体的承担方式是相同的,即无限责任,合伙企业没有独立于其责任的财产;后者根据合伙的性质不同而不同,如在有限合伙企业中,有限合伙人可依约定承担有限责任,而普通合伙企业的合伙人或有限合伙中的普通合伙人则承担法定无限连带责任。此外,依据合伙人的约定或过

① 肖蜂明、丁宇翔:《〈合伙企业法〉确立普通合伙与有限合伙的依据》,《法律适用》2008年第1、2期。
② 施建辉:《合伙为独立民事主体之我见》,《法学》1997年第7期。

错情况,合伙人责任的承担还存在追偿问题,此时即合伙人对合伙企业承担责任。由此可见,合伙人的责任和合伙的责任具有区分的可能性和必要性。

(三) 合伙企业的人合性(People Combination)及其表现

所谓"人合性"是相对于"资合性"(capital combination)而言的,用来说明某一组织的结合基础。前者是指某种组织以人的信用为结合基础,后者是指某种组织以财产为结合基础。现代社会,纯粹地以"人合"或"资合"为结合基础的组织几乎不存在,某种组织结合基础的判断主要看"人合"与"资合"何者起决定性作用,与其他的企业形式相比,合伙企业的最大特点在于具有更强的人合性。合伙人之间有着比公司股东更为紧密的人际关系,合伙人之间的相互信任是合伙企业存在的基础,即合伙人在相互信任的基础上,共同出资,共同经营,共享收益,并共担风险。合伙企业的人合性主要通过其内外部关系来体现,就内部关系而言主要表现在合伙协议(partnership contract)上,外部关系则表现在合伙人所承担的无限连带责任上。

首先,合伙协议是合伙企业人合性的内部体现。合伙协议确定了合伙企业的内部关系,即合伙企业与各合伙人之间及各合伙人之间的权利义务关系,"合同即法律"的特征表现得比较突出。合伙企业的内部关系所确定的权利主要包括,合伙人对合伙企业财产的共同支配权、对合伙企业事务共同决策权、合伙企业经营收入的分配权;义务主要包括,合伙人对合伙企业的出资义务、对合伙企业经营活动损益的共担义务以及对合伙企业负有的竞业禁止和交易限制义务。

其次,合伙人所承担的无限连带责任是人合性的外部体现。合伙企业的外部联系主要体现在合伙企业与第三人的关系上,故合伙企业人合的外部性也主要体现在合伙企业与第三人的关系上。因合伙企业不具法人性质,没有独立的"人格",其外部关系较公司企业的外部关系有很大的差异,在实践中突出体现为合伙企业债务的清偿的问题,用于偿还合伙企业的债务的财产即合伙财产和合伙人财产之间存在一定的顺序性。鉴于合伙财产的整体性和相对独立性,当合伙债务与合伙人债务存在冲突时,合伙财产优先清偿合伙债务,合伙人财产优先偿还其私人债务,在此基础上合伙人全体对合伙的债务承担无限连带责任。

再次,合伙企业的人合性在劳务出资上表现得尤为典型。对内部而言,在合伙人协商一致的情况下,普通合伙人可以以劳务出资,其所出劳务与货币资金的换算比例由合伙人在合伙协议中约定,只具有内部效力;对外部而言,因为全体合伙人对合伙债务承担无限连带责任,所以即使以劳务出资,合伙企业的债权人也并不因此而存在商业风险。

二、合伙企业的分类(Types of Partnerships)

从逻辑上可以把合伙分为普通合伙(general partnership)和特殊合伙(special partnership)。较为特殊的合伙包括特殊的普通合伙企业(special general partnership)、有限合伙(limited liability partnership)、隐名合伙(dormant partnership)、合营企业(joint venture)等。我国合伙企业法主要规定了普通合伙、有限合伙和有限责任合伙,我国台湾地区和一些其他国家对隐名合伙作出了规定,在有些国家如美国将合营企业也归入合伙之列。

(一)普通合伙(General Partnership)

1. 概念及特征

普通合伙是指由两个或两个以上合伙人组成的共同出资、共同管理、共享收益、共担风险,并对合伙的债务负无限连带责任的企业组织。

普通合伙企业的主要特征有:(1)合伙企业具有两个以上的合伙人,此点区别于个人独资企业;(2)合伙企业不具有法人资格,不具有独立的权利能力和行为能力,此点不同于公司;(3)合伙企业具有较强的人合性,合伙人之间共同投资、共同经营、共享收益并共担风险;(4)合伙企业责任承担具有内外不同的性质,合伙人对内依照约定或法律规定的份额承担责任,对外则承担无限连带责任。(5)合伙协议的约定构成对法律规定的补充,具有优于法律的规定的效力。

2. 设立条件

依据《合伙企业法》第14条,设立普通合伙企业应该具备以下条件:

(1)有符合要求的合伙人。合伙人应不少于2人且未规定合伙企业的人数的上限,这是大陆法系国家的普遍做法。法律、行政法规禁止从事经营性活动的人不得成为合伙企业的合伙人,具体包括国家公务员、法官、检察官等。普通合伙企业中,自然人合伙人必须具有完全民事行为能力。当合伙人丧失完全民事行为能力时,则其要么退伙,要么经其他人一致同意转为有限合伙人,此时普通合伙企业转化为有限合伙企业。

修订后的《合伙企业法》规定,自然人、法人和其他组织均可以成为合伙企业的合伙人,三者之间两两都可以组成合伙企业。依《合伙企业法》第3条明确的规定,国有独资公司、国有企业、上市公司以及公益性的事业单位、社会团体不得成为普通合伙人,但可以成为有限合伙人。

(2)有合伙协议。合伙企业的合伙协议是合伙人为设立合伙企业而签订的书面合同。合伙协议是合伙企业内部关系的集中体现,应写明以下内容:①合伙企业的名称和主要经营场所的地点;②合伙目的和合伙企业的经营范围;③合伙人的姓名或者名称及其住所;④合伙人出资的方式、数额和缴付出资的期限;⑤利润分配和亏损分担办法;⑥合伙企业事务的执行;⑦入伙与退伙;⑧合伙企业的解散与清算;⑨违约责任。合伙协议经全体合伙人签名、盖章后生效。合伙协议中应当写明争议解决办法。另外,合伙协议的修改或补充应当经过全体合伙人一致同意,但合伙协议另有约定的除外。

(3) 有合伙人认缴或实际缴付的出资。合伙人的出资是设立合伙企业的物质基础,也是合伙人资格取得的必备条件。合伙人只能以其实际向合伙缴付的出资作为其出资份额,并据此享有权利和承担义务。合伙人可以以货币、实物、土地使用权、知识产权或者其他财产权利出资,经全体合伙人协商一致,也可以用劳务、技术等出资。合伙人以货币以外的形式出资,一般应进行评估作价,若以劳务出资,其评估办法应由合伙人协商确定,并在合伙协议中载明。以非货币财产出资并依法律、行政法规规定需要办理财产权转移手续的,合伙人应当依法办理。与公司不同,合伙企业法没有规定合伙企业的最低注册资本,所以合伙企业不存在法定最低注册资本的问题。合伙人违反出资义务即构成违约,其他合伙人可追究其违约责任。

(4) 有合伙企业的名称。合伙企业作为市场主体之一,只有拥有自己的名称,才能以自己的名义参与民事法律关系,享有民事权利,承担民事义务并参与诉讼,成为诉讼当事人。合伙企业享有名称权,侵害其名称权的构成民事侵权行为,合伙企业有权要求行为人停止侵害、消除影响、赔礼道歉,并可以要求其赔偿损失。合伙企业的名称中应当标明"普通合伙"字样。

(5) 有经营场所和从事合伙经营的必要条件。经营场所是合伙企业生产经营活动的所在地,即企业登记机关登记的营业地。合伙企业一般只有一个经营场所。经营场所对确定债务履行地、诉讼管辖,法律文书的送达等具有重要意义。从事经营活动的必要条件是指根据合伙企业的业务性质、规模等因素而需具备的设施、设备、人员等方面的条件。这是企业正常经营活动展开的必要条件。

(6) 法律、行政法规规定的其他条件。

3. 合伙企业的设立程序

(1) 申请人向企业登记机关申请登记。设立合伙企业,应由全体合伙人指定的代表或者共同委托的代理人向企业登记机关申请设立登记。我国的企业登记机关为工商行政管理部门。申请时应提交的材料包括登记申请书、合伙协议书、全体合伙人的身份证明等文件。

(2) 登记并颁发营业执照。企业登记机关应自收到申请人提交所需的全部文件之日起 20 日内,作出是否登记的决定。予以登记的,发给营业执照,合伙企业的营业执照签发之日,即为合伙企业成立之日;不予登记的,登记机关应当给予书面答复并说明理由。合伙企业领取营业执照之前,合伙人不得以合伙企业的名义从事合伙业务。

（3）合伙企业分支机构的设立。合伙企业可以设立分支机构。合伙企业设立分支机构的，应当向分支机构所在地的企业登记机关申请登记，领取营业执照。

（二）特殊的普通合伙企业（Special General Partnership）

1. 特殊的普通合伙的概念

特殊的普通合伙企业，是指以专门知识和技能为客户提供有偿服务的专业服务机构。这些服务机构可以设立为特殊的普通合伙企业，例如律师事务所、会计师事务所、医师事务所、设计师事务所等。通常认为，我国《合伙企业法》中的此类合伙即是美国法中的"有限责任合伙"。[①] 特殊的普通合伙企业必须在其企业名称中标明"特殊普通合伙"字样，以区别于普通合伙企业。

特殊的普通合伙仅适用于以专门知识和技能（如法律知识与技能、医学和医疗知识与技能、会计知识与技能等）为客户提供有偿服务的机构，个人的业务素质，包括知识、技能、职业道德、经验等在合伙对外业务中往往起着决定性的作用，合伙人个人的独立性极强。合伙企业本身对内的规范作用和对外担保作用要大于其营业作用。在规范内部规范方面，特殊的普通合伙通过提升合伙人的能力，并以此标榜以达到其营业目的；对外通过担保的形式赢得业务，其担保的方式也是合伙人业务素质。

2. 特殊的普通合伙的特征

（1）特殊的普通合伙企业对外关系中更强调个人责任的承担。我国《合伙企业法》规定，在特殊的普通合伙企业中，一合伙人或数个合伙人在执业活动中因故意或者重大过失造成合伙企业债务的，应当承担无限责任或者无限连带责任，其他合伙人则仅以其在合伙企业中的财产份额为限承担责任。这与普通合伙企业是不同的，普通合伙企业中，合伙人即使是基于故意或者重大过失而给合伙企业造成债务，对外仍由全体合伙人承担无限连带责任；特殊的普通合伙企业中，出现由于个别合伙人的故意或者重大过失而导致的合伙企业债务时，没有过错的其他合伙人是不需要承担对外责任的，债权人也只能追索有过错的合伙人。当然，若特殊的普通合伙企业的合伙人并非因故意或者重大过失，则与普通合伙企业一样，应当由全体合伙人对外承担无限连带责任。

（2）特殊的普通合伙企业责任的内部追偿强调主观过错。特殊的普通合伙企业的合伙人在因故意或者重大过失而造成合伙企业债务时，首先以合伙企业的财产承担对外清偿责任，不足时由有过错的合伙人承担无限责任或者/无限连带责任，没有过错的合伙人不再承担责任。当以合伙企业的财产承担对外责任后，有过错的合伙人应当按照合伙协议的约定对给合伙企业造成的损失承担赔偿责任。

[①] 朱羿锟：《商法学》，北京大学出版社 2007 年版，第 35 页。

（3）业务风险的承担问题。特殊的普通合伙中的合伙人以其所掌握的专业知识为他人服务，但由于能力有限，其中必然存在着业务风险，因此对业务风险的防范将成为此类合伙的重要内容，比如建立执业风险基金、办理职业保险等就十分重要。

3. 特殊的普通合伙企业的设立

特殊的普通合伙具有专业性，其所属行业具有不同的特征，如法律行业和医疗行业之间，因此各种特殊的普通合伙的设立条件根据其行业特征所要求的设立条件也各种各样。总体来看，其应在具备普通合伙的设立条件之上，依照特殊法规定的条件设立，其中特殊法上的设立条件构成对普通合伙设立条件的补充和修正。

（三）有限合伙企业（Limited Liability Partnership）

1. 有限合伙企业的概念

有限合伙企业是指至少有一个有限合伙人的合伙企业。一个有限合伙中，至少有一个普通合伙人和一个有限合伙人。

2. 有限合伙企业的设立

作为一种特殊合伙，有限合伙除了需具备普通合伙的一般要件外，以下几点殊值注意：（1）合伙人数。与普通合伙不同，有限合伙有合伙人人数上限规定。根据合伙企业法的规定，有限合伙企业由2个以上50个以下合伙人设立，但法律另有规定的除外。（2）合伙协议。有限合伙企业的合伙协议除需要记载普通合伙企业协议应当载明的事项外，还需要载明以下特殊事项：执行事务合伙人应具备的条件和选择程序；执行事务合伙人的权限与违约处理办法；执行事务合伙人的除名条件和更换程序；有限合伙人入伙、退伙的条件、程序以及相关责任；有限合伙人和普通合伙人相互转变程序。（3）出资方式。有限合伙人可以货币、实物、知识产权、土地使用权或者其他财产权利作价出资，但不得以劳务出资。这是有限合伙人与普通合伙人在出资方式上的唯一差别。（4）有限合伙公示事项。有限合伙企业的名称中应当标明"有限合伙"字样，以区别于普通合伙企业。此外，在有限合伙企业登记事项中还应当载明有限合伙人的姓名或者名称及认缴的出资数额。

3. 有限合伙人的特别权利

有限合伙除了具有普通合伙的基本特征外，如相对公司而言不具有完全人格、具有内部和外部关系、约定优于法定等，其特征主要集中在有限合伙人之上。因此，以下集中对有限合伙人的特别权利进行考察。

（1）有限合伙人仅以其认缴的出资额为限对合伙企业的债务承担责任，新入伙的有限合伙人对入伙前合伙企业的债务也是以其认缴的出资额为限承担责任。

而普通合伙人需要对合伙企业债务承担无限连带责任,新入伙的普通合伙人也对入伙前合伙企业的债务承担无限连带责任。

(2)有限合伙人可以同合伙企业进行交易,除非合伙协议另有约定;而普通合伙人通常将此看作是自己交易行为,因而是不允许的,除非合伙协议另有约定或者经过全体合伙人同意。

(3)除非合伙协议另有约定,有限合伙人可以自营或者同他人合作经营与本合伙企业相竞争的业务,而普通合伙人从事竞业禁止行为是不允许的。

(4)除非合伙协议另有约定,有限合伙人可以将其在合伙企业中的财产份额出质,而普通合伙人须经其他合伙人一致同意方可以其在合伙企业中的财产份额出质。这是由有限合伙人的财产作为其承担风险和利润分配的依据而具有的限定性所决定的。

(5)有限合伙人可以按照合伙协议的约定向合伙人以外的人转让其在合伙企业中的财产份额,只需提前 30 天通知其他合伙人即可。而普通合伙人对外转让财产份额时,除非合伙协议另有约定,须经其他合伙人一致同意。

(6)作为有限合伙人的自然人在合伙企业存续期间丧失完全民事行为能力的,或者作为有限合伙人的法人丧失偿债能力的,其他合伙人不得因此要求其退伙;而普通合伙人若丧失民事行为能力,除非经得全体合伙人一致同意将其转为有限合伙人外,只能作退伙处理。

4. 有限合伙与普通合伙的转换

(1)当普通合伙人丧失完全民事行为能力或者丧失偿债能力的,经全体合伙人一致同意,该合伙人可转变为有限合伙人,普通合伙企业也必须变更为有限合伙企业。

(2)经全体合伙人一致同意,普通合伙人和有限合伙人可以互相转变,合伙企业名称要作相应的变更。有限合伙人转变为普通合伙人的,对其作为有限合伙人期间合伙企业发生的债务承担无限连带责任;普通合伙人转变为有限合伙人的,对其作为普通合伙人期间合伙企业发生的债务承担无限连带责任。

(3)当有限合伙企业仅剩普通合伙人时,有限合伙企业转为普通合伙企业,并应当进行相应的变更登记;当有限合伙企业仅剩有限合伙人时,则该企业不再是合伙企业,故应解散。

(四)隐名合伙(Dormant Partnership)

1. 隐名合伙的概念

所谓隐名合伙,是指一方对另一方的生产、经营出资,不参加实际的经济活动,而分享营业利益,并仅以出资额为限承担亏损责任的合伙。出资的一方称为隐名合伙人(dormant partner),利用隐名合伙人的出资以自己的名义进行经济活动的一方称为出名营业人。我国 1997 年的《合伙企业法》以及新修订的《合伙企业法》都没有隐名合伙的规定,鉴于作为一种被国外法律上普遍承认的一种合伙类型以及其与有限合伙之间的关系,这里有必要作一定的介绍。我国台湾地区在其"民法典"中明确规定了隐名合伙,下文有关隐名合伙的性质及特征方面的阐释皆出自该文件。

2. 隐名合伙的特征

隐名合伙的特征主要有:(1) 隐名合伙人无独立的合伙财产,其出资归入出名营业人的营业财产;(2) 在主体资格方面,隐名合伙人不出名,不是权利主体,只有出名营业人才是权利主体,因而隐名合伙人的死亡不影响合伙的存在;(3) 隐名合伙人只能以金钱和实物出资,而不能以劳务或信用出资;(4) 隐名合伙人之分享利润和分担损失,不得执行合伙业务,没有表决权,也无权代表合伙与第三人发生权利义务关系;(5) 隐名合伙人仅以其出资为限,对合伙债务承担有限责任。

3. 隐名合伙与有限合伙的区别

实践中,隐名合伙通常和有限合伙较为相近,两者之间有颇多的相同之处,如都无独立的人格,两者都是二元的责任形式,即在一个组织形式中同时存在有限和无限责任等等,但毕竟是两种不同的制度,因此在性质、设立程序等方面均有区别,集中起来主要有以下几点:

(1) 两者的性质不同。依据我国台湾地区的规定,隐名合伙是一种契约关系,而有限合伙是一种合伙企业组织形态,和合伙企业并列。

(2) 有限合伙具有公开性,而隐名合伙具有隐蔽性。有限合伙须经登记才能成立,而隐名合伙是一种契约,隐名合伙人不须登记,仅依当事人之间的合同即能成立。在有限合伙的营业执照上,必须写明有限合伙人。

(3) 有限合伙的稳定性更强。有限合伙人丧失完全民事行为能力或丧失偿债能力并不影响其有限合伙人的地位;隐名合伙则不然,隐名合伙建立在隐名合伙人对出名营业人的高度信任之上。隐名合伙人完全是基于信任出名合伙人能为其资本带来增益,才于其营业基础上追加投资的。因此,若出名合伙人转让其营业、死亡或受禁治产宣告,均构成隐名合伙契约终止的法定原因。

(4) 其他合伙人的出资不同。隐名合伙中出名营业人可以出资也可以不出资,而有限合伙中的普通合伙人必须出资。

(5) 有限合伙更加规范化。如英美的有限合伙法主要是从主体的角度对有限合伙进行规范,立法中融入了很多强制规范,如强制登记制度和信息公开制度等,以实现对有限合伙的监督管理,保护相对人利益和交易秩序的安全;而对隐名合伙,立法主要从合同的角度加以规范,如台湾民法典中明确隐名合伙就是一种契约,更多地贯彻了合同自由原则,法律基本上不对其予以干预。

三、合伙企业财产制度（Rules of Property of Partnership）

从合伙企业的分类中我们可以发现,不同的合伙企业形态之下合伙财产的表现形式也不尽相同,如有限合伙或隐名合伙中的财产有一部分是固定的,其他部分则承担无限连带责任。相比之下,普通合伙企业的财产则完全承担无限连带责任,也可以认为特殊合伙企业中的财产制度是在普通合伙财产制度之上的修正和补充,因此研究普通合伙中的财产制度具有指导全局的基础性意义,本部分所称合伙企业的财产制度皆指的是普通合伙企业的财产制度。

（一）合伙财产的概念与范围（The Definition and Scope of Property of Partnership）

1. 合伙财产的概念

作为合伙企业存在的物质基础,合伙企业财产指的是从合伙企业设立到解散过程中以合伙企业的名义取得,归合伙企业共同管理和使用的财产,包括合伙人的出资、合伙企业的收益和依法取得的其他财产。

由于合伙不像公司具有独立的法人资格,不形成统一的法人财产所有权,因此其财产具有相对独立的特性,表现为财产之上的无限连带责任,合伙人的财产与合伙企业的财产并非绝对分开;另一方面,合伙企业的财产具有相对独立性,在合伙企业清算之前,合伙人不得提出分割合伙财产的要求。

2. 合伙财产的范围

合伙财产包括两部分:一是全体合伙人的出资。合伙人对合伙企业的出资是指各合伙人按照合伙协议实际缴付的出资,但并非合伙人的所有出资都可以成为合伙企业的财产,如劳务。劳务虽然可以经全体合伙人协商一致用来出资,也可以按照合伙协议中约定的方法折算财产份额,但不可以作为合伙企业的财产承担责任。二是合伙企业成立后解散前,以合伙企业名义取得的全部收益和依法取得的其他财产。主要包括:合伙企业购置的资产;合伙企业的营业收入;合伙企业受赠的财产;合伙企业获得的赔偿;合伙组织在经营过程中所形成的无形资产入商号、商誉等以及以合伙名义取得的知识产权;以合伙企业名义获得的其他收益。

（二）合伙企业财产的性质（The Nature of Property of Partnership）

我国《合伙企业法》第20条规定了合伙财产的范围,即包括合伙人的出资和所有以合伙企业名义取得的收益,并规定两者均为合伙企业的财产,由全体合伙人共同管理和使用,但并未对合伙财产的法律性质予以明确,也未区分合伙人的出资财产和合伙积累的财产。我们认为,合伙企业财产具有共同共有和准共有两种类型,具体分析之。

1. 合伙财产中的共同共有部分

罗马法曾经将合伙企业的财产界定为按份共有的财产,即由各合伙人按照其出资份额对合伙企业的财产享有所有权。到了近代,各国的立法则大多规定合伙企业的财产由全体合伙人共同共有,即合伙人对合伙财产部分份额地、平等地行使所有权。按份共有与共同共有的区别主要在于,后者是基于共有关系的共有形态。作为共同共有基础关系的共有关系是指两个或两个以上的人因共同目的而结成的关系,这一关系可因法律规定或合同约定而产生,合伙企业中各合伙人之间因营业目的而形成的关系既可称之为共同关系。因此,我们认为,将我国合伙企业财产的共有界定为共同共有符合合伙企业立法的潮流,更有利于维护合伙企业的组织实体。其范围具体包括:

(1)以现金或明确以财产所有权出资的,意味着所有权的转移,出资人不再享有出资财产的所有权,而由全体合伙人共有。例如,合伙人以货币出资购买合伙经营所需的设备后,合伙人出资的货币所有权转移而形成对设备的共有权。

(2)合伙企业在经营过程中积累的财产。合伙企业在经营过程中所积累的财产来源于对共同共有财产的使用和收益,其同样是基于合伙这一共同关系而存在的,因而该财产也应该处于一种共同共有状态。

2. 合伙财产中的准共有部分

合伙企业对其财产并非只有共同共有一种形式,也存在准共有状态。所谓准共有,是指对所有权以外的财产的共有,例如数人共同享有同一担保物权。合伙企业之所以存在准共有是与其出资的类型相关的,即出资中所有权不转移占有的财产构成合伙企业的准共有部分。具体是指出劳务外,以非货币形式出资而其所有权没有转移的部分,如以土地使用权、房屋使用权、商标使用权、专利使用权等权利的出资。以此出资方式出资的合伙人并不因其出资行为而丧失土地使用权、房屋所有权、商标权、专利权等权利,这些出资财产的所有权仍属于出资人,合伙企业只享有使用和管理权,全体合伙人只共同享有这些使用和管理权。对此类出资,在合伙人退伙或者合伙企业解散时,合伙人有权要求返还原物。但如果是出资的所有权转移而形成的共有关系,合伙人退伙或者合伙企业解散时,则只能以分割共有财产的方式取得出资物的现有价值。

如果合伙人对以所有权出资还是以使用权出资约定不明,而合伙人之间又达不成合意的,应当结合合伙存续期间的实际情况予以判断,推定为以所有权出资或者以使用权出资。

(三)合伙企业财产的管理与使用(Management and Use of Property of Partnership)

根据我国合伙企业法的规定,合伙企业财产依法由全体合伙人共同管理和使用,合伙人个人不得处分合伙企业财产。否则,为了保护第三人的利益,合伙企业不得以此对抗不知情的善意第三人。合伙企业财产的管理与使用主要包括对合伙企业财产份额的转让和财产份额的出质两方面,具体表现为:

1. 合伙企业财产份额的转让

合伙企业存续期间,全体合伙人应当作为一个整体对合伙企业的财产共同管理,并按照约定的用途对其共同使用,不得擅自处分或使用。在合伙企业内部,合伙人之间可以转让在合伙企业中的全部或者部分财产份额,但应通知其他合伙人;合伙人向合伙人以外的人转让其在合伙企业中的全部或部分财产份额时,除合伙协议另有约定外,须经其他合伙人一致同意,并且在同等条件下其他合伙人有优先受让的权利。作为原合伙企业合伙人以外的人依法受让合伙财产份额后,经修改合伙协议即成为合伙企业的合伙人,新的合伙人依照修改后的合伙协议享有权利、承担责任。对内转让合伙财产份额的通知义务,以及对外转让合伙财产的协商一致义务都体现了合伙企业的人合性质,凸显了合伙人之间的相互信任的人身关系。

2. 合伙企业财产份额的出质

《合伙企业法》第 25 条对合伙企业的出质作出了明确的规定。合伙企业存续期间,合伙人以其在合伙企业中的财产份额出质为其个人债务提供担保的,须经其他合伙人一致同意。否则,出质行为无效,因此给善意第三人造成损失的,由该行为人依法承担赔偿责任。以财产份额出质意在实现此出质财产的使用价值,而实现的途径只能是拍卖等能够导致所有权移转的手段,因此可能影响到其他合伙人的利益,故需全体合伙人协商一致。

四、合伙人资格的取得与丧失(Acquisition or Loss of the Status of Partner)

(一)入伙(Joining a Partnership)

入伙是指在合伙企业存续期间,合伙人以外的第三人加入合伙企业并取得合伙人资格的行为。除合伙协议另有约定外,新合伙人入伙需要全体合伙人同意,并依法订立合伙入伙协议。

1. 入伙的条件与程序

(1)全体合伙人的同意。入伙使得入伙人取得合伙人的资格,与其他合伙人共同成为合伙组织的成员,因此须经其他合伙人的一致同意,即现有合伙人对新合伙人入伙享有否决权,这是合伙企业人合性的又一体现。但是,如果合伙协议对入伙的同意条件另有约定,则从其约定,例如合伙协议约定入伙经全体合伙人2/3同意即可,则无须全体同意。

(2)入伙人与原合伙人订立书面合伙协议。签订入伙协议表明了入伙人的入伙意愿,也表明原合伙人对入伙人的接受,是双方合意的表现。原合伙人与入伙人签订入伙协议时,应告知入伙人原合伙企业的经营状况和财务状况,此告知义务有利于第三人决定是否入伙,有利于相互之间信任关系的建立和维持。入伙协议中关于入伙人债权债务承担的约定不得对抗第三人,但具有对内效力。

2. 入伙的法律后果

(1) 新入合伙人取得合伙人资格,与原合伙人地位平等,享有同等权利,承担同等义务,合伙协议另有约定的从其约定。

(2) 新入伙人对入伙前的合伙企业的债务承担无限连带责任。

(二) 退伙(Retiring from a Partnership)

退伙是在合伙存续期间,合伙人资格的消灭。

1. 退伙的形式

根据合伙人退伙是自愿还是依法律规定的强制性原因,可将退伙分为声明退伙和法定退伙。

(1) 声明退伙。声明退伙又称自愿退伙,是指合伙人基于自愿的意思表示而退伙。声明退伙又可分为单方退伙和通知退伙。

①单方退伙。单方退伙是指当合伙协议约定了合伙的经营期限时,某一合伙人要求退伙的情形。《合伙企业法》第 50 条规定:如果合伙协议约定了合伙期限,在该期限内若有下列情形之一时,合伙人可以单方提出退伙:经全体合伙人同意退伙;合伙协议约定的退伙事由出现;发生合伙人难以继续参加合伙企业的事由;其他合伙人严重违反合伙协议约定的义务。依此规定,在约定有合伙期限的情形下,合伙人有两种途径退出合伙:一是与其他合伙人协商,取得其他合伙人的一致同意,则无须任何理由都可以退伙;二是出现上述后三种情形时,合伙人可以单方提出退伙,无须取得其他合伙人的同意。

②通知退伙。此是指在合伙协议未约定合伙期限的情况下的退伙。根据《合伙企业法》第 46 条的规定,合伙协议未约定合伙期限的,在不给合伙事务执行造成不利影响的前提下,合伙人可以不经其他合伙人同意而退伙,但应当提前 30 日通知其他合伙人。

(2) 法定退伙。法定退伙是指直接根据法律的规定而退伙。法定退伙又可分为当然退伙和除名退伙。

①当然退伙。这是指发生了某种客观情况而导致的退伙。《合伙企业法》第48 条规定了这些客观情况,包括:作为合伙人的自然人死亡或者被依法宣告死亡;个人丧失偿债能力;作为合伙人的法人或者其他组织依法被吊销营业执照、责令关闭、撤销,或者被宣告破产;法律规定或者合伙协议约定合伙人必须具有相关资格而丧失该资格;合伙人在合伙企业中的全部财产份额被人民法院强制执行。

如果作为合伙人的自然人被依法认定为无民事行为能力或者限制民事行为能力人的,并不必然导致退伙,经协商一致,普通合伙可转变为有限合伙,丧失完全民事行为能力者转变为有限合伙人。

②除名退伙。除名退伙也称开除退伙,是指在合伙人出现法定事由的情形下,由其他合伙人决议将该合伙人除名。《合伙企业法》第49条规定了开除退伙的事由:未履行出资义务;因故意或者重大过失给合伙企业造成损失;执行合伙事务时有不正当行为;合伙协议约定的其他事项。

由此可见,当然退伙的原因是客观性的,应当退伙的合伙人主观上并无过错,并未实施损害合伙企业利益的行为,而除名退伙的原因是主观性的,即退伙的合伙人发生了损害合伙企业利益的行为,其退伙含有惩罚性的因素。所以,在区分两者时,合伙人的主观状态,即是否存在过错、是否实施了损害合伙企业利益的行为,是关键的判断因素。

2. 退伙的程序

首先,经其他合伙人的一致同意;其次,应当作出书面除名决议,并载明除名事由;最后,应当将除名决议书面通知被除名人,被除名人接到除名通知之日,除名生效,被除名人退伙。但是,被除名人对除名决议有异议,可以自接到除名通知之日起30日内向人民法院起诉,通过诉讼以最终确认除名决议的效力。

3. 退伙的效力

就退伙的效力而言,声明退伙与法定退伙基本是一致的,具体表现为:

(1) 退伙人丧失合伙人身份,脱离原合伙协议约定的权利义务关系。

(2) 财产份额或合伙人资格的继承。《合伙企业法》50条规定了合伙财产或身份的集成规则。合伙人死亡或者被依法宣告死亡的,按照合伙协议的约定或者经全体合伙人一致同意,对该合伙人在合伙企业中的财产份额享有合法继承权的继承人从继承开始之日起,取得该合伙企业的合伙人资格。当继承人不愿意成为合伙人,法律规定或者合伙协议约定合伙人必须具有相关资格,而该继承人未取得该资格或者合伙协议约定不能成为合伙人的,合伙企业应当向合伙人的继承人退还被继承合伙人的财产份额。

(3) 导致合伙财产的清理与结算。退伙时的结算应遵循如下规则:合伙人退伙,其他合伙人应当与该退伙人按照退伙时的合伙企业财产状况进行结算,退还退伙人的财产份额。退伙时有未了结的合伙企业事务的,可以待该事务了结后再进行结算。退伙人在合伙企业中财产份额的退还办法,由合伙协议约定或者由全体合伙人决定,可以退还货币,也可以退还实物。退伙人对给合伙企业造成的损失负有赔偿责任的,可以相应扣减其应当赔偿的数额。如果退伙时合伙企业的财产少于合伙企业债务,亦即资不抵债,则退伙人应当根据合伙协议的约定或者合伙企业法第33条的规定分担亏损。

（4）承担连带责任，分担亏损。合伙人退伙后，对基于其退伙前的原因发生的合伙企业债务，仍应与其他合伙人一起承担无限连带责任。

退伙并不必然导致合伙企业的解散。只有在合伙人为2人的情况下，其中1人退伙才会导致合伙的解散。即使合伙人只有2人，如果另一合伙人同意退伙人将其份额转让给第三人，此时合伙企业就可继续存在。

五、合伙事务的内外部关系（Relationship inside Partnership and Relationship of Partnership to the Third Party）

（一）合伙企业的内部关系（Relationship inside Partnership）

合伙企业的内部关系是指围绕着合伙企业事务的决议、执行和监督在合伙人之间形成的权利义务关系。

1. 表决制度

（1）合伙事务的表决方式。合伙企业的表决就是各合伙人以表决的方式对合伙企业事务所作出的决定。总体上讲，合伙企业的表决方式有两种，即《合伙企业法》的规定以及合伙协议的约定。《合伙企业法》第30条的规定，合伙人对合伙企业有关事项作出决议，按合伙协议约定的表决方式办理。如果合伙企业对表决办法没有约定或者约定不明，则实行一人一票并经全体合伙人过半数通过的表决办法处理。由此可见，基于合伙企业的人合性，合伙协议对表决方式的约定优先于法律的规定，在没有约定或者约定不明的情况下，则依一人一票且过半数通过的方式处理。另外，该法30条第2款的规定："合伙企业法对表决方式另有规定的，则从其规定。"此处的另有规定作为例外条款，应指的是强制性规定。

（2）合伙事务全票决的事项。合伙企业的事务中，有些平常事务的表决是琐碎的，而有些是重大的。后者需要慎重行事，《合伙企业法》为了让合伙企业谨慎行事，也为了管理上的方便，列举了一些重大事项，这些事项需要全体合伙人一致同意，又称全票决事项，即需要全体同意才能作出有效决议。根据合伙企业法第31条的规定，须经全体合伙人一致同意的事项包括下列各项：①改变合伙企业名称；②改变合伙企业的经营范围、主要经营场所的地点；③处分合伙企业的不动产；④转让或者处分合伙企业的知识产权和其他财产权利；⑤以合伙企业的名义为他人提供担保；⑥聘任合伙人以外的人担任合伙企业的经营管理人员。

除了上述合伙企业法第31条的规定关于执行合伙事务方面的全票决情形，合伙企业法的其他条文也规定了全票决，具体有：①第19条第2款规定的修改或者补充合伙协议事项；②第22条第1款规定的合伙人向第三人转让其在合伙企业中的全部或者部分财产份额事项；③第43条第1款规定的吸收新的合伙人的事项。

由此可见，我国合伙企业法对合伙企业中全票决的事项不在少数，其有利的一面是有助于保障各合伙人之间的平等地位,防止因出资不同而产生的合伙人之间在执行上的不平等;其不利的一面则表现为某些情况下可能不利于合伙企业决策的高效,进而对合伙企业的经营管理产生一定的负面影响。

2. 合伙事务的执行

合伙事务的执行是指为实现合伙目的而进行的业务活动。执行合伙事务是合伙人的权利。每一个合伙人,不管出资额多少,对合伙事务都享有同等的执行权利。《合伙企业法》第 26 条第 1 款规定:"合伙人对执行合伙事务享有同等的权利。"

(1)合伙事务的执行方式。合伙人的平等执行权并不意味着每一个合伙人都必须同样地执行合伙事务,而是依据合伙协议的规定行事。具体方式包括:①共同执行,即合伙事务由全体合伙人共同执行。这种方式适合于合伙人数较少、经营规模不大的合伙。共同执行有利于发挥各合伙人的聪明才干和集体智慧,同时有利于确保合伙企业事务的谨慎执行。②委托执行。由合伙协议约定或全体合伙人决定,委托一名或数名合伙人执行合伙企业事务,执行的效果及于全体合伙人。这种方式适合于人数较多的合伙。③分别执行。为了发挥各合伙人的特长,适应合伙企业经营活动专业化分工的需要,由合伙协议约定或全体合伙人决定,对合伙企业事务也可以采用分别执行的方式,在各合伙人分工协作的基础上,由各合伙人分别单独执行合伙事务,各自执行其职责范围内的合伙企业事务。④授权执行。授权执行是指经全体合伙人一致同意,聘任合伙人以外的人担任合伙企业的经营管理人员,被聘任的经营管理人员在合伙企业的授权范围内,执行合伙企业的日常事务。这种方式同样适合于人数较多的合伙。每一合伙人有权将其对合伙事务的执行权委托其他合伙人代理,而自己不参与合伙事务的执行。法人或其他组织作为合伙人的,其执行合伙事务由其委派的代表执行。

(2)合伙事务的执行规则。合伙事务的执行规则主要有:①如果根据合伙协议的约定或者经过全体合伙人一致同意,由一人或者数个合伙人执行合伙事务的,则其他合伙人不再执行合伙事务。②执行事务合伙人应当定期向其他合伙人报告事务执行情况以及合伙企业的经营和财务状况,不执行合伙事务的合伙人有权监督执行事务合伙人执行合伙事务的情况。③所有合伙人为了解合伙企业的经营状况和财务状况,都有权查阅合伙企业的财务会计账簿等财务资料。④合伙人分别执行合伙事务的,执行事务合伙人可以对其他合伙人执行的事务提出异议。提出异议时,应当暂停该项事务的执行;如果合伙人之间因此发生争议,应当由合伙人按照合伙企业约定的表决方式进行表决。⑤受委托执行合伙事务的合伙人不按照合伙协议或者全体合伙人的决定执行事务的,其他合伙人可以决定撤销该委托。

3. 合伙事务的监督

由于合伙企业内部没有专门的监督机构,因此其监督就只能由合伙人来行使。合伙人监督权的行使有利于合伙事务的正常且正当地执行,有利于防止合伙人利用执行事务之机以权谋私。具体来看,合伙人的监督方式主要为:

(1)检查执行情况或撤销委托。在委托代理的情况下,但作为合伙企业财产的共有者和合伙企业管理平等权的享有者,其他合伙人虽然不再执行合伙企业的事务,但仍有权知晓合伙企业事务的执行情况。《合伙企业法》27 条规定,不执行合伙事务的合伙人有权监督执行事务合伙人执行合伙事务的情况。此时,如果被委托执行合伙事务的合伙人或者第三人不按照合伙协议或者全体合伙人的决定执行事务的,其他合伙人就可以主张撤销该委托。这对于约束被委托人忠实地执行委托事务,维持合伙人之间的信任关系具有重要意义。

(2)审议报告并查阅账簿。《合伙企业法》第 28 条规定,由一个或者数个合伙人执行合伙事务的,执行事务合伙人应当定期向其他合伙人报告事务执行情况以及合伙企业的经营和财务状况。该条第 2 款进一步规定,合伙人为了解合伙企业的经营状况和财务状况,有权查阅合伙企业会计账簿等财务资料。

(3)提出异议。《合伙企业法》第 29 条规定了这一制度,合伙人一旦提出异议,其他执行事务的合伙人就应当暂停该项事务的执行,如对合伙企业事务的执行发生争议,则可由全体合伙人共同决定。

(二)合伙企业的外部关系(Relationship of Partnership to the Third Party)

1. 善意第三人(Innocent Third Party)制度

善意第三人是指特定法律关系当事人以外的任何对有关的交易因不知情而支付了相应对价的人。《合伙企业法》在调整合伙企业与第三人关系时,着重强调对善意第三人的保护。合伙人设立合伙的目的是通过合伙经营活动而赢利,而合伙的经营活动不是封闭的,必须通过市场与第三人进行相应的民事活动,达到经营目的。在经营过程中,合伙内部的不一致不应影响到作为相对人的外部,善意交易人应该受到应有的保护,以此保护交易的秩序和安全,这也是经济活动所要求的安全、效率在法律上的反映。合伙企业中的善意第三人制度主要表现在以下几方面:

(1)合伙企业对合伙人执行合伙事务以及对外代表合伙企业权利的限制,不得对抗善意第三人。[①]

(2)合伙企业聘用的经营管理人执行合伙企业事务受约定或法律规定的限制,但这些限制不得对抗不知情的善意第三人。

---

① 《合伙企业法》第 37 条。

（3）合伙人在合伙企业清算前私自转移或者处分合伙企业财产的，合伙企业不得以此对抗善意第三人。①

2. 表见合伙（Apparent Partnership）

表见合伙，又称禁反言合伙（partnership by estoppel）、伪称合伙（purported partnership）和法定合伙（implied partnership），是与"实际合伙"（actual partnership）相对称的一个概念。所谓表见合伙，是指相对于特定的第三人而言，在非合伙人之间或者非普通合伙人之间产生的一种类似于普通合伙人责任（partner-liked liability）的责任承担关系。因此，表见合伙不是一种并列于普通合伙、有限合伙、隐名合伙的独立合伙形态，而是一种法律上的责任承担关系。② 表见合伙可以分为三种形态，即非合伙人的表见合伙，隐名合伙人的表见合伙以及有限合伙人的表见合伙。现分别作如下介绍。

（1）非合伙人的表见合伙。非合伙人的表见合伙，是指数人之间本不具有法律上真实的普通合伙关系，但在第三人看来，在外观事实上，该数人之间具有普通合伙关系，从而法律为保护该善意第三人的利益，赋予了该外观事实以法律效力，课以该数人相对于第三人而言承担合伙人的责任。

在制定法上，英国可能是最早确立非合伙人的表见合伙制度的法域。英国《1890 年合伙法》（Partnership Act 1890）第 14 条第 1 款规定："如果某人经由言辞、书面或行为表明自己是或同意他人声称自己是某一特定合伙的合伙人，则该人应对因信赖该声明而对合伙施以信用的任何人承担责任，而不论该项声明是否由该表见合伙人（apparent partner）亲自或在他知情的情况下向施信人做出表达或传达。"我国香港地区因与英国的联系也有类似的规定。大陆法系的加拿大、日本以及我国台湾地区、澳门地区也都规定了相关制度。

（2）隐名合伙人的表见合伙。所谓隐名合伙人的表见合伙，是指隐名合伙人通过参与合伙事务的执行等表见行为，使人误信其为出名营业人，从而法律为保护善意第三人的利益，赋予该外观事实以法律效力，在特定的交易关系中，破除隐名合伙人之隐名地位的屏蔽，要求其与出名营业人一起，共同对善意第三人承担普通合伙人间的连带责任。

我国现行法对隐名合伙未作规定，但法国、日本和我国台湾地区等立法例大多对隐名合伙作了明确规定。依域外立法通例，隐名合伙人不得参与合伙经营，合伙营业应由出名营业人单独为之，因此，隐名合伙人原则上对于出名营业人的债权人也不直接承担责任。但在特殊情形下，如果法律一概否定隐名合伙人的合伙责任，则对交易第三人的利益保护会失之不周。因此，于特定情形，课以隐名合

① 《合伙企业法》第 21 条第 2 款。
② 房绍坤、王洪平：《论表见合伙制度》，《国家检察官学院学报》2006 年第 6 期。

伙人以对外责任,实属必要。为此,大陆法系许多立法例依据表见理论,创设了隐名合伙人之间的表见合伙制度。

(3) 有限合伙人的表见合伙。如果有限合伙人参与了合伙事务的经营管理,使得善意第三人误信其为普通合伙人,则该有限合伙人就取得了表见的普通合伙人身份,要与无限合伙人一起对合伙债务承担连带责任,此即为有限合伙人的表见合伙。

法国、日本、瑞士、意大利、智利、加拿大魁北克省、美国、我国台湾地区等立法例,都直接或间接地规定了有限合伙人的表见合伙制度。

我国《合伙企业法》第68条规定:"有限合伙人不执行合伙事务,不得对外代表有限合伙企业。"有限合伙人仅以其认缴的出资额为限对合伙企业债务承担责任,对合伙企业的事务不享有经营权,但如果有限合伙人的行为足以使第三人合理信赖其为普通合伙人时,则有限合伙人得承担普通合伙人的责任,即承担无限连带责任。表见的普通合伙仅适用于与特定的第三人之间的某次或某几次交易的情形,因此时该第三人构成善意第三人,而非从合伙人地位上完全否认有限合伙人的身份,对其他不构成表见普通合伙的情形,有限合伙人仍旧承担有限责任。如《合伙企业法》第76条第1款规定:第三人有理由相信有限合伙人为普通合伙人并与其交易的,该有限合伙人对该笔交易承担与普通合伙人同样的责任。

表见合伙制度也是保护善意第三人的一种制度,但其作为合伙中善意第三人保护的特殊形态,其规制的重点在于合伙人资格。表见的合伙人可能与其所标称的合伙企业没有实质联系,法律采用外观主义来达到要求其对自己行为负责,这也是英国等建立表见合伙制度的理论基础,即禁止反言和外观主义;合伙企业中的善意第三人制度则从"合伙企业内外部有别"的角度处理合伙人与外部第三人之间的关系,并指出外部善意第三人不受合伙企业内部约定的限制,以此保障交易安全和秩序。

六、合伙企业的解散、破产与清算(Dissolution,Bankruptcy and Liquidation of Partnership)

(一) 合伙企业的解散(Dissolution of Partnership)

合伙企业的解散是指因某些法律事实的发生而使合伙企业归于消灭的行为。根据《合伙企业法》第85条的规定,合伙企业解散的事由包括:

(1) 合伙协议约定的经营期限届满,合伙人不愿继续经营的。这意味着在合伙协议约定有经营期限时,合伙协议约定的经营期限届满并不必然引起合伙企业的解散。此时只有与合伙人不愿继续经营的条件同时具备,才会引起合伙企业解散的后果。如果合伙协议约定的经营期限届满后合伙人对继续经营合伙事业均无异议,则可认为合伙人一致同意延长合伙经营期限,延长后的期限则为不定期限。但此时应在原约定的经营期限届满之日起 15 日内向原登记机关办理有关变更登记手续。

（2）合伙协议约定的解散事由出现。合伙协议约定的解散事由实为附解除条件的法律行为，条件成就时协议解除，合伙企业解散。

（3）全体合伙人决定解散。合伙企业可由合伙人基于合意而设立，当然也可基于合伙人的合意而解散。无论合伙协议是否约定有合伙经营期限，合伙人均可通过合意而终止合伙协议，解散合伙企业。如果仅有部分合伙人主张解散的，则合伙企业并不当然解散，同意解散的合伙人声明退伙，合伙企业继续存在。在不同意解散合伙企业的合伙人只有 1 人时，合伙关系自当消灭，合伙企业解散。

（4）合伙人已不具备法定人数满 30 天。根据《民法通则》和《合伙企业法》的规定，合伙组织的合伙人必须是 2 人以上，若合伙企业成立后不断发生退伙而致只剩下 1 人时，便出现了合伙人不足法定人数的现象，当这种情形持续满 30 天时，合伙企业应当解散。这也是合伙企业"人合性"和"组织性"的要求。

（5）合伙协议约定的合伙目的已经实现或者无法实现。用以实现特定目的的合伙组织，在目的实现时已无存在的必要，而在目的无法实现时也无存在的必要，故此两种情况下可主张合伙解散。

（6）被依法吊销营业执照、责令关闭或者被撤销。合伙企业是以申请设立的，自颁发营业执照之日起具有民事主体资格，吊销营业执照则意味着民事主体资格的消灭，另外责令关闭或撤销都能达到使其资格消灭的法律后果，此时合伙应解散。

（7）出现法律、行政法规规定的合伙企业解散的其他原因。作为兜底条款，法律规定了其他的导致合伙解散的情形。

（二）合伙企业的破产（Bankruptcy of Partnership）

合伙企业不能清偿到期债务的，债权人可以依法向人民法院提出破产清算申请，也可以要求普通合伙人清偿。合伙企业依法被宣告破产的，普通合伙人对合伙企业债务仍应承担无限连带责任。[①] 依此规定，当合伙企业不能清偿到期债务时，债权人可以选择以下两种途径中的任何一种以保护自己的债权：其一，根据企业破产法的规定，向人民法院提出破产清算的申请，通过破产清算程序实现自己的债权；其二，直接要求普通合伙人按照无限连带责任的规定偿还债务。如果选择破产清算程序，则合伙企业在依法被宣告破产后，普通合伙人对合伙企业的债务仍然需要承担无限连带责任。

根据我国《企业破产法》第 135 条的规定：其他法律规定企业法人以外的组织

---

① 参见《合伙企业法》第 92 条。

的清算,属于破产清算的,参照适用本法规定的程序。因此,合伙企业的破产适用《企业破产法》的规定,在此不赘述。

(三) 合伙企业的清算(Liquidation of Partnership)

合伙企业解散的结果是合伙企业的终止,即合伙企业主体资格的消灭,因此在消灭前必须要对合伙企业的债权、债务进行清偿或对合伙企业财产再分配,解决合伙企业与债权、债务人的关系及合伙人内部的关系,这个清偿或再分配的过程就是合伙企业的清算。合伙企业清算结束后,如原办理合伙企业登记的,应依法办理合伙企业的注销登记。

1. 清算程序

(1) 清算人的确定及其职责。合伙企业解散,应确定清算人,由清算人依法进行清算工作。清算人应由全体合伙人担任;如果未能由全体合伙人担任清算人的,经全体合伙人过半数同意,可以自合伙企业解散后 15 日内指定 1 名或者数名合伙人,或者委托第三人担任清算人。

清算人在清算期间执行以下事务:①清算合伙企业财产,分别编制资产负债表和财产清单;②处理与清算有关的合伙企业未了结的事务;③清缴所欠税款;④清理债权、债务;⑤处理合伙企业清偿债务后的剩余财产;⑥代表合伙企业参与民事诉讼活动。

(2) 债权人及其债权确定。清算人确定后,应当自确定日起 10 同内将合伙企业解散事项通知合伙企业的债权人,并且应当于 60 日内在报纸上予以公告。债权人自接到通知书之日起 30 日内,未接到通知书的自公告之日起 45 日内,向清算人申报债权。债权人申报债权时应当说明债权的有关事项,并提供证明材料。清算人应当对债权进行登记。清算结束后,清算人应当编制清算报告,经全体合伙人签名、盖章后,在 15 日内向企业登记机关报送清算报告,申请办理合伙企业注销登记。合伙企业清算期间,其企业主体资格仍然存续,但不得开展与清算无关的经营活动。

2. 清算规则

(1) 合伙企业财产的清偿顺序。合伙企业财产在支付清算费用后,应按下列顺序清偿:①合伙企业所欠职工工资和劳动保险费;②合伙企业所欠税款;③合伙企业的债务;④退还合伙人的出资。

(2) 剩余财产的分配。合伙企业财产按上述顺序清偿后仍有剩余的,则按约定或法定的比例在原合伙人间分配。合伙协议未约定比例的,依法由各合伙人平均分配。

合伙企业清算时,其全部财产不足清偿其债务的,由各合伙人按照合伙协议约定的比例清偿,未约定比例的,由各合伙人平均用其在合伙企业出资以外的个人财产承担无限连带责任。

(3) 合伙企业注销后的债务承担。根据《合伙企业法》第 91 条的规定,合伙企业注销后,原普通合伙人对合伙企业存续期间的债务仍应承担连带责任,债权人仍然可以向普通合伙人进行追偿。但债权人在 5 年内未向债务人提出债务清偿请求的,该责任消灭。

第三节　其他企业法
Section Three　Law of Other Enterprises

一、国有企业法(Law of State-Owned Enterprises)

国有企业是指资本的全部或主要部分由国家投入并为其所有或控股,依法设立从事生产经营活动的企业。国有企业在现代国家调节社会经济中具有十分重要的意义,其在产权性质和经营方式上的许多特点决定了其作为被调节主体与其他非国有企业相比具有许多差异,主要表现为国家对国有企业不仅以国家调节主体的身份,还要以资本所有者或控股人身份实施调节和管理。

为此,我国于 1988 年制定了《全民所有制企业法》(Law of the People's Republic of China on Industrial Enterprises Owned by the Whole People),其对全民所有制企业这种完全由国有资本出资的企业的设立、变更、终止,企业的权利和义务,企业和政府的关系,厂长,职工和职工代表大会等,作了详细的规定。随着社会经济的发展,国有企业逐渐发展为国有控股为主的形式,故我国于 2008 年制定了《企业国有资产法》(Law of the People's Republic of China on the State-Owned Assets of Enterprises),对履行出资人职责的机构,国家出资企业的经营管理,国家出资企业管理者的选择与考核,关系国有资产出资人权益的重大事项如企业改制、与关联方的交易、资产评估、国有资产转让,国有资本经营预算,国有资产监督等内容进行了规定,以全面推进国有企业治理现代化。[①]

总体而言,国有企业法律调整的内容体现在:一方面,国家对国有企业调节和管理的深度和广度,较之非国有企业更全面、更细致也更深入,不仅从宏观和总体上决定或调整国有企业投资规模、方向、结构、重点,对其具体投资项目和企业组织形式等企业经营管理中的具体问题往往也要进行调控;另一方面,国有企业在国家经济调节法律关系中也享有更多的权利、承担更多的义务,如某些行业经营

---

① 刘俊海:《全面推进国有企业公司治理体系和治理能力现代化的思考与建议》,《法学论坛》2014 年第 2 期。

垄断、财政扶助和补贴、信贷以及在资源利用、原材料和能源供应等方面。同时，它们也要受到国家一些政策性限制，如价格权限制、生产经营自主权的限制等。

二、集体企业法（Law of Enterprise under Collective Ownership）

在我国，集体企业是指集体组织投资设立的企业。集体企业可分为乡村集体所有制企业和城镇集体所有制企业。前者是由乡镇、村、村民小组农民集体举办的企业；后者是指在城市设立的财产属于劳动群众集体所有、实行共同劳动、在分配方式上以按劳分配为主体的社会主义经济组织。1990 年、1991 年，国务院分别制定了《乡村集体所有制企业条例》（Regulations of Enterprise under Rural Collective Ownership）、《城镇集体所有制企业条例》（Regulations of Enterprise under Collective Ownership in City and Town）。前者规定：国家鼓励和保护乡村集体所有制企业依照平等互利、自愿协商、等价有偿的原则，进行多种形式的经济技术合作；国家鼓励和支持乡村集体所有制企业依法利用自然资源，因地制宜发展符合国家产业政策和市场需要的产业和产品，增加社会有效供给；乡村集体所有制企业经依法审查，具备法人条件的，登记后取得法人资格，厂长（经理）为企业的法定代表人；乡村集体所有制企业职工有返回其所属的农民集体经济组织从事农业生产的权利。后者规定：城镇集体企业应当遵循自愿组合、自筹资金、独立核算、自负盈亏，自主经营、民主管理，集体积累、自主支配，按劳分配、入股分红的原则；集体企业依法取得法人资格，以其全部财产独立承担民事责任；集体企业的职工是企业的主人，依照法律、法规和集体企业章程行使管理企业的权力；集体企业依照法律规定实行民主管理，职工（代表）大会是集体企业的权力机构，由其选举和罢免企业管理人员，决定经营管理的重大问题；集体企业实行厂长（经理）负责制；集体企业的工会维护职工的合法权益，依法独立自主地开展工作，组织职工参加民主管理和民主监督。2011 年，国务院对上述二条例中的个别内容进行了修订。

三、合作社企业法（Law of Cooperative Enterprise）

合作社是两个以上成员为改善自身生活条件和获取经济利益，在互助合作基础上联合组成，从事一定范围内生产经营活动的组织。合作社是从事生产经营的经济组织，具有企业的一般特征。合作社的特殊性主要体现在互助合作这一性质上，由这一特性决定，它从事生产经营的目的虽然也是为了营利，但主要是为了改善自身生活条件；另外，社员在出资方式上也比较灵活，可以用资金、财产、劳务等出资，并且，法律对其总资本额一般不作限制；其管理制度贯彻自治精神。由于它设立的目的主要是互助合作，所以其从事的生产经营活动的范围有一定局限性，法律往往对其业务范围作出限制性规定。在立法方面,我国于 2006 年制定了《农民专业合作社法》(Law of the People's Republic of China on Specialized Farmers Cooperatives)。此外,国务院等先后对供销合作社、信用合作社、农民专业合作社等企业发布了诸多规范性文件,如 2007 年发布的《农民专业合作社登记管理条例》、2009 年发布的《关于加快供销合作社改革发展的若干意见》等。实践中,农民并未真正有效参与合作社企业,这背离了互助性经济组织制度设计的初衷,[①]合作社也存在管理困境,如民主管理主体缺失、民主参与利益丧失、民主管理外部环境缺乏等,这些需要立法进行规范。[②] 此外,随着社会经济发展,一些新型合作社如生产合作社、供应合作社、运销合作社、保险合作社等都应建立,这就需要制定合作社基本法进行规范。[③]

四、独资企业法(Law of Individual Proprietorship Enterprises)

独资企业是由一个自然人出资经营,由出资人独自拥有企业财产所有权,亲自执行业务,行使经营权,并且对企业债务负无限责任的企业。独资企业不具有法人资格。独资企业规模小,但数量却居各国企业的首位,对于活跃城乡市场、安置就业等方面有重要作用。我国于 1999 年颁布的《个人独资企业法》(Law of the People's Republic of China on Individual Proprietorship Enterprises)对这类企业的设立、经营、解散、清算、法律责任等问题进行了专门统一的规定。在设立方面,设立个人独资企业应当具备下列条件:投资人为一个自然人;有合法的企业名称;有投资人申报的出资;有固定的生产经营场所和必要的生产经营条件;有必要的从业人员。个人独资企业投资人在申请企业设立登记时明确以其家庭共有财产作为个人出资的,应当依法以家庭共有财产对企业债务承担无限责任。在经营方面,个人独资企业投资人可以自行管理企业事务,也可以委托或者聘用其他具有民事行为能力的人负责企业的事务管理。在终止方面,个人独资企业解散后,原投资人对个人独资企业存续期间的债务仍应承担偿还责任,个人独资企业财产不足以清偿债务的,投资人应当以其个人的其他财产予以清偿,但债权人在五年内未向债务人提出偿债请求的,该责任消灭。

实践中,我国个人独资企业始终面临着与个体工商户、一人公司[④]甚至合伙企业等小型市场主体之间的竞争危机,而立法仍然坚持对它们之间差异制度的维系,与经济社会发展格格不入,应适时改变。

---

① 赵谦:《专业合作社法实施中的农民参与困境及校正——以重庆为例》,《法学》2012 年第 3 期。
② 张德峰:《农村信用合作社:民主困境与法律突围》,《政法论坛》2011 年第 6 期。
③ 马跃进、孙晓红:《中国合作社立法——向着本来意义的合作社回归》,《法学家》2008 年第 6 期。
④ 李建伟:《个人独资企业法律制度的完善与商个人体系的重构》,《政法论坛》2012 年第 5 期。

五、外商投资企业法(Law of Foreign-Invested Enterprises)

外商投资企业是指含有境外投资的企业,包括中外合资企业、中外合作企业、外资企业三类。中外合资企业是指外国公司、企业和其他经济组织或个人,经中国政府批准,在中华人民共和国境内,同中国的公司、企业或其他经济组织共同举办的组织形式为有限责任公司的合营企业。中外合作企业,是指外国的企业和其他经济组织或者个人,同中华人民共和国的企业或者其他经济组织在中国境内共同举办的契约型合营企业,合营方在合作合同中约定投资或者合作条件、收益或者产品的分配、风险和亏损的分担、经营管理的方式和合作企业终止时财产的归属等。外资企业是指依照中国有关法律在中国境内设立的全部资本由外国投资者投资的企业,不包括外国的企业和其他经济组织在中国境内的分支机构。我国从 1979 年开始就先后制定了《中外合资经营企业法》(Law of the People's Republic of China on Chinese-Foreign Equity Joint Ventures)、《外资企业法》(Law of the People's Republic of China on Foreign-Capital Enterprises)、《中外合作经营企业法》(Law of the People's Republic of China on Chinese-Foreign Contractual Joint Ventures),规定了三类企业的投资方主体资格、组织形式、管理方式、优惠措施、风险责任分担、企业终止等内容。在加入 WTO 之际,我国对上述法律进行了修改,使其与 WTO 规则相一致。不过,这又带来外商投资企业制度的生存危机。原因是,包括税收优惠[①]在内的内外有别的制度存在着悖论,外商投资企业与公司及相关制度是并轨还是融合都是难题。[②] 我们认为,在 WTO 体制下,国别制度差异仍是共性,外商投资企业的法律规制不可能与内资企业完全相同,只不过在制度设计上要科学合理而已。

第四节　企业破产法
Section Four　Enterprise Bankruptcy Law

一、破产法概述(Introduction to Enterprise Bankruptcy Law)

(一)破产法的概念及特征(Definition and Features of Enterprise Bankruptcy Law)

破产(bankruptcy)是商品经济社会发展到一定阶段出现的法律现象,一般是

---

① 刘永伟:《税收优惠违反国民待遇原则悖论——兼谈我国外商投资企业税收政策的选择》,《现代法学》2006 年第 2 期。

② 赵旭东:《融合还是并行? 外商投资企业法与公司法的立法选择》,《法律适用》2005 年第 3 期。

指债务人经营失败,倾其所有财产用于偿债的事实。作为法律概念的破产,是指债务人不能清偿到期债务,并且资产不足以清偿全部债务或者明显缺乏清偿能力时,规定债务如何清偿的一种法律制度。即,对于丧失偿债能力的债务人,经法院审理与监督,强制清算其全部财产,公平清偿全体债权人的法律制度。

一般来说,破产法律概念还包括除破产清算以外的以避免债务人破产为主要目的的和解、重整制度。英国《牛津法律大辞典》将破产定义为,"政府通过其为此目的而任命的官员取得债务人的财产,从而将其变卖,并且通过优先请求及优先顺序把债务人的财产按一定比率分配给债权人的一种程序"。日本《新法学辞典》将破产解释为,"债务人陷于不能清偿其债务的场合,以对所有债权人将债务人的总财产公平清偿为目的的程序"。

对破产法可以从形式意义与实质意义的不同层面来理解。从形式意义上看,破产法包括破产法典,如我国于 2006 年 8 月 27 日通过的《中华人民共和国企业破产法》(以下简称《破产法》)(Enterprise Bankruptcy Law of the People's Republic of China),还包括其他有关破产的法律、法规、司法解释等,如《商业银行法》、《公司法》等立法中有关破产的规定,2002 年 7 月 18 日最高人民法院《关于审理企业破产案件若干问题的规定》(以下简称《破产规定》)等。从实质意义上来看,破产法指对债务人进行破产清算的法律制度,也包括破产和解与重整制度。

破产法的法律特征如下:一是破产法的调整范围一般仅限于债务人已经丧失清偿能力的特殊情况。只有债务人不能清偿到期债务,并且资产不足以清偿全部债务或者明显缺乏清偿能力的,债权人或债务人才可以请求法院宣告破产,从而进入破产程序,公平清偿债务。二是破产法是实体法和程序法内容合一的综合性法律。实体性法律规范主要有破产财产、破产债权、撤销权等,程序性法律规范主要有破产申请与受理、债权人会议、和解、重整程序等。

(二)破产法的立法宗旨(The Goal of Enterprise Bankruptcy Law)

破产法最初产生的原因是为了保护债权人的利益,在债务人丧失偿债能力时公平清偿债务。随着社会进步与发展,破产法趋向于平衡债权人与债务人的利益,[①]在保护债权人的同时,也考虑债务人的重生问题,使债务人能够摆脱困境。现代社会的债务清偿关系不仅影响到债权人、债务人,还可能影响到社会整体利益,不能不综合考虑。因此,各国破产法律都十分重视如何挽救陷入债务危机的大型企业,以避免因破产可能带来的负面影响。我国破产法的立法宗旨是规范企业破产程序,公平清理债权债务,保护债权人和债务人的合法权益,维护社会主义

---

① 有研究认为,破产债权平等、债权人自治、集体清偿、尊重非破产法规范是贯穿破产法的基本原则。参见许德风:《破产法基本原则再认识》,《法学》2009 年第 8 期。

市场经济秩序。

（三）适用范围（The Reach of Enterprise Bankruptcy Law）

根据《破产法》第 2 条规定，"企业法人不能清偿到期债务，并且资产不足以清偿全部债务或者明显缺乏清偿能力的，依照本法规定清理债务。""企业法人有前述规定情形，或者有明显丧失清偿能力可能的，可以依照本法规定进行重整。"由此可见，破产法适用于中国境内所有的企业法人，包括国有企业、集体企业，有限责任公司与股份有限公司，中外合资企业、中外合作企业与在中国境内注册的外国公司。当然也有例外规定。对于商业银行、证券公司、保险公司等金融机构丧失清偿能力的，国务院金融监督管理机构可以向人民法院提出对该金融机构进行重整或者破产清算的申请。国务院金融监督管理机构依法对出现重大经营风险的金融机构采取接管、托管等措施的，可以向人民法院申请中止以该金融机构为被告或者被执行人的民事诉讼程序或者执行程序。

二、破产的申请与受理（Application for and Acceptance of Bankruptcy）

（一）破产原因（Causes of Bankruptcy）

破产原因也称破产界限，是人民法院据以宣告债务人破产的标准和事由，是指债务人处于一种什么样的客观状况下，法院才可以根据破产申请宣告债务人破产。破产原因能有效避免欺诈性破产和恶意申请破产。根据我国法律规定，企业破产的原因为企业法人不能清偿到期债务，并且资产不足以清偿全部债务或者明显缺乏清偿能力，或者有明显丧失清偿能力的可能。

（二）破产申请（Application for Bankruptcy）

破产申请是债权人、债务人或负有清算责任的人向人民法院提出的要求宣告债务人破产以清偿债务的请求。无破产申请，法院不得启动破产程序。破产申请应当采用书面形式，且应当载明下列事项：申请人、被申请人的基本情况；申请目的；申请的事实和理由；人民法院认为应当载明的其他事项。债务人提出申请的，还应当向人民法院提交财产状况说明、债务清册、债权清册、有关财务会计报告、职工安置预案以及职工工资的支付和社会保险费用的缴纳情况。破产申请关系重大，债务人必须依照公司章程，由董事会或者股东大会决定，并要听取职工代表和工会的意见。

破产案件由债务人住所地人民法院管辖。债务人住所地是指债务人的主要办事机构所在地。债务人无办事机构的，由其注册地人民法院管辖。根据《破产规定》，基层人民法院一般管辖县、县级市或者区的工商行政管理机关核准登记企业的破产案件；中级人民法院一般管辖地区、地级市（含本级）以上的工商行政管理机关核准登记企业的破产案件和纳入国家计划调整的企业破产案件。

（三）破产案件的受理（Acceptance of Bankruptcy）

债权人提出破产申请的，人民法院应当自收到申请之日起五日内通知债务人。债务人对申请有异议的，应当在收到人民法院的通知之日起七日内向人民法院提出。人民法院应当自异议期满之日起十日内裁定是否受理。除前述情形外，人民法院应当自收到破产申请之日起十五日内裁定是否受理。有特殊情况需要延长规定的裁定受理期限的，经上一级人民法院批准，可以延长十五日。

人民法院受理破产申请的，应当自裁定作出之日起五日内送达申请人。债权人提出申请的，人民法院应当自裁定作出之日起五日内送达债务人。债务人应当自裁定送达之日起十五日内，向人民法院提交财产状况说明、债务清册、债权清册、有关财务会计报告以及职工工资的支付和社会保险费用的缴纳情况。

（四）破产案件受理的法律后果（Legal Effects of Acceptance of Bankruptcy）

1. 禁止债务人对个别债权人的清偿行为

人民法院受理破产申请后，为保证对全体债权人的公平清偿，债务人不得私自清偿债务，对个别债权人的债务清偿无效。但是，债务人以其自有的财产向债权人提供物权担保的，其在担保物价值内向债权人所作的债务清偿行为有效。这是因为物权担保债权人享有对担保物的优先受偿权，对其债务清偿可使债务人收回担保财产，用于企业经营或对所有债权人的清偿，不违反公平清偿原则。为此，《破产法》第37条规定，人民法院受理破产申请后，管理人可以通过清偿债务或者提供为债权人接受的担保，取回质物、留置物。这里规定的债务清偿或者替代担保，在质物或者留置物的价值低于被担保的债权额时，以该质物或者留置物当时的市场价值为限。

2. 交付财产的义务

人民法院受理破产申请后，债务人的债务人或者财产持有人应当向管理人清偿债务或者交付财产。破产申请受理后，债务人丧失对其财产的管理、处分权，无法再接受债务的清偿和财产的交付，而且也为了防止财产交付给债务人后被隐藏、私分而损害债权人的利益。债务人的债务人或者财产持有人故意违反规定向债务人清偿债务或者交付财产，使债权人受到损失的，不免除其清偿债务或者交付财产的义务。所谓不免除，是指因债务人的债务人或者财产持有人的行为使债权人受到损失的，在损失范围内还应当承担责任。

3. 未履行完毕合同的处理

企业在运转过程中遭受破产，其业务活动也只能中止，所以出现未履行完的合同是很常见的。人民法院受理破产申请后,管理人接管债务人的所有财产,对其享有权利,对破产申请受理前成立而债务人和对方当事人均未履行完毕的合同有权决定解除或者继续履行,并且应当通知对方当事人。管理人决定解除或者继续履行合同,应当以保障债权人利益最大化为原则,同时还应考虑对方当事人因合同解除而可能提出的损害赔偿额,综合权衡利弊。管理人自破产申请受理之日起两个月内未通知对方当事人,或者在收到对方当事人催告之日起三十日内未答复的,认为是解除合同。管理人如果决定继续履行合同的,对方当事人应当履行;但是,对方当事人有权要求管理人提供担保。管理人不提供担保的,也认为是解除合同。

4. 债务人企业涉讼案件的处理

人民法院受理破产申请后,已经开始而尚未终结的有关债务人的民事诉讼或者仲裁应当中止;在管理人接管债务人的财产后,该诉讼或者仲裁继续进行。人民法院受理破产申请后,债务人丧失对财产的管理处分权,当然也就无权继续进行诉讼,而应当由管理人承受。在管理人接管之前,诉讼只能中止。

5. 债权申报的期限

人民法院受理破产申请后,应当确定债权人申报债权的期限。债权申报期限自人民法院发布受理破产申请公告之日起计算。

三、破产债权(Creditor's Claims in Bankruptcy)

(一)破产债权的概念和特征(Definition and Features of Creditor's Claims in Bankruptcy)

通常认为,破产债权是基于破产宣告前的原因而发生的,能够通过破产分配由破产财产公平受偿的财产请求权。我国破产法规定,人民法院受理破产申请时对债务人享有的债权称为破产债权。因此,破产债权的法律特征有以下几点:

第一,破产债权是财产上的请求权。破产债权是以财产给付为内容的请求权,它表现为或者能够折合为一定数额的货币。

第二,破产债权是基于破产宣告前的原因而发生的债权。破产宣告的时间为破产债权成立的时点,破产宣告(即破产程序启动)之后,普通债权转化为破产债权,只能通过破产程序清偿。

第三,破产债权是能够强制执行的请求权。破产程序是一种概括的强制执行程序,参加破产程序的债权必须是受法律保护且能够予以强制执行的债权。

第四,破产债权是经过依法申报并取得确认,而且可以在破产程序中受偿的债权。对权利的行使,法律一般规定有一定的程序与时效期间,破产债权亦是如此。只有得到确认的债权才最终具备破产债权的资格。

（二）破产债权的申报（Declaration of Creditor's Claims in Bankruptcy）

1. 债权的申报期限

人民法院受理破产申请时对债务人享有债权的债权人，依照法定程序行使权利。债权人申报债权的期限由人民法院确定，自人民法院发布受理破产申请公告之日起计算，最短不得少于三十日，最长不得超过三个月。

2. 债权的申报范围

债权的申报范围为：（1）未到期的债权。未到期的债权，在破产申请受理时视为到期。附利息的债权自破产申请受理时起停止计息。（2）附条件、附期限的债权。这类债权也可以申报。（3）连带债权。首先应当说明申报的债权是连带债权。债务人的保证人或者其他连带债务人已经代替债务人清偿债务的，以其对债务人的求偿权申报债权。（4）保证责任产生的债权。债务人的保证人或者其他连带债务人尚未代替债务人清偿债务的，以其对债务人的将来求偿权申报债权。但是，债权人已经向管理人申报全部债权的除外。（5）解除合同产生的债权。管理人或者债务人依法解除合同的，对方当事人可以以合同解除所产生的损害赔偿请求权申报债权。（6）委托关系产生的债权。债务人是委托合同的委托人，受托人不知其破产事实，继续处理委托事务的，受托人以由此产生的请求权申报债权。（7）票据债权。债务人是票据的出票人，被宣告破产，该票据的付款人继续付款或者承兑的，付款人以由此产生的请求权申报债权。此外，债务人所欠职工的工资和医疗、伤残补助、抚恤费用，所欠的应当划入职工个人账户的基本养老保险、基本医疗保险费用，以及法律、行政法规规定应当支付给职工的补偿金，不必申报，由管理人调查后列出清单并予以公示。

在人民法院确定的债权申报期限内，债权人没有申报债权的，可以在破产财产最后分配前补充申报；但是，先前已进行的分配，不再对其补充分配。债权人没有依法申报债权的，不得依照法定程序行使权利。

（三）破产债权的审查、确认（Examination and Determination of Creditor's Claims in Bankruptcy）

管理人负责审查申报的债权，并编制债权表。对债权申报材料，管理人应当登记在册，和债权表一起妥善保存，以便利害关系人查阅。管理人编制的债权表，应当提交第一次债权人会议核查。债务人、债权人对债权表记载的债权无异议的，由人民法院裁定确认；有异议的，可以向受理破产申请的人民法院提起诉讼。

四、管理人与债权人会议（Administrator and Creditors' Meeting）

（一）管理人（Administrator）

1. 管理人的概念

管理人是指人民法院裁定受理破产申请时指定的，依照破产法规定执行职务，向人民法院报告工作，并受债权人会议和债权人委员会监督的机构。管理人是破产程序中最重要的机构之一，管理各种破产事务。管理人的活动关系到破产程序能否在公正、公平和高效的基础上顺利进行。

2. 管理人的任职资格

管理人由于其地位和职责的重要性，需要慎重考虑其任职资格问题。管理人可以由有关部门、机构的人员组成的清算组或者依法设立的律师事务所、会计师事务所、破产清算事务所等社会中介机构担任。人民法院根据债务人的实际情况，可以在征询有关社会中介机构的意见后，指定该机构具备相关专业知识并取得执业资格的人员担任管理人。但是有下列情形之一的，不得担任管理人：因故意犯罪受过刑事处罚的；曾被吊销相关专业执业证书的；与本案有利害关系的；人民法院认为不宜担任管理人的其他情形。个人担任管理人的，应当参加执业责任保险。债权人会议认为管理人不能依法、公正执行职务或者有其他不能胜任职务情形的，可以申请人民法院予以更换。

3. 管理人的职责

管理人应当履行下列法定职责：（1）接管债务人的财产、印章和账簿、文书等资料；（2）调查债务人财产状况，制作财产状况报告；（3）决定债务人的内部管理事务；（4）决定债务人的日常开支和其他必要开支；（5）在第一次债权人会议召开之前，决定继续或者停止债务人的营业；（6）管理和处分债务人的财产；（7）代表债务人参加诉讼、仲裁或者其他法律程序；（8）提议召开债权人会议；（9）人民法院认为管理人应当履行的其他职责。另外，破产法对管理人的职责另有规定的，应当适用例外规定。

在第一次债权人会议召开之前，管理人决定继续或者停止债务人的营业，或者对债权人利益有重大影响的财产处分行为的，应当经人民法院许可。

管理人依照法律规定执行职务，向人民法院报告工作，并接受债权人会议和债权人委员会的监督。管理人应当列席债权人会议，向债权人会议报告职务执行情况，并回答询问。管理人应当勤勉尽责，忠实执行职务。管理人没有正当理由不得辞去职务。管理人辞去职务应当经人民法院许可。

（二）债权人会议（Creditors' Meeting）

1. 债权人会议的组成

债权人会议是由依法申报债权的债权人组成,为保障全体债权人利益,表达债权人意志,统一债权人行动的临时性机构。依法申报债权的债权人为债权人会议的成员,有权参加债权人会议,享有表决权。债权尚未确定的债权人,除人民法院能够为其行使表决权而临时确定债权额的外,不得行使表决权。对债务人的特定财产享有担保权的债权人,未放弃优先受偿权利的,对于和解协议、破产财产的分配方案的通过不享有表决权。

债权人可以委托代理人出席债权人会议,行使表决权。代理人出席债权人会议,应当向人民法院或者债权人会议主席提交债权人的授权委托书。债权人会议应当有债务人的职工和工会的代表参加,对有关事项发表意见。

债权人会议设主席一人,由人民法院从有表决权的债权人中指定。债权人会议主席主持债权人会议。

2. 债权人会议的职权

债权人会议行使下列职权:核查债权;申请人民法院更换管理人,审查管理人的费用和报酬;监督管理人;选任和更换债权人委员会成员;决定继续或者停止债务人的营业;通过重整计划、和解协议、债务人财产的管理方案、破产财产的变价方案、破产财产的分配方案;人民法院认为应当由债权人会议行使的其他职权。债权人会议应当对所议事项的决议作成会议记录。

3. 债权人会议召集和议决规则

第一次债权人会议由人民法院召集,自债权申报期限届满之日起十五日内召开。以后的债权人会议,在人民法院认为必要时,或者管理人、债权人委员会、占债权总额四分之一以上的债权人向债权人会议主席提议时召开。据此,人民法院不得在法定期限之前召开第一次债权人会议,也不得无故推迟召开,或者不召开。召开债权人会议,管理人应当提前十五日通知已知的债权人。

债权人会议的决议,由出席会议的有表决权的债权人过半数通过,并且其所代表的债权额占无财产担保债权总额的二分之一以上。但是,法律另有规定的除外。债权人认为债权人会议的决议违反法律规定,损害其利益的,可以自债权人会议作出决议之日起十五日内,请求人民法院裁定撤销该决议,责令债权人会议依法重新作出决议。债权人会议的决议,对于全体债权人均有约束力。

对于债务人财产的管理方案和破产财产的变价方案,经债权人会议表决未通过的,由人民法院裁定。对破产财产的分配方案,经债权人会议二次表决仍未通过的,也应当由人民法院裁定。对这两项裁定,人民法院可以在债权人会议上宣布或者另行通知债权人。

4. 债权人委员会

债权人会议可以决定设立债权人委员会。债权人委员会由债权人会议选任的债权人代表和一名债务人的职工代表或者工会代表组成。债权人委员会成员不得超过九人。债权人委员会成员应当经人民法院书面决定认可。

债权人委员会行使下列职权:监督债务人财产的管理和处分;监督破产财产分配;提议召开债权人会议;债权人会议委托的其他职权。债权人委员会执行职务时,有权要求管理人、债务人的有关人员对其职权范围内的事务作出说明或者提供有关文件。管理人、债务人的有关人员违反规定拒绝接受监督的,债权人委员会有权就监督事项请求人民法院作出决定;人民法院应当在五日内作出决定。

五、债务人财产(Debtor's Property)

(一) 债务人财产的概念(The Definition of Debtor's Property)

债务人财产是指破产申请受理时至破产程序终结前债务人取得的财产。而破产财产是指债务人被宣告破产后的财产。从财产意义上来看,这两个概念并无本质区别,只是表明债务人即财产主体在破产程序中不同阶段的法律地位不同而已。因此可以认为,这两个概念在一定意义上是相通的。在其他国家,债务人财产一般称为破产财产或破产财团。破产财产主要是英美法系国家使用的概念,在大陆法系国家中称为破产财团。如日本《破产法》规定,于破产宣告时归破产人所有的一切财产,为破产财团;破产人基于破产宣告前产生的原因而于将来可行使的请求权,属于破产财团。

(二) 破产撤销权(Right of Rescission in Bankruptcy)

破产撤销权是指债务人财产的管理人对债务人在破产申请受理前的法定期间内进行的欺诈债权人或损害对全体债权人公平清偿的行为,有申请人民法院予以撤销的权利。在日本,破产撤销权称为否认权,在英美法系的一些国家则称之为可撤销交易制度。

破产撤销权制度的目的是为了防止债务人欺诈债权人或通过恶意清偿等方式损害债权人的利益。我国《破产法》规定,人民法院受理破产申请前一年内,涉及债务人财产的下列行为,管理人有权请求人民法院予以撤销:(1)无偿转让财产的;(2)以明显不合理的价格进行交易的;(3)对没有财产担保的债务提供财产担保的;(4)对未到期的债务提前清偿的;(5)放弃债权的。人民法院受理破产申请前六个月内,债务人不能清偿到期债务,并且资产不足以清偿全部债务或者明显缺乏清偿能力,仍对个别债权人进行清偿的,管理人有权请求人民法院予以撤销。但是,个别清偿使债务人财产受益的除外。据此,法律规定了自人民法院受理破产申请起 1 年或 6 个月的可撤销期间,针对不同的行为有不同的时间限制。撤销权的行使主体是管理人,这是一项独立的职权,不需要经过债权人或债权人会议的同意或授权。

(三) 破产无效行为(Invalid Act in Bankruptcy)

破产无效行为包括为逃避债务而隐匿、转移财产的行为;虚构债务或者承认不真实的债务的行为。根据民事法律的基本原则,无效行为一经发现,自始不发生法律效力。无论何时发现无效行为,任何人都可以主张该行为无效,从而追回被非法处分的财产。

隐匿是指将债务人财产秘密私藏使他人无法找到,导致管理人不能接管。根据破产法规定,债务人提出破产申请时,或债权人提出的破产申请为人民法院受理时,债务人应当向人民法院提供财产状况说明等证据材料。在没有相反证据的情况下,如果债务人不将企业财产列入财产清单的,就属于隐匿财产行为。转移财产是指将债务人财产移至别处使管理人无法接管。虚构债务或者承认不真实的债务,使债务人的虚假债务增加,对已经破产的债务人来说没有实际影响,但是却会损害其他债权人的利益。对于这种行为,法律明文规定为无效行为,就是为了保护真实债权人的利益。

(四) 债务人财产的收回(Recovery of Debtor's Property)

为维护债权人和债务人的合法权益,管理人上任后,其职责之一就是接管债务人的财产,调查债务人的财产状况,使债权人获得尽可能多的清偿。根据法律规定,因破产撤销权、破产无效规定的行为而取得的债务人财产,管理人有权追回。人民法院受理破产申请后,债务人的出资人尚未完全履行出资义务的,管理人应当要求该出资人缴纳所认缴的出资,而不受出资期限的限制。在破产案件受理后,出资人尚未完全履行出资义务的,有义务缴纳所认缴的出资,用于清偿债权人。此外,债务人的董事、监事和高级管理人员利用职权从企业获取的非正常收入和侵占的企业财产,管理人应当追回。

债权人在破产申请受理前对债务人负有债务的,可以向管理人主张抵销。但是,有下列情形之一的,不得抵销:(1) 债务人的债务人在破产申请受理后取得他人对债务人的债权的;(2) 债权人已知债务人有不能清偿到期债务或者破产申请的事实,对债务人负担债务的;但是,债权人因为法律规定或者有破产申请一年前所发生的原因而负担债务的除外;(3) 债务人的债务人已知债务人有不能清偿到期债务或者破产申请的事实,对债务人取得债权的;但是,债务人的债务人因为法律规定或者有破产申请一年前所发生的原因而取得债权的除外。

对债务人财产的取回有以下几种情况:(1) 人民法院受理破产申请后,管理人可以通过清偿债务或者提供为债权人接受的担保,取回质物、留置物。债务清偿或者替代担保,在质物或者留置物的价值低于被担保的债权额时,以该质物或者留置物当时的市场价值为限;(2)人民法院受理破产申请后,债务人占有的不属于债务人的财产,该财产的权利人可以通过管理人取回,但是法律另有规定的除外;(3)人民法院受理破产申请时,出卖人已将买卖标的物向作为买受人的债务人发运,债务人尚未收到且未付清全部价款的,出卖人可以取回在运途中的标的物。但是,管理人可以支付全部价款,请求出卖人交付标的物。

六、破产和解与重整(Settlement and Reorganization of Enterprise During Bankruptcy)

(一)破产和解(Settlement During Bankruptcy)

1. 和解概述

各国的和解立法一般可分为两种:一种是和解前置主义,即破产申请提出后,双方首先必须进行和解,只有在和解不能成立时,才适用破产清算程序,如英国。另一种是和解分立主义,即和解并不是破产清算的必经程序,当事人可自行选择是进行和解还是直接进行破产清算,如日本、德国等。我国采用和解分立主义。

2. 和解的程序

(1)和解的申请。债务人可以依照破产法规定,直接向人民法院申请和解;也可以在人民法院受理破产申请后、宣告债务人破产前,向人民法院申请和解。因此,提出和解申请的主体只能是债务人,其他主体没有权利申请;而且,债务人对申请和解的时间具有选择性,既可以直接向人民法院申请,也可以在人民法院受理破产申请后、宣告债务人破产前申请。

(2)和解的受理。和解申请需要经过人民法院审查。人民法院经审查认为和解申请符合法律规定的,应当裁定和解,予以公告,并召集债权人会议讨论和解协议草案。

(3)和解协议的通过。债务人申请和解时,应当提出和解协议草案,债权人会议通过和解协议的,由人民法院裁定认可,终止和解程序,并予以公告。和解协议草案经债权人会议表决未获得通过,或者已经债权人会议通过的和解协议未获得人民法院认可的,人民法院应当裁定终止和解程序,并宣告债务人破产。债权人会议通过和解协议的决议,由出席会议的有表决权的债权人过半数同意,并且其所代表的债权额占无财产担保债权总额的三分之二以上。这里应当注意,对债务人的特定财产享有担保权的债权人,未放弃优先受偿权利的,对于和解协议不享有表决权。此外,人民法院受理破产申请后,债务人与全体债权人就债权债务的处理自行达成协议的,可以请求人民法院裁定认可,并终结破产程序。

3. 和解协议的效力

(1)和解协议对和解债权人的效力。经人民法院裁定认可的和解协议,对全体和解债权人具有约束力。和解债权人是指人民法院受理破产申请时对债务人享有无财产担保债权的人。和解债权人未依照规定申报债权的,在和解协议执行期间不得行使权利;在和解协议执行完毕后,可以按照和解协议规定的清偿条件行使权利。和解债权人对债务人的保证人和其他连带债务人所享有的权利,不受和解协议的影响。

(2)和解协议对债务人的效力。经人民法院裁定认可的和解协议,同样对债务人有约束力。一般来说,债务人应当按照和解协议规定的条件清偿债务。按照和解协议减免的债务,自和解协议执行完毕时起,债务人不再承担清偿责任。

(3)和解协议的无效。因债务人的欺诈或者其他违法行为而成立的和解协议,人民法院应当裁定无效,并宣告债务人破产。和解债权人因执行和解协议所受的清偿,在其他债权人所受清偿同等比例的范围内,不予返还。

(4)和解协议的终止执行。债务人不能执行或者不执行和解协议的,人民法院经和解债权人请求,应当裁定终止和解协议的执行,并宣告债务人破产。人民法院裁定终止和解协议执行的,和解债权人在和解协议中作出的债权调整的承诺失去效力。和解债权人因执行和解协议所受的清偿仍然有效,和解债权未受清偿的部分作为破产债权。和解协议终止执行时,为和解协议的执行提供的担保继续有效。

(二)重整(Reorganization of Enterprise During Bankruptcy)

1. 重整概述

重整是指对可能或已经发生破产原因但又有挽救希望的法人型企业,通过对各方利害关系人的利益协调,强制进行营业重组与债务清理,以使企业避免破产、获得更生的法律制度。重整制度与破产和解、清算制度相比,更能有效地挽救债务人,对于构建和谐社会具有重要的现实意义。

重整制度将债务清偿与企业挽救两个目标紧密结合,一方面通过对债务关系的调整,消除破产原因,避免企业破产;另一方面则将债权人权利的实现建立在债务人企业复兴的基础上,全面采取重整措施,力图保留企业的营运价值,以企业继续经营所得偿还债务,最终使债权人得到比破产清算更多的清偿。通过重整程序,不仅可以在更大程度上维护债权人、债务人、企业出资人的正当权益,而且可以防止出现企业连锁破产、职工失业以及由此引发的社会不稳定等问题。

2. 重整申请

与和解制度相比,有权提出重整申请的主体较多,债务人、债权人、拥有一定比例注册资本的出资人都可以提出重整申请。债务人或者债权人可以直接向人民法院申请对债务人进行重整。债权人申请对债务人进行破产清算的,在人民法院受理破产申请后、宣告债务人破产前,债务人或者出资额占债务人注册资本十分之一以上的出资人,可以向人民法院申请重整。国务院金融监督管理机构可以向人民法院提出对商业银行、证券公司、保险公司等金融机构进行重整的申请。申请重整后,人民法院应当进行审查,人民法院经审查认为重整申请符合规定的,应当裁定债务人重整,并予以公告。

3. 重整期间

从人民法院裁定债务人重整之日起至重整程序终止,为重整期间。在重整期间,经债务人申请,人民法院批准,债务人可以在管理人的监督下自行管理财产和营业事务。债务人自行管理财产和营业事务时,已接管这些事务的管理人应当向债务人移交财产和营业事务,法律规定的管理人的职权由债务人行使。

为保障重整目的顺利实现,保证债务人可以利用一切所能利用的财产进行生产经营活动,破产法对已经设置了担保权的债务人财产进行了限制,即债权人暂停行使担保权。但是,担保物有损坏或者有价值明显减少的可能,足以危害担保权人权利的,担保权人可以向人民法院请求恢复行使担保权。在重整期间,债务人或者管理人为继续营业而借款的,可以为该借款设定担保。

债务人合法占有的他人财产,该财产的权利人在重整期间要求取回的,应当符合事先约定的条件。在重整期间,债务人的出资人不得请求投资收益分配,债务人的董事、监事、高级管理人员不得向第三人转让其持有的债务人的股权,除非经过人民法院的同意。

在重整期间,有下列情形之一的,经管理人或者利害关系人请求,人民法院应当裁定终止重整程序,并宣告债务人破产:(1)债务人的经营状况和财产状况继续恶化,缺乏挽救的可能性;(2)债务人有欺诈、恶意减少债务人财产或者其他显著不利于债权人的行为;(3)由于债务人的行为致使管理人无法执行职务。

4. 重整计划的制订和批准

重整计划是促进企业的再建和重生,维持债务人的营业事业,解决债务清偿问题的综合性合同。有的英美法学者认为,重整计划是企业原管理层同其债权人和股权所有人间磋商而签订的合同。[①] 我国有学者认为,重整计划是以维持债务人继续营业,谋求债务人的再生,并清理债权债务为内容的协议。[②]

重整计划制订人为债务人或管理人。具体来说,债务人自行管理财产和营业事务的,由债务人制作重整计划草案。管理人负责管理财产和营业事务的,由管理人制作重整计划草案。

---

① 菲利普·波尔:《美国破产法典第 11 章企业整顿制度评价》,覃宇译,《中外法学》1993 年第 6 期。

② 赵万一:《商法学》,法律出版社 2001 年版,第 512 页。

各国、各地区的破产立法对重整计划内容均作了详细规定。我国法律规定，重整计划草案应当包括下列内容：债务人的经营方案；债权分类；债权调整方案；债权受偿方案；重整计划的执行期限；重整计划执行的监督期限；有利于债务人重整的其他方案。对重整计划草案的表决问题，并不是常见的简单多数或绝对多数的集体方式表决，而是分组表决。下列各类债权的债权人参加讨论重整计划草案的债权人会议，依照下列债权分类，分组对重整计划草案进行表决：(1) 对债务人的特定财产享有担保权的债权；(2) 债务人所欠职工的工资和医疗、伤残补助、抚恤费用，所欠的应当划入职工个人账户的基本养老保险、基本医疗保险费用，以及法律、行政法规规定应当支付给职工的补偿金；(3) 债务人所欠税款；(4) 普通债权。

人民法院在必要时可以决定在普通债权组中设小额债权组对重整计划草案进行表决。人民法院应当自收到重整计划草案之日起三十日内召开债权人会议，对重整计划草案进行表决。出席会议的同一表决组的债权人过半数同意重整计划草案，并且其所代表的债权额占该组债权总额的三分之二以上的，即为该组通过重整计划草案。各表决组均通过重整计划草案时，重整计划即为通过。重整计划草案未获得通过且未依照法律规定获得批准，或者已通过的重整计划未获得批准的，人民法院应当裁定终止重整程序，并宣告债务人破产。

5. 重整计划的执行

关于重整计划的执行主体问题，各国破产法律规定不同。我国规定，重整计划由债务人负责执行，管理人负责监督。在监督期内，债务人应当向管理人报告重整计划执行情况和债务人财务状况。监督期届满时，管理人应当向人民法院提交监督报告。自监督报告提交之日起，管理人的监督职责终止。经管理人申请，人民法院可以裁定延长重整计划执行的监督期限。经人民法院裁定批准的重整计划，对债务人和全体债权人均有约束力。债权人未依照破产法规定申报债权的，在重整计划执行期间不得行使权利；在重整计划执行完毕后，可以按照重整计划规定的同类债权的清偿条件行使权利。债务人不能执行或者不执行重整计划的，人民法院经管理人或者利害关系人请求，应当裁定终止重整计划的执行，并宣告债务人破产。

七、破产清算(Bankruptcy Liquidation)

破产清算是我国破产法规定的三大破产程序之一，与重整、和解制度并列。它是指依据当事人的申请和法院的破产受理与破产宣告裁定而发动，涉及破产财产的变价和分配、破产程序的终结等法律问题。

(一)破产宣告(Declaration of Bankruptcy)

破产宣告是指法院依据当事人的申请或法定职权裁定宣布债务人破产以清

偿债务的活动。人民法院依照法律规定宣告债务人破产,应当自裁定作出之日起五日内送达债务人和管理人,自裁定作出之日起十日内通知已知债权人,并予以公告。债务人被宣告破产后,债务人称为破产人,债务人财产称为破产财产,人民法院受理破产申请时对债务人享有的债权称为破产债权。

破产宣告前,有下列情形之一的,人民法院应当裁定终结破产程序,并予以公告:第三人为债务人提供足额担保或者为债务人清偿全部到期债务的;债务人已清偿全部到期债务的。

(二)破产财产的变价和分配(Realization and Distribution of Debtor's Property)

管理人应当及时拟订破产财产变价方案,提交债权人会议讨论,并且按照债权人会议通过的或者人民法院裁定的破产财产变价方案,适时变价出售破产财产。一般来说,变价出售破产财产应当通过拍卖进行。但是,债权人会议另有决议的除外。破产企业可以全部或者部分变价出售。企业变价出售时,可以将其中的无形资产和其他财产单独变价出售。按照国家规定不能拍卖或者限制转让的财产,应当按照国家规定的方式处理。

破产财产的分配应当按照法律规定的债权清偿顺序和实际情况决定的受偿比例分配。除了债权人会议另有决议外,破产财产的分配应当以货币分配方式进行。我国破产法规定破产财产在优先清偿破产费用和共益债务后,依照下列顺序清偿:(1)破产人所欠职工的工资和医疗、伤残补助、抚恤费用,所欠的应当划入职工个人账户的基本养老保险、基本医疗保险费用,以及法律、行政法规规定应当支付给职工的补偿金;(2)破产人欠缴的除前项规定以外的社会保险费用和破产人所欠税款;(3)普通破产债权。

破产财产不足以清偿同一顺序的清偿要求的,按照比例分配。破产企业的董事、监事和高级管理人员的工资按照该企业职工的平均工资计算。因此,在前一顺序的债权得到全额清偿之前,后面顺序的债权不得清偿。金融机构实施破产的,国务院可以依据破产法和其他有关法律的规定制定实施办法。

(三)破产程序的终结(Termination of the Procedure of Bankruptcy)

破产人没有财产可供分配的,管理人应当请求人民法院裁定终结破产程序。管理人在最后分配完结后,应当及时向人民法院提交破产财产分配报告,并提请人民法院裁定终结破产程序。人民法院应当自收到管理人终结破产程序的请求之日起十五日内作出是否终结破产程序的裁定。裁定终结的,应当予以公告。管理人应当自破产程序终结之日起十日内,持人民法院终结破产程序的裁定,向破产人的原登记机关办理注销登记。

第十八章　物权法
Chapter Eighteen　Property Law

第一节　物权法概述
Section One　Introduction to Property Law

一、物权概述（Introduction to Real Right）

（一）概念（Definition）

物权的本质历来有对物关系说、对人关系说和折中说三种学说：一是认为物权为权利人对于物上具有之支配权力；二是认为物权为权利人对于社会对抗一切之权能；三是认为物权为直接支配物之绝对权。[①]　而我国《物权法》（Property Law of the People's Republic of China）规定，"物权，是指权利人依法对特定的物享有直接支配和排他的权利，包括所有权、用益物权和担保物权"。而物，则包括不动产和动产。当然，物权客体仍然存在统一物的概念缺位。[②]　此外，用益物权和担保物权是否具有物权的性质也存在质疑，[③]因为二者更多体现出财产权利而非物权的特征。

（二）分类（Classification）

物权可作以下分类：(1) 自物权与他物权。自物权，又称所有权，是所有权人对自己的不动产或者动产依法享有占有、使用、收益和处分的权利；他物权，是非所有权人对他人财产拥有的权利，其包括用益物权与担保物权。(2) 动产物权与不动产物权。动产物权是对客体为动产享有的物权；不动产物权是对土地、房屋等不动产客体享有的物权。(3) 独立物权与从物权。独立物权是不依附其他权利的物权，如所有权；从物权是指必须依附于其他权利而存在的物权，如担保物权。一般情况下，主物权转让的，从物权随主物权转让，但当事人另有约定的除外。(4) 国家物权、集体物权与私人物权。这种分类在于物权的主体分别为国家、集体、私人。(5) 独享物权与共享物权。独享物权是一人单独享有的物权，共

[①] 张志坡：《物权概念的挑战及思考》，《山东大学法律评论》第 3 辑，山东大学出版社 2006 年版。

[②] 杨立新、王竹：《论物权法规定的物权客体中统一物的概念》，《法学家》2008 年第 5 期。

[③] 申惠文：《中国物权概念的反思与批判》，《河北法学》2014 年第 3 期。

享物权是多人共同享有的物权。此外,物权还存在原物权与孳息物权等分类。

（三）特征（Features）

物权的特征主要有：

（1）财产性。这是指物权所指向的物具有价值性,而没有价值的物一般不能成为物权的客体。法律在规定物权的类别和内容时,也都考虑物是否具有价值。此外,物权客体能产生孳息也体现了财产价值性。孳息可分为天然孳息和法定孳息。天然孳息,由所有权人取得;既有所有权人又有用益物权人的,由用益物权人取得。当事人另有约定的,按照约定。法定孳息,当事人有约定的,按照约定取得;没有约定或者约定不明确的,按照交易习惯取得。

（2）有形性。物权的客体是动产或不动产,都是实在物,具有有形性。因此,物权常常被称为实在的权利、真实的权利。由于物权客体具有有形性,人们更易于支配它。这不同于知识产权等无形产权。

（3）支配性。这是指物权一旦成立,在物权人和标的物之间就确立了一种直接的法律关系,无需经过任何媒介,物权的权利之力或法律之力直接指向标的物,权利人也直接从标的物上获取利益。[①] 物权的支配性主要指权利人对物权客体的占有性。在完全所有权中,占有是四种权利之一;在用益物权中,占有是用益的前提;在担保物权中,占有或具有控制力也是关键。

（4）排他性。这是指任何他人都有尊重他人物权的义务。对于无权占有不动产或者动产的,权利人可以请求返还原物。妨害物权或者可能妨害物权的,权利人可以请求排除妨害或者消除危险。拾得遗失物,应当返还权利人,及时通知权利人领取,或者送交公安等有关部门。拾得人在遗失物送交有关部门前,有关部门在遗失物被领取前,应当妥善保管遗失物;因故意或者重大过失致使遗失物毁损、灭失的,应当承担民事责任。遗失物通过转让被他人占有的,权利人有权向无处分权人请求损害赔偿,或者自知道或者应当知道受让人之日起二年内向受让人请求返还原物,但受让人通过拍卖或者向具有经营资格的经营者购得该遗失物的,权利人请求返还原物时应当支付受让人所付的费用。权利人向受让人支付其所付费用后,有权向无处分权人追偿。

（5）绝对性。这是指只要物没有消灭,物权永远存续。当物毁损的,其替代物也必须归于物权人。造成不动产或者动产毁损的,权利人可以请求修理、重作、更换或者恢复原状。侵害物权,造成权利人损害的,权利人可以请求损害赔偿,也可以请求承担其他民事责任。

---

① 陈岑:《论物权的特征——以物权与债权之区别为视角》,《广西政法管理干部学院学报》2003 年第 3 期。

（四）基本原则（Basic Principles）

物权的基本原则主要有三：

（1）物权法定原则。物权法定原则是指，物权的主体、客体、权利内容等都需遵从法律规定。否则，不能成为合法物权。根据我国《物权法》，物权的种类和内容，由法律规定。因物权的归属、内容发生争议的，利害关系人可以请求确认权利。物权法定的理论基础是，物权的支配性和排他性使其具有对世效力，如果允许当事人自行创设，就会对他人利益和社会利益造成极大影响；当事人如果任意创设物权，限制物的流转或在物上设定太多负担，就会阻碍物的流通，妨害物的效用发挥；另外，物权法定原则使物权的种类统一化、内容规范化，也是交易安全和物尽其用的需要。[①]

（2）一物一权原则。尽管一物一权是物权法上的耳熟能详的名词，但关于其要旨如何，并非没有认识上的分歧。诸种学说观点可以概括为三类：物权客体特定论认为一物只能有一权；物权效力排他论认为一物之上只能存在一个物权尤指所有权；综合论认为一个物权的客体原则上应为一物，在一物之上只能存在一个所有权，并不能同时设定两个内容相互抵触的其他物权。[②] 但是，一物一权的核心意思是一物仅有一个所有权。但是，一物之所有权人可以为多人，该多人被视为一个整体。一物之上可有多个物权，如所有权与他物权、抵押权与抵押权、抵押权与质权可并存。

（3）物权公示原则。在物权法对于交易安全的保障中，物权公示及其公信力无疑是其核心部分；物权公示由于其生活化或权威性，能够合理地设置注意义务，并能客观地加以认定，因此物权公示原则通过公平合理地分配注意义务而实现了排他的正当化；物权公示原则还具有证据意义，是证明权利正确性的推定。[③] 该原则的要义是物权需公开彰明。公示的方式有登记公示、占有公示。不动产物权的设立、变更、转让和消灭，应当依照法律规定登记。动产物权的设立和转让，应当依照法律规定交付。

二、物权的变动（Movement of Real Right）

（一）不动产登记（Registration of the Immovable）

不动产物权的设立、变更、转让和消灭，经依法登记，发生效力；未经登记，不

---

① 陈本寒、陈英：《也论物权法定原则——兼评我国〈物权法〉第 5 条之规定》，《法学评论》2009 年第 4 期。

② 刘保玉、李燕燕：《一物一权原则质疑——兼论关于物权性质的物权绝对原则》，《政法论丛》2004 年第 3 期。

③ 霍海红：《物权公示原则的多重视角》，《法学论坛》2004 年第 2 期。

发生效力,但法律另有规定的除外。依照法律规定应当登记的,自记载于不动产登记簿时发生效力。不动产权属证书记载的事项,应当与不动产登记簿一致;记载不一致的,除有证据证明不动产登记簿确有错误外,以不动产登记簿为准。而当事人之间订立有关设立、变更、转让和消灭不动产物权的合同,除法律另有规定或者合同另有约定外,自合同成立时生效;未办理物权登记的,不影响合同效力。

不动产登记,由不动产所在地的登记机构办理。当事人申请登记,应当根据不同登记事项提供权属证明和不动产界址、面积等必要材料。登记机构应当履行下列职责:查验申请人提供的权属证明和其他必要材料;就有关登记事项询问申请人;如实、及时登记有关事项;法律、行政法规规定的其他职责。申请登记的不动产的有关情况需要进一步证明的,登记机构可以要求申请人补充材料,必要时可以实地查看。

当事人签订买卖房屋或者其他不动产物权的协议,为保障将来实现物权,按照约定可以向登记机构申请预告登记。预告登记后,未经预告登记的权利人同意,处分该不动产的,不发生物权效力。预告登记后,债权消灭或者自能够进行不动产登记之日起三个月内未申请登记的,预告登记失效。

权利人、利害关系人认为不动产登记簿记载的事项错误的,可以申请更正登记。不动产登记簿记载的权利人书面同意更正或者有证据证明登记确有错误的,登记机构应当予以更正。不动产登记簿记载的权利人不同意更正的,利害关系人可以申请异议登记。登记机构予以异议登记的,申请人在异议登记之日起十五日内不起诉,异议登记失效。异议登记不当,造成权利人损害的,权利人可以向申请人请求损害赔偿。

当事人提供虚假材料申请登记,给他人造成损害的,应当承担赔偿责任。因登记错误,给他人造成损害的,登记机构应当承担赔偿责任。登记机构赔偿后,可以向造成登记错误的人追偿。

(二)动产交付(Delivery of the Movable)

动产交付的方式主要有:

(1)一般交付。动产物权的设立和转让,自交付时发生效力,但法律另有规定的除外。但船舶、航空器和机动车等物权的设立、变更、转让和消灭,未经登记,不得对抗善意第三人。

(2)简易交付。动产物权设立和转让前,权利人已经依法占有该动产的,物权自法律行为生效时发生效力。

(3)指示交付。动产物权设立和转让前,第三人依法占有该动产的,负有交付义务的人可以通过转让请求第三人返还原物的权利代替交付。

(4)占有改定。动产物权转让时,双方又约定由出让人继续占有该动产的,物权自该约定生效时发生效力。

（三）其他变动方式（Other Means for Movement of Real Right）

（1）公法行为。公法行为包括征收、没收、税收行为等。我国法律规定,因人民法院、仲裁委员会的法律文书或者人民政府的征收决定等,导致物权设立、变更、转让或者消灭的,自法律文书或者人民政府的征收决定等生效时发生效力。

（2）法律规定。例如,因继承或者受遗赠取得物权的,自继承或者受遗赠开始时发生效力。又如,遗失物自发布招领公告之日起六个月内无人认领的,归国家所有。

（3）事实行为。例如,因合法建造、拆除房屋等事实行为设立或者消灭物权的,自事实行为成就时发生效力。

（4）自然事件。例如,自然生长、自然灾害等导致物权的产生或消灭。

（5）时效经过。如占有人返还原物的请求权,自侵占发生之日起一年内未行使的,该请求权消灭。随之,物权也发生变动。

（6）善意取得。无处分权人将不动产或者动产转让给受让人的,所有权人有权追回;除法律另有规定外,符合下列情形的,受让人取得该不动产或者动产的所有权:①受让人受让该不动产或者动产时是善意的;②以合理的价格转让;③转让的不动产或者动产依照法律规定应当登记的已经登记,不需要登记的已经交付给受让人。受让人依照前款规定取得不动产或者动产的所有权的,原所有权人有权向无处分权人请求赔偿损失。当事人善意取得其他物权的,参照前两款规定。

第二节　所有权
Section Two　Ownership

一、所有权概述（Introduction to Ownership）

所有权是指所有权人对自己的不动产或者动产,依法享有占有、使用、收益和处分的权利。所有权的特点有四:第一,所有权是较为完全的权能,是其他物权的基础,故所有权人有权在自己的不动产或者动产上设立用益物权和担保物权。第二,其他物权不得与所有权相冲突。例如,用益物权人、担保物权人行使权利,不得损害所有权人的权益。第三,所有权受到公共利益的限制。例如,为了公共利益的需要,依照法律规定的权限和程序可以征收集体所有的土地和单位、个人的房屋及其他不动产。因抢险、救灾等紧急需要,依照法律规定的权限和程序可以征用单位、个人的不动产或者动产。不过,国家在征收、征用过程中应给予所有权人补偿。第四,所有权的内外关系较为复杂。从内部关系看,国家、集体、私人都能成为所有权主体,也存在多个主体共有所有权的情况;从外部关系看,存在所有权与所有权的冲突及协调关系,相邻关系就是如此。

二、国家所有权(Ownership of the State)

国家所有权是指,国家即全体人民对属于国家所有的财产,依法享有占有、使用、收益和处分的权利。可见,国家所有即全民所有。在我国,国有财产由国务院代表国家行使所有权;法律另有规定的,依照其规定。其中,国家机关、国家举办的事业单位对其直接支配的不动产和动产,享有占有、使用以及依照法律和国务院的有关规定收益、处分的权利。国家出资的企业,由国务院、地方人民政府依照法律、行政法规规定分别代表国家履行出资人职责,享有出资人权益。

根据我国物权法,国家所有权的客体包括:(1)矿藏;(2)水流;(3)海域;(4)无线电频谱资源;(5)国防资产;(6)城市的土地;(7)法律规定属于国家所有的农村和城市郊区的土地;(8)森林、山岭、草原、荒地、滩涂等自然资源,但法律规定属于集体所有的除外;(9)法律规定属于国家所有的野生动植物资源;(10)法律规定属于国家所有的文物;(11)法律规定为国家所有的铁路、公路、电力设施、电信设施和油气管道等基础设施。

国家所有的财产受法律保护,禁止任何单位和个人侵占、哄抢、私分、截留、破坏。履行国有财产管理、监督职责的机构及其工作人员,应当依法加强对国有财产的管理、监督,促进国有财产保值增值,防止国有财产损失;滥用职权,玩忽职守,造成国有财产损失的,应当依法承担法律责任。违反国有财产管理规定,在企业改制、合并分立、关联交易等过程中,低价转让、合谋私分、擅自担保或者以其他方式造成国有财产损失的,应当依法承担法律责任。

三、集体所有权(Ownership of the Collective)

集体所有权是指集体经济组织对其所有的动产、不动产享有的占有、使用、收益和处分的权利。集体所有的财产受法律保护,禁止任何单位和个人侵占、哄抢、私分、破坏。集体经济组织、村民委员会或者其负责人作出的决定侵害集体成员合法权益的,受侵害的集体成员可以请求人民法院予以撤销。集体所有的不动产和动产包括:(1)法律规定属于集体所有的土地和森林、山岭、草原、荒地、滩涂;(2)集体所有的建筑物、生产设施、农田水利设施;(3)集体所有的教育、科学、文化、卫生、体育等设施;(4)集体所有的其他不动产和动产。

农民集体所有的不动产和动产,属于本集体成员集体所有。下列事项应当依照法定程序经本集体成员决定:(1)土地承包方案以及将土地发包给本集体以外的单位或者个人承包;(2)个别土地承包经营权人之间承包地的调整;(3)土地补偿费等费用的使用、分配办法；（4）集体出资的企业的所有权变动等事项；（5）法律规定的其他事项。

对于集体所有的土地和森林、山岭、草原、荒地、滩涂等，依照下列规定行使所有权：（1）属于村农民集体所有的，由村集体经济组织或者村民委员会代表集体行使所有权；（2）分别属于村内两个以上农民集体所有的，由村内各该集体经济组织或者村民小组代表集体行使所有权；（3）属于乡镇农民集体所有的，由乡镇集体经济组织代表集体行使所有权。集体经济组织或者村民委员会、村民小组应当依照法律、行政法规以及章程、村规民约向本集体成员公布集体财产的状况。

四、私人所有权（Private Ownership）

私人所有权是指自然人、企业法人、社会团体等对其所有的动产、不动产享有的占有、使用、收益、处分的权利。私人所有的不动产或者动产，投到企业的，由出资人按照约定或者出资比例享有资产收益、重大决策以及选择经营管理者等权利并履行义务。私人的合法财产受法律保护，禁止任何单位和个人侵占、哄抢、破坏。

其中，自然人对其合法的收入、房屋、生活用品、生产工具、原材料等不动产和动产享有所有权，其合法的储蓄、投资及其收益受法律保护，国家依照法律规定保护私人的继承权及其他合法权益。企业法人对其不动产和动产依照法律、行政法规以及章程享有占有、使用、收益和处分的权利。企业法人以外的法人，对其不动产和动产的权利，适用有关法律、行政法规以及章程的规定。社会团体依法所有的不动产和动产，受法律保护。

五、共有所有权（Co-Ownership）

共有所有权是指两个以上单位、个人对不动产或者动产共有占有、使用、收益、处分的权利。共有包括按份共有和共同共有：按份共有人对共有的不动产或者动产按照其份额享有所有权；共同共有人对共有的不动产或者动产共同享有所有权。共有人对共有的不动产或者动产没有约定为按份共有或者共同共有，或者约定不明确的，除共有人具有家庭关系等外，视为按份共有。按份共有人对共有的不动产或者动产享有的份额，没有约定或者约定不明确的，按照出资额确定；不能确定出资额的，视为等额享有。

在共有物管理处分方面，共有人按照约定管理共有的不动产或者动产；没有约定或者约定不明确的，各共有人都有管理的权利和义务。处分共有的不动产或者动产以及对共有的不动产或者动产作重大修缮的，应当经占份额三分之二以上的按份共有人或者全体共同共有人同意，但共有人之间另有约定的除外。对共有物的管理费用以及其他负担,有约定的,按照约定;没有约定或者约定不明确的,按份共有人按照其份额负担,共同共有人共同负担。

在共有物分割方面,共有人约定不得分割共有的不动产或者动产,以维持共有关系的,应当按照约定,但共有人有重大理由需要分割的,可以请求分割。没有约定或者约定不明确的,按份共有人可以随时请求分割,共同共有人在共有的基础丧失或者有重大理由需要分割时可以请求分割。因分割对其他共有人造成损害的,应当给予赔偿。共有人可以协商确定分割方式。达不成协议,共有的不动产或者动产可以分割并且不会因分割减损价值的,应当对实物予以分割;难以分割或者因分割会减损价值的,应当对折价或者拍卖、变卖取得的价款予以分割。共有人分割所得的不动产或者动产有瑕疵的,其他共有人应当分担损失。

在共有份额转让方面,按份共有人可以转让其享有的共有的不动产或者动产份额,其他共有人在同等条件下享有优先购买的权利。

在债权债务方面,因共有的不动产或者动产产生的债权债务,在对外关系上,共有人享有连带债权、承担连带债务,但法律另有规定或者第三人知道共有人不具有连带债权债务关系的除外;在共有人内部关系上,除共有人另有约定外,按份共有人按照份额享有债权、承担债务,共同共有人共同享有债权、承担债务。偿还债务超过自己应当承担份额的按份共有人,有权向其他共有人追偿。

六、建筑物区分所有权(Condominium Ownership of Building)

建筑物区分所有权是指,业主对建筑物内的住宅、经营性用房等专有部分享有所有权,对专有部分以外的共有部分享有共有和共同管理的权利。业主对其建筑物专有部分享有占有、使用、收益和处分的权利。业主对建筑物专有部分以外的共有部分,享有权利,承担义务,但不得以放弃权利不履行义务。业主转让建筑物内的住宅、经营性用房,其对共有部分享有的共有和共同管理的权利一并转让。

建筑区内共有的部分包括:(1)建筑区划内的道路,但属于城镇公共道路的除外;(2)建筑区划内的绿地,但属于城镇公共绿地或者明示属于个人的除外;(3)建筑区划内的其他公共场所、公用设施和物业服务用房;(4)占用业主共有的道路或者其他场地用于停放汽车的车位。对于建筑区划内其他规划用于停放汽车的车位、车库的归属,由当事人通过出售、附赠或者出租等方式约定,并应当首先满足业主的需要。在业主的建筑物区分所有权中,确定外墙、屋顶平台、停车位、停车库、地下室等是属于共有部分还是专有部分需要综合考虑它是否被单独登记为一个独立之物、法律行政法规的强制性规定、有关当事人的约定等多种因素。[1] 另外,建筑物及其附属设施的维修资金,属于业主共有。经业主共同决定,

---

① 崔建远:《对业主的建筑物区分所有权之共有部分的具体考察》,《法律科学》2008 年第 3 期。

可以用于电梯、水箱等共有部分的维修。建筑物及其附属设施的费用分摊、收益分配等事项,有约定的,按照约定;没有约定或者约定不明确的,按照业主专有部分占建筑物总面积的比例确定。

业主可以设立业主大会,选举业主委员会。下列事项由业主共同决定:(1)制定和修改业主大会议事规则;(2)制定和修改建筑物及其附属设施的管理规约;(3)选举业主委员会或者更换业主委员会成员;(4)选聘和解聘物业服务企业或者其他管理人;(5)筹集和使用建筑物及其附属设施的维修资金;(6)改建、重建建筑物及其附属设施;(7)有关共有和共同管理权利的其他重大事项。决定前款(5)、(6)事项,应当经专有部分占建筑物总面积三分之二以上的业主且占总人数三分之二以上的业主同意。决定前款其他事项,应当经专有部分占建筑物总面积过半数的业主且占总人数过半数的业主同意。业主大会或者业主委员会的决定,对业主具有约束力。业主大会或者业主委员会作出的决定侵害业主合法权益的,受侵害的业主可以请求人民法院予以撤销。

业主可以自行管理建筑物及其附属设施,也可以委托物业服务企业或者其他管理人管理。对建设单位聘请的物业服务企业或者其他管理人,业主有权依法更换。物业服务企业或者其他管理人根据业主的委托管理建筑区划内的建筑物及其附属设施,并接受业主的监督。

业主大会和业主委员会,对任意弃置垃圾、排放污染物或者噪声、违反规定饲养动物、违章搭建、侵占通道、拒付物业费等损害他人合法权益的行为,有权依照法律、法规以及管理规约,要求行为人停止侵害、消除危险、排除妨害、赔偿损失。业主对侵害自己合法权益的行为,可以依法向人民法院提起诉讼。

七、相邻关系(Neighboring Relationship)

所有权人应当按照有利生产、方便生活、团结互助、公平合理的原则,正确处理相邻关系。法律、法规对处理相邻关系有规定的,依照其规定;法律、法规没有规定的,可以按照当地习惯。相邻关系主要有:(1)相邻土地使用关系。不动产权利人对相邻权利人因通行等必须利用其土地的,应当提供必要的便利。(2)相邻用水、流水、截水、排水关系。不动产权利人应当为相邻权利人用水、排水提供必要的便利。对自然流水的利用,应当在不动产的相邻权利人之间合理分配。对自然流水的排放,应当尊重自然流向。(3)相邻管线安设关系。不动产权利人因建造、修缮建筑物以及铺设电线、电缆、水管、暖气和燃气管线等必须利用相邻土地、建筑物的,该土地、建筑物的权利人应当提供必要的便利。(4)相邻光照、通风、音响、震动关系。建造建筑物,不得违反国家有关工程建设标准,妨碍相邻建筑物的通风、采光和日照。(5)相邻安全关系。不动产权利人挖掘土地、建造建筑物、铺设管线以及安装设备等,不得危及相邻不动产的安全。不动产权利人不得违反国家规定弃置固体废物,排放大气污染物、水污染物、噪声、光、电磁波辐射等有害物质。(6)其他相邻关系,如相邻竹木归属关系、相邻防险、排污关系等。不动产权利人因用水、排水、通行、铺设管线等利用相邻不动产的,应当尽量避免对相邻的不动产权利人造成损害;造成损害的,应当给予赔偿。

第三节　用益物权
Section Three　Usufructs

一、用益物权概述（Introduction to Usufructs）

用益物权是指用益物权人对他人所有的不动产或者动产,依法享有的占有、使用和收益的权利。用益物权包括土地承包经营权、建设用地使用权、宅基地使用权、地役权、海域使用权、探矿权、采矿权、取水权和使用水域、滩涂从事养殖、捕捞的权利等。在我国,国家所有或者国家所有由集体使用以及法律规定属于集体所有的自然资源,单位、个人依法可以占有、使用和收益。但是,使用自然资源要支付报酬,但法律另有规定的除外。因不动产或者动产被征收、征用致使用益物权消灭或者影响用益物权行使的,用益物权人有权依法获得相应补偿。另外,用益物权人行使权利,应当遵守法律有关保护和合理开发利用资源的规定。

二、土地承包经营权（Right to Lease and Use Land）

土地承包经营权是土地承包经营权人依法对其承包经营的耕地、林地、草地等享有占有、使用和收益的权利,有权从事种植业、林业、畜牧业等农业生产。在我国,农民集体所有和国家所有由农民集体使用的耕地、林地、草地以及其他用于农业的土地,依法实行土地承包经营制度。

土地承包经营权自土地承包经营权合同生效时设立。县级以上地方人民政府应当向土地承包经营权人发放土地承包经营权证、林权证、草原使用权证,并登记造册,确认土地承包经营权。其中,耕地的承包期为三十年;草地的承包期为三十年至五十年;林地的承包期为三十年至七十年;特殊林木的林地承包期,经国务院林业行政主管部门批准可以延长。前款规定的承包期届满,由土地承包经营权人按照国家有关规定继续承包。承包期内发包人不得调整承包地,因自然灾害严重毁损承包地等特殊情形需要适当调整承包的耕地和草地的,应当依照农村土地承包法等法律规定办理。承包期内发包人不得收回承包地,农村土地承包法等法律另有规定的,依照其规定。承包地被征收的,土地承包经营权人有权依法获得相应补偿。

土地承包经营权人依照农村土地承包法的规定,有权将土地承包经营权采取转包、互换、转让等方式流转,但流转的期限不得超过承包期的剩余期限。未经依法批准,不得将承包地用于非农建设。土地承包经营权人将土地承包经营权互换、转让,当事人要求登记的,应当向县级以上地方人民政府申请土地承包经营权变更登记;未经登记,不得对抗善意第三人。通过招标、拍卖、公开协商等方式承包荒地等农村土地,依照农村土地承包法等法律和国务院的有关规定,其土地承包经营权可以转让、入股、抵押或者以其他方式流转。

实践中,承包人随意流转土地承包经营权、承包人侵蚀集体土地所有权、发包人擅自收回承包地、发包人截留征地补偿款等现象比较突出。合理的制度建构是,应以尊重并强化农民集体的土地所有权,实现发包方与承包方的权利均衡为基础理念,完善集体土地所有权的使用权能和收益权能,依法保护承包人的合法权益。[①]

三、建设用地使用权(Right to Use Land for Construction)

建设用地使用权是建设用地使用权人依法对国家所有的土地享有的占有、使用和收益的权利,即有权利用该土地建造建筑物、构筑物及其附属设施。建设用地使用权人建造的建筑物、构筑物及其附属设施的所有权属于建设用地使用权人,但有相反证据证明的除外。建设用地使用权人应当合理利用土地,不得改变土地用途;需要改变土地用途的,应当依法经有关行政主管部门批准。住宅建设用地使用权期间届满的,自动续期;非住宅建设用地使用权期间届满后的续期,依照法律规定办理。建设用地使用权期间届满前,因公共利益需要提前收回该土地的,应当依法对该土地上的房屋及其他不动产给予补偿,并退还相应的出让金。

设立建设用地使用权,可以采取出让、划拨、招标、拍卖、协议等方式。不过,我国严格限制以划拨方式设立建设用地使用权;采取划拨方式的,应当遵守法律、行政法规关于土地用途的规定;采取招标、拍卖、协议等出让方式设立建设用地使用权的,当事人应当采取书面形式订立建设用地使用权出让合同,其中工业、商业、旅游、娱乐和商品住宅等经营性用地以及同一土地有两个以上意向用地者的,应当采取招标、拍卖等公开竞价的方式出让。另外,设立建设用地使用权的,应当向登记机构申请建设用地使用权登记,自登记时设立。同时,登记机构应当向建设用地使用权人发放建设用地使用权证书。

建设用地使用权人有权将建设用地使用权转让、互换、出资、赠与或者抵押,但法律另有规定的除外。其中,当事人应当采取书面形式订立相应的合同;使用期限由当事人约定,但不得超过建设用地使用权的剩余期限;应当向登记机构申

---

① 陆剑:《"二轮"承包背景下土地承包经营权制度的异化及其回归》,《法学》2014 年第 3 期。

请变更登记;建设用地使用权与附着于该土地上的建筑物、构筑物及其附属设施一并处分。

四、宅基地使用权(Right to Use House Site)

宅基地使用权是宅基地使用权人依法对集体所有的土地享有的占有和使用的权利,即有权依法利用该土地建造住宅及其附属设施。其特点有:一是主体特定,宅基地使用权的主体为农民。二是取得方式为无偿取得。宅基地因自然灾害等原因灭失的,宅基地使用权消灭。对失去宅基地的村民,应当重新分配宅基地。三是权利内容确定。即,限于自用宅基地使用权人依法对集体所有的土地享有占有和使用的权利,有权依法利用该土地建造住宅及其附属设施。四是限制流转。即,一般不得单独出卖、出租、抵押等。五是变动程序确定。已经登记的宅基地使用权转让或者消灭的,应当及时办理变更登记或者注销登记。宅基地使用权问题事关农民权益、农村集体所有制甚至整个国家社会经济的可持续发展,我国现行宅基地使用权制度形成于计划经济时代,其制度设计适应了城乡分割的二元社会结构。当前,彻底打破城乡二元分割的土地利用机制,推动农村宅基地使用权制度的现代化构造不仅是用益物权权能的本质要求,也是农村经济发展在逻辑上的必然。①

五、地役权(Easements)

地役权,是指地役权人有权按照合同约定,利用他人的不动产以提高自己的不动产的效益的权利。他人的不动产为供役地,自己的不动产为需役地。设立地役权,当事人应当采取书面形式订立地役权合同。地役权合同一般包括下列条款:当事人的姓名或者名称和住所;供役地和需役地的位置;利用目的和方法;利用期限;费用及其支付方式;解决争议的方法。地役权的期限由当事人约定,但不得超过土地承包经营权、建设用地使用权等用益物权的剩余期限。土地上已设立土地承包经营权、建设用地使用权、宅基地使用权等权利的,未经用益物权人同意,土地所有权人不得设立地役权。地役权自地役权合同生效时设立。当事人要求登记的,可以向登记机构申请地役权登记;未经登记,不得对抗善意第三人。

供役地权利人应当按照合同约定,允许地役权人利用其土地,不得妨害地役权人行使权利。地役权人应当按照合同约定的利用目的和方法利用供役地,尽量减少对供役地权利人物权的限制。土地所有权人享有地役权或者负担地役权的,设立土地承包经营权、宅基地使用权时,该土地承包经营权人、宅基地使用权人继

---

① 王崇敏:《论我国宅基地使用权制度的现代化构造》,《法商研究》2014 年第 2 期。

续享有或者负担已设立的地役权。

地役权受到流转限制。土地承包经营权、建设用地使用权等转让的,地役权一并转让,但合同另有约定的除外;土地承包经营权、建设用地使用权等抵押的,在实现抵押权时,地役权一并转让;需役地以及需役地上的土地承包经营权、建设用地使用权部分转让时,转让部分涉及地役权的,受让人同时享有地役权;供役地以及供役地上的土地承包经营权、建设用地使用权部分转让时,转让部分涉及地役权的,地役权对受让人具有约束力。

地役权人有下列情形之一的,供役地权利人有权解除地役权合同,地役权消灭:(1)违反法律规定或者合同约定,滥用地役权;(2)有偿利用供役地,约定的付款期间届满后在合理期限内经两次催告未支付费用。此外,已经登记的地役权变更、转让或者消灭的,应当及时办理变更登记或者注销登记。

第四节　担保物权

Section Four　Security Interest in Property

一、担保物权概述(Introduction to Security Interest in Property)

(一)担保人(Surety)

债权人在借贷、买卖等民事活动中,为保障实现其债权,需要担保的,可以依照法律的规定设立担保物权。第三人为债务人向债权人提供担保的,可以要求债务人提供反担保。

(二)担保范围(The Scope of Security)

物权的担保范围包括主债权及其利息、违约金、损害赔偿金、保管担保财产和实现担保物权的费用。当事人另有约定的,按照约定。担保期间,担保财产毁损、灭失或者被征收等,担保物权人可以就获得的保险金、赔偿金或者补偿金等优先受偿。被担保债权的履行期未届满的,也可以提存该保险金、赔偿金或者补偿金等。

(三)担保合同(Security Contract)

设立担保物权,应当依照法律的规定订立担保合同。担保合同是主债权债务合同的从合同。主债权债务合同无效,担保合同无效,但法律另有规定的除外。担保合同被确认无效后,债务人、担保人、债权人有过错的,应当根据其过错各自承担相应的民事责任。有下列情形之一的,担保物权消灭:(1)主债权消灭;(2)担保物权实现;(3)债权人放弃担保物权;(4)法律规定担保物权消灭的其他情形。

(四)担保责任(Security Liabilities)

担保物权人在债务人不履行到期债务或者发生当事人约定的实现担保物权的情形,依法享有就担保财产优先受偿的权利,但法律另有规定的除外。被担保的债权既有物的担保又有人的担保的,债务人不履行到期债务或者发生当事人约定的实现担保物权的情形,债权人应当按照约定实现债权;没有约定或者约定不明确,债务人自己提供物的担保的,债权人应当先就该物的担保实现债权;第三人提供物的担保的,债权人可以就物的担保实现债权,也可以要求保证人承担保证责任,提供担保的第三人承担担保责任后,有权向债务人追偿。第三人提供担保,未经其书面同意,债权人允许债务人转移全部或者部分债务的,担保人不再承担相应的担保责任。

二、担保物权的类型(Types of Security Interest in Property)

(一)抵押权(Interest Obtained from Mortgage)

抵押权是指,为担保债务的履行,债务人或者第三人不转移财产的占有,将该财产抵押给债权人,债务人不履行到期债务或者发生当事人约定的实现抵押权的情形,债权人有权就该财产优先受偿。

(二)质权(Interests Acquired Through Pledge)

质权包括动产质权和权利质权。动产质权是指,为担保债务的履行,债务人或者第三人将其动产出质给债权人占有的,债务人不履行到期债务或者发生当事人约定的实现质权的情形,债权人有权就该动产优先受偿。前款规定的债务人或者第三人为出质人,债权人为质权人,交付的动产为质押财产。此外,债务人或者第三人有权处分的下列权利可以出质:(1)汇票、支票、本票;(2)债券、存款单;(3)仓单、提单;(4)可以转让的基金份额、股权;(5)可以转让的注册商标专用权、专利权、著作权等知识产权中的财产权;(6)应收账款;(7)法律、行政法规规定可以出质的其他财产权利。质权人在主债权不能实现时可依法行使质权。

(三)留置权(Lien)

留置权是指,债务人不履行到期债务,债权人可以留置已经合法占有的债务人的动产,并有权就该动产优先受偿。前款规定的债权人为留置权人,占有的动产为留置财产。留置权人与债务人应当约定留置财产后的债务履行期间;没有约定或者约定不明确的,留置权人应当给债务人两个月以上履行债务的期间,但鲜活易腐等不易保管的动产除外。债务人逾期未履行的,留置权人可以与债务人协议以留置财产折价,也可以就拍卖、变卖留置财产所得的价款优先受偿。

对于抵押权、质押权、留置权的具体分析,详见担保法。

第十九章　合同法

Chapter Nineteen　Contract Law

第一节　合同及合同法

Section One　Contract and Contract Law

一、合同的概念（The Definition of contract）

合同，又称契约。新中国成立之前，民法著述中使用"契约"而不用"合同"一词。而有学者将两者区分认为，为谋不同利益而为合意者应为契约；为谋共同利益而合意者，则应为合同。① 实践中，自 20 世纪 50 年代初期至今，除了我国台湾地区之外，我国的民事立法和司法实践中主要采用了合同而不是契约的概念。当然，在理论界，合同和契约的概念都在使用。本章如无特殊交待，合同与契约理解为同一意思。

然而究竟如何给合同下定义，却很难有一个定论。在大陆法学，民法的合伙原则和制度均源于罗马法，契约也不例外。在罗马法上，契约是指"得到法律承认的债的协议"。② 罗马法中，不仅私法上有契约的概念，公法和国际法上也有这个概念。传统上，英美法系国家对合同的定义可表述为：合同是"按照充分的对价去做或者不去做某一特殊事情的协议"，强调合同的对价与协议要素。③ 到近现代，两大法系对合同的概念都有了进一步的发展。如德国在其民法典的第一编将合同定义到"法律行为"中去，第二编认为合同仅仅是"债的关系"的个别形式；④英美法系合同法中"约因理论"发生重大改变，也正因此，英美法系国家的学理和司法判例关于契约的概念与大陆法系呈现融合的趋势。

根据我国《民法通则》第 85 条："合同是当事人之间设立、变更、终止民事关系的协议。"由此可见，我国民法上所讲的合同并不仅仅是债权债务发生关系的原因，也不仅仅是债的一种形式，也是物权关系、共同关系⑤等非债务关系产生、变

---

① 张俊浩：《民法学原理》，中国政法大学出版社 1991 年版，第 576 页。
② 彼德罗·彭梵得：《罗马法教科书》，黄风译，中国政法大学出版社 1992 年版，第 307 页。
③ 岳彩申：《合同法比较研究》，西南财经大学出版社 1995 年版，第 16 页。
④ 李永军：《合同法》，法律出版社 2004 年版，第 3 页。
⑤ 共同关系是指两人以上因共同目的而结合所成立的，足以成为共同共有基础的法律关系。主要包括：合伙关系、夫妻关系、共同继承关系等。

更、终止的原因。如我国物权立法虽然不承认物权行为的无因性，但是承认物权行为的独立性。如抵押行为、质押行为，其形成的是抵押合同和质押合同等物权合同。再如，合伙行为、共同投资行为等作为一种共同行为，其不是纯粹的债权行为，当事人订立这些合同的目的不在于发生债权债务关系，而在于确定共同投资、经营或分配盈余等方面的关系。这一理念也被我国的《合同法》所继承。我国《合同法》(Contract Law of the People's Republic of China)第 2 条规定，合同是平等主体的自然人、法人、其他组织之间设立、变更、终止民事权义务的协议。其中，有关婚姻、收养、监护等有关身份关系的协议，不是我国合同法上所讲的合同。

二、合同的特征(Features of contract)

根据我国法律的规定，合同主要有以下特征：

(一) 合同的主体是平等主体的自然人、法人和其他组织

合同是双方或多方当事人合意的结果，各方应以自由地表达意思为前提，即合同自由是合同的灵魂和生命。这就要求构成合同主体的各方应该在平等的情况下为意思表示，或者在法律拟制的平等条件下为意思表示。普通的民商法上所讲的合同固然要依其主体特征，强调合同当事人之间的平等性，在《消费者权益保护法》等形式上不平等的主体之间，法律通过对处于优势一方的经营者设定义务的方式来保障这种平等条件的具备，即是在法律拟制条件下的主体平等。

(二) 合同是当事人协商一致的产物或意思表示一致的协议

协议是当事人合意达成的表现形式。这就意味着合同必须由合同当事人共同为意思表示，若仅有一方的意思表示，他方没有同意的表示并不能构成合同，不能产生当事人所预期的后果，合同不成立。这是判断合同成立与否的前提条件，其对于合同责任的承担具有重要意义。如果合同成立了则产生合同关系，一方可能承担违约责任，而合同未成立时，当事人只可能承担缔约过失责任。

(三) 合同以设立、变更或终止民事权利义务关系为目的和宗旨

对于一个合同，仅有合意是不够的，还必须有特定的目的。合同的目的也就是合同的债权债务关系，其内容表现为特定民事权利义务关系的设立、变更或终止。当事人通过订立合同来将自己的特定自由交由他人支配，同时也从他的相对人那里取得了特定的义务以实现出让自己特定自由的目的，这是其订立合同的本质。

（四）合同是一种民事法律行为

区别于民事事实行为,民事法律行为是民事主体实施的能够引起民事权利义务的产生、变更或终止的合法行为,其以意思表示为成立要件,以当事人的意思表示为转移。将合同作为一种民事法律行为还意味着合同本质上是一种合法行为,即只有合同当事人所作出的意思表示符合法律要求的情况下,合同才具有法律约束力,并应受到法律的保护,否则即使达成协议,也不能产生合同的效力。将合同抽象出来作为一般的法律行为,是德国民法典的贡献,其在总则编即认为合同只是法律行为的一种类型。我国"民事法律行为"的概念则是在"法律行为"的基础上演化而来,所以我国将合同定性为民事法律行为也具有其必然性。

三、合同的种类（Categories of Contracts）

合同的种类是指基于一定的标准,将合同划分为不同的类型。一般来说,合同可以作出如下分类:

（一）有名合同与无名合同（Nominate Contract and Innominate Contract）

根据法律上有无规定一定的名称,合同可分为有名合同和无名合同。有名合同是指法律上或者经济生活习惯上按其类型已确定了一定名称的合同,又称典型合同。我国《合同法》所规定的15类合同即为有名合同,此外,如《担保法》中规定的保证合同、抵押合同和质押合同,《保险法》中规定的保险合同,《城市房地产法》中规定的土地使用权出让和转让合同等都属于有名合同。法律规定有名合同,主要是要规范合同的内容及其所形成的合同关系,保护合同当事人权益,而并非要代替当事人订立合同,故有名合同的规定中任意性规范还是占了大部分。各国合同立法都扩大了有名合同的范围,这是合同立法的趋势,但这并非意味着对当事人合同自由的干预大大加强,而是表明了法律对人们生产生活规律性的进一步认识,从而进一步规范合同关系,促使当事人正确订约。

无名合同,又称非典型合同,是指法律上还未确定一定的名称与规则的合同。根据合同自由原则,只要不违背法律的禁止性规定和社会公共利益,合同当事人可以自由决定无名合同的形式和内容。无名合同如经法律确认或在形成统一的交易习惯后,可以转化为有名合同,即实现无名合同的规范化。

区分两者的意义主要在于各自适用的法律规则不同。有名合同应当直接适用合同法的规定;而无名合同,则首先应当考虑适用合同法的一般规则。另外,当无名合同的内容涉及有名合同的某些规则时也可以比照类似的有名合同的规则。如对旅游合同来说,其中包含了运输合同、服务合同、房屋租赁合同等多项有名合同的内容,因此可以类推适用这些有名合同的规则,参照合同的经济目的及当事人的意思等对无名合同进行处理。

（二）要式合同与非要式合同（Formal Contract and Informal Contract）

根据合同的成立是否需要特定的法律形式，合同分为要式合同与非要式合同。

要式合同，是指根据法律规定必须采取特定形式的合同。法律常要求当事人必须采取特定的方式订立重要合同，如物权合同一般都需要采取书面形式而不能采取口头形式，中外合资经营企业合同必须由审批机关批准方能成立等。不要式合同是依法并不需要采取特定形式就告成立的合同。此时，当事人可以采取口头方式，也可以采取书面形式。根据合同自由原则，当事人有权选择合同形式，但对于法律有特别的形式要件规定的，当事人必须遵循法律规定。除法律有特别规定以外，合同均为不要式合同。

我国《合同法》第 32 条规定："当事人采用合同书形式订立合同的，自双方当事人签字或者盖章时合同成立。"因而合同是否具有特定形式作为某一类合同成立的要件，是区分要式合同与非要式合同的最主要意义。

（三）诺成合同与实践合同（Consensual Contract and Real Contract）

根据是否需要交付标的物作为合同成立的要件，可将合同分为诺成合同和实践合同。

诺成合同，又称不要物合同，是指当事人双方意思表示一致就可以成立的合同；实践合同，又称要物合同，是指除当事人双方意思表示一致以外，尚须交付标的物才能成立的合同。在实践合同中，仅有双方当事人一致的意思表示而没有实际交付标的物的行为，将不能产生合同上的权利义务关系，即合同关系。如小件寄存合同若寄存人未将寄存的物品交给保管人保管，该寄存合同并未成立。又如，民间借款合同的出借人若未将钱交给借款人，该借款合同也将不成立。大多数的合同，如买卖合同、租赁合同、商业借款合同等都属于诺成合同，实践合同需要法律的特别规定。

两者相区分的意义主要在于，各自成立与生效的时间不同。诺成合同自双方当事人意思表示一致时起即告成立；而实践合同则在当事人达成合意后，还须由当事人交付标的物才能成立。民法理论上一般认为，使用借贷、保管、运送、赠与等属于实践合同，但这种分类并非绝对。如我国《铁路货物运输合同实施细则》第 5 条规定，按年度、半年度、季度或月度签订的货物运输合同，或零担货物和集装箱货物的运输合同即是诺成合同而非实践合同。又如，根据我国《合同法》的规定，经过公证的赠与合同和具有救灾、扶贫性质的赠与合同，也为诺成合同而非实践合同。

（四）单务合同与双务合同（Unilateral Contract and Bilateral Contract）

根据合同当事人是否互负对待给付义务，可将合同分为双务合同和单务合同。

单务合同是指合同双方当事人中仅有一方负担义务而另一方只享有权利的合同，或者合同双方所附义务形不成对待给付的合同，如借用合同与赠与合同。因其无偿性，在借用合同中，只有借用人负有按约定使用并按期归还借用物的义务；赠与合同中，赠与人负担交付赠与物的义务，而受赠人所附接受赠与的义务与赠与人的交付义务不构成对待给付。双务合同是指当事人双方互负对待给付义务的合同，即双方当事人互享债权，互负债务，一方的权利正好是对方的义务，彼此形成对价关系，如买卖合同。在买卖合同中，买方有获得标的物的权利和交付对价的义务，与之相应的是卖方交付标的物的义务和取得对价的权利。在实践中，大多数的合同都是双务合同，单务合同比较少见。

两者相区别的意义主要表现在合同履行抗辩权的适用上。对于单务合同而言，因不存在对待给付，故没有合同履行抗辩权的适用，而双务合同因履行的先后顺序而产生履行抗辩权的适用问题。另外，因一方过错而导致合同不履行的法律后果在两者间也不同。在双务合同中，如果一方的过错致使合同不履行或不能履行的，另一方可以要求违约方履行合同或承担其他违约责任；另一方要求解除合同的，则对于其已经履行的部分有权要求违约方返还。但单务合同中，一般不存在上述情况。

（五）有偿合同与无偿合同（Onerous Contract and Gratuitous Contract）

根据合同当事人之间的权利义务是否存在对价关系，可以将合同分为有偿合同与无偿合同。

有偿合同是指当事人一方给予对方某种利益，对方要得到该利益必须为此支付相应代价的合同。实践中，绝大多数反映交易关系的合同都是有偿的，如买卖合同、租赁合同、加工承揽合同、运输合同、仓储合同等。无偿合同，是指一方给付对方某种利益，对方取得该利益时并不支付相应代价的合同，如赠与合同、借用合同等。实践中，无偿合同数量比较少。而有的合同既可以是有偿的，也可以是无偿的，如自然人之间的保管合同、委托合同等，双方既可以约定有报酬也可以约定无偿。

需要注意的是，双务合同不一定就是有偿合同，无偿合同不一定就是单务合同。在无偿合同中，一方当事人可能也要承担一定的义务，如借用合同是无偿合同，借用人无须向出借人支付报酬，但属于双务合同，出借人有交付借用物的义务，借用人负有正当使用和按期返还的义务。

两者的不同主要表现在义务承担不同上。在无偿合同中,利益出让者往往只承担较低的注意义务,表现为只有故意或重大过失时才承担责任。如赠与合同中,除非赠与人故意或重大过失,否则对标的物的瑕疵或缺陷不承担责任。而在有偿合同中,则双方的义务对等,依据合同严格过错责任原则承担责任,如买卖合同中,合同标的物的出让者承担瑕疵担保责任。

(六)主合同与从合同(Mater Contract and Accessory Contract)

根据合同间的主从关系,合同分为主合同与从合同。

主合同是指不以其他合同的存在为前提而能够独立存在的合同。从合同是指以主合同为存在前提,并为了辅助主合同的订立而订立的合同。例如,甲向乙借款而订立借款合同,丙为甲提供担保而与乙签订抵押合同,则甲乙之间的借款合同为主合同,乙丙之间的抵押合同为从合同。

主合同和从合同之间存在着特殊的联系,即从合同具有附属性,即具有辅助的且不能独立存在的属性,其必须以主合同的存在并生效为前提。一般来说,主合同的设立、变更和消灭影响到从合同的设立、变更和消灭。

(七)束己合同与涉他合同(Contracts for the Parties and Contract Involving Third Parties)

以订约人是否仅为自己设定权利义务为标准,合同可分为束己合同与涉他合同。束己合同,是指严格遵循合同相对性原则,当事人为自己设定并承受权利义务,合同当事人不能向第三人主张权利,第三人也不得向当事人主张权利的合同。此为合同的常态。涉他合同,是指突破了合同的相对性原则,合同当事人在合同中为第三人设定了权利或约定了义务的合同,包括为第三人利益的合同和由第三人履行的合同。一般而言,合同当事人为他人设定权利时可不经该他人同意,但为他人设定义务时须经该他人同意,否则合同无效或效力待定。

二者的缔约目的和合同的效力范围不同。前者为了自己的利益而后者则是为了他人的利益,前者中合同约定的权利义务只在当事人之间有效,而后者则在合同当事人以及第三人之间均有效。

四、合同关系(Contractual Relationship)

合同关系是当事人之间存在的一种法律关系,由主体、内容和客体三个要素组成。

合同关系的主体是合同的当事人,包括债权人和债务人,两者都是特定的。正因如此,合同债权又称为对人权,不同于物权的对世权。

合同关系的内容包括基于合同而产生的债权和债务,即合同债权和合同债务。合同债权是指债权人依据法律或合同的规定而享有的请求债务人为一定行为的权利,充分体现了合同的债权请求权属性,即通过请求他人为一定的行为或不为一定的行为,而不是直接支配标的物来实现其合同目的。换言之,债权人基于合同对标的物所享有的是债权而不是物权。合同债务是指债务人所承担的义务,即债务人向债权人为特定行为的义务。根据不同的履行内容,合同义务的种类主要包括主要义务、次要义务、给付义务、附随义务以及明示或默示义务等。违反这些义务将构成违约责任或缔约过失责任。

合同关系的客体为合同所确定的权利和义务所指向的对象,或意欲指向的对象。关于合同关系的客体,理论上存在不同的看法。有学者认为,合同关系的客体包括物、无形财产、知识产权、劳务等;也有学者认为,合同关系的客体仅为行为。我们认为合同的标的(即合同关系的客体)只能是行为,因为合同的本质是一种债权请求权,合同所能约束的只能是对方当事人的行为,请求其为一定的行为,在交付标的物之前并不能直接地支配该标的物,合同的标的与标的物不可混淆。所以说合同的标的只能是行为。

合同关系具有相对性,主要表现在主体、内容和合同的责任承担上。主体的相对性是指合同关系只能发生在特定主体之间,只有合同当事人一方能够向合同的另一方基于合同提出请求或提起诉讼。内容的相对性也即合同所确定的权利义务的相对性,指合同所确定的权利义务只及于合同当事人,合同中一方的权利就是对方的义务,反之亦然。合同责任的相对性是指当事人只对合同的相对人承担合同责任,是义务相对性的延伸。内容和责任的相对性以合同主体的相对性为前提和根据。

五、合同法的基本原则(Basic Principles of Contract Law)

合同法有形式和实质之分。形式上的合同法是指以法律形式所表现的合同法,如我国《合同法》等。对于实质意义上的合同法,我国学者有认识上的差异,如有的学者认为合同法是调整动态的市场交易关系的法律,[①]本章所讲合同法是基于我国《合同法》的形式意义合同法的概念,即合同法是调整平等主体之间设立、变更、终止财产权利义务的合同关系的法律规范的总称。[②] 根据这一概念,合同法的基本原则主要有:

(一)合同自由原则(The Principle of Voluntariness)

我国《合同法》第 4 条规定了合同自由原则。所谓合同自由,是指在订立合同

---

① 贾有土、王亘:《债权法》,光明日报出版社 1989 年版,第 7 页。
② 曾宪义、王利明:《合同法》,中国人民大学出版社 2007 年版,第 21 页。

的过程中，当事人的意思表示应该是无约束的，其是内心真实意思的反映，表现为选择合同订立对象的自由以及合同内容的自由。合同是当事人合意的结果，意思表示的作出只有是自由的才是符合正义的，这同时也是源于商品经济和自由竞争的需要。合同自由原则是合同法的灵魂和生命，其中也贯彻了自然法的平等观思想。合同自由原则主要通过两方面反映出来，其一为当事人的合法的合意优先于法定的任意性规范，其二为尊重当事人在确定合同关系方面的选择自由。合同自由原则并非绝对原则，而是相对的自由，与合同正义原则相辅相成。

（二）诚实信用原则（The Principle of Good Faith）

《合同法》第 6 条规定了诚实信用原则。所谓诚实信用原则，是指当事人在合同订立、履行前后、终止合同以及合同的变更和解除活动过程中应当诚实守信，以善意的方式履行其义务，不得滥用权利及规避法律或合同规定的义务。按照诚实信用原则，合同当事人应当以善意的方式行使合同权利，不得以损害他人利益为目的而滥用权利；应当以诚实的、自觉的方式履行合同义务，例如根据合同的性质、目的和交易习惯履行及通知、协助、提供必要的条件，防止损失的扩大，并遵守保密义务。当事人应该以实事求是的态度对自己的行为负责。诚实信用原则实质上是对我国传统道德及商业道德习惯在法律上的确认，对弘扬道德观念、规范交易活动具有重要意义。

（三）合法性原则（The Principle of Legality）

《合同法》第 7 条确立了该原则，作为对合同自由原则的补充和限制。作为市场经济的客观规律的体现，合同法中的规范大部分都是任意性规范，但其中也不乏强制性规范或与之相关的其他法律中的强制性法律规范。这部分反映经济活动的强制性规范是社会公共利益或国家利益在法律上的要求和体现，同时也是形成良好社会经济秩序、竞争秩序和经济环境的客观要求。因此，个人利益不应与之相冲突，即构成对个人利益的补充和限制。

（四）鼓励交易原则（The Principle of Promotion of Trading）

合同法是交易之法，当事人订立合同在某种意义上讲是取得了交易的机会。因此对于交易安全和交易秩序的保护至关重要，在不同的国家和一国的不同时期，为达到交易安全和交易秩序所采取的措施是不同的，如在资本主义经济上升时期主要采用鼓励交易的原则来维护这种秩序，而在其处于低谷时期则主要采用消极的保护的方式，如限制交易方法，调高交易条件等方式。我国正处于高速发展时期，因此对于交易安全和交易秩序的保护应该采用鼓励的方式进行保障，我国现行《合同法》正是这一时期的产物，因而采取了多种手段来保障。这些措施主要体现在:(1) 对合同效力的认定上,《合同法》与《民法通则》相比缩小了无效合同的范围,并严格区分合同的成立和生效,合同的效力又分为有效、效力待定、可撤销可变更以及合同的无效等效力种类;(2) 合同的订立制度中的要约和承诺的到达主义等的规定充分体现了鼓励交易的原则;(3) 合同可采用包括口头合同在内的多种形式订立,并严格限制了根本违约的条件,严格限制合同的法定解除。

第二节　合同的订立
Section Two　Formation of Contract

一、意思表示(Declaration of Intention)

意思表示是德国法律行为理论中最为基础的法律概念和制度构造,是法律行为制度的精华所在。所谓意思表示是指行为人把进行某一民事行为的内心效果意思,以一定的方式表露于外部的行为。意思表示不仅表现行为人一定效果意思,而且通过一定表示行为,实现人与人交换意见的目的。我国虽然引入了意思表示的概念,但却没有明确的定义。现将德国有关理论作一简单阐述。

一般认为,意思表示有三大构成要素,即目的意思、效果意思和表示行为,前两者为主观要素,后者为客观要素。

1. 目的意思

目的意思也称"行为意思",是指明民事行为具体内容的意思,是意思表示据以成立的基础。该要素表明意思表示是行为人有意识、有目的的行为,一些下意识的行为则不能构成意思表示,如拍卖会上举手与友人打招呼的行为非为投标的意思表示行为。不具备目的意思,或者目的意思不完整或矛盾,不构成意思表示。

2. 效果意思

效果意思又称法效意思、效力意思,是指行为人希望依其表示发生特定法律效果的意思。[①]效果意思以目的意思为前提和基础,但两者不能融合也不能替代。意思表示的意义,不仅在于它是行为人有目的(目的意思)、有意识的行为,而且在于行为人对其可能发生的法律效果有所认识并主动追求,即行为人意欲在自身和对方之间产生法律上的约束力。如某商店将价值 8 000 元的商品误认为 800 元而出售,此一表意行为不仅包括了意欲出卖商品的意思,而且表明受此意思约束的表示,即产生了对商店和顾客的约束力,只不过这一意思发生错误而已。因而合同法上认为此时构成可撤销的法律行为而非无效的法律行为,即意思表示的效力不完全,尚存在瑕疵。

---

① 王泽鉴:《民法总论》,中国政法大学出版社 2001 年版,第 337 页。

3．表示行为

作为意思表示的客观构成要素，表示行为是指将行为人的内心意思表露于外。没有表示行为，即使有了内心效果意思，也无法确认其意思表示效果、将其意思表示固定化，因此表示行为即为将前述的主观要件置于他人的认识和理解之下。在合同法范围内，表示行为常常作为行为解释的依据。

二、订立合同的形式（Forms of Contracts）

订立合同的形式是指当事人采用何种形式来表现所订立合同的内容。依据我国《合同法》第 10 条，当事人订立合同主要有书面、口头两种形式。

1．书面形式（Written Form）

书面形式是指以文字的方式表现当事人之间所订立合同内容的形式。《合同法》第 11 条规定，合同书面形式主要包括合同书、信件和数据电文（包括电报、电传、传真、电子数据交换和电子邮件）等可以有形地表现合同所载内容的形式。作为正式的固定化的合同形式，书面合同常常作为要式合同的必要条件。除法律另有规定外，书面形式是一种可选合同形式。关于书面合同的成立问题，我国《合同法》第 36 条又作了比较灵活的规定。依据该条，法律、行政法规规定或当事人约定采用书面形式订立合同，当事人并未采用书面形式但一方已经履行主要义务，对方接受的，则该合同仍然成立。

2．口头形式（Oral Form）

口头形式是指当事人用对话的方式，意思表示即时生效，并不依托书面形式而订立合同的形式，如当面交谈等形式。口头形式的合同订立比较简单方便、直接迅速。但合同的内容难以以有形的形式固定下来，发生争议时，举证和取证都很困难，不利于分清当事人之间的责任。因此，此种合同形式主要适宜于一些非重要场合或交易即时清结的情况。

3．其他形式（Other Forms）

其他形式是指除采用书面形式、口头形式以外的方式来传达当事人意思表示内容的形式，如推定形式，即当事人不直接采用书面或口头形式进行意思表示，而是通过实施某种行为进行意思表示。

三、合同订立的程序（Procedure of Concluding A Contract）

（一）要约（Offer）

1．要约的概念

要约又称发盘、出盘、发价、出价、报价，是订立合同的必经阶段，是希望和他人订立合同的意思表示。要约是一种订约行为，发出要约的人称为要约人，接受要约的人称为受要约人或相对人。由此可见,要约既不是事实行为,也不是法律行为,而是一种意思表示。要约的目的,是希望与相对人订立合同;若无此目的,即不构成要约。但要约这一意思表示具有特别之处,这就是其内容应具体确定,且表明经受要约人承诺,要约人即受该意思表示约束。

2. 要约的构成要件

要约作为一种意思表示,除了必须具备意思表示的一般要件外,还有其特定的构成要件,包括以下几个方面:

(1)要约是由特定人作出的意思表示。要约人应是订立合同的一方的当事人,唯有如此,受要约人才能有作出承诺的对象并与其订立合同。

(2)要约必须具有订立合同的意图。要约应表明,一经受要约人承诺,要约人即受该意思表示约束,与之建立合同关系,否则是要约邀请而非要约。实践中,应根据要约所实际使用的语言、文字和其他情况判断要约人是否决定与受要约人订立合同。

(3)要约应向特定人发出。要约原则上应向特定的人发出(可以是一人,也可以是数人),要约只有向希望与之订立合同的受要约人发出,才能唤起受要约人的承诺,从而订立合同。与此同时,法律并不禁止要约向不特定人发出,但须具备两个条件:①必须明确表示其作出的意思表示是一项要约而非要约邀请,如申明"本广告构成要约";②必须具有向不特定的相对人作出承诺后履行合同的能力,同时明确承担向多人发出要约的责任。

(4)要约的内容必须具体明确。所谓具体,是指要约的内容必须具有合同成立所必需的条款(合同的主要条款)。所谓明确,是指要约的内容必须确定,不能含糊不清。

3. 要约的效力

我国合同法规定要约到达受要约人时生效,即我国要约生效采"到达主义"原则。此处的到达应作广义解释:(1)到达受要约人与到达受要约人的代理人;(2)"知悉到达"与"非知悉到达",后者指送达受要约人所能实际控制之处所,如信箱等;(3)数据电文要约的到达。采用数据电文形式订立合同,收件人指定特定系统接收数据电文的,该数据电文进入该特定系统的时间,视为到达时间;未指定特定系统的,该数据电文进入收件人的任何系统的首次时间,视为到达时间。

要约的效力期间由要约人确定。如未预先确定,则应区分以下两种情况:对于口头要约,受要约人未立即作出承诺,要约即失去效力;对于书面要约,应确定一个合理期间作为要约存续期限,该期限一般包括要约到达所需时间、作出承诺所需时间、承诺到达要约人所需时间。

要约的效力表现在形式和实质两个方面:(1)要约的形式拘束力,即要约对要约人的拘束力:要约一经生效,要约人即受到拘束,不得随意撤回、撤销或对要约加以限制、变更和扩张,但要约人预先申明不受要约约束或依交易习惯可认为其有此意旨时除外。(2)要约的实质拘束力,即要约对受要约人的拘束力:受要约人于要约生效时取得依其承诺而成立合同的法律地位。

4. 要约的撤回和撤销

我国《合同法》第17条规定:要约可以撤回。要约的撤回(withdrawal),是指要约人在发出要约后,于要约到达受要约人之前取消其要约的行为。撤回要约的通知应当在要约到达受要约人之前或者与要约同时到达受要约人。在此情形下,被撤回的要约实际上是尚未生效的要约。倘若撤回的通知于要约到达后到达,而按其通知方式依通常情形应先于要约到达或同时到达,其效力我国合同法未作规定。依诚实信用原则,在此情况下,相对人应当向要约人发出迟到的通知,相对人怠于通知且其情形为要约人可知者,其要约撤回的通知视为未迟到。

要约的撤销(revocation)是指在要约发生法律效力后受要约人承诺前,要约人取消要约从而使要约归于消灭的行为。要约的撤销不同于要约的撤回,前者发生于要约生效后,后者发生于要约生效前。

一般情况下,要约可以撤销,撤销要约的通知应当在受要约人发出承诺通知之前到达受要约人。但以下两种特殊情形要约不得撤销:(1)要约人确定了承诺期限或者以其他方式明示要约不可撤销;(2)受要约人有理由认为要约是不可撤销的,并且已经为履行合同做了准备工作。

5. 要约的失效

要约的失效,即要约丧失法律拘束力。要约失效的事由包括:(1)受要约人拒绝要约(此处不包括广义的拒绝中对要约内容的实质变更,即构成反要约的情况);(2)要约人撤销要约;(3)承诺期限届满,受要约人未作出承诺;(4)受要约人对要约的内容作出实质性变更。

(二) 要约邀请(Invitation for Offer)

要约邀请也称要约引诱,是指希望他人向自己发出要约的意思表示,但这并不表明要约应以要约邀请为条件,两者是独立的两个概念。要约邀请的目的在于诱使他人向自己发出要约,而非与他人订立合同,故只是订立合同的预备行为,而非订约行为。要约邀请只是诱使他人发出要约,因而对其本身的意思表示而言,既不能因相对人的承诺而成立合同,也不能约束要约人。行为人撤回其要约邀请,只要没有给善意相对人造成信任利益的损失,不承担法律责任。要约邀请的性质是一种意思表示,这点与要约是相同的,但基于两者在效果意思和法律后果的不同,区分两者十分必要。

根据我国合同法理论和实践,区分要约与要约邀请主要有以下标准:(1)根据法律规定区分。若法律规定某行为为要约邀请或要约,应依其规定处理,如我国《合同法》15条的规定。① （2）根据当事人的意愿区分。如商店在其展示的服装上标示"六折出售"字样及价格，则为要约；如标明为"样品"，则为要约邀请。（3）根据意思表示的内容是否包含了合同的必备条款加以确定。例如，甲对乙称"我有位于某处的房屋一栋，愿以低价出售，你是否愿意购买"，因没有标明价款，不能认为是要约；若甲明确提出以20万元出售该房屋，则构成要约。（4）根据交易习惯加以区分。出租车停在路边揽客（竖起"空车"标牌），如根据当地规定或行业习惯，司机可以拒载，则此种招揽是邀请，反之，则可视为要约。（5）根据订约提议是向特定人还是不特定人发出区分。向不特定人发出者，大都为要约邀请，如商业广告等。

（三）承诺（Acceptance）

1. 承诺的概念和要件

承诺是受要约人同意要约的意思表示。根据合同法的规定及理论通说，承诺须具备以下要件：

（1）承诺必须由受要约人作出。受要约人以外的人不具有承诺资格，承诺必须是受要约人的意思表示。承诺可由受要约人本人作出，也可由其代理人作出。

（2）承诺必须在合理期限内向要约人发出并于要约确定的期限内到达要约人。要约没有确定承诺期限的，如果要约以对话方式作出的，应当及时作出承诺的意思表示，但当事人另有约定的除外；如果要约以非对话方式作出的，承诺应当在合理期限内到达要约人。要约以信件或者电报作出的，承诺期限自信件载明的日期或者电报交发之日开始计算。信件未载明日期的，自投寄该信件的邮戳日期开始计算。

（3）承诺的内容必须与要约的内容相一致。承诺的内容应当与要约的内容一致，受要约人对要约的内容作出实质性变更的，为新要约。有关合同标的、数量、质量、价款或者报酬、履行期限、履行地点和方式、违约责任和解决争议方法等的变更，是对要约内容的实质性变更。所谓内容一致，具体表现在：承诺是无条件的同意，不得限制、扩张或者变更要约的内容，否则不构成承诺，而应视为对要约的拒绝并作出一项新要约（或称反要约）。但承诺的内容并不要求与要约的内容绝对一致或完全等同，即允许承诺对要约的内容作非实质性变更，这是对英美法系合同法中"镜像原则"的突破。承诺对要约的内容作出非实质性变更的，除要约人及时表示反对或者要约表明承诺不得对要约的内容作出任何变更的以外，该承诺有效，合同的内容以承诺的内容为准。由此可见，非实质性变更的承诺在以下

---

① 《合同法》第15条规定：寄送的价目表、拍卖公告、招标公告、招股说明书、商业广告等为要约邀请，商业广告的内容符合要约规定的，视为要约。

两种情况下不能生效：一是要约人及时表示反对；二是要约中明确表示不得作任何变更。

（4）承诺的方式必须符合要约的要求。承诺应当以通知的方式作出，但根据交易习惯或者要约表明可以通过行为作出承诺的除外。据此，承诺原则上应当以通知方式作出，包括口头通知和书面通知，要约人对通知的方式有特殊要求的，应按该要求予以通知。如果根据交易习惯或者要约表明可以通过行为方式作出承诺，则该行为也构成承诺。行为包括作为和不作为，构成承诺的行为主要是指作为，如供货商于收到订货要约后径行发货。单纯的缄默或不作为通常不能作为承诺的意思表示方式，但是如果交易习惯或要约表明可以采取此种方式进行承诺的，也可以作为承诺方式。

2. 承诺的效力

承诺的效力及承诺的法律效果，可表述为：承诺生效时合同成立。这是对承诺效力的一般规定，但对于实践合同而言，除了有承诺外还须交付标的物，合同才能成立。

对于承诺的生效时间，两大法系有着不同的规定。大陆法系采到达主义或送达主义，即主张承诺的意思表示于到达要约人支配的范围内时生效，《联合国国际货物销售合同公约》也采纳了这一主张。英美法系采发送主义或送信主义，即主张如果承诺的意思表示是以邮件、电报方式作出，则承诺于投入发信人的邮筒或交付电信局时生效，除非要约人与承诺人另有约定。

我国合同法采到达主义，规定承诺通知到达要约人时生效。承诺不需要通知的，根据交易习惯或者要约的要求作出承诺的行为时生效。采用数据电文形式订立合同的，承诺到达的时间适用《合同法》第 16 条第 2 款的规定。

3. 承诺的撤回和迟延

《合同法》第 27 条规定：承诺可以撤回。承诺的撤回，是指受要约人在其作出的承诺生效之前将其撤回的行为。撤回承诺的通知应当在承诺通知到达要约人之前或者与承诺通知同时到达要约人。承诺一经撤回，即不发生承诺的效力，也就阻止了合同的成立。

承诺迟延又称迟到的承诺，是指受要约人未在承诺期限内发出的承诺。对此，我国合同法认为，受要约人超过承诺期限发出承诺的，除要约人及时通知受要约人该承诺有效的以外，为新要约。对于承诺的延迟，我国合同法规定了因意外原因而引起的迟延：受要约人在承诺期限内发出承诺，按照通常情形能够及时到达要约人，但因其他原因承诺到达要约人时超过承诺期限的，除要约人及时通知受要约人因承诺超过期限不接受该承诺的以外，该承诺有效。这一规定从实质正义出发，兼顾了要约人和受要约人的利益，具有一定的合理性。

四、格式合同（格式条款，Standard Clauses or Standard Terms）

一般的合同都是双方当事人充分合意的结果，但格式合同却是一方为了重复使用方便而预先拟定的，并非双方意思表示一致的结果。20世纪以来，格式合同的普遍采用展露出合同方面的新趋势。垄断经济的发展，公益事业的需求，使建立在双方当事人地位完全平等基础上的契约自由原则遭到严重破坏，以致引发了格式合同究竟是否为合同的争论，有学者甚至发出了契约的死亡这一感叹。

各国也是在这种背景下展开了对格式条款效力的重新审视，建立格式条款无效制度，通过严格的规定，限定格式条款的生效要件。我国合同法上没有格式合同这一说法，而采用了格式条款这一说法，所谓格式条款是当事人为了重复使用而预先拟定，并在订立合同时未与对方协商的条款。如此，更拓宽了对"格式"进行规制的范围，并通过以下两种途径规制格式条款的效力。

1. 对格式条款提供者附以一定的义务

采用格式条款订立合同的，提供格式条款的一方应当遵循公平原则确定当事人之间的权利和义务，并采取合理的方式提请对方注意免除或者限制其责任的条款，按照对方的要求，对该条款予以说明。该条规定了提供方的一般义务，并规定了提供方对免责格式条款的"提请注意义务"和"说明义务"。此种提醒或说明，应达到合理的程度，否则格式条款无效。

2. 丰富合同无效制度

我国合同法上，格式条款无效可分为三种情况：（1）适用合同的无效。格式条款属于合同条款，因此其效力遵守合同效力的规定，因此合同法上合同无效的规定也适用于格式条款。（2）适用免责条款无效的情况。主要指两种情况，即格式条款规定造成对方人身伤害的，或因故意或者重大过失造成对方财产损失的情况下免责的，该格式条款无效。（3）适用格式条款单独的规定。提供格式条款一方免除其责任、加重对方责任、排除对方主要权利的，该条款无效。

第三节　合同的效力
Section Three　Validity of Contract

一、合同生效概述（Introduction to Effectiveness of Contract）

（一）合同的生效的概念与条件（Definition of and Requirements for Effectiveness of Contract）

所谓合同生效，是指已经成立的合同在当事人之间产生法律上的约束力。合同是当事人之间的合意,在私法自治的根本原则的指导下,合同因当事人自己的行为而产生了对自己的约束力同时也产生了对他人的约束力,这种约束力主要表现为对各自承诺的义务的遵守。法律作为对这种合意约束力的保障,规定只要符合一定的条件,如符合社会公德等,就赋予这种私人之间约束力以法律上的强制性,并用国家公权力作该效力的后盾。如根据我国《合同法》第 8 条的规定,依法成立的合同,对当事人具有法律约束力。当事人应当按照约定履行自己的义务,不得擅自变更或者解除合同。依法成立的合同,受法律保护。由此可见,合同的生效是有条件的法律保护。依照《民法通则》第 55 条的规定,合同生效的条件包括:

1. 行为人具有相应的民事行为能力

所谓相应的民事行为能力包括无民事行为能力、限制民事行为能力和完全民事行为能力,而不能仅限定在完全民事行为能力的范围内。如在赠与合同中,作为纯获利益的一方主体,其可以是无民事行为能力人或限制民事行为能力人。

2. 行为人意思表示真实

意思表示真实、自由是合同的核心,也是法律赋予这种私人之间约定以法律上强制力的根据,将其作为合同生效的条件是合同效力制度的应有之义。

3. 所约定内容不违反法律和社会公共利益

这是《民法通则》所确定的公序良俗原则在法律行为上的体现。作为民法的基本原则,公序良俗原则应为一切民事行为遵守。

(二)合同的生效与合同成立(Effectiveness of Contract and Conclusion of Contract)

合同的成立即合同的完成,指当事人关于合同的内容约定完毕。故一般情况下,合同自受要约人的承诺生效时成立。合同的生效是合同从私人之间的约定经合同法的调整,加入了国家意志性,具有了强制力。我国《合同法》第 44 条规定,"依法成立的合同,自成立时生效"。由此可见,合同成立是合同生效的前提。另一方面,合同的成立与合同生效应严格区分开。

1. 两者性质不同

合同的成立涉及当事人之间的约定是否完成,或者具有法律规定的形式,如实践合同中标的物交付完成。合同的生效则是法律对当事人的私人约定予以保护的明证。

2. 两者的构成要件不同

由性质所决定的两种制度的构成要件也不相同。合同的成立要件主要指两方面内容,一是存在定约的当事人,二是当事人之间对合同的内容达成了协议。另外,合同成立还可能有特殊要件,这就是标的物的交付。合同生效要件则包括行为人的行为能力、意思表示真实、内容合法等方面。

正确区分两者有利于鼓励交易,有利于正确适用缔约过失责任和违约责任,同时对区别合同的不成立和合同的无效具有重要意义。

(三)合同生效的时间(The effective Time of Contract)

依据我国《合同法》第 44、45 条规定,[①]合同的生效时间有三种:

1. 合同成立时生效

一般情况下,只要没有法律法规的特别规定,或当事人的特别约定的,合同成立之时就是合同生效之时。

2. 办理完批准、登记手续后生效

法律、行政法规规定合同应当办理批准、登记手续的,则办理完批准、登记手续后生效。这是对于有特别规定的合同而言的,如中外合资经营合同等。

3. 所附条件成就或所附期限到来后生效

我国合同法允许当事人之间约定合同的生效时间,即当事人通过附条件或附期限的方式来约定合同的生效时间,主动地把合同的成立时间和生效时间分开,所附条件成就或所附期限到来后生效。

当事人对合同的效力可以约定附条件。附生效条件的合同,自条件成就时生效。附解除条件的合同,自条件成就时失效。所谓附条件的合同是指当事人在合同中特别规定一定的条件,以条件的是否成就来决定合同的效力发生或消灭的合同。所附条件应具备如下条件:(1)条件必须是将来发生的事实;(2)条件是不确定的事实;(3)条件是由当事人约定的而非法定;(4)条件必须合法;(5)条件不得与合同的主要内容矛盾。

所附条件主要有两种分类:(1)根据条件与合同之间的关系,可分为附停止条件与附解除条件。前者所谓停止意即条件成就之前合同效力处于停止状态,待条件成就,合同生效;后者所谓解除是指在条件成就之前,合同已经生效了,条件的成就使原合同的效力归于消灭。(2)根据条件自身的性质,即条件成就是否会发生某种事实,可以将条件分为积极条件和消极条件。前者是指条件意在说明某件事实要发生,后者意在说明条件不发生。如"如果明天下雨"就是积极条件,"如果明天不下雨"则为消极条件。

当事人对合同的效力可以约定附期限。附生效期限的合同,自期限届至时合同成立。附终止期限的合同,自期限届满时合同失效。所谓附期限合同是指当事

---

① 《合同法》第 44 条:依法成立的合同,自成立时生效。法律、行政法规规定应当办理批准、登记等手续生效的,依照其规定。《合同法》第 45 条:当事人对合同的效力可以约定附条件。附生效条件的合同,自条件成就时生效。附解除条件的合同,自条件成就时失效。当事人为自己的利益不正当地阻止条件成就的,视为条件已成就;不正当地促成条件成就的,视为条件不成就。

人在合同中约定一定的期限，并把期限的到来作为合同生效或效力消灭根据的合同。"期限"与"条件"不同，前者是指将来必然会发生的事实或固定的期日，而后者具有不确定性。如双方约定以死亡的发生限定生效时间的合同，该约定若是自然死亡，因其必然发生，所以可作为附期限合同；若是意外死亡，因其不可预测性可作附条件合同。

所附期限通常可分为生效期限和终止期限。生效期限又称延缓期限或始期，期限届至则合同生效，期限的作用在于延缓合同生效的时间。终止期限又称为解除期限或终期，期限届至则合同失效，期限的作用在于结束已生效合同的效力。

二、合同的效力瑕疵（Impediments of Effectiveness of Contract）

（一）合同效力待定（Contract with Uncertain Validity）

效力待定是指合同成立时其效力状况不能确定，尚需要其他行为确定的情形。具有效力待定情形的合同为效力待定合同。合同之所以会效力待定，是因为行为人不具有订立合同的能力或权限所致，这也是该类合同与可变更、可撤销合同以及无效合同的不同之处。因此，若使这类合同的效力充分，使合同的瑕疵得以修复，补充当事人的缔约资格或不足是关键。效力待定合同主要有以下三类。

1. 限制民事行为能力人依法不能独立订立的合同（Person with Limited Civil Capacity for Civil Conduct）

民事行为能力表明了特定行为能力状况下的主体的行为资格。限制民事行为能力人只能从事与其行为能力相适应的行为，若其超出能力限制实施了具有完全民事行为能力人才能从事的行为，则该行为的完全效力不应得以认可，而只有经过其监护人或代理人的追认，其效力瑕疵才得以修复。确立此类合同的效力待定，是为了保护作为弱势一方的限制民事行为能力人利益，同时也是法律主体平等的必然要求。

2. 无权代理合同（Unauthorized Agency）

无权代理有广义的无权代理和狭义的无权代理。前者包括表见代理和狭义无权代理，但表见代理的法律效果同于有权代理，故此处的无权代理实指狭义无权代理，即行为人没有代理权或超出代理权而为的代理行为。无权代理合同是基于无权代理而签订的合同，其实质是假冒他人的名义代为签订合同。让被代理人对无权代理人的行为负责是不正义的，也有违对自己行为负责的法律原则，因此法律规定无权代理合同只有经过被代理人追认，才能对被代理人发生效力；未经被代理人追认的，对被代理人不发生效力，由行为人负责。

3. 无权处分合同（Unauthorized Disposition）

所谓无权处分，是指无处分权人处分他人财产。基于无权处分而订立的合同为无权处分合同。无处分权人处分他人财产,经权利人追认后取得处分权的,该合同有效。同是处分他人财产,无权处分与无权代理不同:前者是以自己的名义处分他人财产,与相对人订立合同;后者则以有权人的名义,即假冒被代理人的名义为处分行为,与相对人订立合同。无权处分的瑕疵修复有两种途径,即权利人的追认和行为人事后取得处分权。

(二) 合同的可变更、可撤销(Variable or Revocable)

合同的可变更、可撤销是指当事人在订立合同时,因意思表示不真实,法律允许权利人通过行使撤销权使合同归于无效,或变更合同内容使合同恢复有效,不真实意思表示之下的合同效力状况称为合同的可撤销、可变更。此类合同的效力瑕疵来源是意思表示的不真实,补正的途径则是变更合同内容,也可通过行使撤销权使合同归于无效。需注意的是,此类合同在未被撤销之前仍然是有效的。可撤销、可变更合同主要包括如下四类合同。

1. 因重大误解而订立的合同(Serious Misunderstanding)

所谓重大误解,根据我国最高人民法院《关于贯彻执行〈中华人民共和国民法通则〉若干问题的意见(试行)》第 71 条规定:"重大误解是指行为人对行为的性质、对方当事人、标的物的品种、质量、规格和数量等的错误认识,使行为的后果与自己的意思表示相悖,造成较大损失的意思表示。"此规定适用于重大误解合同。误解既可以是单方面误解,也可以是双方误解,前者误解人具有变更、撤销权,后者双方都有变更、撤销权。

2. 显失公平的合同(Obviously Unfair)

显失公平的合同是指在订立合同时,一方利用另一方的时间或处境处于紧迫状况或缺乏经验等,而订立的对自己明显有利而对另一方明显不利的合同。显失公平合同违反了公平合理原则,造成双方的权利义务明显失衡,因此法律赋予处于明显不利地位的人有变更或撤销的权利,以维护其利益。

3. 因欺诈、胁迫而订立的合同(Fraud or Duress)

因欺诈、胁迫订立的合同,是指一方当事人编造或传递虚假信息,或用武力或其他危险相威胁,而使合同相对人失去意思表示自由而签订的合同。此类合同效力瑕疵来源于当事人意思表示的不真实、不自由。依据损害对象利益的不同,欺诈、胁迫而订立的合同可以分为损害国家利益的合同和损害合同相对人利益的合同两类,对于前者根据合同法的规定此类合同无效,因而此处所指的是后者,即欺诈、胁迫损害合同相对人利益的情形。

4. 因乘人之危而订立的合同(Exploitation of the other Party's Unfavorable Position)

所谓乘人之危,是指行为人利用他人的危难处境或紧迫需要,强迫对方接受明显不公平的条件并作出违背其真实意思的意思表示。此处的危难,包括经济上窘迫,也包括生命、健康、名誉等的危难。与显失公平中的紧迫情况相比,乘人之危的紧迫更具有现实的紧迫性。与欺诈、胁迫订立的合同中的胁迫行为相比,乘人之危行为人并非主动为胁迫行为,只是利用了对方紧迫需要。

以上四种情形中,利益受损的一方或双方都有权行使撤销权。撤销权的行使不一定必须通过诉讼,可以直接向对方当事人表示,对方无异议的,撤销权生效,否则必须提起诉讼或仲裁。提起救济时,如果当事人仅提出变更合同的,法院或仲裁机构不得撤销该合同,只有在难以变更合同的情况下才应考虑撤销合同。撤销权的行使期限为 1 年,自其知道或应当知道撤销事由之日起计算。超过 1 年未行使或放弃的,撤销权消灭。

(三) 合同的无效(Null and Void)

合同的无效是指在订立合同的过程中,违反法律的强制性规定或社会公共利益,法律对该合同所作出的否定性评价。首先,合同无效具有违法性,其内容必然违反了国家的强制性规定或社会公共利益。其次,法律对此类合同作否定性评价,意味着国家对此类合同所获非法利益不予以保护,对无效的合同实行主动干预,即当法院或仲裁机关发现合同无效时,便可主动否定其效力,确认合同的无效。再次,合同的无效是当然无效、自始无效。无效合同从订立合同之时起就不具有法律效力,合同一旦被确认无效就将溯回,自始无效,以后也不能转化为有效合同。对于已经履行的部分,应当通过返还财产或赔偿损失等方式使当事人的财产恢复到合同订立之前的状态。最后,合同无效是法定无效,合同无效的事由由法律、行政法规规定,此外不存在合同无效的情形。

我国《合同法》第 52 条规定了五种合同无效的情形。(1) 一方以欺诈、胁迫的手段订立合同,损害国家利益;(2) 恶意串通,损害国家、集体或者第三人利益;(3) 以合法形式掩盖非法目的;(4) 损害社会公共利益;(5) 违反法律、行政法规的强制性规定。

关于无效合同的性质,我国学者主要有两种不同的观点:一种观点认为无效合同是成立的合同,有当事人的合意,因而是合同;另一种观点认为,无效合同具有违法性,不属于合同,是一个独立的范畴,其原理同于我国法律将"民事法律行为"视为合法行为,将无效民事行为排除出外的独创性。[①] 我们认为,根据我国《合同法》第 2 条的合同定义,即"合同是平等主体的自然人、法人、其他组织之间设立、变更、终止民事权利义务关系的协议",其中并未强调合同的合法性,因此,将无效合同排除出合同的范畴是不可取的。

---

① 曾宪义、王利明:《合同法》,中国人民大学出版社 2007 年版,第 160 页。

三、合同的效力归属（Determination of Effectiveness of Contract）

所谓合同的效力归属，是指合同的效力瑕疵通过补足或修复而恢复合同效力上的圆满状态，或通过特定行为的行使而使之无效，从而最终归于有效与无效两极。

（一）合同有效（Valid）

效力待定合同通过法定代理人的追认使合同生效，无权代理或无权处分通过被代理人或权利人的追认行为使合同生效；可撤销、可变更合同，权利人可以通过合同变更的主张使原本生效的合同对新的合同事项产生效力，维护自己的利益，补足了效力的合同与原合同具有同一性。

（二）合同无效（Null and Void）

具有效力瑕疵的合同，也可以向无效的一极发展。效力待定合同中，限制民事行为能力人的法定代理人有拒绝追认的权利，同时为了保护合同相对人的利益，还赋予善意相对人的催告权和拒绝权；无权代理和无权处分合同中，被代理人或权利人拒绝追认则合同无效，同时善意相对人也有权拒绝。可撤销、可变更合同中当事人可以通过撤销权的行使使合同无效。

第四节 合同变更和解除
Section Four Modification and Termination of Contract

一、合同变更（Modification of Contract）

（一）合同变更的概念（Definition）

合同的变更有广义、狭义之分。狭义的合同变更指合同内容的变更，即在合同当事人不变的基础上，当事人权利义务的变化。广义的合同变更指合同主体的变更和狭义合同变更。所谓合同主体的变更指合同债权或债务的转让，即由新的债权人或债务人替代原债权人或债务人，而合同内容并无变化。从我国立法实践来看，合同的变更仅指合同内容的变更，合同主体的变更称为合同的转让。

（二）合同变更的要件（Requirements）

合同变更的要件有：

（1）原已存在合法有效的合同关系。合同的变更是为了改变原合同关系，无原合同关系便无变更的对象,所以合同变更以原已存在合同关系为前提。原合同关系若非合法有效,如合同无效、合同被撤销、追认权人拒绝追认效力未定的合同等,也无合同变更的余地,因此合同关系还须合法有效。

(2) 合同的变更应依据当事人的约定或法律的规定。合同变更的最常见形式是当事人约定对合同的内容的变更,我国《合同法》第 77 条第 1 款规定:"当事人协商一致,可以变更合同。"合同也可以法律的规定方式变更,如一方当事人可以请求人民法院或者仲裁机关对重大误解或显失公平的合同予以变更。法律、行政法规规定变更合同应当办理批准、登记等手续的,应遵守其规定。

(3) 合同内容发生局部变化。变更导致合同内容发生局部变化,包括:标的物数量的增减;标的物品质的改变;价款或者酬金的增减;履行期限的变更;履行地点的改变;履行方式的改变;结算方式的改变;所附条件的增添或除去;单纯债权变为选择债权;担保的设定或取消;违约金的变更;利息的变化。

这种局部的变化不应引起合同性质的变化,如买卖变为赠与。合同性质的改变导致此时因合同关系失去了同一性,因此,因更改合同而致合同性质的改变为合同的更新或更改。另外,合同标的的变更是否属于合同变更,理论界有不同看法。我们认为,变更协议若以原合同的主要权利义务为基础为合同的变更,属于合同变更。

(三) 合同变更的效力(Legal Effects)

合同变更的实质在于使变更后的合同代替原合同,产生新的合同关系。因此,合同变更后,当事人应按变更后的合同内容履行。合同变更原则上向将来发生效力,未变更的权利义务继续有效,已经履行的债务不因合同的变更而失去合法性。合同的变更不影响当事人要求赔偿的权利。原则上,提出变更的一方当事人对对方当事人因合同变更所受损失应负赔偿责任。

二、合同转让(Assignment of Contract)

合同的转让,是指合同的主体发生变化,即由合同当事人将合同的全部或部分权利义务转让给第三人,但合同的客体,即合同的标的不变。

在合同转让的关系中,合同关系的当事人有债权人、债务人和第三人。合同的转让的结果是合同的权利义务由新的当事人,即第三人承受。在合同的转让中,转让人与受让人形成新的合同关系。合同的转让包括:债权让与、债务承担和概括承受。

(一) 债权让与(Assignment of Creditor's Rights)

债权让与,又称债权的转让,指合同的债权人将债权转让给受让人,受让人因此取代了原债权人的地位成为原合同新的债权人。

债权人可以将合同的权利全部或者部分转让给受让人,受让人取得与债权有关的从权利,但该从权利专属于债权人自身的除外。债权人转让权利的,应当通知债务人。债权人转让权利的通知不得撤销,但经受让人同意的除外。未经通知,该转让对债务人不发生效力。债务人接到债权转让通知后,其对让与人的抗辩可以向受让人主张,若债务人对让与人享有债权并且债务人的债权先于转让的债权到期或者同时到期的,债务人可以向受让人主张抵销。

现实中,并不是所有的合同都能够转让,根据合同性质、当事人约定、法律规定不得转让的合同不得转让。

(二)债务承担(Assumption of Debts)

债务承担,又称债务的转让,是指债务转由第三人全部承担或分担。债务人将合同的义务全部或部分转移给第三人的,应当经债权人同意。债务人转移义务的,新债务人应当承担与主债务有关的从债务同时取得原债务人对债权人的抗辩,但该从债务专属于原债务人自身的除外。

债务承担分为免责债务承担和并存债务承担。免责债务承担,又称单纯的债务承担,指债务全部由第三人承担,第三人取得债务人的地位,原债务人摆脱债务关系。并存债务承担,又称共同的债务承担或者债务加入,指第三人加入既存的债务关系,与债务人共同承担债务。

(三)概括承受(Complete Assignment of Contract)

所谓概括承受是指合同当事人一方与第三人订立合同,将其合同权利义务全部或者部分地移转给该第三人,经对方当事人同意后,由该第三人承受合同当事人地位,全部或部分地享受合同权利,承担合同义务。合同承受既转让合同权利,又转让合同义务,因而被移转的合同只能是双务合同。单务合同只能发生特定承受,即债权让与或债务承担,不能产生概括承受。

三、合同的解除(Termination of Contract)

(一)合同解除的概念(Definition)

合同的解除,是指合同有效成立后,在一定条件下通过当事人的单方行为或者双方合意终止合同效力或者溯及地消灭合同关系的行为。合同解除以有效成立的合同为标的,其目的在于解决有效成立的合同提前消灭的问题。这是合同解除与合同无效、合同撤销及要约或承诺的撤回等制度的不同之处。当事人只有具有法定或约定的解除事由,并且通过解除行为才能解除合同。根据解除事由,解除行为有两种类型：一是当事人双方协议解除；二是权利人行使解除权。

合同解除可根据解除的意思表示是单方还是双方作出，分为单方解除与协议解除。合同解除最常用的分类即根据解除权的来源是法定还是约定，分为法定解除与约定解除。法定解除的解除权来源于法律的直接规定，根据该解除权适用于所有合同还是特定合同，又分为一般法定解除和特别法定解除。约定解除的解除权来源于合同双方的合意，其中有关解除权的合意称为解约条款。约定解除权可以赋予当事人一方，也可以赋予当事人双方。解除权可以在订立合同时约定，也可以在合同成立后另订设定解除权的合同。

（二）合同解除的条件（Requirements）

1. 法定解除条件（Termination by Operation of Law）

《合同法》第 94 条规定，有下列情形之一的，当事人可以解除合同：(1) 因不可抗力致使不能实现合同目的。不可抗力致使合同目的不能实现，该合同失去意义，合同关系应归于消灭。(2) 在履行期限届满之前，当事人一方明确表示或者以自己的行为表明不履行主要债务。(3) 当事人一方迟延履行主要债务，经催告后在合理期限内仍未履行。(4) 当事人一方迟延履行债务或者有其他违约行为致使不能实现合同目的。此即根本违约，违约方的合同相对人有合同解除权。(5) 法律规定的其他情形。法律针对某些具体合同规定了特别法定解除条件的，从其规定。

2. 约定解除的条件（Termination by Agreement）

约定解除分为约定解除权的解除和协议解除。约定解除权经约定后，其效力同于法定解除权。协议解除，是双方当事人协商一致解除原合同关系，其实质是在原合同当事人之间重新成立了一个合同，该合同以双方基于原合同发生的债权债务归于消灭为内容。两者都以不违反强行法规范和社会公共利益为前提条件，后者因为也是合同，所以还应遵守合同的生效条件。

（三）合同解除的程序（Procedure of Termination of Contract）

1. 单方解除（Unilateral Termination）的程序

单方解除，即享有合同解除权的一方当事人通过行使解除权而解除合同。此处解除权的来源包括法定和约定两种。解除权属形成权，只需解除权人的单方意思表示即可发生解除合同的法律效果。但解除权的行使并非毫无限制，合同法对其行使期限和行使方式均有明确规定。

关于解除权的行使期限，《合同法》第 95 条规定：(1) 法律规定或当事人约定解除权行使期限的，期限届满当事人不行使的，该权利消灭；(2) 法律没有规定或当事人未约定解除权行使期限，经对方催告后在合理期限内不行使的，该权利消灭。

关于解除权的行使程序，《合同法》第96条规定：（1）一方行使解除权解除合同的，应当通知对方。合同自通知到达对方时解除。对方有异议的，可以请求人民法院或仲裁机构确认解除合同的效力。（2）法律、行政法规规定解除合同应当办理批准、登记等手续的，应遵循其规定。

2. 协议解除（Termination by Agreement）的程序

协议解除实质为原合同当事人之间重新成立一个以解除原合同为目的的合同，因此，应遵循由要约到承诺的一般缔约程序及其他相关要求，以实现当事人双方意思表示一致。法律、行政法规规定解除合同应当办理批准、登记等手续的，依照其规定。

（四）合同解除的效力（Legal Effects of Termination of Contract）

合同解除的法律效果是使合同关系消灭。但其消灭是溯及既往还是仅向将来发生，各国立法和学术见解不尽相同。我国通说认为，合同解除无溯及力。因此，合同解除后，尚未履行的，终止履行；已经履行的，根据履行情况和合同性质，当事人可以请求恢复原状或者采取其他补救措施，并有权要求赔偿损失。关于解除的溯及力的进一步细化，学者们认为，非继续性合同的解除原则上有溯及力，继续性合同的解除原则上无溯及力。

《民法通则》第115条和《合同法》第97条均规定，合同解除与损害赔偿可以并存。但对于损害赔偿的范围，各国法及国际公约有不同的规定，分别有完全赔偿原则、可预见赔偿原则、直接损害与可得利益赔偿原则等。我国法学界也存在争议，一种观点认为，无过错一方所遭受的一切损害均可请求赔偿，既包括债务不履行的损害赔偿，也包括因恢复原状所发生的损害赔偿，即全面赔偿的原则；另一种观点认为，损害赔偿额应当包括合同履行后可以获得的利益，但不得超过违反合同一方订立合同时预见到或者应当预见到的因违反合同可能造成的损失，即采可得利益为主兼具可预见原则。

第五节　合同中的抗辩权
Section Five　The Right to Plea in Contract

一、同时履行抗辩权（The Right to Plea for Simultaneous Performance）

（一）同时履行抗辩权的概念

同时履行抗辩权是指在未约定先后履行顺序的双务合同中，一方在对方未为对待给付之前,有权拒绝其履行的权利。

同时履行抗辩权只适用于双务合同,因为只有在双务合同中,当事人之间才存在对待给付义务。另外,合同双方当事人没有约定或法定的先后履行顺序,这是同时履行抗辩权与其他合同抗辩权的区别。单务合同(如赠与合同)和不真正的双务合同(如委托合同)不适用同时履行抗辩权。

同时履行抗辩权应以意思通知的方式行使,一经行使,即具有对抗对方的履行请求、排除己方迟延履行责任的效力。同时,履行抗辩权属一时性抗辩权,一旦对方履行,该抗辩权即告消灭。

(二)同时履行抗辩权的成立条件

同时履行抗辩权的成立条件是:

(1)在同一双务合同中互负对待给付义务。如果双方当事人的债务不是基于同一合同而发生,即使在事实上有密切关系,也不得主张同时履行抗辩权。这里的义务一般理解为主给付义务,但在从给付义务的履行与合同目的的实现具有密切关系时,应认为它与主给付义务之间有牵连关系,可产生同时履行抗辩权。

(2)双方债务均已届清偿期。履行期限届满是同时履行抗辩权行使的前提条件,只有履行期限届满而义务人尚未履行义务的才有同时履行抗辩权的适用,又因为没有履行的先后顺序,所以两者同时届满。

(3)对方未履行债务。一方向他方请求履行债务时,须自己已为履行或提出履行,否则,对方可行使同时履行抗辩权,拒绝履行债务。但是,如果一方未履行或未提出履行的债务与对方所负债务无对价关系,对方不得主张同时履行抗辩权。

(4)对方的债务具有履行的可能性。同时履行抗辩权的宗旨是促使双方当事人同时履行债务,如果对方的对待给付已不可能,则不发生同时履行抗辩权问题,而应依合同解除制度解决。

(三)同时履行抗辩权行使的特殊情形

(1)对方部分履行。债务人原则上无部分履行的权利。因此,双务合同的一方当事人在对方提出部分履行时有权拒绝受领,但若拒绝受领违反诚实信用原则,则不在此限;若受领部分给付,可以提出相当部分的对待给付,也可以主张同时履行抗辩权,拒绝为给付,除非如此违背诚实信用原则。

(2)对方瑕疵履行。一方在对方履行债务不符合约定时,有权拒绝其相应的履行请求。债务人瑕疵履行,债权人可请求其消除缺陷或另行给付,在债务人未消除缺陷或另行给付时,债权人有权行使同时履行抗辩权,拒绝为对待给付。

二、不安抗辩权（The Right to Plea Against Advance Performance）

（一）不安抗辩权的概念

不安抗辩权是指双务合同中，应当先履行债务的当事人有证据证明后履行义务人存在不能履行债务或者有不能履行债务的可能情形时，在对方没有对待履行或提供担保前，有权中止履行合同债务的权利。后履行义务人不能履行债务或者有不能履行债务的可能的情形包括：经营状况严重恶化，转移财产、抽逃资金以逃避债务，谎称有履行能力的欺诈行为，或其他丧失或者可能丧失履行债务能力的情况。后给付义务人收到中止履行的通知后，在合理的期限内未恢复履行能力或者未提供适当担保的，先给付义务人有权解除合同。

（二）不安抗辩权成立的条件

不安抗辩权成立的条件是：（1）双方当事人因同一双务合同而互负债务。与同时履行抗辩权一样，不安抗辩权的成立前提也为同一双务合同。但在不安抗辩权中，债务的履行有先后顺序。（2）后给付义务人的履行能力明显降低，有不能为对待给付的现实危险。不安抗辩权制度保护先给付义务人是有条件的，即只有在后给付义务人有不能为对待给付的现实危险、害及先给付义务人的债权实现时，[①]才能行使不安抗辩权。履行能力明显降低，有不能为对待给付的现实危险，须发生在合同成立以后。如果在订立合同时即已经存在，先给付义务人若明知此情而仍然缔约，法律则无必要对其进行特别保护；若不知此情，则可以通过合同无效等制度解决。在此需说明的是，后履行义务人不能提供担保不是不安抗辩权行使的要件，而只是不安抗辩权的后续效力。

（三）不安抗辩权的行使

为了兼顾后给付义务人的利益，也便于其能及时提供适当担保，先给付义务人行使不安抗辩权的，应及时通知后给付义务人，该通知的内容包括中止履行的意思表示和指出后给付义务人提供适当担保的合理期限。这样可使后给付义务人尽量减少损害，及时地恢复履行能力或提供适当的担保以消除不安抗辩权，使先给付义务人履行其义务。

为防止滥用不安抗辩权，借口后给付义务人丧失或可能丧失履行能力而随意拒绝履行自己的债务，行使不安抗辩权的先给付义务人负有证明后给付义务人的履行能力明显降低、有不能为对待给付的现实危险的义务。如果先给付义务人没

---

① 这些危险即为不安抗辩权概念中的后履行义务人不能履行债务或者有不能履行债务的可能的情况。

有确切证据而中止履行,应当承担违约责任。

(四)不安抗辩权的效力

(1)先给付义务人中止履行。先给付义务人有确切证据证明后给付义务人的履行能力明显降低,有不能为对待给付的现实危险的,有权中止履行。在后给付义务人提供适当担保时,应当恢复履行。设定担保的时间应适当,以便能保障先给付义务人的债权的实现。至于担保的类型则在所不限,可以是保证,也可以是抵押、质押等。

(2)先给付义务人解除合同。按合同法规定,先给付义务人中止履行后,后给付义务人在合理期限内未恢复履行能力并且未提供适当担保的,先给付义务人可以解除合同。解除的方式,由先给付义务人通知后给付义务人,通知到达时发生合同解除效力;但后给付义务人有异议时,可以请求人民法院或仲裁机构确认合同效力。先给付义务人主张不安抗辩权若不能成立,则应对其中止履行承担违约责任。

三、先履行抗辩权(The Right to Plea of the Party of Performing Lately)

(一)先履行抗辩权的概念

先履行抗辩权,有时也称后履行抗辩权,是指当事人互负债务,有先后履行顺序的,先履行一方未履行之前,后履行一方可以拒绝其履行请求,先履行一方履行债务不符合约定的,后履行一方有拒绝其相应的履行请求的权利。在传统民法上,有同时履行抗辩权和不安抗辩权的理论,却无先履行抗辩权的概念,我国合同法首次明确规定了这一抗辩权。

(二)先履行抗辩权的成立要件

根据《合同法》第67条的规定,构成先履行抗辩权须符合以下要件:

(1)须双方当事人互负债务。此要件同于同时履行抗辩权和不安抗辩权,三者成立的前提都是双务合同。

(2)双方债务须有先后履行顺序,至于该顺序是当事人约定的,还是法律直接规定的,在所不问。此要件同于不安抗辩权,合同双方当事人之间存在顺序利益。

(3)先履行一方未履行债务或其履行不符合约定。先履行一方未履行债务,既包括先履行一方在履行期限届至或届满前未予履行的状态,又包含先履行一方于履行期限届满后尚未履行的现象。履行债务不符合约定,在这里是指迟延履行、瑕疵履行等。

(三) 先履行抗辩权的效力

先履行抗辩权的成立及行使,产生后履行一方可一时中止履行自己债务的效力,对抗先履行一方的履行请求,以此保护自己的期限利益、顺序利益;在先履行一方采取了补救措施,违约行为变为适当履行的情况下,先履行抗辩权消失,后履行一方须履行其债务。先履行抗辩权的行使不影响后履行一方主张违约责任。

第六节 缔约过失责任
Section Six Pre-Contract Liabilities

一、缔约过失责任的概念和构成要件(Definition and Requirements)

所谓缔约过失责任,是指在订立合同过程中,一方因违背其依据诚实信用原则所应尽的义务而使另一方信赖利益损失依法应承担的民事责任。

缔约过失责任的构成应具备如下要件:

(1) 缔约过失行为发生于合同订立阶段。只有在合同尚未成立,或者虽已成立,但因为不符合法定的有效要件而被确认为无效或被撤销时,才可能发生缔约过失责任。如果合同已经有效成立,合同的缔结过程就已经结束,因一方当事人的过失致使另一方当事人受到损害的,只能构成合同的违约责任,而不能适用缔约过失责任。

(2) 一方当事人违反了依诚实信用原则所担负的先合同义务。由于合同尚未成立,因此当事人并不承担合同义务。然而,在订约阶段,当事人依诚实信用原则负有忠实、保密等义务。作为法定义务,若因过失而违反,则可能产生缔约过失责任。

(3) 另一方的信赖利益因此而受到损失。所谓信赖利益损失,是指一方实施某种行为后,另一方对此产生了信赖(如相信其会与己方订立合同),并为此而支付了一定的费用,后因对方违反诚实信用原则导致合同未成立或无效或被撤销,该费用不能得到补偿,因而受到损失。此项损失,既包括财产的直接减少(积极损失),也包括应增加而未增加的利益(如履约收益)。

(4) 行为人主观上必须有过错。违反先合同义务或附随义务的一方在主观上必须存在故意或过失。与违约责任的严格责任不同,缔约过失责任采用过错责任原则,将过错作为责任成立的主观要件。此处过错包括故意和过失两种基本形态。

从世界范围来看,将缔约阶段的责任作为侵权责任的一种类型则是更为普遍的做法;从我国民法理论和实践的情况来看,将缔约过失责任归属于一般侵权责任类型也是切实可行的。这样看来,将缔约过失责任作为独立的责任类型实为我国民法理论上的一个误区。[①]

二、缔约过失责任的适用情形(Scope of Application)

缔约过失责任主要应用于以下三种情形:

1. 假借订立合同,恶意进行磋商

所谓恶意磋商,即指非出于订立合同之目的而借订立合同之名与他人磋商。其真实目的在于阻止对方与他人订立合同,使对方贻误商机,或仅为戏要对方。

2. 故意隐瞒与订立合同有关的重要事实或者提供虚假情况

缔约双方当事人应本着诚实信用原则订立合同,双方具有知情权。与之对应的则是对方负有如实告知义务,这些义务主要包括:(1)告知对方自己的财产状况与履约能力;(2)告知标的物的瑕疵;(3)告知标的物的性能和使用方法。

3. 有其他违背诚实信用原则的行为

缔约过失责任在于赔偿缔约人基于相信对方而生的信赖利益损失,而现实生活中违背诚实信用原则的情事很多。故法律规定了兜底条款,揭示了缔约过失责任保护的实质。这些情形主要包括:(1)违反有效要约或要约邀请;(2)违反初步协议或许诺;(3)未尽保护、照顾等附随义务;(4)违反强制缔约义务,如公共汽车司机无正当理由拒载;(5)无权代理未被追认。

三、缔约过失责任的赔偿范围(Extent of Compensation)

根据合同法的规定,缔约过失责任是损害赔偿责任,即赔偿相对人因缔约过失而遭受的信赖利益损失,包括直接损失和间接损失。直接损失即现有损失,包括订立合同的费用(如差旅费、通讯费)、准备履行合同所支出的费用(如仓库预租费)以及上述费用的利息等;间接损失即机会成本的损失,主要指对方因此丧失商机所造成的损失,其应采可预见原则。

第七节 违约责任

Section Seven Liability for Breach of Contract

一、违约责任的概念和特征(Definition and Features)

《民法通则》第 111 条、《合同法》第 107 条对违约责任均作了概括性规定。所

---

① 李中原:《缔约过失责任之独立性存疑》,《法学》2008 年第 7 期。

谓违约责任是违反合同的民事责任的简称,是指合同当事人一方不履行合同义务或履行合同义务不符合合同约定所应承担的民事责任。违约责任具有以下特征:

1. 违约责任是一种主要民事责任

《民法通则》专设"民事责任"一章(第六章),规定了违约责任和侵权责任两种民事责任。违约责任作为一种民事责任,在目的、构成要件、责任形式等方面具有独特的重要性。

2. 违约责任具有相对性

合同关系的相对性决定了违约责任的相对性,即违约责任是合同当事人之间的民事责任,合同当事人以外的第三人对当事人之间的合同不承担违约责任。具体而言:(1)违约责任是合同当事人的责任,不是合同当事人的辅助人(如代理人)的责任;(2)当事人一方因第三人的原因造成违约的,应当向对方承担违约责任,即合同当事人对于因第三人的原因导致的违约承担责任。

3. 违约责任是当事人不履行或不完全履行合同的责任

能够产生违约责任的违约行为有两种情形:一是一方不履行合同义务,即未按合同约定提供给付;二是履行合同义务不符合约定条件,即其履行存在瑕疵。

4. 违约责任具有补偿性和一定的任意性

损害赔偿是民法的基本原理,违约责任则也体现了这一原理,其以补偿守约方因违约行为所受损失为主要目的,以损害赔偿为主要责任形式,如《民法通则》第111条就直接规定成了损害赔偿责任。另外,违约责任可以由当事人在法律规定的范围内约定,具有一定的任意性。当事人可以约定一方违约时应当根据违约情况向对方支付一定数额的违约金,也可以约定因违约产生的损失赔偿额的计算方法。

二、违约责任的构成要件(Requirements)

一般认为违约责任应根据外观主义不考虑违约人的违约心理,即主观因素。故,违约责任以客观上形成违约状态为已足,包括积极要件即有违约行为和消极要件即无免责事由两方面。

(一) 违约行为(Acts of Breach of Contract)

1. 违约行为的概念

违约行为,是指当事人一方不履行合同义务或者履行合同义务不符合约定条件的行为。这一定义表明:(1)违约行为的主体是合同当事人。由于第三人的行为导致当事人一方违反合同,违约人仍是该当事人,而非第三人,这是合同的相对性决定的。(2)违约行为具有客观性。违约行为的认定以当事人的行为是否在客观上与约定的行为或者合同义务相符合为标准,而不管行为人的主观状态如何。(3)违约行为侵害的客体是合同对方的债权。因违约行为的发生,使债权人的债权无法实现,从而侵害了债权。

2. 违约行为的分类

根据不同标准,可对违约行为作以下分类:(1)单方违约与双方违约(unilateral breach of contract and bilateral breach of contract)。其中双方违约,是指双方当事人分别违反了自己的合同义务,此时双方的违约责任不能相互抵销,应当各自承担相应的责任。(2)根本违约与非根本违约(fundamental breach of contract and non-fundamental breach of contract)。这是以违约行为是否导致另一方订约目的不能实现为标准进行的分类,根本违约可构成合同法定解除的理由。(3)不履行、不完全履行与迟延履行(nonperformance, incomplete performance and delay in performance)。(4)实际违约与预期违约(actual breach of contract and anticipatory breach of contract)。以下专分析之。

3. 实际违约

实际违约,即实际发生的违约行为。实际违约的具体形态包括:(1)不履行,其包括履行不能和拒绝履行。履行不能是指债务人在客观上已经没有履行能力,如特定标的物灭失。拒绝履行是指当事人能够履行而故意不履行。(2)迟延履行,即合同债务已经到期,债务人能够履行而未履行。(3)不适当履行,即债务人虽然履行了债务,但其履行不符合合同的约定,包括瑕疵给付和加害给付。履行有瑕疵称瑕疵履行,如给付时间和地点不当等;因不适当履行造成对方履行利益之外的其他损失称加害履行,如出售不合格产品导致买受人的损害。

4. 预期违约

预期违约也称先期违约,是指在合同履行期限到来之前,一方无正当理由但明确表示其在履行期限到来后将不履行合同,或者其行为表明其在履行期限到来后将不可能履行合同。预期违约是当事人在合同履行期限到来之前的违约,侵害了对方当事人的期待权,主要造成对方信赖利益的损害。

预期违约包括两种形态,即明示预期违约和默示预期违约。明示预期违约,或称明示毁约,是指一方当事人无正当理由,明确地向对方表示将在履行期限届至时不履行合同。默示预期违约,或称默示毁约,是指在履行期限到来之前,债务人虽然没有表示不履行合同,但其行为表明将不履行合同或不能履行合同,如一物二卖中出卖人的行为。

(二)违约的免责事由(Exemptions from Liability)

免责事由也称免责条件,是指当事人对其违约行为免予承担违约责任的事由。合同法上的免责事由可分为两大类,即法定免责事由和约定免责事由。法定免责事由是指由法律直接规定、不需要当事人约定即可援用的免责事由,主要指不可抗力;约定免责事由是指当事人约定的免责条款。有人认为,抗辩权也可成为免责事由。其实,行使抗辩权并不构成违约,因而无责可免。

1. 不可抗力(Force Majeure)

根据我国法律的规定,所谓不可抗力,是指不能预见、不能避免并不能克服的客观情况。不能预见,即当事人无法知道事件是否发生、何时何地发生、发生的情况如何,采一般人标准认定;不能避免,即无论当事人采取什么措施,或即使尽了最大努力,也不能防止或避免事件的发生;不能克服,即以当事人自身的能力和条件无法战胜这种客观力量。不可抗力作为免责条款具有强制性,当事人不得约定将不可抗力排除在免责事由之外。

不可抗力主要包括以下几种情形:(1) 自然灾害,如台风、洪水、冰雹;(2) 政府行为,如征收、征用;(3) 社会异常事件,如罢工、骚乱。

因不可抗力不能履行合同的,根据不可抗力的影响,违约方可部分或全部免除责任。但有以下例外:(1) 金钱债务的迟延责任不得因不可抗力而免除。(2) 迟延履行期间发生的不可抗力不具有免责效力。

2. 免责条款(Clauses of Exemption from Liability)

免责条款是指当事人在合同中约定免除将来可能发生的违约责任的条款,其所规定的免责事由即约定免责事由。对此,合同法未作一般性规定,仅规定格式合同的免责条款。值得注意的是:免责条款不能排除当事人的基本义务,也不能排除故意或重大过失的责任。

三、违约责任的形式

违约责任的形式,即承担违约责任的具体方式。《合同法》第 107 条规定:当事人一方不履行合同义务或者履行合同义务不符合约定的,应当承担继续履行、采取补救措施或者赔偿损失等违约责任。据此,违约责任有三种基本形式,即继续履行、采取补救措施和赔偿损失。当然,除此之外,违约责任还有其他形式,如违约金和定金责任。

(一) 继续履行(Continue to Perform)

1. 继续履行的概念

继续履行也称强制实际履行,是指违约方根据对方当事人的请求继续履行合同规定的义务的违约责任形式。继续履行以违约为前提,体现了法的强制,其内容表现为按合同约定的标的履行义务,这一点与一般履行并无不同。继续履行以对方当事人(守约方)请求为条件,法院不得径行判决。

2. 继续履行的适用

对于金钱债务而言,因其只存在迟延履行不存在履行不能,因此应无条件适用继续履行的责任形式。对非金钱债务,原则上可以请求继续履行,但下列情形除外:(1)法律上或者事实上不能履行(履行不能);(2)债务的标的不适用强制履行或者强制履行费用过高;(3)债权人在合理期限内未请求履行(如季节性物品之供应)。

(二)采取补救措施(Take Remedial Measures)

1. 采取补救措施的含义

采取补救措施作为一种独立的违约责任形式,是指矫正合同不适当履行(质量不合格)、使履行缺陷得以消除的具体措施。这种责任形式,与继续履行和赔偿损失具有互补性。

2. 采取补救措施的类型

关于采取补救措施的具体方式,我国相关法律作了如下规定:(1)《合同法》第 111 条规定为:修理、更换、重作、退货、减少价款或者报酬等;(2)《消费者权益保护法》第 52 条规定为:修理、重作、更换、退货、补足商品数量、退还货款和服务费用、赔偿损失;(3)《产品质量法》第 40 条规定为:修理、更换、退货、赔偿损失。

3. 采取补救措施的适用

对于不适当履行的违约责任形式,当事人有约定者应依其约定;没有约定或约定不明者,首先应按照《合同法》第 61 条规定确定违约责任;没有约定或约定不明又不能按照《合同法》第 61 条规定确定违约责任的,才适用这些补救措施。采取补救措施应以标的物的性质和损失大小为依据,确定与之相适应的补救方式。受害方对补救措施享有选择权,但选定的方式应当合理。

(三)赔偿损失(Compensate for Loss)

1. 赔偿损失的概念

赔偿损失,在合同法上也称违约损害赔偿,是指违约方以支付金钱的方式弥补受害方因违约行为所减少的财产或者所丧失的利益的责任形式。以支付金钱的方式弥补损失,赔偿损失具有根本救济功能,任何其他责任形式都可以转化为损害赔偿。违约赔偿的范围和数额,可由当事人约定。当事人既可以约定违约金的数额,也可以约定损害赔偿的计算方法,因此,赔偿损失责任具有一定的任意性。赔偿损失的确定方式有两种:法定损害赔偿和约定损害赔偿。

2. 法定损害赔偿

根据合同法的规定,法定损害赔偿应遵循以下原则:

(1)完全赔偿原则。违约方对于守约方因违约所遭受的全部损失承担赔偿责任,包括直接损失与间接损失。前者又称积极利益损失,主要表现为标的物灭失、为准备履行合同而支出的费用、停工损失、为减少违约损失而支出的费用、诉讼费用等;后者又称消极利益损失,是指在合同适当履行后可以实现和取得的财产利益,如机会利益损失、利息损失、自然孳息损失、工资损失等。[①]

(2)合理预见规则。合理预见规则的理论基础是意思自治原则和公平原则,指违约损害赔偿的范围以违约方在订立合同时预见到或者应当预见到的损失为限。合理预见规则不适用于约定损害赔偿,所预见到可能损失的范围应当根据订立合同时的事实或者情况加以判断。合理预见规则的适用范围包括直接损失和间接损失两方面损失额的确定。

(3)减轻损失规则。一方违约后,另一方应当及时采取合理措施防止损失的扩大;否则,不得就扩大的损失要求赔偿。

3. 约定损害赔偿

约定损害赔偿,是指当事人在订立合同时,预先约定一方违约时应当向对方支付一定数额的赔偿金或约定损害赔偿额的计算方法。它是缔约时确定的,具有预定性;同时以主合同的有效成立为前提,具有从属性。

(四)违约金(Liquidated Damage)

1. 违约金的概念

违约金是指当事人一方违反合同时应当向对方支付的一定数量的金钱或财物。合同法施行之前,我国的违约金主要有法定违约金和约定违约金,惩罚性违约金和补偿性违约金等两种分类四种性质的违约金形态。根据现行合同法的规定,违约金仅指约定违约金,[②]具有预定性和确定性的特征,但不应具有惩罚性,即使约定的违约金数额高于实际损失,也不能改变这种基本属性。关于当事人是否可以约定单纯的惩罚性违约金,合同法未作明确规定。通说认为此种约定并非无效,但其性质仍属违约的损害赔偿。

2. 违约金的增加或减少

违约金是对损害赔偿额的预先约定,既可能高于实际损失,也可能低于实际损失,畸高和畸低均会导致不公平结果。为此,各国法律规定法官对违约金具有变更权。我国《合同法》第114条第2款也作了规定:约定的违约金低于造成的损失的,当事人可以请求人民法院或者仲裁机构予以增加;约定的违约金过分高于造成的损失的,当事人可以请求人民法院或者仲裁机构予以适当减少。

(五)定金责任(Deposit)

所谓定金,是指合同当事人为了确保合同的履行,根据双方约定,由一方按合

---

① 吴小华:《试论间接损失的赔偿责任》,《现代法学》1982年第1期。

② 见《合同法》第114条第1款规定:"当事人可以约定一方违约时应当根据违约情况向对方支付一定数额的违约金,也可以约定因违约产生的损失赔偿额的计算方法。"

同标的额的一定比例预先给付对方的金钱或其他替代物。为此所形成的合同称为定金合同,担保法作了专门规定。根据其作用,定金可以分为订约定金、成约定金、解约定金、违约定金和证约定金。债务人履行债务后,定金应当抵作价款或者收回。给付定金的一方不履行约定的债务的,无权要求返还定金;收受定金的一方不履行约定的债务的,应当双倍返还定金,这即是定金双倍返还规则。据此,在当事人约定了定金担保的情况下,如一方违约,定金罚则即成为一种违约责任形式。

第八节　买卖合同
Section Eight　Sales Contract

一、买卖合同的概念和特征(Definition and Features)

(一)买卖合同的概念(Definition)

买卖合同是一方转移标的物的所有权于另一方,另一方支付价款的合同。转移所有权的一方为出卖人或卖方,支付价款而取得所有权的一方为买受人或者买方。

(二)买卖合同的特征(Features)

买卖合同的特征有:(1)买卖合同是有偿合同。买卖合同的实质是以等价有偿方式转让标的物的所有权,这是买卖合同的基本特征,是其与赠与合同的根本区别。(2)买卖合同是双务合同。在买卖合同中,买卖双方互负义务。(3)买卖合同是诺成合同。买卖合同自双方当事人意思表示一致就可以成立,不需要以交付标的物作为合同的成立条件。(4)买卖合同一般是不要式合同。通常情况下,买卖合同的成立、有效并不需要具备一定的形式,但法律另有规定者除外。

二、买卖合同当事人的权利和义务(Rights and Obligations of the Parties)

买卖合同是双务合同,一方当事人的权利就是对方当事人的义务。因此,合同当事人的权利义务可以从双方的义务考察即可。

(一)出卖人的主要义务(Obligations of the Seller)

1. 交付标的物
交付包括现实交付和观念交付。前者指标的物交由买受人实际占有,后者包括返还请求权让与、占有改定和简易交付。

2. 转移标的物的所有权

这是买卖合同区别于其他涉及财产移转占有的合同的本质特性之一。

3. 瑕疵担保义务

出卖人对其所转让的财产负权利瑕疵和物的瑕疵的担保义务。具体如下：

（1）权利瑕疵担保义务。权利瑕疵担保义务是指出卖人就其所移转的标的物，担保不受他人追夺以及不存在未告知权利负担的义务。所谓权利瑕疵表现为出卖人未告知该标的物上负担着第三人的权利，或者是出卖人未告知标的物无权处分。

（2）物的瑕疵担保义务。这是指出卖人就其所交付的标的物具备约定或法定品质所负的担保义务，即出卖人须保证标的物移转于买受人之后，不存在品质或使用价值降低、效用减弱的瑕疵。标的物欠缺约定或法定品质的，称为物的瑕疵。依其被发现的难易程度，物的瑕疵可划分为表面瑕疵和隐蔽瑕疵。

（二）买受人的主要义务（Obligations of the Buyer）

1. 支付价款

买受人须按合同约定的数额、时间、地点支付价款，并不得违反法律以及公共秩序和善良风俗。合同无约定或约定不明的，应依法律规定、参照交易惯例确定。

2. 受领标的物

对于出卖人交付标的物及其有关权利和凭证，买受人有及时受领义务。

3. 对标的物的检查及通知义务

买受人受领标的物后，应当在当事人约定或法定期限内，依通常程序尽快检查标的物。若发现应由出卖人负担保责任的瑕疵时，应妥善保管标的物并将其瑕疵立即通知出卖人。

三、标的物交付的效力（Legal Effects of Delivery of the Subject Matter）

1. 标的物所有权的转移

买卖合同的标的物，除法律另有规定或当事人另有约定外，自交付时起所有权转移。

2. 标的物的风险责任承担

标的物风险责任负担，是指买卖合同履行过程中发生的标的物意外毁损灭失的风险由哪一方当事人负担。根据我国合同法规定，标的物风险负担按交付原则确定：在标的物交付之前由出卖人承担，交付之后由买受人承担，但法律另有规定或当事人另有约定的除外。对于不动产或船舶、航空器等以登记为权利变动公示方式的，风险由所有权人负担。

根据合同法规定，出卖人未按照约定交付有关标的物的单证和资料的，不影响标的物毁损、灭失风险的转移。因标的物质量不符合要求致使不能实现合同目的,买受人拒绝接受标的物或者解除合同的,标的物毁损、灭失的风险由出卖人承担。

3. 孳息归属

标的物交付前产生的孳息,归出卖人所有;交付之后产生的孳息,归买受人所有。

四、特种买卖合同(Special Sales Contracts)

(一)分期付款买卖(Sale by Installment Payment)

分期付款买卖,是指买受人将其应付的总价款,在一定期限内分次向出卖人支付的买卖合同。除法律另有规定或合同另有约定外,标的物的所有权自出卖人交付时起转移给买受人。买受人应按期履行支付价金的义务,若未按期付款,应承担违约责任。分期付款买卖的买受人未支付到期价款的金额达到全部价款的五分之一的,出卖人可以要求买受人支付全部价款或者解除合同。出卖人解除合同的,可以向买受人要求支付该标的物的使用费。

(二)样品买卖(Sale by Sample)

样品买卖,又称货样买卖,是指标的物品质依一定样品而定的买卖。当事人约定依样品买卖的,视为出卖人保证交付的货物与样品具有同一品质,这可看作出卖人提供一种质量担保。样品买卖的当事人应当封存样品,并可对样品质量作出说明。出卖人交付的标的物应当与样品及其说明的质量相同。样品买卖的买受人不知道样品有隐蔽瑕疵的,即使出卖人交付的标的物与样品相同,买受人仍有权要求其交付符合同种物通常质量标准的标的物。

(三)试用买卖(Sale on Trial)

试用买卖,又称为试验买卖,是指合同成立时出卖人将标的物交付给买受人试用,买受人在试用期间内决定是否购买的买卖。此类买卖合同常见于新产品的买卖。一般认为,试用买卖合同属于附停止条件的买卖合同,即在所附买卖条件成就前,出卖人应将标的物交付给买受人试验使用,最终是否同意购买取决于买受人的意愿。试用期间届满,买受人对是否购买标的物未作表示的,视为购买。

(四)拍卖(Sale by Auction)

根据我国拍卖法,拍卖是指以公开竞价的形式,将特定物品或财产权利转让给最高应价者的买卖方式。

五、房屋买卖合同(Housing Sale Contract)

房屋买卖合同是指出卖人将房屋所有权依约转给买受人所有,买受人支付价金的买卖合同。房屋买卖合同与一般买卖合同的不同之处在于,房屋属于不动产。对于房屋买卖,法律有如下特别规定:

(1)房屋买卖合同属要式合同。买卖双方需将买卖房屋的位置、面积、价金等约定于书面。

(2)商品房的所有权须经房屋登记机构登记后,才发生转移,即登记生效主义。

(3)出卖共有房屋或出租房屋时,其他共有人或承租人享有同等条件下的优先购买权。

(4)遵循"地随房走"和"房随地走"规则。其中"地"指建设用地使用权。

第九节　委托合同
Section Nine　Commission Contract

一、委托合同的概念和特征(Definition and Features)

委托合同又称委任合同,是指委托人与受托人约定,由受托人处理委托人事务的合同。其中,委托他人为自己处理事务的人称委托人,接受他人委托的人称受托人。

委托合同具有以下特征:

(1)委托合同的标的是处理委托事务的行为。所委托处理的事务既可以是法律行为,也可以是事实行为,但须当事人亲自履行的身份行为和需要利用他人特定技能完成的行为除外。

(2)委托合同建立在双方的相互信任关系的基础上。委托人委托受托人处理事务是以委托人对受托人的能力和信誉的信任为基础的,因此受托人必须亲自办理委托事务。

(3)委托合同既可以是有偿合同,也可以是无偿合同。

二、委托合同当事人的权利和义务(Rights and Obligations of the Parties)

同于买卖合同,委托合同也是双务合同,一方的权利就是另一方的义务,因此合同当事人的权利义务可以从双方的义务考察即可。

（一）委托人的主要义务（Obligations of the Principal）

1. 支付费用的义务

委托人应当预付处理委托事务的费用。受托人为处理委托事务垫付的必要费用,委托人应当偿还该费用及利息。

2. 支付报酬的义务

若是有偿委托,则受托人完成委托事务的,委托人应当向其支付报酬。因不可归责于受托人的事由,委托合同解除或者委托事务不能完成的,委托人应当向受托人支付相应的报酬。当事人另有约定的,按照其约定。

3. 赔偿义务

受托人在处理事务过程中,因不可归责于自己的事由而受到损失的,有权要求委托人赔偿损失。委托人经受托人同意,在受托人之外委托第三人处理事务,因此给受托人造成损失的,受托人可以向委托人要求赔偿损失。

（二）受托人的主要义务（Obligations of the Agent）

1. 依委托人指示处理委托事务

受托人应当在委托人授权范围内按照诚实信用原则处理事务。需要变更委托人指示的,应当经委托人同意;因情况紧急,难以和委托人取得联系的,受托人应当妥善处理委托事务,但事后应当将该情况及时报告委托人。

2. 亲自处理委托事务

原则上受托人应该亲自处理委托事务。经委托人同意,受托人可以转委托。转委托经同意的,委托人可就委托事务直接指示转委托的第三人,受托人仅就第三人的选任及其对第三人的指示承担责任。转委托未经委托人同意的,受托人应当对转委托的第三人的行为承担责任,但在紧急情况下受托人为了委托人的利益需要转委托的除外。

3. 报告义务

受托人应当按照委托人的要求,报告委托事务的处理情况。委托合同终止时,受托人应当报告委托事务的结果。

4. 交付财产义务

受托人因处理委托事务取得的财产,应当转交给委托人。

5. 谨慎处理义务

受托人处理委托事务,应尽必要的注意义务。有偿的委托合同,因受托人的过错给委托人造成损失的,委托人可以要求赔偿损失。无偿的委托合同,因受托人的故意或者重大过失给委托人造成损失的,委托人可以要求赔偿损失。

6. 披露义务

受托人以自己的名义,在委托人的授权范围内与第三人订立合同,第三人不知道受托人与委托人之间的代理关系的,受托人因第三人的原因对委托人不履行义务,受托人应当向委托人披露第三人,委托人因此可以行使受托人对第三人的权利,但第三人与受托人订立合同时如果知道该委托人就不会订立合同的除外。受托人因委托人的原因对第三人不履行义务,受托人应当向第三人披露委托人,第三人因此可以选择受托人或者委托人作为相对人主张其权利,但第三人不得变更选定的相对人。

三、委托合同的终止(Termination)

委托合同的终止主要有以下情形:

(1) 委托事务完成或双方协商解除委托合同。

(2) 委托人或者受托人单方解除委托合同。委托人或者受托人均可随时解除委托合同,因解除合同给对方造成损失的,除不可归责于该当事人的事由以外,应当赔偿损失。

(3) 委托人或者受托人死亡、丧失民事行为能力或者破产的,委托合同终止,但当事人另有约定或者根据委托事务的性质不宜终止的除外。

(4) 因委托人死亡、丧失民事行为能力或者破产,致使委托合同终止将损害委托人利益的,在委托人的继承人、法定代理人或者清算组织承受委托事务之前,受托人应当继续处理委托事务。

第十节 租赁合同
Section Ten Lease Contract

一、租赁合同的概念、特征和种类(Definition,Features and Classification)

(一)租赁合同的概念(Definition)

租赁合同是指出租人将租赁物交付给承租人使用、收益,承租人支付租金的合同。在当事人中,提供物的使用或收益权的一方为出租人;对租赁物有使用或收益权的一方为承租人。租赁物须为法律允许流通的动产和不动产。

(二)租赁合同的特征(Features)

(1) 租赁合同是转移租赁物使用收益权的合同。在租赁合同中,承租人的目的是取得租赁物的使用收益权,出租人也只转让租赁物的使用收益权,而不转让其所有权;租赁合同终止时,承租人须返还租赁物。这是租赁合同区别于买卖合同的根本特征。

(2)租赁合同是双务、有偿合同。在租赁合同中,交付租金和转移租赁物的使用收益权之间存在着对价关系,交付租金是获取租赁物使用收益权的对价,而获取租金是出租人出租财产的目的。

(3)租赁合同是诺成合同。租赁合同的成立不以租赁物的交付为要件,当事人只要依法达成协议合同即告成立。

(4)租赁合同的标的物必须是不可消耗物。对于可消耗物,由于其使用收益价值日益减少,不适宜租赁。

(5)租赁合同的形式。租赁期限为 6 个月以下的,可以由当事人自由选择合同的形式。无论采用书面形式还是口头形式,都不影响合同的效力。租赁期限为 6 个月以上的,应当采用书面形式。未采用书面形式的,不论当事人对租赁期限是否作了约定,都视为不定期租赁。

(三)租赁合同的种类(Classification)

(1)动产租赁和不动产租赁。此为根据租赁物的不同进行的分类。其中,不动产租赁包括房屋租赁和土地使用权租赁等。

(2)一般租赁和特殊租赁。此为根据法律对租赁是否具有特殊的规定所作的分类。特殊租赁是相对于一般租赁而言的,指法律有特别要求的租赁。例如,房地产管理法律对房地产的租赁、海商法对船舶的租赁以及航空法对航空器的租赁等都有特殊的规定。

(3)定期租赁和不定期租赁。此为根据租赁合同的期限是否确定进行的分类。当事人可以在租赁合同中约定租赁期间,没有约定租赁期间的则为不定期租赁。对于不定期租赁,任何一方当事人都有权依自己的意愿随时解除合同,但在解除合同之前,应预先通知对方。但是,无论是否约定租赁期间,租赁期间都受 20 年法定期间的限制。

二、租赁合同当事人的权利和义务(Rights and Obligations of the Parties)

(一)出租人的义务(Obligations of Lessor)

1. 交付出租物并在租赁期间保持租赁物符合约定用途

物的使用以交付占有为必要的,出租人应按照约定交付承租人实际占有使用出租物。物的使用不以交付占有为必要的,出租人应使之处于承租人得以使用的状态。如果合同成立时租赁物已经为承租人直接占有,从合同约定的交付时间时起承租人即对租赁物享有使用收益权。租赁合同是继续性合同,在其存续期间,出租人有继续保持租赁物的法定或者约定品质的义务,使租赁物合于约定的使用收益状态。

2. 必要的修缮

如果租赁物非因承租人的原因出现损坏,则出租人应维护修缮,恢复原状。因修理租赁物而影响承租人使用、收益的,出租人应相应减少租金或延长租期,但按约定或习惯应由承租人修理,或租赁物的损坏因承租人过错所致的除外。

3. 瑕疵担保

瑕疵担保包括对出租物上物的瑕疵担保和权利瑕疵担保。当因违反此担保义务而致使承租人不能依约使用收益时,承租人有权解除合同,承租人因此所受损失,出租人应负赔偿责任,但承租人订约时明知有瑕疵的除外。

4. 通知义务

对于不定期租赁合同,当事人可以随时解除合同,但出租人解除合同应当在合理期限之前通知承租人。出租人出卖租赁房屋的,应当在出卖之前的合理期限内通知承租人,承租人享有同等条件优先购买权。

(二)承租人的义务(Obligations of Lessee)

1. 支付租金

承租人无正当理由未支付租金或延期支付租金的,出租人可以要求承租人在合理期限内支付。承租人应按合同约定支付租金,无约定也达不成补充协议,或不能按照交易习惯确定的,租赁期间不满一年的,应当在租赁期间届满时支付;租赁期间一年以上的,应当在每届满一年时支付,剩余期间不满一年的,应当在租赁期间届满时支付。承租人逾期不支付的,出租人可以解除合同。

2. 按照约定的方法使用租赁物

承租人应按照约定的方法使用租赁物;无约定也达不成补充协议,或不能按照交易习惯确定的,应根据租赁物的性质使用。承租人按照约定的方法或者租赁物的性质使用致使租赁物受到损耗的,因属于正常损耗,不承担损害赔偿责任,否则致使租赁物受到损耗的,出租人可以解除合同并要求赔偿损失。

3. 妥善保管租赁物

承租人应以善良管理人的注意妥善保管租赁物,未尽妥善保管义务,造成租赁物毁损灭失的,应当承担损害赔偿责任。

4. 不得擅自改善和增设他物

承租人未经出租人同意对租赁物进行改善和增设他物的,出租人可以请求承租人恢复原状或赔偿损失。

5. 不得擅自转租

承租人转租租赁物须经出租人同意,否则出租人可以解除合同;出租人同意承租人转租的,承租人与出租人的租赁合同继续有效,第三人对租赁物造成损失的,承租人应当赔偿损失。

6. 通知义务

在租赁关系存续期间,租赁物有修理、防止危害必要的,承租人应及时通知。这是依诚实信用原则而派生的义务,承租人怠于通知,致出租人不能及时救济而受到损害的,承租人应负赔偿责任。另外,因出租人违反物的权利担保义务,第三人主张权利的,承租人应当及时通知出租人。

7. 返还租赁物

租赁合同期限届满或终止时,承租人应返还租赁物,否则构成违约。经出租人同意对租赁物进行改善和增设他物的,承租人可以请求出租人偿还租赁物增值部分的费用。

三、买卖不破租赁(Changes of Ownership Does Not Affect Lease)

《合同法》第 229 条规定:租赁物在租赁期间发生所有权变动的,不影响租赁合同的效力。据此,在租赁合同有效期间,租赁物因买卖、继承等使租赁物的所有权发生变更的,租赁合同对新所有权人仍然有效,新所有权人不履行租赁义务时,承租人得以租赁权对抗新所有权人,这在学理上称为"买卖不破租赁"。

第二十章　担保法

Chapter Twenty　Law of Secured Transaction

第一节　担保法概述

Section One　Introduction to Law of Secured Transaction

一、担保概述（Introduction to Secured Transaction）

（一）担保的概念和特征（Definition and Features）

担保又称债的担保，是指依照法律规定或当事人的约定，以特定财物或第三人的信用为促使债务人履行债务，保证债权人债权的实现而设定的保障措施。担保是一种为保证债的履行而设立的从属之债，它的存在是以它所担保的主债的存在为前提的。担保也是一种法律关系，一旦成立，便在当事人之间设定了某种权利义务关系，借助这种权利义务的约束，促使债务人履行债务，从而保障债权人债权的实现。担保具有以下特征：

1. 担保具有从属性（Subordinate）

担保是为了保证主合同的债权的实现而在当事人之间设定或约定的，因而其以已有的债权债务的存在为前提，随主债的变更而变更，消灭而消灭。被担保的合同关系是一种主法律关系，为之而设立的担保关系是一种从法律关系。我国《担保法》第 5 条第 1 款规定："担保合同是主合同的从合同。"

2. 担保具有补充性（Complementary）

担保的设定，使得特定债权人或者从第三人的财产或者从债务人的特定财产中优先于其他债权人受偿，债的效力也因此得以进一步增加。担保的补充性主要体现在以下两个方面：（1）责任财产的补充，即担保合同一经有效成立，就在主合同关系的基础上补充了某种权利义务关系，从而使保障债权实现的责任财产得以扩张，或使债权人就特定财产享有了优先权，增强了债权人的债权得以实现的可能性。（2）效力的补充，即在主合同关系因适当履行而正常终止时，担保合同中担保人的义务并不实际履行。只有在主债务不履行时，担保合同中担保人的义务才履行，使主债权得以实现。

3. 担保具有特定性（Definite）

担保的特定性表现在两个方面：（1）担保本身是一种法律关系，其实质是一种债的关系,只在特定的权利义务人之间设立。(2)担保以第三人的信用或特定财产为担保法律关系的标的物,因此而不同于为保障债的履行的保全制度,后者以债务人的所有且不特定的财产作为保障,以保证债权人债权的财产。

(二)担保的类型(Types)

担保的种类很多,根据不同的标准可以作如下分类:

1. 法定担保和约定担保(Security by Operation of Law and Security upon Contract)

根据担保产生的原因,担保可以分为法定担保和约定担保。所谓法定担保是指担保是基于法律规定而设立的担保,只要具备了法律规定的条件,担保即可以产生。留置权即属于法定担保。约定担保则是基于双方当事人的约定而设立的,即通过合同的形式设立。约定担保具有自愿性,保证、抵押、质押和金钱担保都属于约定担保。

2. 人的担保和物的担保(Security by Personal Credit and Security by Real Rights)

根据担保的方式,担保可以分为人的担保和物的担保。人的担保是指以第三人的信用担保债的履行的担保方式,其典型形式是保证。人的担保主体具有特定性,即须为第三人,主债务人不可以采此担保方式。物的担保是指以特定的物为担保债务履行的担保方式。物的担保的担保人可以是主债务人本人也可以是第三人,物的担保包括抵押、质押、留置和金钱担保等,其中前三者又称为物权担保。物的担保以担保物权为典型形式,此外还有其他的非典型形式,如所有权保留、让与担保等。① 金钱担保因其标的物即为金钱,是物的担保的特殊形态。

3. 本担保和反担保(The Security and Counter-Security)

根据担保的对象,债的担保可以分为本担保和反担保。本担保是指债务人或第三人为确保债务人履行债务而设定的担保。反担保是指为保障作为担保人的第三人承担担保责任后的追偿权的实现而设定的担保。由此可见,反担保的实质是对追偿权的担保,其以追偿权的存在为前提。因此担保人只有在承担了担保责任之后,才能以反担保来保护自己的追偿权。反担保人可以是债务人,也可以是债务人以外的其他人。反担保的方式可以是债务人提供的抵押或者质押,也可以是其他人提供的保证、抵押或质押。《物权法》171条规定:"第三人为债务人向债

---

① 所谓所有权保留,是指在移转财产所有权的商品交易中根据法律规定或当事人的约定,财产所有人移转财产占有于对方当事人,而仍保留其对该财产的所有权,待对方当事人交付价金或完成特定条件时,该财产的所有权才发生移转的一种法律制度。所谓让与担保是指债务人或第三人为担保债务人的债务,将担保标的物的权利移转于担保权人,在债务人清偿债务后,标的物返还于债务人或第三人;债务不履行时,担保权人有权就该标的物的价值受偿的担保制度。

权人提供担保的,可以要求债务人提供反担保。"

二、担保法概述(Introduction to Law of Secured Transaction)

(一) 我国担保法立法(Legislations in China)

所谓担保法,是指调整担保法律关系的法律规范的总称。目前,我国规范担保问题的法律主要有 1995 年 6 月的《担保法》(Secured Transaction Law of the People's Republic of China) 和 2007 年 3 月的《物权法》(Property Law of the People's Republic of China),重要的司法解释主要有 2000 年 9 月的《最高人民法院关于适用〈中华人民共和国担保法〉若干问题的解释》(以下称《担保法解释》)。《担保法》主要规定了保证、抵押、质押、留置、定金五种担保形式。《物权法》规定了物权担保的内容,包括抵押、质押和留置。《物权法》第四编"担保物权"不仅创设了一些新的制度规则,同时还大量吸纳并修改完善了担保法和担保法司法解释中的若干制度规则,但物权法的颁行并不意味着担保法等法律的废止。在处理担保法等法律与物权法衔接问题时,应当坚持"法不溯及既往"、"新法优于旧法"、"上位法优于下位法"的原则。尤其是,当担保法与物权法的规定不一致时,适用物权法。

(二) 担保法的基本原则(General Principles)

1. 平等原则(The Principle of Equality)

平等原则是指作为担保法律制度调整对象的担保关系具有平等性,这一平等性是相对于行政法律关系的不平等性而言的,而非债权债务实现上的平等。担保法律制度的平等性还表现为担保法调整方法和调整手段的平等,担保法律关系的设立、运行以及责任追究无不体现出平等性。

2. 自愿原则(The Principle of Voluntariness)

担保法律制度中除了特殊的一些担保属于法定担保之外,大都是约定担保。约定担保的形式都是采用要式行为,采用合同的形式来订立。因此,担保法律制度与合同法一样,具有自愿性,从而调整这些活动的原则只能是自愿原则。

3. 诚实信用原则(The Principle of Good Faith)

作为担保标的的或者为第三人的信用或者为特定的财物,无论是信用还是财物都是以信用的方式表明主债权人的债权将得到有效保障,这种保障体现了担保法律关系中普遍存在的诚实信用原则。

第二节　担保合同
Section Two　Security Contract

一、担保合同的概念及特征（Definition and Features）

所谓担保合同，是指为促使债务人履行其债务，保障债权人的债权得以实现，而在债权人（同时也是担保权人）和债务人之间，或在债权人、债务人和第三人（即担保人）之间协商形成的，当债务人不履行或无法履行债务时，以一定方式保证债权人债权得以实现的协议。担保合同旨在明确担保权人和担保人之间的权利、义务关系，保障债权人的债权得以实现，是约定担保的成立要件。担保合同是因为担保这一法律行为而产生的，故其基本特征与担保的特征具有一致性，如从属性、补充性和特定性等。而有些担保的特征在担保合同的具体化之下有了新的内容，如：

1. 从属性（Subordinate）

担保合同的从属性，又称附随性、伴随性，是指担保合同的成立和存在必须以一定的合同关系的存在为前提。担保合同的订立目的是保障所担保的债务履行，保护交易安全和债权人利益，这是其从属性的根源。

担保合同的从属性主要表现在：担保合同的成立应以相应的合同关系的发生和存在为前提，而且担保合同所担保的债务范围不得超过主合同债权的范围；担保合同应随主合同债权的移转而移转，随主合同关系消灭而消灭。担保合同的订立时间，可以是与主合同同时订立；也可以是主合同订立在先，担保合同随后订立；还可以先于主合同而订立，如最高额担保合同的订立。但担保合同订立的目的都是为了主债务的实现，因此还是一种从属性的体现。

2. 相对独立性（Partly Independent）

担保合同的相对独立性，是指担保合同尽管属于从合同，但也具有相对独立的地位，如通过当事人约定效力而独立即是明证。担保合同的相对独立性主要表现在以下两个方面：（1）发生或存在的相对独立性，即担保合同也是一种独立的法律关系。担保合同的成立，和其他合同的成立一样，须有当事人的合意，或者依照法律的规定而发生，与被担保的合同分属于两个不同的法律关系，受不同的法律调整。（2）效力的相对独立性，即当事人也可以就担保合同的效力自行约定。如当事人约定担保合同不从属于被担保的合同的，若被担保的合同无效，担保合同并不因之而无效。此时，担保合同可以不依附于被担保的合同债权而单独发生效力，被担保的合同债权不成立、无效或者失效，对已经成立的担保合同的效力不发生影响。此外，担保合同有自己的成立、生效要件和消灭的原因，而且，担保合不成立、无效或者消灭,对其所担保的合同债权不发生影响。

二、担保法律关系(Legal Relationship of Secured Transaction)

1. 担保合同的主体(The Parties)

所谓担保合同的主体是指担保合同权利义务的承担和享有者。不同形式的的担保,其担保合同的主体也不同。保证合同的主体是主债权人和第三人,主债务人不可作为保证合同的主体;抵押、质押和定金合同的当事人可以发生在主债务人与主债权人之间,也可以在第三人与主债权人之间设定。

另外,法律也规定了不能作为担保合同主体的主体形式。对于无民事行为能力人或限制民事行为能力人以及法人的内设机构等,因其没有担保能力,故属于绝对不能的主体;对于学校、幼儿园、医院等以公益为目的的事业单位、社会团体,只有在对教育设施、医疗卫生设施和其他社会公益设施外的财产为自身债务设定抵押的,该主体才有订立担保合同的资格,因而属于相对不能的主体。

2. 担保合同的客体(Subject Matters)

担保合同是一种合同,合同的客体一般认为是行为,但担保合同的客体不完全同于合同的客体。行为作为合同的客体是从债的相对性角度来讲的,即合同一方通过请求对方为特定的行为而不是直接作用于合同的标的物来实现合同的目的。若当事人能直接将自己的意志作用于标的物而非请求他人的行为来实现目的,则此行为的客体就是物本身而非行为,如物权的客体就是物。担保合同因与其相对应的担保形式的不同具有不同的性质,保证担保因是人的担保,是相对独立于主合同的另外一种债,实现担保权时需要请求保证人的行为,因而其客体是行为。抵押、质押合同所设定的是抵押权和质押权,它们是物权,在实现相应的权利时不需要借助于抵押人或出质人的行为,而只依权利人自己的意志就可以实现,故物权担保合同的客体是物本身。另外,定金担保中担保权的实现也不需要定金提供人的行为,因而定金合同的客体也是物。

3. 担保合同的内容(Contents)

担保合同的内容即担保权与担保义务组成的权利义务关系。债权人的担保权因人的担保和物的担保的性质不同,也表现不同的属性。在人的担保即保证中,担保权是一种债权性的请求权,属债权范围;而在物权担保中,则是一种物权性的优先受偿权,故也称为担保物权。与此相对应,担保义务人的义务在人的担保中,实为一种债务,而在物权担保中则是一种物权负担。

三、担保合同的效力（Legal Effects of Security Contract）

（一）担保合同的生效（Effectiveness）

担保合同具有相对独立性，因而除了主合同在合同生效上的制约外，担保合同本身作为合同也需具备一般合同的成立、生效的要件才能生效。合同法中有关合同的成立、生效的规定同样适用于担保合同。

（二）担保合同的无效（Invalidity）

担保合同从性质上讲是从合同，其效力也具有附从性。从法律关系构成看，担保合同包括主体、客体和内容三要素。因此，担保合同效力的无效认定主要是从主合同是否成立有效、担保合同的主体、客体和内容是否合法妥当等几个方面予以考察。

（1）主合同无效时，担保合同无效。担保合同是从合同，即依附于主合同的存在而存在。当主合同无效时，担保合同作为主合同的从合同自然也无效。若当事人在担保合同中另有约定，则按当事人约定的内容来处理。

（2）担保合同的主体不合格导致担保合同无效。如无行为能力人或限制行为能力人独自订立的担保合同应认定为无效；国家禁止为保证人的单位，如未经国务院批准的国家机关、学校、幼儿园、医院等以公益事业为目的事业单位、社会团体或者未经法人书面授权的法人分支机构、职能部门，违背国家法律规定，作为保证人订立保证合同，都应认定为无效。

（3）担保合同的客体若是违背国家法律、政策、公序良俗或有害社会利益也应认定为无效。如不能以人身或人身权为标的设立担保合同，不能以法律明确规定不能作为抵押物的财产作为担保合同的标的，如以土地所有权；担保的内容如违背法律或有害社会公共秩序应为无效，如保证人向债权人保证若债务人不履行债务就砍下债务人的一只胳膊，这样的担保合同无效。

（4）内容违法的担保合同无效。所谓内容违法是指担保合同所约定的权利义务违反了强制性法律规范，同于《合同法》第52条关于合同无效的规定。值得一提的是，对于担保合同债权人以欺诈、胁迫的手段或者乘人之危而使人在违背真实意思的情况下的担保的情况则与合同法的规定不同。我国《民法通则》第58条规定，一方以欺诈、胁迫的手段或者乘人之危，使对方在违背真实意思的情况下所为的行为无效。《合同法》作为特别法于第54条将欺诈、胁迫订立的合同规定为可撤销、可变更合同。根据特别法优于一般法的原则，当合同中出现欺诈、胁迫或乘人之危等情形时应作为可撤销、可变更的效力状况对待。《担保法》第30条规定，主合同债权人采取欺诈、胁迫等手段，使保证人在违背真实意思的情况下提供保证的,保证人不承担民事责任。《担保法解释》第 40 条规定了主债务人欺诈而主债权人默示的情况,此时保证人不承担责任,在《合同法》第 41 条规定了主债权人和主债务人合谋欺诈的情况下,担保人享有撤销权。

由此可见,《担保法》中有关担保合同的规定虽然作为《民法通则》和《合同法》共同的特别法,但关于担保合同的效力认定上作了更细致的区分,即在主债权人或主债务人单方欺诈、胁迫的情况下并未规定担保合同无效或将其作为可撤销、可变更合同对待,只是规定担保人不承担担保责任;而在主合同的债权人和债务人合谋欺诈保证人时才赋予保证人以撤销权,此时成立的担保合同为可撤销合同。① 我们认为,在主债务人或债权人单独行为而导致的效力瑕疵下不认定合同无效是恰当的,有助于保护担保人的利益。担保合同是单方合同,对于担保人来说意味着只承担义务不享有权利,但只是不享有担保上的权利,担保人还享有其他的权利,主要是防御性的权利,如一般撤销权以及债务人享有的一些防御性权利,此时如果合同无效则意味着担保人不能取得这些权利,从而也丧失这些权利的保护。从救济的角度来看,不认定合同无效,也为保证人在违约责任和侵权责任的承担上多了一种选择。故,法律规定此时,担保人不承担责任是恰当而合理的。

第三节 保 证
Section Three Guarantee

一、保证的概念(Definition)

保证,是指第三人和债权人约定,当债务人不履行或不能履行其债务时,该第三人按照约定或法律规定履行债务或者承担责任的担保方式。债权人既是主合同的债权人,又是保证合同中的债权人;第三人称为保证人。保证具有以下特征:

1. 保证属于人保

这是保证区别于抵押、质押、留置和定金担保的最大区别之处。后四者都是物保,属于物权范围;而保证是人保,即以保证人的信誉和不特定的财产为债权的实现提供保证。

2. 保证具有债务性

由保证的人保性质所决定,保证只是第三人与债权人签订的一个合同。因此其属于债权范畴,保证合同具有相对独立性,是在附从主合同债务的范围内的独

---

① 如债权人和债务人串通隐瞒真相、损害保证人借新还旧的情形。参见于静明:《也论无效保证合同的确认与处理》,《法学评论》1999 年第 1 期。

立性。因此,保证合同可以约定保证人仅担保主合同债务的一部分,保证债务的范围和强度可以不同于主合同债务,可以有自己独立的变更或消灭原因。此外,保证合同还可以单就保证约定违约金。基于保证合同所发生的抗辩权,保证人可以单独行使。

3. 保证人为主合同当事人以外的第三人

与其他担保不同,保证人只能是第三人而不能是债务人,债务人是当然的保证人。保证人为第三人,增加了担保债权实现的人数,也增加了可能用以偿还债权的财产范围。

4. 保证具有补充性或连带性

保证的补充性是一般保证的特点,即先由主债务人履行其债务,只有在对其财产强制执行而无效果时才由保证人承担保证责任。在主合同纠纷未经审判或者仲裁,并就主债务人的财产依法强制执行无效果前,保证人对债权人可拒绝承担保证责任。保证的连带性是连带保证的特征。在连带责任保证中,不存在上述履行的前后限制,即不存在先诉抗辩权,主债务人不履行债务时,债权人可以请求主债务人履行债务,也可以请求保证人在其保证范围内承担保证责任。

5. 保证具有单务性

保证合同为单务合同,内容是保证人对债权人承担信用担保义务。在当事人之间没有相互对待给付的义务存在,因而不发生义务履行顺序的问题。

二、保证的分类(Classification)

依据不同标准,保证可作以下分类:

1. 一般保证与连带责任保证(General Guarantee and Joint and Several Liability Guarantee)

这是依保证人在保证关系中所处地位的不同所作的分类。所谓一般保证,是指当事人在保证合同中约定,债务人不能履行债务时,由保证人承担保证责任的保证;连带责任保证,是指当事人在保证合同中约定保证人与债务人对债务承担连带责任的保证。两者最大的区别在于保证人是否享有先诉抗辩权,[①]其是保证补充性和连带性的具体体现。

---

① 先诉抗辩权,是指保证人在债权人未就主债务人的财产依法强制执行而无效果时,对于债权人可拒绝清偿的权利。一般保证的保证人享有先诉抗辩权,即《担保法》第17条第2款规定:"一般保证的保证人在主合同纠纷未经审判或者仲裁,并就债务人财产依法强制执行仍不能履行债务前,对债权人可以拒绝承担保证责任。"而在连带责任保证的情况下,保证人不享有先诉抗辩权,即《担保法》第18条第2款规定:"连带责任保证的债务人在主合同规定的债务履行期届满没有履行债务的,债权人可以要求债务人履行债务,也可以要求保证人在其保证范围内承担保证责任。"

2. 单独保证与共同保证(Guarantee by One Person and Guarantee by Two or More Persons)

以保证人的人数为标准,保证可分为单独保证和共同保证。单独保证是指由一个保证人担保同一债权的保证。除非另有指明,通常所说的保证是指单独保证。

共同保证又分为按份共同保证和连带共同保证,两者具有不同的效力。按份共同保证中,即同一债务有两个以上保证人,保证人应当按照保证合同约定的保证份额,承担保证责任。连带共同保证即没有约定保证份额的保证,保证人承担连带责任,债权人可以要求任何一个保证人承担全部保证责任,保证人都负有担保全部债权实现的义务。已经承担保证责任的保证人,有权向债务人追偿,或者要求承担连带责任的其他保证人清偿其应当承担的份额。

关于共同保证,保证人之间的关系如下:(1)两个以上保证人对同一债务同时或分别提供保证时,各保证人与债权人没有约定保证份额的,应当认定为连带共同保证。连带共同保证的保证人以其相互之间约定各自承担的份额对抗债权人的,人民法院不予支持。(2)连带共同保证的债务人在主合同规定的债务履行期届满时没有履行债务的,债权人可以要求债务人履行债务,也可以要求任何一个保证人承担全部保证责任。连带共同保证的保证人承担保证责任后,向债务人不能追偿的部分,由各连带保证人按其内部约定的比例分担;没有约定的平均分担。(3)按份共同保证的保证人按照保证合同约定的保证份额承担保证责任后,在其履行保证责任的范围内可对债务人行使追偿权。

3. 最高额保证(Maximum Amount Guarantee)

最高额保证,是指保证人对债权人与债务人在一定期间内连续发生的若干笔债务,在最高限额内承担保证责任的保证。保证人与债权人可以就单个主合同分别订立保证合同,也可以协议在最高债权额限度内就一定期间连续发生的借款合同或者某项商品交易合同订立一个保证合同。

最高额保证的主要特点是:(1)最高额保证所担保的债务在保证设立时可能已经发生,也可能没有发生,最高额保证的生效与被保证的债务是否实际发生无关。(2)最高额保证所担保的债务为一定期间内连续发生的债务。(3)最高额保证约定由保证人承担保证责任的最高限额。(4)最高额保证所担保的不是多笔债务的简单累加,而是债务整体,各笔债务的清偿期仅对债务人有意义,并不影响保证人承担保证责任。

一般来说,最高额保证只担保一定期限内所发生的债务。如果当事人疏忽而没有约定该期限,就会出现不定期的最高额保证。为了避免保证人承担无休止的债务保证责任,法律必须拟制一个确定的决算期限。主要方法有:首先,可以根据清偿期限推定,如最高额保证合同约定有保证人清偿债务期限的,保证期间为清偿期限届满之日起 6 个月;没有约定债务清偿期限的,保证期间自最高额保证终止之日或自债权人收到保证人终止保证合同的书面通知到达之日起 6 个月。其次,直接推定保证期限,即如果没有约定期限的,则保证人可以随时书面通知债权人终止保证合同,但保证人对于通知到债权人前所发生的债权,承担保证责任。最高额保证合同的不特定债权确定后,保证人应当在最高债权额限度内对一定期间连续发生的债权余额承担保证责任。值得注意的是,保证人所担保债务的具体数额并非指确定期间发生的全部债权总额,而是指决算期时的债权余额。

三、保证的设立(Creation of Guarantee)

(一) 有保证能力的保证人(Qualified Guarantor)

1. 保证人主体适格

我国法律和相关司法解释从积极和消极两个方面规定了适格的保证人。

首先来看积极方面的规定。根据担保法的规定,除法律另有规定者外,凡具有代为清偿债务能力的法人、其他组织或者公民,都可以作为保证人。其中其他组织包括:依法登记领取营业执照的独资企业、合伙企业;依法登记领取营业执照的联营企业;依法登记领取营业执照的中外合作经营企业;经民政部门核准登记的社会团体;经核准登记领取营业执照的乡镇、街道、村办企业。

其次,来看消极方面的规定。其一,国家机关不得为保证人,但经国务院批准为使用外国政府或者国际经济组织贷款进行转贷的除外。其二,学校、幼儿园、医院等以公益为目的的事业单位、社会团体不得为保证人。公益是不特定多数人的利益,一般是非经济利益。如果允许以公益为目的的事业单位、社会团体为债权人提供担保,极有可能减损其用于公益目的的财产,无疑有违公益法人的宗旨。因此,法律不允许它们作保证人。[1] 其三,未经书面授权的企业法人的分支机构、职能部门不得为保证人。企业法人的分支机构、职能部门因其主体资格、清偿能力等方面的原因,不宜充任保证人。[2]

2. 保证人具有代为清偿能力

《担保法》第 7 条规定:具有代为清偿债务能力的法人、其他组织或者公民,可以作保证人。本条明确了保证人的基本资格要求,即"具有代为清偿能力"。代为

---

[1] 在实践中,有许多事业单位和社会团体并非从事公益事业,对这些从事非公益事业的事业单位和社会团体,依据国家政策允许从事经营活动的,应当认为其有从事保证活动的民事权利能力,可以担任保证人。因此,最高人民法院《担保法解释》第 16 条规定:从事经营活动的事业单位、社会团体为保证人的,如无其他导致保证合同无效的情况,其所签订的保证合同应当认定为有效。

[2] 企业法人的分支机构有法人书面授权的,可以在授权范围内提供保证。最高人民法院《担保法解释》第 17、18 条也规定,企业法人的分支机构未经法人书面授权提供保证的,以及企业法人的职能部门提供保证的,保证合同无效。

清偿既包括代为金钱性质的清偿,也包括代为履行其他给付。保证人承担保证责任的形式包括代为履行债务和承担债务不履行责任两种,二者在一定条件下可以互相转化。保证合同中约定保证人代为履行非金钱债务的,如果保证人不能实际代为履行,对债权人因此造成的损失,保证人应当承担赔偿责任。

对保证人资格和能力的要求是保证担保的构成要件,但不排除表见保证,即不具有完全代偿能力的法人、其他组织或者自然人,以保证人身份订立保证合同后,又以自己没有代偿能力要求免除保证责任的,人民法院不予支持。[①]

(二)订立保证合同(Entering into a Contract of Guarantee)

1. 保证合同的内容(Contents of Contract of Guarantee)

保证合同,是指保证人与债权人约定,在主债务人不履行其债务时由保证人承担保证债务(保证责任)的协议。保证合同是单务合同、无偿合同、诺成性合同、要式合同、附从合同。保证合同是附从合同,故其内容包括被担保的主债务内容和保证方式、范围、期间等保证效力范围两个部分。[②] 其中,根据《担保法》第21条,保证担保的范围如无约定的,应包括主债权及利息、违约金、损害赔偿金和实现债权的费用。根据《担保法》第25条,第26条,保证期间如无约定的,在一般保证场合,"保证期间为主债务履行期届满之日起6个月";在连带责任保证的情况下,"债权人有权自主债务履行期届满之日起6个月内要求保证人承担保证责任"。

对保证期间,我国的主要规定有:其一,保证期间不因任何事由发生中断、中止、延长的法律效果;其二,保证合同约定的保证期间早于或者等于主债务履行期间,视为没有约定,保证期同为主债务履行期届满之日起6个月;其三,保证合同约定保证人承担保证责任直至主债务本息还清时为止等类似内容的,视为约定不明,保证期间为主债务履行期届满之日起2年;其四,主合同对主债务履行期限没有约定或者约定不明的,保证期间自债权人要求债务人履行义务的宽限期届满之日起计算。

保证合同若不完全具备上述条款,可以补正。

2. 保证合同的形式(Forms of Contract of Guarantee)

《担保法》第13条规定,保证合同应当采取书面形式。书面订立的形式主要有以下几种:(1)保证人与债权人就保证问题依法达成书面协议的,保证合同成

---

① 借用见表代理一词,见《担保法解释》第14条。由此可见,担保法关于保证人资格的基本要求并非强制性规定,故不能以保证人不具有代偿能力为由认定保证合同不具有法律效力。

② 根据《担保法》第15条的规定,保证合同应当包括以下内容:(1)被保证的主债权种类与数额;(2)债务人履行债务的期限;(3)保证的方式;(4)保证担保的范围;(5)保证期间;(6)双方认为需要约定的其他事项。如赔偿损失的范围及计算方法、是否设立反担保等。

立。此时,主合同和保证合同为两个单独的合同,构成主从合同。(2)保证人以书面形式向债权人表示,当被保证人不履行债务时,由其代为履行或者承担连带责任并为债权人接受的,保证合同成立。此时保证为同一合同下的保证条款。(3)保证人在债权人与被保证人签订的订有保证条款的主合同上,以保证人的身份签字或者盖章;或者主合同中虽没有保证条款,但保证人在主合同上以保证人的身份签字或者盖章的,视为保证合同成立。① 此外,保证人单方面出具保证承诺书,债权人接受且未提出异议也可以成立保证担保。

四、保证的效力(Legal Effects of Guarantee)

(一) 保证担保的范围(Scope of Guarantee)

保证担保的范围即保证人承担责任的范围。保证担保的范围包括主债权及利息、违约金、损害赔偿金和实现债权的费用。保证合同另有约定的,按照约定。当事人对保证担保的范围没有约定或者约定不明确的,保证人应当对全部债务承担责任。

(二) 保证人与主债权人的关系(The Relationship of the Guarantor and the Creditor)

保证担保是保证人与主债权人通过保证合同而确立的,因而保证人与债权人之间的关系是保证效力的主要表现。保证合同是单务合同,因此主债权人只享有权利而不承担义务,保证人只承担保证义务,但也享有一定的防御性权利。

1. 债权人的权利(Rights of the Creditor)

债权人的权利是在主债务人不履行债务时,得请求保证人履行保证债务即承担保证责任的权利。债权人请求保证人履行保证债务的,除应向保证人主张外,还须证明债务人在债务清偿期届满后自己未受完全清偿。债权人仅向债务人请求履行债务而未向保证人主张权利的,对保证人不发生效力。债权人请求保证人履行债务的权利,依是一般保证还是连带保证而不同,因前者享有先诉抗辩权而后者不享有。

2. 保证人的权利(Rights of the Guarantor)

即保证人所享有的抗辩权或其他防御性的权利。具体包括:

(1) 主债务人享有的抗辩权。保证具有附从性,因而主债务人对于债权人所有的抗辩或其他类似的权利,保证人均可主张。《担保法》第 20 条规定,一般保证和连带责任保证的保证人享有债务人的抗辩权。例如合同保全中的抗辩,如同时

---

① 参见最高人民法院《关于审理经济合同纠纷案件有关保证的若干问题的规定》中"一、保证合同成立的认定"的规定。

履行抗辩权、不安抗辩权、先诉抗辩权等。即使债务人放弃上述抗辩权,保证人也有权主张,因为保证人主张主债务人的抗辩权并非代为主张,而是基于保证人的地位而独立行使。如主合同因有可撤销的事由而得以撤销,主债务人不主张撤销的,保证人也得以行使此撤销权来对抗债权人的清偿请求。

(2) 一般保证的保证人享有的抗辩权。基于保证人的地位而特有的抗辩权,即先诉抗辩权。先诉抗辩权既可以通过诉讼行使,也可以在诉讼外行使,但在下列情况下不得行使:其一,债务人住所变更,致使债权人要求其履行债务发生重大困难。根据最高人民法院《担保法解释》第25条,此处所谓重大困难情形,包括债务人下落不明、移居境外,且无财产可供执行。住所变更的时间,必须是在保证合同成立之后,而不能是成立之前或当时。其二,人民法院受理债务人破产案件,中止执行程序。其三,保证人以书面形式放弃先诉抗辩权。

(3) 基于一般债务人的地位享有的权利。在保证关系中,保证人是债务人,因而一般债务人应有的权利保证人也应享有。例如,保证债务已经单独消灭时,保证人有权主张;保证债务未届清偿期,保证人有权抗辩;保证合同不成立、无效或被撤销致使保证债务不存在时,保证人有权主张不负保证责任;保证债务超出诉讼时效时,保证人亦可拒绝履行。

(三) 保证人与主债务人的关系(The Relationship of the Guarantor and the Debtor)

保证人与主债务人的关系,主要表现为保证人的求偿权。该权利又称保证人的追偿权,是指保证人承担保证责任后,可以向主债务人请求偿还的权利。求偿权的构成要件包括:(1) 保证人已经对债权人承担了保证责任。(2) 主债务人对债权人因保证而免责,如果主债务人的免责不是由保证人承担保证责任的行为引起的,保证人不得主张求偿权。(3) 保证人没有赠与的意思。

《担保法》第32条规定:人民法院受理债务人破产案件后,债权人未申报债权的,保证人可以参加破产财产分配,预先行使追偿权。即主债务人破产时,不管保证人有没有实际履行其保证义务,都可以将求偿权作为破产债权申报,参加破产程序。人民法院受理债务人破产案件后,债权人未申报债权的,各连带共同保证的保证人应当作为一个主体申报债权,预先行使追偿权。

保证人的求偿权为一新成立的权利,应适用《民法通则》第135条规定的2年诉讼时效,从保证人承担保证责任完毕时起算。

五、无效保证及其法律后果（Invalid Guarantee and Its Legal Consequences）

（一）保证合同无效的主要事由（Reasons of Invalid Contract of Guarantee）

保证合同无效的主要事由有：

（1）保证合同因主合同无效而无效。保证合同为从合同，主合同无效，保证合同归于无效。

（2）国家机关和以公益为目的的事业单位、社会团体违反法律规定提供保证的，保证合同无效。

（3）企业法人的分支机构未经法人书面授权或者超出授权范围与债权人订立保证合同的，保证合同无效或者超出授权范围的部分无效。

（4）企业法人的职能部门提供保证的，保证合同无效。原因是，企业法人的职能部门不具有独立法律人格，无独立承担法律责任的能力。

（5）违法的对外担保无效。主要情形有：①未经国家有关主管部门批准或者登记对外担保的；②未经国家有关主管部门批准或者登记，为境外机构向境内债权人提供担保的；③为外商投资企业注册资本、外商投资企业中的外方投资部分的对外债务提供担保的；④无权经营外汇担保业务的金融机构、无外汇收入的非金融性质的企业法人提供外汇担保的；⑤主合同变更或者债权人将对外担保合同项下的权利转让，未经担保人同意和国家有关主管部门批准的，担保人不再承担担保责任。但法律、法规另有规定的除外。

（6）董事、经理违反公司章程的规定，未经股东会、股东大会或者董事会同意，以公司财产为他人提供担保的，保证合同无效。除债权人知道或者应当知道的外，债务人、保证人应当对债权人的损失承担连带赔偿责任。

（二）保证合同无效的法律后果（Legal Consequences of Invalid Contract of Guarantee）

保证合同的归责原则采过错责任。担保合同被确认无效后，债务人、担保人、债权人有过错的，应当根据其过错各自承担相应的民事责任。企业法人的分支机构未经法人书面授权或者超出授权范围与债权人订立保证合同的，该合同无效或者超出授权范围的部分无效，债权人和企业法人有过错的，应当根据其过错各自承担相应的民事责任；债权人无过错的，由企业法人承担民事责任。

保证人因无效保证合同向债权人承担赔偿责任后，可以向债务人追偿，或者在承担赔偿责任的范围内要求有过错的反担保人承担赔偿责任。

六、保证责任的承担及免除(Assumption and Exemption of Guarantee Liability)

(一) 保证责任的承担(Assumption of Guarantee Liability)

1. 仅有人保的债权的保证责任承担

履行期届满,债权人未得到履行清偿或履行清偿不完全的,一般保证的保证人在享有先诉抗辩权的情况下承担保证责任,连带保证的保证人直接承担保证责任。

2. 同一债权之上人保、物保并存时的债务承担

《担保法》第28条第1款规定:同一债权既有保证又有物的担保的,保证人对物的担保以外的债权承担保证责任。债权人可以请求保证人或者物的担保人承担担保责任。我国《物权法》第176条规定,被担保的债权既有物的担保又有人的担保的,债务人不履行到期债务或者发生当事人约定的实现担保物权的情形,债权人应当按照约定实现债权;没有约定或者约定不明确,债务人自己提供物的担保的,债权人应当先就该物的担保实现债权;第三人提供物的担保的,债权人可以就物的担保实现债权,也可以要求保证人承担保证责任。提供担保的第三人承担担保责任后,有权向债务人追偿。不过,也有研究认为,该规定虽完善了《担保法》及《担保法解释》之不足,但无须区分债务人提供的物保与第三人保证并存及第三人提供物保与第三人保证并存两种情况,而应直接赋予债权人选择权。① 此外,当事人对保证担保的范围或者物的担保的范围没有约定或者约定不明的,承担了担保责任的担保人可以向债务人追偿,也可以要求其他担保人清偿其应承担的份额。同一债权既有保证又有物的担保的,物的担保合同被确认无效或者被撤销,或者担保物因不可抗力的原因灭失而没有代位物的,保证人仍应按照合同的约定或者法律的规定承担保证责任。

(二) 保证责任的免除(Exemption of Guarantee Liability)

保证责任的免除,是指对已经存在的保证责任基于法律的规定或当事人的约定加以除去、保证人不承担保证责任的现象。根据《担保法》及其司法解释,保证责任的免除事由主要有:

(1) 保证人的意思表示有瑕疵。具体包括:①主合同当事人双方恶意串通,骗取保证人提供保证的;②主合同债权人采取欺诈、胁迫等手段,使保证人在违背真实意思的情况下提供保证的;③主合同债务人采取欺诈、胁迫等手段,使保证人在违背真实意思的情况下提供保证,债权人知道或者应当知道欺诈、胁迫事实的,

---

① 徐磊:《同一债权上保证与物的担保并存之法律分析》,《法学杂志》2008年第3期。

保证人行使撤销权的。

（2）让与禁止转让的债权。保证期间，债权人依法将主债权转让给第三人，而保证人与债权人事先约定仅对特定的债权人承担保证责任或者禁止债权转让的，保证人不再承担保证责任。

（3）债权转让或协议变更未通知保证人。保证期间，债权人许可债务人转让债务，但未经保证人同意的，保证人对未经其同意转让部分的债务不再承担保证责任。

（4）债权人未请求保证人履行的。在一般保证的情况下，保证期间届满，债权人未对债务人提起诉讼或者申请仲裁的，保证人免除保证责任。在连带责任保证的情况下，保证期间届满，债权人未要求保证人承担保证责任的，保证人免除保证责任。

（5）债权人放弃或怠于履行权利的。一般保证的保证人在主债权履行期间届满后，向债权人提供了债务人可供执行财产的真实情况，债权人放弃或者怠于行使权利致使该财产不能被执行的，保证人可以请求人民法院在该可供执行财产的实际价值范围内免除其保证责任。

（6）在同一债权既有保证又有物的担保的情况下，债权人放弃物的担保时，保证人在债权人放弃权利的范围内免除保证责任。债权人在主合同履行期届满后怠于行使担保物权，致使担保物的价值减少或者毁损、灭失的，视为债权人放弃部分或全部物的担保，保证人在债权人放弃权利的范围内减轻或者免除保证责任。

（7）主合同双方当事人协议以新贷偿还旧贷，除保证人知道或者应当知道的外，保证人不承担民事责任。理由在于，在以新贷偿还旧贷业务中，借款人已无偿债能力，不能作为借款人，故新贷合同无效。

第四节　抵　押
Section Four　Mortgage

一、抵押权的概念（The Definition of Mortgage Rights）

抵押权是对于债务人或者第三人不移转占有而供担保的不动产或其他财产，债权人得以特定方式优先受偿的权利。抵押权是一种担保物权，因此从物权的角度来说，其强调物的占有和使用价值；从债的担保的角度来说，抵押权则和其他担保物权一样，强调对债务实现的保障作用。

抵押物主要是不动产，也可以是动产，但不可是权利，这是抵押权与质押权在范围上的不同。无论是哪一种担保标的，抵押权都不以标的物的占有转移为成立要件,抵押人不必将抵押物的占有移转给债权人(抵押权人),而由自己继续对抵押物进行使用、收益、处分,发挥物的效用。

优先受偿是抵押权的主要法律效果,抵押权人在债务人不履行债务时,有权依法律以抵押物折价或者从抵押物的变卖价金中优先得到清偿。这种优先性一方面表现为抵押权人优先于无抵押权的债权人而就抵押物优先受偿,另一方面表现为抵押权按生效时间的先后次序受偿。

二、抵押法律关系(Legal Relationship of Mortgage)

(一)抵押权当事人(The Parties)

所谓抵押权当事人即抵押合同当事人,包括抵押权人和抵押人。因抵押是为了保障债权人债权的实现的,所以抵押权人固定为债权人;而抵押人则是提供抵押的人,根据抵押权的概念,可以是债务人也可以是第三人。

(二)抵押权的标的(Subject Matters)

抵押权的标的,习惯上称为抵押物。它是指债务人或者第三人提供担保的财产。

1. 可以作为抵押物的财产

下列财产可以作为抵押物:(1)抵押人所有的房屋和其他地上定着物;[①](2)机器、交通运输工具和其他财产;(3)建设用地使用权;(4)正在建造的建筑物、船舶、航空器;(5)以招标、拍卖、公开协商等方式取得的荒地等土地承包经营权;(6)法律、行政法规未禁止抵押的其他财产。例如,以农作物作为抵押,但若当事人以农作物和与其尚未分离的土地使用权同时抵押的,土地使用权部分的抵押无效。

对于上述财产,抵押人既可以将其中的一项财产单独抵押,也可以将几项财产一并抵押。在将几项财产一并抵押时,抵押财产的范围应当以登记的财产为准。抵押财产的价值在抵押权实现时予以确定。

经当事人书面协议,企业、个体工商户、农业生产经营者可以将现有的以及将有的生产设备、原材料、半成品、产品抵押,债务人不履行到期债务或者发生当事

---

① 依 2000 年 9 月的《最高人民法院关于适用〈中华人民共和国担保法〉若干问题的解释》第 47 条、48 条、49 条规定:以依法获准尚未建造的或者正在建造中的房屋或者其他建筑物抵押的,当事人办理了抵押物登记,该抵押应为有效。以法定程序确定为违法、违章的建筑物抵押的,抵押无效。另外,以尚未办理权属证书的财产抵押的,在第一审法庭辩论终结前能够提供权利证书或者补办登记手续的,可以认定抵押有效。但在此种情况下当事人未办理抵押物登记的,不得对抗第三人。

人约定的实现抵押权的情形,债权人有权就实现抵押权时的动产优先受偿。①

在建筑物及其所占土地的抵押中,应遵循"房随地走"和"地随房走"的规则。即以建筑物抵押的,该建筑物占用范围内的建设用地使用权一并抵押。以建设用地使用权抵押的,该土地上的建筑物一并抵押。抵押人未依照前款规定一并抵押的,未抵押的财产视为一并抵押。

乡镇、村企业的建设用地使用权不得单独抵押。以乡镇、村企业的厂房等建筑物抵押的,其占用范围内的建设用地使用权一并抵押。

2. 不得抵押的财产

下列财产不得抵押:(1)土地所有权;(2)耕地、宅基地、自留地、自留山等集体所有的土地使用权,但法律规定可以抵押的除外;(3)学校、幼儿园、医院等以公益为目的的事业单位和社会团体的教育设施、医疗卫生设施和其他社会公益设施;(4)所有权、使用权不明或者有争议的财产;(5)依法被查封、扣押、监管的财产;(6)法律、行政法规规定不得抵押的其他财产。

(三)抵押权的范围(Scope of Mortgage Rights)

1. 担保的范围(Secured Scope)

抵押权所担保的范围包括主债权及利息、违约金、损害赔偿金、保管担保财产和实现抵押权的费用。抵押合同另有约定的,从其约定。

主债权被分割或者部分转让的,各债权人可以就其享有的债权份额行使抵押权;主债务被分割或者部分转让的,抵押人仍以其抵押物担保数个债务人履行债务。但是,第三人提供抵押的,债权人许可债务人转让债务未经抵押人书面同意的,抵押人对未经其同意转让的债务,不再承担担保责任。

在实现抵押权时,抵押物折价或者拍卖、变卖所得的价款,当事人没有约定的,按照实现抵押权的费用、主债权的利息、主债权顺序清偿。

2. 抵押物的范围(Scope of the Mortgaged Property)

抵押权的效力及于抵押物的全部。主债权未受全部清偿的,抵押权人可以就抵押物的全部行使其抵押权。抵押物被分割或者部分转让的,抵押权人可以就分割或转让后的抵押物行使抵押权;抵押物灭失的,抵押权的范围及于其补偿金。

抵押权设定前为抵押物的从物的,抵押权的效力及于抵押物的从物。但是,抵押物与其从物为两个以上的人分别所有时,抵押权的效力不及于抵押物的从物。

债务人不履行到期债务或者发生当事人约定的实现抵押权的情形,致使抵押

---

① 《物权法》第196条规定:此种抵押的抵押财产自下列情形之一发生时确定:(1)债务履行期届满,债权未实现;(2)抵押人被宣告破产或者被撤销;(3)当事人约定的实现抵押权的情形;(4)严重影响债权实现的其他情形。

财产被人民法院依法扣押的,自扣押之日起抵押权人有权收取该抵押财产的天然孳息或者法定孳息,但抵押权人未通知应当清偿法定孳息的义务人的除外。孳息应当先充抵收取孳息的费用。

三、抵押权的设立(Creation of Mortgage Rights)

根据我国物权法的规定,设立抵押权,当事人应当采取书面形式订立抵押合同。抵押合同成立是抵押权设立的前提条件,但并非充要条件,即抵押合同成立与抵押权设立相对独立,部分抵押权的设立还需要其他条件,如登记。抵押合同的当事人为债权人和提供抵押担保的义务人。抵押权所担保的债权超出其抵押物的价值的,超出的部分不具有优先受偿的效力。

(一)抵押合同的内容(Contents of Mortgage Contract)

抵押权因具有依附性,所以其内容也应依主合同的相关条款决定,[①]当其内容不完整时,可以补正,此时须符合法律要求的登记或者其他形式要件方为有效。但是,抵押合同对被担保的主债权种类、抵押财产没有约定或者约定不明,根据主合同和抵押合同不能补正或者依法推定的,抵押不成立。

抵押合同的双方当事人不得在合同中约定流押条款,即在债务履行期满抵押权人未受清偿时,抵押物的所有权转移为债权人所有。抵押合同中有上述约定内容的无效,但该内容的无效不影响抵押合同其他部分的效力。

(二)抵押登记(Registration of Mortgage Rights)

物权具有对世性,因此公示公信是其基本原则之一,抵押的登记正是公示原则要求,否则不能产生优先受偿的公信效力。我国物权法根据抵押标的的不同,规定了抵押权的两种公信效力,即登记生效和登记对抗。

1. 登记生效(Taking Effect after Registration)

登记作为抵押权的生效要件,即抵押权的设立必须经过登记才能生效。这些抵押标的物主要有:(1)建筑物和其他土地附着物;(2)建设用地使用权;(3)以招标、拍卖、公开协商等方式取得的荒山、荒沟、荒丘、荒滩等土地承包经营权;(4)正在建造的建筑物。

当事人在同一天在不同的法定登记部门办理抵押物登记的,视为顺序相同。

---

① 《城市房地产抵押管理办法》第26条规定:当事人签订的抵押合同一般包括以下内容:(1)抵押人、抵押权人的名称或者个人姓名、住所;(2)主债权的种类、数额;(3)抵押房地产的处所、名称、状况、建筑面积、用地面积以及四至等;(4)抵押房地产的价值;(5)抵押房地产的占用管理人、占用管理方式、占用管理责任以及意外损毁、灭失的责任;(6)债务人履行债务的期限;(7)抵押权灭失的条件;(8)违约责任;(9)争议解决方式;(10)抵押合同订立的时间与地点;(11)双方约定的其他事项。

因登记部门的原因致使抵押物进行连续登记的,抵押物第一次登记的日期,视为抵押登记的日期,并依此确定抵押权的顺序。

当事人办理抵押物登记手续时,因登记部门的原因致使其无法办理抵押物登记,抵押人向债权人交付权利凭证的,可以认定债权人对该财产有优先受偿权。但是,未办理抵押物登记的,不得对抗第三人。抵押物登记记载的内容与抵押合同约定的内容不一致的,以登记记载的内容为准。

登记生效的抵押权,其抵押合同和抵押权之间表现出了明显的相互的独立性。抵押合同签订后,抵押人违背诚实信用原则拒绝办理抵押登记致使债权人受到损失的,因抵押权未设立但合同已经成立,故抵押人应当承担违约的赔偿责任。

2. 登记对抗(Countermining Effect of Registration)

当事人自愿办理抵押物的登记,登记是用来对抗第三人的而非抵押权的设立要件。抵押权自抵押合同生效时发生效力;未经登记,不得对抗善意第三人。这一类的抵押物种类包括:(1) 生产设备、原材料、半成品、产品;(2) 交通工具;(3) 正在建造的船舶、航空器。其中,企业、个体工商户、农业生产经营者将现有的以及将来的生产设备、原材料、半成品和产品等动产抵押,应当向抵押人住所地的工商行政管理部门办理登记。抵押权亦自抵押合同生效时发生效力;未经登记,不得对抗善意第三人。但是,办理登记,仍不得对抗正常经营活动中已支付合理价款并取得抵押财产的买受人。

四、抵押当事人的权利(Rights of Parties of Mortgage)

(一) 抵押人的权利(Rights of Mortgagor)

抵押权构成对所有权的限制,因此抵押人在其财产设定抵押后,对抵押物的占有、使用、收益和处分权受到限制。主要有:

(1) 孳息收取权的限制。因履行期满债务人不履行债务致使抵押物被人民法院扣押的,自扣押之日起,抵押孳息人有权收取孳息,抵押权人未将扣押抵押物的事实通知应当清偿法定孳息的义务人的除外。自扣押之日起抵押权人收取的自然孳息和法定孳息,按照收取孳息的费用、主债权的利息、主债权的顺序清偿。

(2) 处分权的限制。处分权可以分为事实上的处分和法律上的处分。由于事实上的处分往往会改变抵押物的物质形态,会涉及抵押权人的利益。因此,除了对抵押物进行有益的保存、改良行为外,抵押人一般不得对抵押物进行事实上的处分。而法律上的处分由于抵押权有优先的性质,这种处分一般不会影响抵押权人的利益,所以抵押人仍可行使其法律上的处分权,如抵押人可以就其抵押财产大于所担保的部分进行再次担保,但抵押人转让其抵押物的要受到限制,须得到抵押权人的同意且所得价款应向抵押权人提前清偿或提存。

（二）抵押权人的权利（Rights of Mortgagee）

抵押权人的权利主要有以下几项：

1. 抵押物的保全（Measures for Preserving Mortgaged Property）

由于抵押权人并不直接占有抵押物，因此法律赋予抵押权人保全抵押物的权利。当抵押人的行为足以使抵押财产价值减少时，抵押权人有权要求抵押人停止其行为。抵押财产价值减少的，抵押权人有权要求恢复抵押财产的价值，或者提供与减少的价值相应的担保。抵押人不恢复抵押财产的价值也不提供担保的，抵押权人有权要求债务人提前清偿债务。抵押人对抵押物价值的减少无过错的，抵押权人有权在抵押人因损害而得到的赔偿范围内要求提供担保。抵押物价值未减少的部分，仍作为债权的担保。

2. 抵押权的处分（Disposition of Mortgage Rights）

抵押权人可以让与其抵押权，或就抵押权为他人提供担保。但由于抵押权的从属性，抵押权不得与债权分离单独转让或作为其他债权的担保。抵押权人可以放弃抵押权或者抵押权的顺位，或与抵押人协议变更抵押权顺位以及被担保的债权数额等内容，但抵押权的变更，未经其他抵押权人书面同意，不得对其他抵押权人产生不利影响。债务人以自己的财产设定抵押，抵押权人放弃该抵押权、抵押权顺位或者变更抵押权的，其他担保人在抵押权人丧失优先受偿权益的范围内免除担保责任，但其他担保人承诺仍然提供担保的除外。

3. 优先受偿（Priority to Receive Compensation）

抵押权人对抵押物的价值在实现抵押权时享有优先受偿的权利。在抵押物灭失、毁损或者被征用的情况下，抵押权人可以就该抵押物的保险金、赔偿金或者补偿金优先受偿。如果抵押物灭失、毁损或者被征用时，抵押权所担保的债权又未届清偿期的，抵押权人可以请求法院对保险金、赔偿金或者补偿金等采取保全措施。同一债权有两个以上抵押人的，债权人放弃债务人提供的抵押担保的，其他抵押人可以请求法院减轻或者免除其应当承担的担保责任。

五、抵押权的实现（Satisfaction of Mortgage Rights）

抵押权的实现是在抵押权有效存在的情况下，债权已届清偿期而没有清偿时，抵押权人就抵押物受偿的行为。抵押权的作用就在于担保债权受偿，因此，抵押权的实现是发挥抵押权的作用的方式和途径。

（一）抵押权实现的方法（Means of Satisfaction of Mortgage Rights）

债务人不履行到期债务或者发生当事人约定的实现抵押权的情形，抵押权人可以与抵押人协议以抵押财产折价或者以拍卖、变卖该抵押财产所得的价款优先受偿。抵押权人与抵押人未就抵押权实现方式达成协议的,抵押权人可以请求人民法院拍卖、变卖抵押财产。抵押财产折价或者变卖的,应当参照市场价格。据此,抵押权的实现方法,有以下几种:

1. 折价(By Evaluation in Terms of Money)

所谓折价是指在债权清偿期届满后,抵押权人与抵押人订立合同,由抵押权人取得抵押物的所有权,将抵押物价值高于债权额的部分,返还抵押人。其与流押条款的区别在于,后者是在订立抵押合同之时或债务履行期间满前约定所有权转移,但流押条款无效。在抵押物上有数个抵押权时,如果由在先次序的抵押权人取得抵押物的所有权,应当由第三人(如会计师事务所、审计师事务所)对抵押物价值进行评估,从而确定该抵押权人应当返还给抵押人的价款数额,以免损害其他抵押权人的利益。折价损害其他债权人利益的,其他债权人可以在知道或者应当知道撤销事由之日起一年内请求人民法院撤销该协议。

2. 拍卖(From Auction)

拍卖抵押物所得的价金,在扣除拍卖费用以后交给抵押权人。如果抵押权人有数人时,应按其抵押权的次序分配,次序在先的优先受偿,次序相同的按债权额的比例受偿。抵押权人就价金受偿后,其债权、抵押权即归于消灭。如果价金超过抵押权人应受偿的债权额时,应将受偿后的剩余部分交付抵押人。当然抵押权人分配的抵押物价金不足以清偿其债权额时,债权已受清偿的部分消灭,其余部分仍存续,但抵押权却因抵押物的拍卖而消灭。

3. 变卖(From Sale)

这是在抵押权人不愿意拍卖抵押物,也不愿意取得抵押物的所有权,抵押权人可以通过一般的买卖方法,将抵押物出卖,以卖得价金受偿。

我国新修订的《民事诉讼法》第 196 条、197 条规定,申请实现担保物权,由担保物权人以及其他有权请求实现担保物权的人依照物权法等法律,向担保财产所在地或者担保物权登记地基层人民法院提出。人民法院受理申请后,经审查,符合法律规定的,裁定拍卖、变卖担保财产,当事人依据该裁定可以向人民法院申请执行;不符合法律规定的,裁定驳回申请,当事人可以向人民法院提起诉讼。不过,这些规定仍需细化。[①]

(二) 清偿债权(Pay Creditor)

抵押财产折价或者拍卖、变卖后,其价款超过债权数额的部分归抵押人所有,不足部分由债务人清偿。

---

① 浙江省高级人民法院民二庭课题组:《审理实现担保物权案件若干实务问题探析》,《法律适用》2014 年第 2 期。

1. 一物两抵的情形

同一财产向两个以上债权人抵押的,拍卖、变卖抵押财产所得的价款依照下列规定清偿:(1)采登记生效主义的抵押合同,按照抵押登记的先后顺序受偿;顺序相同的,按照债权比例清偿;未登记的,无优先受偿权。(2)采登记对抗主义的抵押合同,抵押合同登记的,按登记先后顺序清偿,登记优先于不登记清偿;未登记合同按照合同生效时间的先后顺序清偿,顺序相同的,按照债权比例清偿。(3)顺序在先的抵押权人取得抵押物所有权的,以其顺位对抗顺序在后的抵押权人。

2. 土地抵押的特别规定

建设用地使用权抵押后,该土地上新增的建筑物不属于抵押财产。抵押权实现时,应当将该土地上新增的建筑物与建设用地使用权一并拍卖,但新增建筑物所得的价款,抵押权人无权优先受偿。

土地承包经营权抵押的,或者依照《物权法》第183条规定以乡镇、村企业的厂房等建筑物占用范围内的建设用地使用权一并抵押的,实现抵押权后,未经法定程序,不得改变土地所有权的性质和土地用途。

(三)诉讼时效(Limitation of Action)

一般而言,抵押权是物权的一种,不受诉讼时效的限制,这就意味着债权人在债权消灭时效过后的任何时候都可以行使抵押权。这对于抵押人未免过于苛刻。从另一角度来看,抵押权是担保债权的,具有从属性,因而在抵押权所担保的债权因诉讼时效而丧失胜诉权时,其继续存在已无意义,而且抵押权人长期怠于行使其权利,法律对之也无特别加以保护的必要。因而许多国家的立法都对主债权的消灭时效过后的抵押权的行使给予一定的限制。实际上抵押权不受诉讼时效限制是指其物权的救济属性而言的,即当抵押权受到侵害时,只有在担保物权存续期间内,排除妨害,消除危险,恢复原状等救济手段的运用不受时效的限制。因此就担保物权的存在期限各国都进行了限定,包括两种方式:一是规定抵押权得因除权判决而消灭,如《德国民法典》的规定;二是规定抵押权的除斥期间,如我国台湾地区"民法"的规定。我国《物权法》规定,抵押权人应当在主债权诉讼时效期间行使抵押权;未行使的,人民法院不予保护。

六、抵押权的终止(Discharge of Mortgage Rights)

出现下列情况之一的,抵押权即终止其效力:

(1)主债权消灭。抵押权为担保主债权而存在,如果主债权因清偿、抵销、免除等原因消灭时,抵押权随之消灭。

(2)抵押物灭失。抵押权因抵押物灭失而消灭,但因抵押物灭失所得的赔偿金,应当作为抵押财产。

(3) 抵押权实行。抵押权人对于抵押物已经实行其抵押权,无论其债权是否得到全部清偿,抵押权都归于消灭。

七、特殊抵押权(Special Mortgage Rights)

(一) 共同抵押(Two or More Mortgage for One Creditor's Rights)

共同抵押是数个物为同一债权而设定的抵押,抵押物为数物而非一物是其特殊之处。共同抵押所担保的债权已届清偿期而未受清偿时,债权人可以就供担保的不动产或其他财产进行清偿,其中一物的价值不足以清偿债务时,抵押权人有权就其未实现部分行使其他抵押物上的抵押权。各个抵押物之间具有共同关系,每个不动产都担保债权的全部,此又称为连带抵押。

连带抵押加强了抵押权的效力,对抵押权人有利。但如果在不动产或其他财产上有后次序的抵押权人时,就会发生不公平的结果,因为如果共同抵押权人选定了某一不动产受偿时,该不动产的后次序的抵押权就可能不能受偿或者不能完全受偿。在我国司法实践中,同一债权有两个以上抵押人的,当事人对其提供的抵押财产所担保的债权份额没有约定或者约定不明的,抵押权人可以就其中任一或者各个财产行使抵押权。抵押人承担担保责任以后,可以向债务人追偿,也可以要求其他抵押人清偿其应当承担的份额。

(二) 最高额抵押(Maximum Amount Mortgage)

最高额抵押是指抵押人与抵押权人协议以标的物在最高债权额限度内对一定时期连续发生的债权进行担保,是对于将来发生的债权,预先确定一最高的限度设定的抵押权。一般抵押权是先有债权,然后再设定抵押权,而最高额抵押是为将来的债权而设定的抵押。不过将来发生的债权,有的其债权额现在已经确定,如附延缓条件的债权,为这种债权设定的抵押权本质上仍是一般抵押权。但有的将来发生的债权其债权额现在尚未确定,对这种债权的担保,是预先确定一个最高限额作为抵押物担保的范围标准,这才是最高额抵押。我国物权法规定的最高额抵押,是抵押人与抵押权人协议,在最高债权额限度内,以抵押物对一定期间连续发生的债权作担保。

最高额抵押所担保的债权额度不确定,而标的物是确定的,因此在实现最高额抵押权之前应确定其所担保的债权的数额,即最高额抵押权的实现以债权的确定为条件,根据我国物权法的规定,最高额抵押权人的债权在下列情形下确定:(1) 约定的债权确定期间届满;(2) 没有约定债权确定期间或者约定不明确,抵押权人或者抵押人自最高额抵押权设立之日起满 2 年后请求确定债权;(3) 新的债权不可能发生；(4) 抵押财产被查封、扣押；(5) 债务人、抵押人被宣告破产或者被撤销；(6) 法律规定债权确定的其他情形。基于最高额抵押的一些特殊性，物权法规定，最高额抵押担保的债权确定前，部分债权转让的，最高额抵押权不得转让，但当事人另有约定的除外。另外，最高额抵押担保的债权确定前，抵押权人与抵押人可以通过协议变更债权确定的期间、债权范围以及最高债权额，但变更的内容不得对其他抵押权人产生不利影响。

实现最高额抵押权时，如果债权额超过最高额时，即以该最高额为抵押权所担保的数额，其超过部分应为无抵押担保的债权；如果决算期届满时债权额比最高额低，就以实际发生的债权额为抵押权所担保的数额。值得注意的是，最高额抵押权所担保的债权范围，不包括抵押物因财产保全或者执行程序被查封后或者债务人、抵押人破产后发生的债权。另外，我国物权法规定，最高额抵押权设立前已经存在的债权，经当事人同意，可以转入最高额抵押担保的债权范围。

最高额抵押除了法律对其有特别规定以外，应当适用法律关于抵押权的一般规定。

（三）财团抵押（Consortium Charge）

财团抵押的标的不是某一个物，也不同于共同抵押，而是将企业现有的财产，包括动产、不动产及其他权利视为一个整体，于其上成立抵押权。企业财团是由众多具体财产构成的财产的集合体，这个集合体有其独立的、特殊的价值，往往高于各个财产单独价值的总和。因而，以财团为标的，往往比单独于各个财产上分别设定抵押的效益更好，这也是财团抵押的优势所在。财团抵押的抵押物的价值额度是不确定的，而债权可以是确定的也可以是不确定的，这是其和最高额抵押的不同之处。我国《担保法》第 34 条第 2 款规定多项财产可以一并抵押。据此可以认为，在我国担保法上没有排除设定财团抵押。

第五节 质 押
Section Five Pledge

一、质押的概念（The Definition of Pledge）

质押是设定质权的行为，是指债务人或第三人将动产或权利交由债权人占有，作为债务履行担保的行为。质权，是指债权人因担保其债权而占有债务人或第三人提供的财产，于债务人不履行债务时，得以其所占有的标的物的价值优先于其他债权人受偿其债权的一种担保物权。债务人或第三人用于质权担保的财产为质权标的，称为质物；占有质权标的的债权人为质权人；提供财产设定质权的债务人或第三人为出质人,又称为质押人。

质权的标的可以是动产也可以是权利,分别形成动产质权和权利质权。不动产不能设定质权,法律、行政法规禁止转让的动产也不得设定质权。

质权须移转质物的占有,质权以占有标的物为成立要件。在设立质权时,出质人(债务人或第三人)应当将质物的占有移交给债权人。

二、动产质权(Interests Acquired Through Pledge of Movables)

所谓动产质权,是以动产为其标的物的质权。

(一)动产质权的设立(Creation)

1. 质押合同(Pledge Contract)

质押的设立,通常都是以合同进行的。质押合同通常是由动产质物的提供人和债权人订立的合同,其中出质人可以是债务人或者是第三人。出质人以其不具有所有权但合法占有的动产出质的,不知出质人无处分权的质权人行使质权后,因此给动产所有人造成损失的,由出质人承担赔偿责任。当事人签订的质权合同应采用书面形式,质押合同是用来保障主债权债务的履行的,因此其内容可以分为两部分,即规定债务人履行债务的情况以及质押人所承担的义务。[①] 质权合同内容不完全具备的,当事人可以补正。

与抵押合同的规定相似,质权合同中当事人不得约定流质条款,即在债务履行期届满而质权人未受清偿时,质物的所有权转移为质权人所有的条款。约定流质条款的,流质条款无效,但该部分内容的无效不影响质押合同其他部分内容的效力。

此外,出质人与质权人可以协议设立最高额质权。最高额质权除适用物权法动产质权的有关规定外,参照物权法最高额抵押权的规定。

2. 质物及其交付(The Pledged Property and Its Delivery)

质物一般是各类动产,但债务人或者第三人将其金钱以特户、封金、保证金等形式特定化以后,移交债权人占有作为债权的担保,债务人不履行债务时,债权人可以以该金钱优先受偿。

质权以出质人交付质押财产为生效要件,并且以丧失占有为失效要件。出质人代质权人占有质物的,质权不成立;债务人或者第三人未按质押合同约定的时

[①] 一般包括以下内容:(1)被担保的主债权种类和数额;(2)债务人履行债务的期限;(3)质押财产的名称、数量、质量、状况;(4)质权的担保范围,包括主债权及利息、违约金、损害赔偿金、质物保管费用和实现质权的费用,但质权合同另有约定的,按照约定;(5)质物移交的时间;(6)当事人认为需要约定的其他事项。

间移交质物,因此给质权人造成损失的,出质人应当根据其过错承担赔偿责任。

质权合同中对出质财产约定不明,或者约定的出质财产与实际移交的财产不一致的,以实际交付占有的财产为准。

质物有隐蔽瑕疵造成质权人其他财产损害的,应由出质人承担赔偿责任。但是,质权人在质物移交时明知质物有瑕疵而予以接受的除外。

(二)动产质权当事人的权利和义务(Rights and Obligations of the Parties)

1. 质权人的权利和义务(Rights and Obligations of Pledgee)

质权人的权利包括:(1) 占有质物。质权人有权在债权受清偿前占有质物,并以质物的全部行使其权利。质权人将质物返还给出质人后,即不可以其质权对抗第三人。但因不可归责于质权人的事由而丧失对质物的占有的,质权人可以向不当占有人请求停止侵害、恢复原状、返还质物。(2) 收取孳息。质权人有权收取质物的孳息,但质押合同另有约定的除外。① (3) 质权的保全。因不能归责于质权人的事由可能使质押财产毁损或者价值明显减少足以危害质权人权利的,质权人有权要求出质人提供相应的担保;出质人不提供的,质权人可以拍卖、变卖质押财产,并与出质人通过协议将拍卖、变卖所得的价款提前清偿债务或者提存。(4) 优先受偿。债务人不履行到期债务或者发生当事人约定的实现质权的情形,质权人可以与出质人协议以质押财产折价,也可以就拍卖、变卖质押财产所得的价款优先受偿。质押财产折价或者变卖的,应当参照市场价格。(5) 质物的物上代位权。在质物灭失、毁损或者被征用的情况下,质权人可以就该质物的保险金、赔偿金或者补偿金优先受偿。如果质物灭失、毁损或者被征用时,质权所担保的债权又未届清偿期的,质权人可以请求法院对保险金、赔偿金或者补偿金等采取保全措施。(6) 转质权。质权人在质权存续期间,为担保自己的债务,经出质人同意,以其所占有的质物为第三人设定质权的,应当在原质权所担保的债权范围之内,超过的部分不具有优先受偿的效力。转质权的效力优于原质权。

质权人的义务包括:(1) 善良管理人的注意义务。因质权人占有质物,故其负有妥善保管的义务,因其过错而致质物毁损灭失的,质权人负赔偿责任。(2) 返还质物的义务。债务正常实现的,质权人应当返还质物,违反此一义务而致质物价值下降或灭失毁损的,质权人承担赔偿责任。(3) 不得擅自转质。质权人转质的,应征得出质人同意,未经出质人同意的转质无效,造成质押财产毁损、灭失的,应当向出质人承担赔偿责任。

2. 出质人的权利和义务(Rights and Obligations of Pledgor)

出质人的权利包括:(1) 损害赔偿请求权。出质人在质权人因保管不善或擅

---

① 质权人收取的孳息应当先充抵收取孳息的费用,其次用于主债权的利息、主债权的清偿。

自处置质物致使质物毁损、灭失时,有权要求质权人承担民事责任。债务履行期届满,出质人请求质权人及时行使权利,而质权人怠于行使权利致使质物价格下跌的,由此造成的损失,出质人有权要求质权人予以赔偿。(2)实现质权申请权。出质人可以请求质权人在债务履行期届满后及时行使质权;质权人不行使的,出质人可以请求人民法院拍卖、变卖质押财产。(3)质物返还请求权。债务履行期届满,债务人履行债务的,或者出质人提前清偿所担保的债权的,出质人有权要求质权人返还质物。(4)追偿权。出质人如果是债务人以外的第三人,该第三人代为清偿债权或者因质权实行后丧失质物的所有权时,有权向债务人追偿。

出质人的义务包括:(1)质物权利瑕疵担保义务。出质人应对其所交付的质物之上享有不受追夺的义务,否则因此给动产所有人造成损失的,出质人应承担赔偿责任。(2)质物的瑕疵担保义务。出质人所交付的质物应没有瑕疵或隐蔽瑕疵,否则因此而致质权人人身或财产损害的,出质人应负损害赔偿责任,但质权人明知而接受的除外。

(三)动产质权的效力(Legal Effects of Pledge of Movables)

1. 担保的范围(Secured Scope)

质权所担保的范围包括主债权及利息、违约金、损害赔偿金、质物保管费用和实现质权的费用。质押合同另有约定的,从其约定。

主债权被分割或者部分转让的,各债权人可以就其享有的债权份额行使质权;主债务被分割或者部分转让的,出质人仍以其质物担保数个债务人履行债务。但是,第三人提供质物的,债权人许可债务人转让债务未经出质人书面同意的,出质人对未经其同意转让的债务不再承担担保责任。

2. 质权的效力(Legal Effects)

质权的效力及于质物的全部及其从物,但从物未随同质物交付于质权人占有的,质权的效力不及于从物。主债权未受全部清偿的,质权人可以就质物的全部行使其质权。质物被分割或者部分转让的,质权人可以就分割或转让后的质物行使质权。

质物因附合、混合或者加工使质物的所有权为第三人所有的,质权的效力及于补偿金;质物所有人为附合物、混合物或者加工物的所有人的,质权的效力及于附合物、混合物或者加工物;第三人与质物所有人为附合物、混合物或者加工物的共有人的,质权的效力及于出质人对共有物享有的份额。

在实现质权时,质物折价或者拍卖、变卖所得的价款低于质权设定时约定的价值的,应当按质物实现的价值进行清偿,不足清偿的剩余部分由债务人清偿。实现质押所得应按照实现质权的费用、主债权的利息、主债权的顺序清偿,另有约定的除外。质权人所收取质押财产的孳息应当先充抵收取孳息的费用,但合同另有约定的除外。

三、权利质权（Interests Acquired Through Pledge of Rights）

（一）权利质押概述（Introduction）

权利质押是指债务人或者第三人将其适于质押的权利移交债权人占有,将该适于质押的权利作为债权的担保。这里适于质押的权利是指可以由质权人加以控制并可以作为市场交易的标的权利。权利质权除了一些特殊问题外,准用动产质权的规定。因此,权利质权是一种准质权。这是因为权利质押也是以其客体财产权的价值的取得为目的的担保权,有从客体直接取得一定价值的权能,从本质上讲与动产质权并无区别。

权利质权的标的是权利,但不是说任何权利都可以作为权利质权的标的。能够作为权利质权的标的的权利,在性质上必须具有下列特点：第一,须为财产权。人身权,无论是人格权,还是身份权,由于其不具有财产内容,不具有经济价值,也就无法从其价值中受偿,因而不得用于出质,不能为质权的标的。第二,须有让与性。权利质权的标的不仅须为具有经济价值的财产权,而且须有让与性。不具有让与性的财产权利也不能成为质权的标的。例如,继承权虽也是以财产为内容的财产权,但由于继承权不能让与,无变价的可能,因而不能成为权利质权的标的。第三,须为适于设质的权利。虽为有让与性的财产权,但不适于设定质权的权利,也不能成为权利质权的标的。我国法律的规定,在不动产物权上设定的担保权为抵押权,不为质权,因此,不动产物权不能成为质权的标的。

（二）权利质押的设立及其效力（Creation and Legal Effects）

动产质权的设立,其只要实现标的物的交付就可以了,但对于权利质押而言,通常以权利凭证的交付、登记或其他方式发生占有转移的效力,具体权利设定的交付要件要根据法律所规定的权利种类而定。但因权利质押是要式合同,故所有种类权利质押的设立前提都要有质押合同的有效成立。根据物权法,可以作为权利质权的标的的权利有以下几类：

1. 汇票、本票、支票、债券、存款单、仓单、提单（Bills of Exchange, Promissory Notes, Cheques, Bonds, Certificates of Deposit, Warehouse Receipts, Bills of Lading）

以此等权利质押的,质权自权利凭证交付质权人时发生效力,没有权利凭证的,质权自有关部门办理出质登记时发生效力。以汇票、支票、本票等票据或者公司债券出质的,出质人与质权人没有背书"质押"字样的,不得对抗善意第三人。

以载明兑现或者提货日期的汇票、本票、支票、债券、存款单、仓单、提单出质的,其兑现或者提货日期先于债务履行期的,质权人可以在债务履行期届满前兑现或者提货,并与出质人协议将兑现的价款或者提取的货物用于提前清偿所担保的债权或者向与出质人约定的第三人提存;其兑现或者提货日期后于债务履行期的,质权人只能在兑现或者提货日期届满时兑现款项或者提取货物。

另外,以票据、债券、存款单、仓单、提单出质的,质权人再转让或者质押的无效。以存款单出质的,签发银行核押后又受理挂失并造成存款流失的,银行应当承担民事责任。

2. 依法可以转让的基金份额、股权(Transferable Fund Units and Stock Rights)

以基金份额、证券登记结算机构登记的股权出质的,质权自证券登记结算机构办理出质登记时发生效力。以其他股权出质的,质权自工商行政管理部门办理出质登记时发生效力。基金份额、股权出质后,不得转让,但经出质人与质权人协商同意的除外。出质人转让基金份额、股权所得的价款,应当向质权人提前清偿债务或者提存。以依法可以转让的基金份额、股权出质的,质权的效力及于基金份额、股权的法定孳息。

3. 依法可以转让的注册商标专用权、专利权、著作权中的财产权(Trademark Rights, Patent Rights, Copyrights or Other Property Rights in Intellectual Property That Can Be Transferred)

以该等知识产权出质的,质权自有关主管部门办理出质登记时发生效力。上述知识产权出质后,出质人不得转让或者许可他人使用,但经出质人与质权人协商同意的除外。出质人所得的转让费、许可费应当向质权人提前清偿所担保的债权,或者向与质权人约定的第三人提存。出质人未经质权人同意而转让或者许可他人使用已出质的权利的,应是无效行为,因此给质权人或者第三人造成损失的,由出质人承担民事责任。

4. 应收账款(Account Receivables)

以应收账款出质的,质权自信贷征信机构办理出质登记时发生效力。应收账款出质后,不得转让,但经出质人与质权人协商同意的除外。出质人转让应收账款所得的价款,应当向质权人提前清偿债务或者提存。

5. 法律、行政法规规定可以出质的其他权利(Other Property Rights That Can Be Pledged)

如公路桥梁、公路隧道或者公路渡口等收费权,亦可设立权利质权。

第六节 留 置

Section Six Lien

一、留置权的概念(The Definition of Lien)

留置,是指债权人按照合同约定占有债务人的动产,债务人不按照合同约定的期限履行债务的,债权人有权依照法律规定留置该财产,以该财产折价或者以拍卖、变卖该财产的价款优先受偿。留置权,是指债权人依合同约定占有债务人的动产,在债务人不按照合同约定的期限履行债务时,债权人得留置该动产,以作为债权担保的权利。留置权是债权人留置债务人动产的权利。留置权人不仅可以留置标的物,而且可以在一定条件下直接取得留置物的价值获得清偿。

留置权是一种法定担保物权。留置权在符合一定的条件时,依法律的规定产生,而不是依当事人之间的协议设定的,这是留置与抵押、质押、保证之间的区别,后三者都是约定担保,但当事人可以在合同中约定排除留置权。

不可分性是担保物权的共同特性,也是留置权的一个重要特征。留置权的不可分性表现在:一方面留置权所担保的为债权全部,而不是部分;另一方面留置权的效力及于债权人所留置占有的债务人财产的全部,留置权人得对留置物的全部行使而非仅得对部分行使留置权。另外,留置权也具有从属性和物上代位性等担保物权的共同属性。

二、留置权的取得(Creation of Lien)

留置权的取得,是基于法律规定,并且当事人没有排除适用。只有在符合法律规定的条件下,债权人才能取得留置权。这些条件可以分为积极要件和消极要件。

(一)留置权取得的积极要件(Positive Requirements)

留置权取得的积极要件,是留置权的取得所应具有的事实。这主要有以下几项:

1. 须债权人占有债务人的动产

留置权的目的,在于担保债的履行,因此享有留置权的应当是债权人。债权人须合法占有债务人的财产,此为法律上的占有,包括直接占有和间接占有。但如工人对机器的占有是单纯的持有,故不能成立留置权。债务人代债权人占有留置物的,留置权不成立。留置权适用善意取得。

2. 须债权已届清偿期

留置是对债权的担保,因而在债务清偿期满而不作履行才可行使。债权人的债权未届清偿期,其交付占有标的物的义务已届清偿期的,不能行使留置权。但是,债权人能够证明债务人无支付能力的除外。

3. 须债权的发生与该动产有牵连关系

所谓"牵连关系"指债权的发生与留置物占有取得是基于同一合同关系或同一生活关系。在债权的发生与标的物的占有取得是因同一合同关系而发生,并且债务人不履行债务时,债权人才享有留置权。例如,保管人因保管物的瑕疵而受损害的赔偿请求权,对该物有留置权。另外,运输、加工承揽活动中也经常发生留置的情形。就我国的司法、立法实践看,留置权中的牵连关系债权与标的物的占有的取得是基于同一合同关系,而不包括同一生活关系。例如,散会后二人错拿了对方的雨伞,则一方的返还请求权与对方的返还请求权,就是基于同一生活关系产生的留置权。由于这种牵连,与留置权有牵连关系的债权,都在留置权所担保的范围之内,包括原债权、利息(包括迟延利息)、实行留置权的费用及因留置物的瑕疵给留置权人造成的损害赔偿请求权。而留置物的范围,除了留置物本身外,还包括其从物、孳息和代位物。

我国物权法规定,债权人留置的动产,应当与债权同属一法律关系,但企业之间留置的除外,即企业之间的留置不受牵连关系的制约,只要相互合法占有的动产都可能形成留置权。

(二)留置权取得的消极要件(Passive Requirements)

1. 对动产的占有不是因侵权行为取得

留置权的取得,以对债务人的动产的占有为前提,但其占有必须是合法占有。如果是因侵权行为占有他人的动产,不发生留置权。例如,窃贼即使对盗赃支出了必要费用,也不享有留置权。

2. 对动产的留置不违反公共利益或者善良风俗

对动产的留置如果违反公共利益或者善良风俗,如留置他人的骨灰盒或其他丧葬用品等都是违法的,债权人都不能为之。

3. 对动产的留置不得与债权人的义务相抵触

债权人留置债务人的动产如果与其所承担的义务相抵触时,亦不得为之。例如,承揽人加工他人的物品,做到一半时坐地起价的,不产生留置权。

三、留置权人的权利与义务（Rights and Obligations of Lien Holder）

（一）留置权人的权利（**Rights of Lien Holder**）

1. 占有标的物权

占有标的物即为留置标的物。留置权人在其债权未受清偿时有留置标的物的权利。留置权一经成立，就发生留置标的物的效力，留置权人有权在债权未获清偿前继续占有对方财产，并以此对抗对方返还财产的请求权。留置权人的占有权是一种持续占有权，受到民法占有制度的保护，当其留置物被侵夺时，留置权人得行使占有物返还之诉请求返还。而债务人对该物的返还请求，无论是基于债权或物权，留置物只要不是侵权行为占有的，留置权人均可以拒绝返还。

2. 拍卖、变卖权

这个权利要受到债务人的制约，即必须在留置财产后通知债务人，给债务人两个月以上的期限履行债务。在这两个月内，留置权人不得拍卖、变卖留置的财产；债务人逾期仍不清偿的，留置权人还应当与债务人协商，这时债务人还享有选择权，在以留置物折价或者拍卖、变卖的三种措施里选择，但留置权人同样也有选择权利。如果双方协商不一致，最终的决定权属于留置权人。

3. 优先受偿权

留置权人有权就留置财产的价值优先受偿。留置权具有法定性，故其与其他约定的担保物权或保证相比，具有优先性。

4. 孳息收取权

对于孳息收取权，我国《担保法》在这方面没有规定。但《物权法》规定，留置权人有权收取留置财产的孳息。前款规定的孳息应当先充抵收取孳息的费用。

5. 保管上的使用权

留置权人有以善良管理人的注意保管留置物的义务，在必要的范围，有为了保管留置物而使用的权利，即为了防止物品因长期不使用而导致的生锈及功能减退等。此使用权在适当的范围内行使，不构成对于留置物所有人义务的违反，也不构成对于所有权的侵害。但是其与承租人、借用人的使用权不同，不以积极的获得因使用所生的利益为目的，而以消极的物的使用的允许为目的。因使用留置物所得的利益，从法理上来说应当与留置物所生的孳息一同对待，留置权人可以用其抵偿债权。

6. 必要费用的偿还请求权

留置权人因保管留置物所支出的必要费用，可以向物的所有人请求偿还。

（二）留置权人的义务（Obligations of Lien Holder）

1. 妥善保管留置物的义务

债权人应以善良保管人的注意，保管留置物。此为留置权人基于留置关系所负的保管义务，从而留置权消灭该义务也消灭，但在留置物交付以前，债权人仍有保管的义务。因为债权人应以善良保管人的注意占有留置物，留置物有天然孳息的，其孳息为留置物的一部分。为防止其灭失毁损，债权人应于适当时期收取该孳息，留置权人可以请求债务人协助，如债务人不应其请求，因而致留置物有灭失毁损时，不能对留置权人请求损害赔偿。

留置权人怠于留置物保管而未尽必要的注意致使损害发生的，对于所有人，应负债务不履行的损害赔偿责任。

2. 不得擅自处分留置权的义务

留置权人未经债务人同意，不得使用、出租留置物，也不得以之为其他债权提供担保，但留置权人为保全留置物而为的必要使用不在此限。因违反此义务导致损害时，留置权人对于物的所有人，应负债务不履行的损害赔偿责任。

四、留置权的消灭（Termination of Lien）

留置权消灭的原因主要有：（1）主债权消灭或债务人另行提供担保并被债权人接受。（2）留置权实现。债权人行使留置权，留置的财产为可分物的，留置物的价值应当相当于债务的金额。（3）留置物灭失。因保管不善致使留置物灭失或毁损的，留置权人应当承担民事责任。（4）留置权人对留置财产丧失占有。留置权的成立和存续以债权人合法占有留置物为前提，留置权人丧失占有的，留置权消灭。

第七节 定 金
Section Seven Deposit

一、定金的概念（Definition）

定金，是指合同当事人为了确保合同的履行，依据法律规定或者当事人双方的约定，由当事人一方在合同订立时或订立后、履行前，按合同标的额的一定比例，预先给付对方当事人的金钱或其他代替物。

在实践中应注意将定金与其他形式的金钱担保（金钱质）加以区别。最容易混淆的是定金和订金的区别。所谓订金在法律上是不明确的，也是不规范的，在审判实践中一般被视为预付款。即使将其认定为一种履约保证,这种保证也是单方的,它只对给付方形成约束,即给付方对收受方的保证。根据我国《民法通则》和《担保法》规定,定金与订金的区别主要表现在四个方面:(1)交付定金的协议是从合同,依约定应交付定金而未付的,不构成对主合同的违反;而交付订金的协议是主合同的一部分,依约定应交付订金而未交付的,即构成对主合同的违反。(2)交付和收受订金的当事人一方不履行合同债务时,不发生丧失或者双倍返还预付款的后果,订金仅可作损害赔偿金。(3)定金的数额在法律规定上有一定限制,例如《担保法》就规定定金数额不超过主合同标的额的20%;而订金的数额依当事人之间自由约定,法律一般不作限制。(4)定金具有担保性质,而订金只是单方行为,不具有明显的担保性质。

当事人交付留置金、担保金、保证金、订约金、押金或者订金等,但没有约定定金性质的,当事人主张定金权利的,人民法院不予支持。

二、定金的种类(Types)

根据担保法及其司法解释,定金的种类主要有:

1. 违约定金(Deposit for Breach of Contract)

交付定金的当事人若不履行债务,接受定金的当事人可以不予返还的定金称违约定金。我国《担保法》第89条规定,当事人可以约定一方向对方给付定金作为债权的担保。债务人履行债务后,定金应当抵作价款或者收回。给付定金的一方不履行约定的债务的,无权要求返还定金;收受定金的一方不履行约定的债务的,应当双倍返还定金。该条所规定的定金,符合违约定金的基本特征。

2. 立约定金(Deposit for Entering into a Contract)

立约定金也称为订约定金,是指为担保合同订立而设立的定金。当事人约定以交付定金作为订立主合同担保的,给付定金的一方拒绝订立主合同的,无权要求返还定金;收受定金的一方拒绝订立合同的,应当双倍返还定金。

3. 成约定金(Deposit for Formation or Effectiveness of Contract)

成约定金是指作为合同成立或生效要件的定金。当事人约定以交付定金作为主合同成立或者生效要件的,给付定金的一方未支付定金,但主合同已经履行或者已经履行主要部分的,不影响主合同的成立或者生效。

4. 解约定金(Deposit for Discharge of Contract)

用以作为保留合同解除权的代价的定金,称解约定金。当事人可以在合同中约定,交付定金的当事人可以抛弃定金以解除合同,而接受定金的当事人也可以双倍返还定金而解除合同。

三、定金的成立（Creation）

定金合同是从合同，其成立和有效以主合同的成立和有效为前提。因此，主合同无效或被撤销时，定金合同不发生效力，主合同因解除或其他原因消灭时，定金合同也消灭。根据担保法的规定，定金合同应当以书面形式约定，定金合同从实际交付定金之日起生效。关于定金交付的时间，立约定金应于合同成立前交付，成约定金于合同订立时交付，违约定金和解约定金既可以在主合同成立同时交付，也可以在主合同成立后、履行前交付。

定金的数额由当事人约定，但不得超过主合同标的额的20%，超过部分人民法院不予保护。实际交付的定金数额多于或者少于约定数额，视为变更定金合同。收受定金一方提出异议并拒绝接受定金的，定金合同不生效。

四、定金的效力（Legal Effects）

定金作为合同担保方式之一，其担保功能主要是通过定金罚则来实现的，因此定金的效力主要表现为定金罚则。其中，成约定金因其决定合同的成立与否，故违反定金的约定而不交定金的，合同应不成立或不生效，而没有定金罚则的双重应用，其他定金形式如立约定金、解约定金和违约定金的效力都主要表现为定金罚则，即给付定金的一方拒绝订立主合同的，无权要求返还定金；收受定金的一方拒绝订立合同的，应当双倍返还定金。

定金罚则的适用受到以下限制：(1) 因当事人一方迟延履行或者其他违约行为，致使合同目的不能实现，可以适用定金罚则，但法律另有规定或者当事人另有约定的除外；(2) 当事人一方不完全履行合同的，应当按照未履行部分所占合同约定内容的比例，适用定金罚则；(3) 因不可抗力、意外事件致使主合同不能履行的，不适用定金罚则；(4) 因合同关系以外第三人的过错，致使主合同不能履行的，适用定金罚则，受定金处罚的一方当事人可以依法向第三人追偿。

第二十一章　网购交易法
Chapter Twenty-One　Law of Network Transaction

第一节　网购交易法概述
Section One　Introduction to Law of Network Transaction

一、网购交易的界定(The Definition of Network Transaction)

网购交易,又称网络交易或网络商品交易,是指通过互联网(含移动互联网)销售商品或者提供服务的经营活动。其中有关服务,是指为网络商品交易提供第三方交易平台、宣传推广、信用评价、支付结算、物流、快递、网络接入、服务器托管、虚拟空间租用、网站网页设计制作等营利性服务。

网购交易包括三种类型:发生在企业(或其他组织机构)之间的网络交易(Business to Business,简称B2B);发生在企业(或其他组织机构)与消费者之间(Business to Consumer,简称B2C)的网络交易;发生在消费者之间(Consumer to Consumer,简称C2C)的网络交易。

网购交易以网络技术为基础,网络交易方、网络交易平台提供商、网络支付平台提供商和网络交易辅助服务提供商应遵守相关的网络技术规范和安全规范等。网络交易平台,是指在网络商品交易活动中为交易双方或者多方提供网页空间、虚拟经营场所、交易规则、交易撮合、信息发布等服务,供交易双方或者多方独立开展交易活动的信息网络系统。

从事网络商品交易及有关服务应当遵循自愿、公平、诚实信用的原则,遵守商业道德和公序良俗。网络交易方、网络交易平台提供商、网络支付平台提供商和网络交易辅助服务提供商应遵循上述原则。

二、网购交易立法(Laws and Regulations about Network Transaction)

在我国,规范网购交易的法律主要有《合同法》、《广告法》、《产品质量法》、《反不正当竞争法》、《消费者权益保护法》、《商标法》、《侵权责任法》、《电子签名法》、《邮政法》等。国家工商行政管理总局于2010年5月31日发布了《网络商品交易及有关服务行为管理暂行办法》,对网络购物进行了专门规定。2014年1月26日,国家工商行政管理总局发布了《网络交易管理办法》并取代了前者。不仅如此,商务部等部委还发布了《关于促进网络购物健康发展的指导意见》、《关于规范网络购物促销行为的通知》、《关于进一步推进网络购物领域打击侵犯知识产权和制售假冒伪劣商品行动的通知》等规章,制定了《网络交易服务规范》、《电子商务模式规范》、《第三方电子商务交易平台服务规范》等行业标准。此外,交通运输部也制定了《快递市场管理办法》等相关规定。

三、网购交易监管机关(Agencies of Network Transaction Regulation)

在我国,网购交易的监管机关包括工商、互联网、邮政、运输等相关管理机关。不过,网购交易的监督管理机关主要是工商机关,具体由县级以上工商行政管理部门负责。网络商品交易及有关服务违法行为由发生违法行为的经营者住所所在地县级以上工商行政管理部门管辖。

对于其中通过第三方交易平台开展经营活动的经营者,其违法行为由第三方交易平台经营者住所所在地县级以上工商行政管理部门管辖。第三方交易平台经营者住所所在地县级以上工商行政管理部门管辖异地违法行为人有困难的,可以将违法行为人的违法情况移交违法行为人所在地县级以上工商行政管理部门处理。两个以上工商行政管理部门因网络商品交易及有关服务违法行为的管辖权发生争议的,应当报请共同的上一级工商行政管理部门指定管辖。对于全国范围内有重大影响、严重侵害消费者权益、引发群体投诉或者案情复杂的网络商品交易及有关服务违法行为,由国家工商行政管理总局负责查处或者指定省级工商行政管理局负责查处。

第二节　网购交易基本制度
Section Two　General Rules of Network Transaction

一、网购交易主体制度(Rules for the Parties of Network Transaction)

(一) 自然人(Natural Person)

从事网络商品交易的自然人,应当通过第三方交易平台开展经营活动,并向第三方交易平台提交其姓名、地址、有效身份证明、有效联系方式等真实身份信息。具备登记注册条件的,依法办理工商登记。

(二) 经营者(Business Operator)

第一,从事网络商品交易及有关服务的经营者,应当依法办理工商登记。第二,从事网络商品交易及有关服务的经营者销售的商品或者提供的服务属于法律、行政法规或者国务院决定规定应当取得行政许可的,应当依法取得有关许可。

第三,已经工商行政管理部门登记注册并领取营业执照的法人、其他经济组织或者个体工商户,从事网络商品交易及有关服务的,应当在其网站首页或者从事经营活动的主页面醒目位置公开营业执照登载的信息或者其营业执照的电子链接标识。第四,网络商品经营者、有关服务经营者应当按照国家工商行政管理总局的规定向所在地工商行政管理部门报送经营统计资料。

二、网购交易客体制度(Rules for Subject Matters of Network Transaction)

网上交易的商品或者服务应当符合法律、法规、规章的规定。法律、法规禁止交易的商品或者服务,经营者不得在网上进行交易。严格禁止通过网络从事法律法规和国家其他有关规定禁止的违法犯罪行为,如赌博、洗钱、传销以及贩卖枪支、毒品、禁药、盗版软件、淫秽商品和服务等。网络交易不得提供和买卖未经审批的需要相应资质的商品或服务,禁止采用各种手段规避按照法律法规和国家其他有关规定必须具备相应资质才能开展的经营活动,如期货、烟草、石油和药品等。

三、网络经营竞争制度(Rules for Competition in Network Transaction)

网络商品经营者、有关服务经营者销售商品或者服务,应当遵守《反不正当竞争法》等法律的规定,不得以不正当竞争方式损害其他经营者的合法权益、扰乱社会经济秩序。同时,不得利用网络技术手段或者载体等方式,从事下列不正当竞争行为:

(1)擅自使用知名网站特有的域名、名称、标识或者使用与知名网站近似的域名、名称、标识,与他人知名网站相混淆,造成消费者误认。

(2)擅自使用、伪造政府部门或者社会团体电子标识,进行引人误解的虚假宣传。

(3)以虚拟物品为奖品进行抽奖式的有奖销售,或者虚拟物品在网络市场约定金额超过法律法规允许的限额。

(4)以虚构交易、删除不利评价等形式,为自己或他人提升商业信誉。这种行为不仅损害其他经营者的公平竞争权,也损害了消费者的合法权益,构成虚假宣传等行为。

(5)以交易达成后违背事实的恶意评价损害竞争对手的商业信誉。例如,生活中出现的职业差评师抱团"敲竹杠"的现象,[1]就是禁止的相关行为。

(6)对竞争对手的网站或者网页进行非法技术攻击,造成竞争对手无法正常

---

[1] 翟珺:《差评制度被钻空子,职业差评师抱团"敲竹杠"》,《上海法治报》2012 年 6 月 11 日。

经营。

(7) 对商品或者服务信息虚假宣传和虚假表示。

(8) 侵犯他人的注册商标专用权、企业名称权等权利。网络交易方、网络交易平台提供商、网络支付平台提供商和网络交易辅助服务提供商应遵守国家有关知识产权的法律法规,不得侵害他人的专利权、商标权、著作权等,并有权利和义务保护相关知识产权。

(9) 法律、法规规定的其他不正当竞争行为。

四、网购交易中的消费者保护制度（Rules for Consumer Protection in Network Transaction)

网络商品经营者向消费者销售商品或者提供服务,应当遵守《消费者权益保护法》和《产品质量法》等法律、法规、规章的规定,不得损害消费者合法权益。尤其是,要从以下方面保护消费者权益:

1. 保护消费者的知情权（Right to Information)

网络商品经营者向消费者销售商品或者提供服务,应当向消费者提供经营地址、联系方式、商品或者服务的数量和质量、价款或者费用、履行期限和方式、支付形式、退换货方式、安全注意事项和风险警示、售后服务、民事责任等信息,采取安全保障措施确保交易安全可靠,并按照承诺提供商品或者服务。

我国《消费者权益保护法》第 28 条也规定,采用网络、电视、电话、邮购等方式提供商品或者服务的经营者,以及提供证券、保险、银行等金融服务的经营者,应当向消费者提供经营地址、联系方式、商品或者服务的数量和质量、价款或者费用、履行期限和方式、安全注意事项和风险警示、售后服务、民事责任等信息。

网络商品经营者销售商品或者提供服务,应当按照国家有关规定或者商业惯例向消费者出具发票等购货凭证或者服务单据;征得消费者同意的,可以以电子化形式出具。电子化的购货凭证或者服务单据,可以作为处理消费投诉的依据。消费者索要发票等购货凭证或者服务单据的,网络商品经营者必须出具。

2. 保护消费者的公平交易权（Right to Fair Deal)

网络商品经营者销售商品或者提供服务,应当保证商品或者服务的完整性,不得将商品或者服务不合理拆分出售,不得确定最低消费标准或者另行收取不合理的费用。

网络商品经营者、有关服务经营者在经营活动中使用合同格式条款的,应当符合法律、法规、规章的规定,按照公平原则确定交易双方的权利与义务,采用显著的方式提请消费者注意与消费者有重大利害关系的条款,并按照消费者的要求予以说明。

网络商品经营者、有关服务经营者不得以合同格式条款等方式作出排除或者限制消费者权利、减轻或者免除经营者责任、加重消费者责任等对消费者不公平、不合理的规定，不得利用合同格式条款并借助技术手段强制交易。根据合同法，这些条款可被认定为无效条款。

网络商品经营者、有关服务经营者未经消费者同意或者请求，或者消费者明确表示拒绝的，不得向其发送商业性电子信息。

3. 维护消费者个人信息受保护权（Right to Personal Information Protection）

网络商品经营者、有关服务经营者在经营活动中收集、使用消费者或者经营者信息，应当遵循合法、正当、必要的原则，明示收集、使用信息的目的、方式和范围，并经被收集者同意。网络商品经营者、有关服务经营者收集、使用消费者或者经营者信息，应当公开其收集、使用规则，不得违反法律、法规的规定和双方的约定收集、使用信息。

网络商品经营者、有关服务经营者及其工作人员对收集的消费者个人信息或者经营者商业秘密的数据信息必须严格保密，不得泄露、出售或者非法向他人提供。网络商品经营者、有关服务经营者应当采取技术措施和其他必要措施，确保信息安全，防止信息泄露、丢失。在发生或者可能发生信息泄露、丢失的情况时，应当立即采取补救措施。

4. 保护消费者的无理由退货权（Right to Regret or Revoke）

网络商品经营者销售商品，消费者有权自收到商品之日起七日内退货，且无需说明理由，但下列商品除外：（1）消费者定作的；（2）鲜活易腐的；（3）在线下载或者消费者拆封的音像制品、计算机软件等数字化商品；（4）交付的报纸、期刊。除前款所列商品外，其他根据商品性质并经消费者在购买时确认不宜退货的商品，不适用无理由退货。消费者退货的商品应当完好。网络商品经营者应当自收到退回商品之日起七日内返还消费者支付的商品价款。退回商品的运费由消费者承担；网络商品经营者和消费者另有约定的，按照约定。

第三节　网购交易服务提供者制度

Section Three　Rules of Network Transaction Service Providers

一、第三方交易平台经营者制度（Rules of Network Transaction Platform Provider）

（一）主体资格（Qualification）

第三方交易平台经营者应当是经工商行政管理部门登记注册并领取营业执照的企业法人。

第三方交易平台经营者在平台上开展商品或者服务自营业务的，应当以显著方式对自营部分和平台内其他经营者经营部分进行区分和标记,避免消费者产生误解。

第三方交易平台经营者拟终止提供第三方交易平台服务的,应当至少提前三个月在其网站主页面醒目位置予以公示并通知相关经营者和消费者,采取必要措施保障相关经营者和消费者的合法权益。

(二)进入平台审查登记(Examination and Registration)

第三方交易平台经营者应当对申请进入平台销售商品或者提供服务的法人、其他经济组织或者个体工商户的经营主体身份进行审查和登记,建立登记档案并定期核实更新,在其从事经营活动的主页面醒目位置公开营业执照登载的信息或者其营业执照的电子链接标识。

第三方交易平台经营者应当对尚不具备工商登记注册条件、申请进入平台销售商品或者提供服务的自然人的真实身份信息进行审查和登记,建立登记档案并定期核实更新,核发证明个人身份信息真实合法的标记,加载在其从事经营活动的主页面醒目位置。

第三方交易平台经营者应当与申请进入平台销售商品或者提供服务的经营者订立协议,明确双方在平台进入和退出、商品和服务质量安全保障、消费者权益保护等方面的权利、义务和责任。第三方交易平台经营者修改其与平台内经营者的协议、交易规则,应当遵循公开、连续、合理的原则,修改内容应当至少提前七日予以公示并通知相关经营者。平台内经营者不接受协议或者规则修改内容、申请退出平台的,第三方交易平台经营者应当允许其退出,并根据原协议或者交易规则承担相关责任。

(三)建立平台基本管理制度(Basic Regulation Rules)

第三方交易平台经营者应当建立平台内交易规则、交易安全保障、消费者权益保护、不良信息处理等管理制度。各项管理制度应当在其网站显示,并从技术上保证用户能够便利、完整地阅览和保存。第三方交易平台经营者应当采取必要的技术手段和管理措施保证平台的正常运行,提供必要、可靠的交易环境和交易服务,维护网络交易秩序。

(四)信息管理制度(Information Regulation)

第三方交易平台经营者应当审查、记录、保存在其平台上发布的商品和服务信息内容及其发布时间。第三方交易平台经营者应当采取电子签名、数据备份、故障恢复等技术手段确保网络交易数据和资料的完整性和安全性,并应当保证原始数据的真实性。

第三方交易平台经营者应当对通过平台销售商品或者提供服务的经营者及其发布的商品和服务信息建立检查监控制度,发现有违反工商行政管理法律、法规、规章的行为的,应当向平台经营者所在地工商行政管理部门报告,并及时采取措施制止,必要时可以停止对其提供第三方交易平台服务。

平台内经营者的营业执照或者个人真实身份信息记录保存时间从经营者在平台的登记注销之日起不少于两年,交易记录等其他信息记录备份保存时间从交易完成之日起不少于两年。

(五)知识产权保护制度(Protection of Intellectual Property Rights)

第三方交易平台经营者应当采取必要手段保护注册商标专用权、企业名称权等权利,对权利人有证据证明平台内的经营者实施侵犯其注册商标专用权、企业名称权等权利的行为或者实施损害其合法权益的其他不正当竞争行为的,应当依照《侵权责任法》采取必要措施。

(六)信用评价服务制度(Credit Rating Service)

鼓励第三方交易平台经营者为交易当事人提供公平、公正的信用评价服务,对经营者的信用情况客观、公正地进行采集与记录,建立信用评价体系、信用披露制度以警示交易风险。

(七)消费者权益保证金制度(The Fund for Consumer Protection)

鼓励第三方交易平台经营者设立消费者权益保证金。消费者权益保证金应当用于对消费者权益的保障,不得挪作他用,使用情况应当定期公开。第三方交易平台经营者与平台内的经营者协议设立消费者权益保证金的,双方应当就消费者权益保证金提取数额、管理、使用和退还办法等作出明确约定。

(八)消费纠纷处理制度(Settlement of Consumption Disputes)

第三方交易平台经营者应当建立消费纠纷和解和消费维权自律制度。消费者在平台内购买商品或者接受服务,发生消费纠纷或者其合法权益受到损害时,消费者要求平台调解的,平台应当调解;消费者通过其他渠道维权的,平台应当向消费者提供经营者的真实的网站登记信息,积极协助消费者维护自身合法权益。

(九)配合调查制度(Cooperation in Investigation)

工商行政管理部门发现平台内有违反工商行政管理法律、法规、规章的行为,依法要求第三方交易平台经营者采取措施制止的,第三方交易平台经营者应当予以配合。第三方交易平台经营者应当积极协助工商行政管理部门查处网上违法经营行为，提供在其平台内涉嫌违法经营的经营者的登记信息、交易数据等资料，不得隐瞒真实情况。

二、网络支付平台提供者制度（Rules of Network Payment Platform Provider）

（一）具备合法的主体资格（Qualification）

网络支付平台提供商应具备法人或法人委派的行为主体资格，在网络支付平台上应提供相应的主体资质证明以便核准查询，如营业执照、税务登记证等。网络支付平台提供商应具备通过银行业金融机构或经国家有关部门批准的非金融企业法人提供电子商务交易支付清算服务的功能，并确保在线支付的安全、有效。

（二）建立完善的规章制度（Perfect Rules）

网络支付平台提供商应提供规范化的网络支付服务，建立健全其规章制度，如支付系统安全制度、用户注册管理制度、账户和资金安全管理制度、信息监管和举报制度、支付数据存储和备份制度等。

（三）保证支付系统的稳定和安全（Safety and Stability of Payment System）

网络支付平台提供商应按照国家信息安全登记保护制度的有关规定和要求建设、运行、维护网络支付平台系统，落实网络安全保护技术措施。网络支付平台提供商应高度重视网络支付平台系统的稳定和安全，采取各种合理有力的措施保证网络支付系统稳定和安全地运行。

网络支付平台提供商应根据网络交易的特点，采取合理有力的措施保证用户身份信息、账户以及密码的安全，保证交易资金的安全。网络支付平台提供商不得以任何方式恶意占压资金、非法套现、挪用或转移资金以及非法融资等。

（四）用户注册管理（Regulation of User Registration）

网络支付平台提供商应要求网络交易方进行用户注册，并提供企业真实身份信息或个人真实身份信息。网络支付平台提供商应在可行的范围内采取合理措施对用户注册信息的真实性进行审查和注册资料的备份。如果发现和证实用户使用虚假信息进行注册，网络支付平台提供商有权利及时对该用户进行注销，并保存有关记录。网络支付平台提供商应对用户的注册信息至少保存2年（从最后一次登录算起），同时网络支付平台提供商还应保存和及时更新用户登录日志。

（五）数据存储和备份（Data Storage and Backup）

网络支付平台提供商应及时保存其平台上发生的网络支付的相关信息、记录或资料,保存时间自支付完成之日起不得少于 2 年,国家另有规定资料保存年限的除外。网络支付平台提供商应具备数据存储、数据备份、灾难恢复和相应技术手段,保证上述资料的完整性、准确性、安全性和不可更改性,并在必要权限核查后可检索查用。

(六)纠纷处理(Dispute Resolution)

网络支付平台提供商应提供网上纠纷处理机制和投诉渠道,当发生纠纷时,网络支付平台提供商应积极协助取证和纠纷协调处理。

三、快递服务经营者制度(Rules of Express Service Provider)

快递,是指在承诺的时限内快速完成的寄递活动。寄递,是指将信件、包裹、印刷品等物品按照封装上的名址递送给特定个人或者单位的活动,包括收寄、分拣、运输、投递等环节。

(一)资格(Qualification)

国家对快递业务实行经营许可制度。经营快递业务,应当依照《中华人民共和国邮政法》的规定,向邮政管理部门提出申请,取得快递业务经营许可;未经许可,任何单位和个人不得经营快递业务。邮政管理部门根据企业的服务能力审核经营许可的业务范围和地域范围,对符合规定条件的,发放快递业务经营许可证,并注明经营许可的业务范围和地域范围。经营快递业务的企业应当在经营许可范围内依法从事快递业务经营活动,不得超越经营许可业务范围和地域范围。

(二)派件(Delivery)

经营快递业务的企业应当按照快递服务标准,规范快递业务经营活动,保障服务质量,维护用户合法权益,并应当符合下列要求:(1)填写快递运单前,企业应当提醒寄件人阅读快递运单的服务合同条款,并建议寄件人对贵重物品购买保价或者保险服务;(2)企业分拣作业时,应当按照快件(邮件)的种类、时限分别处理、分区作业、规范操作,并及时录入处理信息,上传网络,不得野蛮分拣,严禁抛扔、踩踏或者以其他方式造成快件(邮件)损毁;(3)企业应当在承诺的时限内完成快件(邮件)的投递;(4)企业应当将快件(邮件)投递到约定的收件地址和收件人或者收件人指定的代收人。

(三)送交(Handover)

经营快递业务的企业投递快件(邮件),应当告知收件人当面验收。快件(邮件)外包装完好的,由收件人签字确认。投递的快件(邮件)注明为易碎品及外包装出现明显破损的,企业应当告知收件人先验收内件再签收。企业与寄件人另有约定的除外。对于网络购物、代收货款以及与用户有特殊约定的其他快件(邮件),企业应当与寄件人在合同中明确投递验收的权利义务,并提供符合约定的验收服务,验收无异议后,由收件人签字确认。

经营快递业务的企业对无法投递的快件(邮件),应当退回寄件人。对无法投递又无法退回寄件人的快件(邮件),企业应当登记,并按照国务院邮政管理部门的规定和快递服务标准处理;其中无法投递又无法退回的进境国际快件(邮件),应当依照相关规定交由有关部门处理。

经营快递业务的企业在从事快递业务的同时,向用户提供代收货款服务的,应当建立有关安全管理制度,与寄件人的合同中应当对代收货款服务的权利义务进行约定。提供代收货款服务,涉及金融管理规定的,应当接受相关部门的监督管理。

(四) 禁止的行为(Prohibited Practices)

经营快递业务的企业不得实施下列行为:(1) 违反国家规定,收寄禁止寄递的物品,或者未按规定收寄限制寄递的物品;①(2) 相互串通操纵市场价格,损害其他经营快递业务的企业或者用户的合法权益;(3) 冒用他人名称、商标标识和企业标识,扰乱市场经营秩序;(4) 违法扣留用户快件(邮件);(5) 违法提供从事快递服务过程中知悉的用户信息;(6) 法律、法规禁止的其他行为。

快递从业人员不得实施下列行为:(1) 扣留、倒卖、盗窃快件(邮件);(2) 违法提供从事快递服务过程中知悉的用户信息;(3) 法律、法规禁止的其他行为。

(五) 纠纷处理(Dispute Resolution)

在快递服务过程中,快件(邮件)发生延误、丢失、损毁和内件不符的,经营快递业务的企业应当按照与用户的约定,依法予以赔偿。企业与用户之间未对赔偿事项进行约定的,对于购买保价的快件(邮件),应当按照保价金额赔偿。对于未购买保价的快件(邮件),按照《中华人民共和国邮政法》、《中华人民共和国合同法》等相关法律规定赔偿。经营快递业务的企业应当建立与用户沟通的渠道和制度,向用户提供业务咨询、查询等服务,并及时处理用户投诉。经营快递业务的企业对邮政管理部门转办的用户申诉,应当及时妥善处理,并按照国务院邮政管理

---

① 任何组织和个人不得利用快递服务网络从事危害国家安全、社会公共利益或者他人合法权益的活动。下列物品禁止寄递:(一)法律、行政法规禁止流通的物品;(二)危害国家安全和社会政治稳定以及淫秽的出版物、宣传品、印刷品等;(三)武器、弹药、麻醉药物、生化制品、传染性物品和爆炸性、易燃性、腐蚀性、放射性、毒性等危险物品;(四)妨害公共卫生的物品;(五)流通的各种货币;(六)法律、行政法规和国家规定禁止寄递的其他物品。

部门的规定给予答复。实践中,快递纠纷层出不穷,其中"快递不快"久居投诉榜首的地位,如何处理网络购物中的延误纠纷是难题之一。[①]

四、其他有关服务经营者制度(Rules of Other Service Providers)

(一)身份识别制度(Identity Recognition)

为网络商品交易提供网络接入、服务器托管、虚拟空间租用、网站网页设计制作等服务的有关服务经营者,应当要求申请者提供经营资格证明和个人真实身份信息,签订服务合同,依法记录其上网信息。申请者营业执照或者个人真实身份信息等信息记录备份保存时间自服务合同终止或者履行完毕之日起不少于两年。

(二)信用信息采集制度(Credit Information Collection)

为网络商品交易提供信用评价服务的有关服务经营者,应当通过合法途径采集信用信息,坚持中立、公正、客观原则,不得任意调整用户的信用级别或者相关信息,不得将收集的信用信息用于任何非法用途。

(三)宣传推广服务制度(Advertisement Service)

为网络商品交易提供宣传推广服务应当符合相关法律、法规、规章的规定。通过博客、微博等网络社交载体提供宣传推广服务、评论商品或者服务并因此取得酬劳的,应当如实披露其性质,避免消费者产生误解。

(四)配合调查制度(Cooperation in Investigation)

为网络商品交易提供网络接入、支付结算、物流、快递等服务的有关服务经营者,应当积极协助工商行政管理部门查处网络商品交易相关违法行为,提供涉嫌违法经营的网络商品经营者的登记信息、联系方式、地址等相关数据资料,不得隐瞒真实情况。

第四节 网购交易法律责任
Section Four Legal Responsibilities in Network Transaction

一、网购交易中的民事责任(Civil Liabilities in Network Transaction)

我国《消费者权益保护法》第 44 条规定,消费者通过网络交易平台购买商品

---

① 廖宇羿:《浅析网络购物中快递延误纠纷的解决机制》,《西南政法大学学报》2012 年第 5 期。

或者接受服务,其合法权益受到损害的,可以向销售者或者服务者要求赔偿。

网络交易平台提供者不能提供销售者或者服务者的真实名称、地址和有效联系方式的,消费者也可以向网络交易平台提供者要求赔偿;网络交易平台提供者作出更有利于消费者的承诺的,应当履行承诺。网络交易平台提供者赔偿后,有权向销售者或者服务者追偿。

网络交易平台提供者明知或者应知销售者或者服务者利用其平台侵害消费者合法权益,未采取必要措施的,依法与该销售者或者服务者承担连带责任。

在网络民事纠纷中,消费者应提供初步证据,如截取网页保留证据、保存聊天记录等,[①]作为交易证据提供。必要时,网络交易平台的相关证据可作为纠纷处理的证据材料。必要时,可申请证据保全、公证。

二、网购交易中的行政责任(Administrative Sanctions in Network Transaction)

(1)对于网购交易中的违法行为的行政责任,法律、法规另有规定的,从其规定。

(2)对于自然人应登记未登记,交易平台经营者审核登记违法、未建立平台交易管理制度、不配合采取措施、未以显著方式对自营部分和平台内其他经营者经营部分进行区分和标记、未依法保存交易记录、不提供违法资料的,予以警告,责令改正,拒不改正的,处以一万元以上三万元以下的罚款。

(3)已经工商行政管理部门登记注册并领取营业执照的法人、其他经济组织或者个体工商户,从事网络商品交易及有关服务的,未在其网站首页或者从事经营活动的主页面醒目位置公开营业执照登载的信息或者其营业执照的电子链接标识的,网络商品经营者、有关服务经营者未按照国家工商行政管理总局的规定向所在地工商行政管理部门报送经营统计资料的,予以警告,责令改正,拒不改正的,处以一万元以下的罚款。

(4)网络商品经营者、有关服务经营者在经营活动中使用合同格式条款的,未采用显著的方式提请消费者注意与消费者有重大利害关系的条款,并按照消费者的要求予以说明的,以合同格式条款等方式作出排除或者限制消费者权利、减轻或者免除经营者责任、加重消费者责任等对消费者不公平、不合理的规定的,利用合同格式条款并借助技术手段强制交易的,按照《合同违法行为监督处理办法》的有关规定处罚。

(5)违法开展不正当竞争的,按照《反不正当竞争法》的规定处罚。以交易达成后违背事实的恶意评价损害竞争对手的商业信誉,予以警告,责令改正,并处一

---

① 姚芃、韩志斌:《网购纠纷须截取网页保留证据》,《法制日报》2012 年 11 月 8 日;杨晓梅、何海涛:《网购:当心踩到法律"雷区"》,《人民法院报》2014 年 4 月 13 日。

万元以上三万元以下的罚款。网络商品经营者、有关服务经营者对竞争对手的网站或者网页进行非法技术攻击,造成竞争对手无法正常经营的,予以警告,责令改正,并处一万元以上三万元以下的罚款。

(6)在网络商品交易及有关服务活动中违反工商行政管理法律法规规定,情节严重,需要采取措施制止违法网站继续从事违法活动的,工商行政管理部门可以依照有关规定,提请网站许可或者备案地通信管理部门依法责令暂时屏蔽或者停止该违法网站接入服务。

(7)工商行政管理部门对网站违法行为作出行政处罚后,需要关闭该违法网站的,可以依照有关规定,提请网站许可或者备案地通信管理部门依法关闭该违法网站。

(8)快递企业违反法律规定,应依法予以处罚。另外,快递从业人员违反规定未构成犯罪的,由邮政管理部门责令改正,依法没收违法所得,对直接责任人员处五千元以上一万元以下的罚款。

三、网购交易中的刑事责任(Criminal Punishments in Network Transaction)

在网络购物中,不排除某些无良商家违背诚实信用原则,夸大宣传,甚至销售假冒伪劣产品,使网络购物的安全得不到保障,交了钱拿不到货的现象层出不穷,[①]有的利用网络差评进行敛财,[②]有的不法分子利用支付宝、网络购物平台进行盗窃、诈骗、洗钱、非法集资、造假售假等违法犯罪活动,[③]甚至有的利用网络购物进行非法传销。[④] 这些行为,构成犯罪的,应依法追究刑事责任。此外,快递从业人员扣留、倒卖、盗窃快件(邮件)、违法提供从事快递服务过程中知悉的用户信息的,构成犯罪的,依法追究刑事责任。

---

① 刘春梅等:《网络购物消费者权益保护的现状及完善》,《山西省政法管理干部学院学报》2014年第1期。

② 甘浩、李元珺:《网购水深,差评敛财》,《民主与法制时报》2012年6月25日。

③ 张晓敏、孙玲:《天津首例网购犯罪案宣判,两名"支付宝"大盗领刑》,《人民法院报》2013年1月10日;雷文辉:《净化网络购物环境需标本兼治》,《江苏法制报》2014年4月14日

④ 何春晓、杨长平:《厦门宣判特大网络购物返利传销案》,《人民法院报》2013年8月1日。

第二十二章　支付结算法
Chapter Twenty-Two Law of Payment and Settlement

第一节　支付结算的一般理论
Section One　General Theory of Payment and Settlement

一、支付结算的概念（Definition）

支付结算的概念源于"银行结算"一词。1988 年 12 月 19 日中国人民银行颁布的《银行结算办法》将票据以及票据之外的结算方式（如汇兑、委托收款等）统称为"银行结算"。《中华人民共和国票据法》（Law of the People's Republic of China on Negotiable Instruments）颁行后，为制定《票据法》的配套实施办法，中国人民银行在修订《银行结算办法》的过程中采用了"支付结算"的概念。由于结算关系实际是当事人之间的权利义务关系，而银行仅仅是结算活动和资金清算的中介机构，因此采用"支付结算"的概念更能体现结算制度的实质。

所谓支付结算，是指单位、个人在社会经济活动中使用票据、汇兑、托收承付、委托收款、银行卡等结算方式进行货币给付及其资金清算的行为。银行、城市信用合作社、农村信用合作社（以下简称银行）以及单位（含个体工商户）和个人是办理支付结算的主体。其中，银行是支付结算和资金清算的中介机构。

通常，支付结算方式主要有：票据（negotiable instruments）（汇票、本票、支票，i. e.，bills of exchange, promissory notes, cheques）、汇兑（remittance）、托收承付（collection with acceptance）、委托收款（entrusted collection）、银行卡（bank cards）、信用证（letter of credit）等。

二、支付结算的特征（Features）

作为法律行为的支付结算具有以下法律特征：

（一）支付结算必须依法进行

银行、单位和个人办理支付结算，必须遵守国家的法律、行政法规和支付结算办法的各项规定，不得损害社会公共利益。

（二）支付结算必须通过中国人民银行批准的金融机构进行

银行是支付结算和资金清算的中介机构。未经批准的非银行金融机构和其他单位不得作为中介机构经营支付结算业务，但法律、行政法规另有规定的除外。这表明，支付结算与一般的货币给付及资金清算行为不同。

（三）支付结算是一种要式行为

票据和其他结算凭证是办理支付结算的工具。单位、个人和银行办理支付结算，必须使用按中国人民银行统一规定印制的票据凭证和统一规定的结算凭证，未使用按中国人民银行规定统一印制的票据，票据无效；未使用中国人民银行统一规定格式的结算凭证，银行不予受理。

（四）支付结算的发生取决于委托人的意志

银行在支付结算中充当中介机构的角色，当事人对在银行的存款有自己的支配权；银行对单位、个人在银行开立存款账户的存款，除国家法律、行政法规另有规定外，不得为任何单位或者个人查询；除国家法律另有规定外，银行不代任何单位或个人冻结、扣款，不得停止单位、个人存款的正常支付。

（五）支付结算实行统一管理和分级管理相结合的管理体制

中国人民银行总行负责制定统一的支付结算制度，组织、协调、管理、监督全国的支付结算工作，调解、处理银行之间的支付结算纠纷；中国人民银行各分行根据统一的支付结算制度制定实施细则，报总行备案，根据需要可以制定单项支付结算办法，报中国人民银行总行批准后执行；中国人民银行分、支行负责组织、协商、管理、监督本辖区的支付结算工作，协调、处理本辖区银行之间的支付结算纠纷；政策性银行、商业银行总行可以根据统一的支付结算制度，结合本行情况，制定具体管理实施办法，报经中国人民银行总行批准后执行，并负责组织、管理、协调本行内的支付结算工作，调解、处理本行内分支机构之间的支付结算纠纷。

三、支付结算的基本原则（Basic Principles）

支付结算的基本原则是单位、个人和银行在进行支付结算活动时所必须遵循的行为准则。早在1988年12月由中国人民银行颁布的《银行结算办法》就根据社会经济发展的需要，在总结我国改革开放以来结算工作经验的基础上，确立了"恪守信用，履约付款；谁的钱进谁的账，由谁支配；银行不垫款"的三项基本原则。中国人民银行发布的《支付结算办法》第16条亦肯定了该三项原则。

（一）恪守信用，履约付款原则

这一原则是《民法通则》"诚实信用"原则在支付结算中的具体表现，对履行付款义务的当事人具有约束力，是维护合同秩序，保障当事人经济利益的重要保证。

（二）谁的钱进谁的账，由谁支配原则

这一原则主要在于维护存款人对存款资金的所有权或经营权，保证其对资金的自主支配权，同时加强了银行办理结算的责任。

（三）银行不垫款原则

银行办理结算只负责办理结算当事人之间的资金转移，而不能在结算过程中为其垫付资金。这一原则划清银行资金和存款人资金的界限，有利于保护银行资金的所有权或经营权，也有利于促使单位和个人以自己所有或经营管理的财产直接对自己的债务承担责任，从而保证了银行资金的安全。

上述三个原则既可单独发挥作用，分别从不同角度强调了付款人、收款人和银行在结算过程中的权利义务，亦是一个有机的整体，从而切实保障了结算活动的正常进行。

四、支付结算的主要法律依据（Laws and Regulations）

如前所述，支付结算方式有票据、汇兑、托收承付、委托收款、银行卡、信用证。因此，凡是与支付结算方式有关的法律、行政法规以及部门规章和地方性规定都是支付结算的法律依据。此外，中国人民银行不时颁布的有关支付结算的政策性文件亦是当事人进行支付结算活动必须遵守的规定。

至今为止，现行的适用支付结算的法律、行政法规以及部门规章和政策性规定主要有：《票据法》、《票据管理实施办法》（该办法于 1997 年 6 月 23 日经国务院批准，同年 8 月 21 日由中国人民银行发布并于同年 10 月 1 日起施行）、《支付结算办法》（Rules of Payment and Settlement）（该办法于 1997 年 9 月 19 日由中国人民银行发布，于同年 12 月 1 日起施行，原《银行结算办法》同时废止）、《银行卡业务管理办法》（该办法于 1999 年 3 月 1 日起施行，原《中国人民银行信用卡业务管理暂行办法》同时废止）、《人民币银行结算账户管理办法》（该办法于 2003 年 9 月 1 日起施行，1994 年 10 月 9 日中国人民银行发布的《银行账户管理办法》同时废止）、《异地托收承付结算办法》（该办法于 1994 年 10 月 9 日修订，1995 年 1 月 1 日起施行）等等。

第二节 票据结算

Section Two Settlement by Negotiable Instruments

一、票据的概念（Definition of Negotiable Instruments）

票据是由出票人签发的、约定自己或者委托付款人在见票时或指定的日期向收款人或持票人无条件支付一定金额的有价证券。在我国,票据包括汇票、本票和支票。其中,汇票又包括银行汇票和商业汇票,商业汇票根据承兑人的不同,又可分为商业承兑汇票和银行承兑汇票。

二、票据法律关系（Legal Relationship on Negotiable Instruments）

（一）票据关系（Relationship of the Holder and the Debtors of Negotiable Instruments）

票据关系是指基于票据行为而在票据当事人之间产生的以金钱的支付为内容的债权债务关系。票据关系的要素主要有:

1. **票据行为**（Negotiable Instrument Conducts）

票据行为是指票据当事人以发生票据债务为目的、以在票据上签名或盖章为权利义务成立要件的法律行为,包括出票、背书、承兑和保证。(1) 出票（issue）,即出票人签发票据并将其交付给收款人的票据行为。(2) 背书（endorsement）,即收款人或持票人为将票据权利转让给他人或者将一定的票据权利授予他人行使而在票据背面或者粘单上记载有关事项并签章的行为。(3) 承兑（acceptance）,即汇票付款人承诺在汇票到期日支付汇票金额并签章的行为。(4) 保证（guarantee）,即票据债务人以外的人,为担保特定债务人履行票据债务而在票据上记载有关事项并签章的行为。

2. **票据关系的当事人**（The Parties）

票据当事人包括出票人、付款人、收款人、承兑人、背书人、被背书人、保证人等,其中出票人、付款人、收款人是基本当事人。

3. **票据签章**（Signature on Negotiable Instruments）

票据签章,是指票据有关当事人在票据上签名、盖章或签名加盖章的行为。出票人签章是票据的绝对必要记载事项之一,票据因缺少出票人签章而无效。同时,票据签章也是各个票据行为的形式要件,是票据行为人欲实施票据行为的意思表示最有力的证明。票据签章作为票据内容的元素之一,是票据权利义务关系产生的基石,也是负票据责任的基础。

4. 票据记载事项(The Particulars Specified on a Negotiable Instrument)

记载事项一般分为:绝对记载事项、相对记载事项、任意记载事项和不产生票据法上的效力的记载事项等。绝对记载事项不能缺少,绝对记载事项缺失的票据是无效票据;相对记载事项则起补充作用,可以记载也可不记载,不影响票据的效力。绝对记载事项主要有:时间、相应的金额、收款人、背书人、出票人签章等,相对记载事项有出票地、收款地等。

(二)非票据关系(Other Relationships)

1. 票据法上的非票据关系(Other Relationships under Law of Negotiable Instruments)

票据法上的非票据关系是指由票据法直接规定的、与票据行为相联系但又不是由票据行为本身所发生的权利义务关系。它主要包括以下几种:(1)票据返还请求权关系,即真正权利人对于因恶意或重大过失而取得票据的人的请求返还票据的关系。(2)利益偿还请求权关系,即依票据法因时效或手续欠缺而丧失票据权利的持票人,对于出票人或承兑人在其所受利益限度内的请求返还权的关系。(3)交出票据请求权关系,即付款人付款后请求他人交出票据的关系。(4)汇票持票人对于汇票收票人发给复本的请求权的关系。(5)汇票复本持有人请求汇票复本接受人返还复本的关系。(6)汇票的誊本持有人请求汇票原本接受人返还原本的关系。

2. 民法上的非票据关系(Other Relationships under Civil Law)

所谓民法上的非票据关系是指能够引起票据法律关系的票据基础关系。一般来说,票据都是通过民法上的制度取得的,因此这一关系称为基础关系。它主要包括以下几种:(1)票据原因关系,即票据当事人之间为票据行为的原因,如买卖、借贷、赠与、设定担保或委托等。(2)票据预约关系。当事人就票据上所记载的事项如票据种类、票据金额、票据到期日、是否记名等问题进行约定就是票据预约。(3)票据资金关系。汇票或支票的付款人、汇票的承兑人与出票人或者其他的资金义务人之间存在的关系就称票据资金关系。民法上三种非票据关系的关系为:先有票据原因,再有票据预约,然后才有票据行为。

(三)票据关系与非票据关系的关系(Relations Between Relationship of the Holder and the Debtors of Negotiable Instruments and Other Relationships)

1. 票据关系与非票据关系相分离(Alienation)

票据关系虽以非票据关系为基础而成立,但一经成立,便与非票据关系相脱离,不受非票据关系的影响,这是作为无因证券的票据的流通所必需的条件。

2. 票据关系与非票据关系的联系(Connections)

票据关系与非票据关系之间的联系在票据原因关系中表现得最为明显,主要有以下三方面关系:

(1)票据债权与原因债权并存时的行使顺序。在票据关系与原因关系之间往往会出现票据债权与原因债权并存的局面,例如当事人甲乙双方先有买卖关系,甲为支付价金而发出支票给卖主乙。此时卖主享有两种债权:原因债权,即价金请求权;票据债权,即支票上的付款请求权。这时,债权人可以任选一种,待行使一种后,另一种债权立即消灭;也可以先行使票据权,如行使票据权无效果,可以再行使原因债权;如果票据债权成立后,原因债权消灭的,则债权人只能行使票据债权。

(2)如果原因关系与票据关系存在于同一当事人之间时,债务人可用原因关系对抗票据关系。例如,甲因向乙购货而交付本票于乙,以后甲乙间的买卖合同解除,乙持票向甲请求付款时,甲可以主张原因关系不存在而拒绝付款。这种以原因关系对抗票据关系的情况只能发生在直接当事人之间,对第三人不生效力。如在上例中,乙已将本票背书于丙,则甲不能以原因关系不存在而对抗丙的票据权利。

(3)持票人取得票据如无对价或无相当对价,不能有优于其前手的权利。例如,甲发出票据给乙,丙窃得后将票据赠送给善意的丁,或以低于票据面额的价格(不相当对价)转让给丁。这样,丙为丁的前手,丙不能取得票据权利,丁也就不能取得票据权利。

三、票据权利(Rights of the Holder of Negotiable Instruments)

(一)概念(Definition)

所谓票据权利,是指票据上所表示的金钱债权,是持票人以取得票据金额为目的凭票据向票据行为人所行使的权利。票据权利人以占有票据为条件,向票据债务人行使。票据权利包括付款请求权和追索权。

(二)票据权利的取得(Acquisition)

1. 原始取得(Original Acquisition)

原始取得是指持票人因出票人的行为或出于善意而从无权处分票据的人处取得票据权利。原始取得有两种方式,即因出票人的行为取得和善意取得。构成票据善意取得须符合以下条件:(1)从无票据权利人处取得票据;(2)以票据法规定的转让方式取得票据;(3)出于善意取得票据;(4)基于支付对价取得票据。

2. 继受取得(Derivative Acquisition)

继受取得又分为票据法上的继受取得和非票据法上的继受取得。前者是指持票人从有正当处分权的人那里依背书转让或交付程序而取得票据;后者是指持票人非依据票据法的规定,而是通过普通债权转让的方式取得票据权利,如公司合并、继承税收、赠与等。

3. 票据权利取得的限制(Limitation on Acquisition)

票据权利取得有两项限制:(1)以恶意或者有重大过失取得票据的,不得享有票据权利。(2)以无偿或者以不相当代价取得票据的,不得享有超过其前手的票据权利。

(三)票据权利的内容(Contents)

1 付款请求权(The Right of Claim for Payment)

此即持票人向票据主债务人或其他付款义务人请求按票据上所记载的金额付款的权利。付款请求权属于主票据权利,当事人应当以法定的方式为之。

2. 追索权(The Right of Recourse)

此是指票据持有人行使付款请求权遭到拒绝或有其他法定原因时,向其前手请求偿还票据金额及其他费用的权利。追索权具有偿还性、法定性、选择性、转移性等特征。

行使追索权的条件包括实质要件和形式要件。所谓实质条件是指追索权得以行使的原因,包括:(1)汇票被拒绝承兑;(2)承兑人或者付款人死亡、逃匿;(3)承兑人或者付款人被依法宣告破产或者因违法被责令终止业务活动。形式要件是指票据权利保全行为,即追索权得以行使的前提,包括:(1)有提示行为,包括承兑提示和付款提示;(2)作成拒绝证书。

四、票据抗辩(Defenses of A Person Liable for A Negotiable Instrument)

(一)票据抗辩的概念(Definition)

票据抗辩是指票据债务人对于票据债权人的请求或请求权,提出某种合法的事由而予以拒绝的行为。票据债务人进行抗辩所依据的事实称为抗辩事由或抗辩原因;票据债务人提出抗辩而拒绝履行债务的权利称为抗辩权。法律保护正当的票据抗辩;对于无理的票据抗辩,在认定其不能够成立的前提下,则要强制票据债务人承担滥用抗辩权的票据责任。

(二)票据抗辩的种类(Types)

1. 物的抗辩(Absolute Defenses)

票据上物的抗辩又称客观的抗辩,绝对的抗辩,是指基于票据本身的内容,包括票据上记载的事项以及票据的性质发生的事由而为的抗辩。这种抗辩的最大特点是,它可以对抗任何持票人,不因持票人的变更而受影响。它主要表现为两种形式:(1)一切票据债务人对一切票据债权人进行的抗辩;(2)特定票据债务人对一切票据债权人进行的抗辩。

2. 人的抗辩(Limited Defenses)

人的抗辩又称相对抗辩,主观抗辩,是指物的抗辩以外的抗辩,主要由于债务人与特定债权人之间发生的关系而发生,因而只能向特定的债权人行使。人的抗辩也主要表现为两种形式:(1) 一切票据债务人对特定票据债权人进行的抗辩;(2) 特定票据债务人对特定票据债权人进行的抗辩。

3. 票据抗辩的限制

票据抗辩在某些情况下因为交易安全和公平的考虑是要受到限制的,票据抗辩的限制是指票据债务人与出票人,或持票人前手之间存在的抗辩事由,不能用于对抗持票人的票据权利请求,又称为票据抗辩切断制度。它主要包括以下阻却抗辩的事由:(1) 票据债务人不得以自己与出票人之间所有的基于人的关系的抗辩对抗持票人;(2) 票据债务人不得以自己与持票人的前手之间所有的基于人的关系的抗辩对抗持票人。但是,持票人取得票据出于恶意(明知对债务人有损害)时不适用前两项规定;持票人取得票据是无代价或以不相当的代价的,也不适用前两项的规定。

然而,由于我国《票据法》第 10 条第 1 款规定:"票据的签发、取得和转让,应当遵循诚实信用的原则,具有真实的交易关系和债权债务关系。"这使得我国票据立法对票据抗辩采取形式上限制、实质上不限制的做法,使票据抗辩限制的规定形同虚设,违背了票据的本质特征。① 显然,这都需要我国在将来修改票据法时进行完善。

五、票据丧失的补救(Loss and Remedies of Negotiable Instruments)

票据丧失后,可以采取三种形式进行补救:

1. 挂失止付(Serve the Stop-Payment Notice)

所谓挂失止付,是指失票人将丧失票据的情况通知付款人或代理付款人,由接受通知的付款人或代理付款人审查后暂停支付的一种方式。可以挂失止付的票据包括:已承兑的商业汇票、支票、填明"现金"字样的银行汇票和银行本票。

2. 公示催告(Apply for Public Notice)

公示催告是指票据丧失后由失票人向人民法院提出申请,请求人民法院以公告方式通知不确定的利害关系人限期申报权利,逾期未申报者,则权利失效,而后由法院通过除权判决宣告所丧失的票据无效的一种制度或程序。

3. 普通诉讼(Bring an Action)

当事人也可以进行普通诉讼,即以丧失票据的人为原告,以承兑人或出票人为被告,请求法院判决其向失票人付款的诉讼活动。

---

① 赵威:《票据抗辩限制研究》,《中国法学》1997 年第 6 期。

六、汇票、支票、本票的区别（Differences of Bills of Exchange，Promissory Notes，Cheques）

可以通过如下表格反映三者之间的区别：

	汇票	本票	支票
信用	基于出票人和付款人信用，除见票即付，还可另行指定到期日，为信用证券	限于见票即付，为支付证券	见票即付，属支付证券
基本当事人	出票人、付款人和收款人	出票人（付款人和出票人为同一个人）和收款人	出票人、付款人和收款人（出票人与付款人之间必须先有资金关系，才能签发支票）
绝对必要记载事项	"汇票"字样、无条件支付的委托、确定的金额、出票日期、出票人签章、付款人、收款人名称	"本票"字样、无条件支付的承诺、确定的金额、出票日期、出票人签章、收款人名称	"支票"字样、无条件支付的委托、确定的金额（可授权补记）、出票日期、出票人签章（必须与在银行预留印鉴的印章和签名式样一致）、付款人名称、收款人名称（可授权补记）
对出票人资格要求	具有完全民事行为能力即可	只能为银行	必须使用本名、提交合法身份证件开立支票存款账户。存入足够支付的款项，并预留本名的签名样式和印章样式
对付款人资格要求	银行汇票付款人为参加"全国联行往来"的银行；商业汇票付款人为商品交易活动中接受货物的当事人或与出票人签订承诺委托协议的银行	与出票人为同一银行	有从事支票业务资格的银行或其他金融机构
付款期限	见票即付者，自出票日起1个月内；定日付款、出票后定期付款、见票后定期付款者，自到期日起10日内	出票日起2个月内	同城支票为出票日起10日内；异地适用的支票，付款提示期限由中国人民银行另行规定
权利消灭时效	见票即付者，自出票日起2年内有效；远期汇票自到期日起2年内有效	自出票日起2年内有效	自出票日起6个月内有效

第三节 托 收

Section Three Entrusted Collection

一、托收的定义及适用范围(Definition and Scope of Application)

托收是一种较为常用的支付方式。在托收业务中,结算工具的传递方向与资金的流动方向相反,因此托收为逆汇。《托收统一规则》(Uniform Rules for Collection)第2条对托收所作的定义为:"'托收'意指银行按照收到的指示,处理单据,其目的为:(1)取得付款及/或承兑,或者(2)凭付款及/或承兑交出单据,或者(3)以其他条款和条件交出单据。"①也即托收是指由债权人出具汇票,连同商业单据(如货运单据等)一起委托银行通过他的分行或代理行向债务人代为收款的一种结算方式。托收的基本前提是商业信用,因为托收是源于委托人和付款人之间的信任的一种付款方式。而商业信用的可靠性一般都远低于银行信用,因此,托收一般只能有限制地使用。

按照规定,使用托收方式结算的收、付款单位必须是国有企业、供销合作社以及经营管理较好、并经开户银行审查同意的城乡集体集体所有制工业企业。并且,必须是商品交易以及因商品交易而产生的劳务供应的相关款项才能使用托收的方式进行结算。代销、赊销、寄销商品的款项,不得办理托收。

二、托收的当事人(The Parties)

(一)委托人(The Principal)

委托人是委托银行办理托收的一方,通常是卖方。委托人主要有两方面的责任:一方面是履行与买方签订的商品交易合同,另一方面是履行与托收银行签订的委托代理合同。所谓委托代理合同即委托人在委托银行办理托收手续时填写的托收申请书。在托收中,委托人必须做到托收指示要明确具体,并负担托收费用。

(二)托收行(The Remitting Bank)

托收行是接受委托人的委托,办理托收业务的银行。托收行一方面接受委托人的委托,受理托收业务;另一方面,通过寄单委托其国外联行或代理行,代向付款人收款。在办理托收业务的过程中,托收行必须严格执行委托人的指示,对单

---

① 《托收统一规则》国际商会第522号出版物(简称《URC522》),1996年1月1日实施。

据进行形式审查。如果在托收的过程中,托收行发生了由于没有遵守信用并谨慎从事的行为,由此造成的损失,应承担过失责任。

(三) 代收行(The Collecting Bank)

代收行是指接受托收行的委托代为向付款人收款的银行,一般为买方所在地银行。代收行必须根据托收行的指示行事,并对接到的托收单据进行形式审查。代收行还应按照托收指示规定的方式向托收行通知代收情况,若无通知方式的规定,代收行可以自行选择通知方式。

(四) 付款人(The Payor)

付款人是根据托收指示向代收行付款的当事人,通常是买方。付款人的基本义务是付款,并且这种付款义务是建立在委托人已经履行了合同义务的前提之上的。若在委托人已经按照合同规定交货并提交符合要求单据的情况下,付款人不按规定付款或承兑的,就必须承担违约责任。

(五) 其他当事人(Other Parties)

1. 提示行(The Presenting Bank)
提示行是指向付款人提示单据的银行。代收行可以委托与付款人有往来账户关系的银行作为提示行,也可以自己兼任提示行。
2. 需要时的代理人(Nominates A Representative to Act as Case-of-Need)
需要时的代理人是委托人为了防止因付款人拒绝接受货物或者拒付时发生无人照料货物的情形,在付款地事先指定的代理人。若委托人指定了一名需要时的代理人,则应在托收指示中明确表示代理人的权限。否则,银行将不接受需要时的代理人的任何指示。

三、托收的前提条件和规则(Prerequisite and Rules)

(一) 前提条件(Prerequisite)

采用托收的方式结算,必须满足以下条件:(1) 收付双方使用托收结算方式必须签有购销合同,并在合同上注明使用托收结算方式;(2) 收款人办理托收,必须具有商品确已发运的证件;没有发运证件的,特殊情况可凭其他有关证件办理托收;(3) 托收结算金额起点每笔为 10 万元,新华书店系统每笔起点为 1 千元。

(二) 托收凭证(The Collection Certificate)

签发的托收凭证必须记载以下事项:(1) 标明"托收承付"字样;(2) 确定的金

额;(3) 付款人名称及账号;(4) 收款人名称及账号;(5) 付款人开户行名称;(6) 收款人开户行名称;(7) 托收附寄单证张数或册数;(8) 合同名称、号码;(9) 委托日期;(10) 收款人签章。托收凭证欠缺上述事项之一者,银行不予受理。

(三) 托收的程序(Procedure of Collection)

托收结算款项的划回方法有两种,即邮寄和电报,由收款人选用。托收的程序包括托收和承付两个阶段。

1. 托收(Instruction and Collection)

委托人按照签订的购销合同发货后,将托收凭证并附货运凭证等有关交易单证送交开户行,委托其办理托收。托收行在接到托收凭证及其附件后,应认真进行审查,必要时,还应查验购销合同。凡不符合要求或违反购销合同发货的,不能办理托收。

2. 承付(Acceptance and Payment)

代收行在收到托收凭证及其附件后,应当及时通知付款人。付款人应在承付期内审查核对,安排资金。承付分为验单付款和验货付款,由收付双方商定选用,并在合同中明确规定。验单付款的承付期为 3 天,验货付款的承付期为 10 天,从运输部门向付款人发出提货通知的次日算起。付款人收到提货通知后,应立即向银行交验提货通知。若付款人在承付期届满时,无足够资金支付,其不足部分,即为逾期未付款项,按逾期付款处理。代收行在此情况下,应及时通知托收行,由其转告委托人。一旦账户有资金时,必须将逾期未付款项及相应的赔偿金及时扣划给委托人,不得拖延。

第四节　信用卡
Section Four　Credit Card

一、信用卡概述(Introduction)

信用卡是一种非现金交易方式,是银行卡的主要形式。其最显著的特征是允许持卡人一定额度的透支。按是否需要向发卡行交付一定的备用金,信用卡可以分为贷记卡和准贷记卡。其中,贷记卡是指发卡行给予持卡人一定得信用额度,持卡人可在信用额度内先消费,后还款的信用卡;准贷记卡是指持卡人须先按发卡银行要求交存一定金额的备用金,当备用金账户余额不足支付时,可在发卡行规定的信用额度内透支的信用卡。除此以外,信用卡按发卡组织不同,可以分为威士卡、万事达卡、美国运通卡、JCB 卡、联合信用卡、大来卡、NETS 卡、BC 卡、中国银联卡、Banknetvn 卡等;按信用等级可以分为普通卡、金卡、白金卡、无限卡等;按是否联名发行可以分为联名卡、标准卡、认同卡;按卡片间的关系分:主卡、附属卡;按持有人的身份分:个人卡、公务卡、公司卡。

国际上主要的信用卡组织有威士国际组织(VISA),万事达卡国际组织(Master Card International),美国运通(American Express,AE),大来信用证(或称大来信用卡),俱乐部(Diners Club)、日本信用卡株式会社(JCB)、发现卡(Discover Card)等。在中国,信用卡发行基本上主要是通过中国银联进行的,因此中国银行发行的信用卡一般都有银联标志。

二、信用卡当事人的权利与义务(Rights and Obligations of the Parties)

(一)发卡行的权利与义务(Rights and Obligations of the Card Issuer)

发卡行具有如下权利:有权审查申请人的资信状况、索取申请人的个人资料,并有权决定是否向申请人发卡及确定信用卡持卡人的透支额度;对持卡人透支有追偿权;对持卡人不再规定期限内归还透支款项的,有权申请法律保护并依法追究持卡人或有关当事人的法律责任;对不遵守其章程规定的持卡人,有权取消其持卡人资格,并可授权有关单位收回其信用卡。

发卡行具有如下义务:首先,发卡行应该向申请人提供有关信用卡的使用说明资料,包括章程、使用说明及收费标准;应该设立针对信用卡服务的公平、有效的投诉制度,并公开投诉程序和投诉电话,对持卡人关于账务情况的查询和改正要求应在 30 天内给予答复;应向持卡人提供对账服务;向持卡人提供的信用卡对账单应当包括交易金额、账户余额、交易金额记入有关账户或自有关账户扣除的日期、交易日期与类别、交易记录号码、作为支付对象的客户名称或代号、查询电话等内容;应当向持卡人提供信用卡挂失服务,应实行 24 小时挂失服务电话,提供电话和书面两种挂失方式,并在章程或有关协议中明确发卡行和持卡人之间的挂失责任;发卡行对持卡人的资信资料负有保密责任。

发卡行应当按照权利与义务对等的原则制定信用卡领用合同,且该合同中不得包括排他性条款。

(二)持卡人的权利和义务(Rights and Obligations of the Card Holder)

持卡人具有如下权利:享有发卡行对其信用卡所承诺的各项服务的权利,有权监督服务质量并对不符合质量的服务进行投诉;有权知悉其选用的信用卡的功能、使用方法、收费项目、收费标准、使用利率及有关的计算公式;有权在规定的时间向发卡行索取对账单,并有权要求对不符账务内容进行查询或更正;有权索取信用卡领用合同并妥善保管。

持卡人有如下义务:申请人应当向发卡行提供真实的申请资料并按照发卡行

的规定向其提供符合条件的担保;持卡人应当遵守发卡行的章程及信用证领用合同的有关条款;持卡人或保证人通讯地址、职业等发生变化,应当及时书面通知发卡行。持卡人不得以和商户发生纠纷为由拒绝支付所欠银行款项。

伴随着信用卡在我国的快速发展,与之相关的各类纠纷也越来越多,在这些纠纷中,持卡人往往都是最后的"输家"。之所以产生这种结果,是因为在信用卡法律关系中,持卡人承担了过重的义务,而享有的权利却很少,其享有的权利与承担的义务失衡。信用卡持卡人权利义务的失衡,表现在从申领信用卡到使用信用卡及至信用卡被盗用或冒用的责任承担等各个环节。① 此外,在信用卡使用过程中,又涉及代理行、商户乃至违法行为人等多种主体,②其中的权利、义务、责任配置都需要依法平衡。

---

① 李飞:《信用卡关系中持卡人权利义务的失衡与救济》,《金融法苑》2009年第2期。
② 薛崴:《持卡人跨行在ATM取款被盗的责任认定》,《人民司法》2010年第12期;刘丽:《特约商户对信用卡持卡人签名仅负有形式审核义务》,《人民司法》2009年第24期。

第二十三章　会计法

Chapter Twenty-Three　Accounting Law

第一节　会计法概述

Section One　Introduction to Accounting Law

一、会计与会计法（Accounting and Accounting Law）

会计是以货币为主要计量单位,通过记账、算账、报账、用账等手段,对各单位、各企业的经济活动真实、准确、全面的进行记录、分析、检查和监督的一种管理活动。在企业中,会计主要用以反映企业的财务状况、经营成果和现金流量,并对企业经营活动和财务收支进行监督。

会计制度是各国财政、财务管理的准则,由于各国国情不同,有关规定也不尽相同。但是,随着当今世界经济的日趋一体化,会计方面的规则也日趋相近或基本相同,20世纪下半叶以来,国际间开始出现协调制定国际会计准则的态势,这种态势体现在两个方面:一是政府性的,如欧盟统一成员国会计准则等。二是民间性的,如1973年协议成立的国际会计准则委员会多年来颁布了多项国际会计准则。虽然这些准则对各国没有约束力,但是仍有很大的参考价值。

会计法有广义和狭义之分。广义的会计法是指调整会计关系的法律规范的总称,狭义的会计法则是专指全国人民代表大会常委会通过的《中华人民共和国会计法》(Accounting Law of the People's Republic of China)。《会计法》于1985年由全国人民代表大会常务委员会第九次会议通过,经过两次修订,于2000年7月1日起实行,共设有七章五十二条规定,内容主要包括会计法宗旨、管理机构、会计机构和人员管理制度、会计核算制度、对公司、企业会计核算的特别规定、会计监督、法律责任等,其适用范围包括国家机关、社会团体、公司、企业事业单位和其他组织的会计活动。

二、会计假设及会计要素（Accounting Hypothesis and Accounting Elements）

（一）会计假设（Accounting Hypothesis）

一般认为,会计假设的产生直接源于法律对会计行为的关注。20世纪20年代,由于经济环境的急剧变化,美国许多企业在没有任何预警性信息的情况下突然倒闭,导致了人们对会计信息的作用的怀疑,继而引发对会计信息法律意义的争议。因此,会计界人士提出会计信息的编制应该有一定的前提,即是在特定的经济环境条件下,按照通常的原则编制。一旦这些特定的环境条件发生了变化,原有的会计信息也就失去了意义。对这些特定环境条件的概括就是会计假设。因此,会计假设是会计界针对公众对会计信息的有效性产生的疑虑而采取的应对措施,它同时也反映了会计界对会计信息局限性的承认,是对会计功能认识的深化。

会计假设是企业会计确认、计量和报告的前提,是对会计核算所处时间、空间环境等所作的合理设定。会计假设包括会计主体、持续经营、会计分期和货币计量。

1. 会计主体(Accounting Entity)

会计主体是指企业会计确认、计量和报告的空间范围。"会计核算应当以企业所发生的各项经济事务为对象,记录和反映企业本身的各项生产经营活动。"[①]因此,在会计主体假设下,企业应当对其本身所发生的交易或者事项进行会计确认、计量和报告,并进而反映企业自身所从事的各项生产经营活动。

会计主体假设的意义首先在于这一假设确定了特定会计报表反映的对象,澄清了会计人员进行记账的立场,从而使得会计数据得以准确地反映特定主体的财务状况。其次,会计主体假设确认了会计主体的独立性,划清了会计记账的范围。第三,明确了会计主体是一个独立的整体,一套财务报表应反映一个会计主体的财务状况。

会计主体不同于法律主体。一般来说,法律主体必然是一个会计主体。但是,会计主体则不一定是一个法律主体。这两者的区别主要体现在两个方面:(1)对两者进行界定的目的不同。会计主体假设是为了明确财务报表信息的反映对象,划清会计核算的范围;而法律主体的界定则是为了明确法律责任的承担者。(2)两者的范围不同。会计主体泛指任何有独立核算要求的个体,即包括法人,也包括合伙以及独资企业。而法律主体仅指能以自己的名义独立承担责任的个体,包括自然人和法人。不过,有分析指出,我国会计法对以地方基层政府为会计单位的会计主体实施的控制明显不力。[②]

2. 持续经营(Continuous Operation)

持续经营是指在可以预见的将来,企业将会按当前的规模和状态继续经营下去,不会停业,也不会大规模削减业务。在持续经营假设的前提下,会计确认、计量和报告应当以企业持续、正常的生产经营活动为前提。明确这个基本假设就意

---

① 《企业会计准则(2006)》(2006年2月15日财政部发布,自2007年1月1日起施行)。
② 牛慧、李树:《谈会计法的再修订与会计法实施细则的出台》,《政法论坛》2004年第6期。

味着会计主体将按照既定的用途使用资产,按照既定的合约条件清偿债务,会计人员就可以在此基础上选择会计原则和会计方法。

持续经营假设产生的前提,是经济生活中合伙、公司等组织形式的出现并作为一种永续存在的人格在法律上得到确认。由于持续经营假设对会计核算方法的选择有着重大影响,它通常成为各国法律或者会计准则规制的对象。如我国《企业会计准则》中规定:"会计核算应当以企业持续、正常的生产经营活动为前提。"在这一假设下,我国企业的会计核算用历史成本法记录资产价值。此外,由于资产评估往往也涉及持续经营假设的改变,因此,法律上一般不允许企业任意进行资产评估,通常只有在涉及对外投资、企业兼并或者合并时才能改变资产的计价基础。

3. 会计分期(Accounting Period)

会计分期是指将一个企业持续经营的生产经营活动划分为一个个连续的、长短相同的期间。会计分期的目的,在于通过会计期间的划分,将持续经营的生产经营活动划分成连续的、相等的期间,据以结算盈亏,按期编报财务报告,从而及时向财务报告使用者提供有关企业财务状况、经营成果和现金流量的信息。

根据经营管理的不同要求,会计期间可以划分为会计年度和会计中期。会计年度是以年度为单位进行会计核算的时间区间;会计中期,指短于一个完整的会计年度的期间。一般而言,会计年度与公历年一致,但也存在例外。例如,在美国,政府财政年度是从每年的 10 月 1 日至次年的 9 月 30 日,同时,法律也允许企业根据自己的经营周期选择会计年度。我国《会计法》中规定,国家统一采取公历年度作为会计年度,以公历 1 月 1 日至 12 月 31 日为一个会计年度。

4. 货币计量(Monetary Units)

货币计量是指会计主体在财务会计确认、计量和报告时以货币计量,反映会计主体的生产经营活动。我国《会计法》第 12 条规定:"会计核算以人民币为记账本位币。业务收支以人民币以外的货币为主的单位,可以选定其中一种货币作为记账本位币,但是编报的财务会计报告应当折算为人民币。"

(二)会计要素(Accounting Elements)

会计要素是根据交易或者事项的经济特征所确定的财务会计对象的基本分类。会计要素按其性质可以分为资产、负债、所有者权益、收入、费用和利润,其中资产、负债和所有者权益要素侧重于反映企业的财务状况,收入、费用和利润要素则侧重于反映企业的经营成果。会计要素的界定和分类可以使财务会计系统更加科学严密,为投资者等财务报告使用者提供更加有用的信息。

第二节 会计核算

Section Two　Accounting Calculation

一、会计核算的基本内容（Basic Contents of Accounting Calculation）

会计核算是会计的基本职能，也是《会计法》所规范的重点内容。《会计法》的第二章以及第三章对会计核算作出了较为详尽的规定。它不仅对会计核算的基本规则作出了规定，并且有的规定还是比较具体的，可操作性较强，有些条款即使较为原则，但也是会计核算必须遵循的基本规范。

会计核算是以货币为计量单位，以会计凭证为根据，对企业、事业、国家机关、军队等单位的生产经营活动、财务收支情况或预算执行过程及其结果，进行连续、系统、真实、准确、完整的记录和计算，并据以编制财务报告的全部活动。根据我国《会计法》第10条的规定，应当办理会计手续，进行会计核算的事项有以下七项：款项和有价证券的收付；财物的收发、增减和使用；债权债务的发生和结算；资本、基金的增减；收入、支出、费用、成本的计算；财务成果的计算和处理；需要办理会计手续、进行会计核算的其他事项。

二、会计核算的一般原则（General Principles of Accounting Calculation）

我国的《会计法》、《企业会计准则》中均对会计核算的一般原则有所规定。这些原则体现了我国市场经济条件下会计核算的一般规律，同时它也对具体会计准则的制定提供了指导思想和理论依据。从内容上看，这些会计原则可以分为三类：第一类是会计要素的确认和计量原则；第二类是选择特定会计政策所依据的原则；第三类是对会计信息质量的要求。

1. 历史成本原则（Historical Cost Principle）

历史成本原则是指对财产物资、债权债务的计价，以各该项目取得时或交易时发生的实际成本为依据进行。它主要包括以下三个方面的内容：（1）以名义货币为计量单位；（2）以交易或其他经济事项发生时的实际成本为计量单位；（3）以实际交易或其他经济事项作为记录依据。

除了历史成本这一计量方法外，对会计要素的计量主要还有重置成本、清算价值、可变净现值、公允价值等计量尺度。历史成本计量之所以成为财务会计最主要的计量原则，与持续经营价值有着直接关系，也是由于以历史成本作为计量尺度也比较客观可靠。当然，最主要的原因则在于其可验证性，而这是财务会计产生的直接动力。

2. 权责发生制原则(Accrual Basis Principle)

权责发生制原则是会计确认的基本原则。它是指一切会计要素,特别是收入费用要素的时间确认均以权利已经形成或者义务、责任已经发生为基础进行的。也即交易的确认应当以实际发生作为确认的标准,而不考虑相应的现金流动状态。与权责发生制相对应的是收付实现制,它是指按照现金的实际流入或者流出的时间来确认收入和费用的发生时间。

由于权责发生制比收付实现制更能准确地反映会计期间的真实财务状况和经营成果,我国《企业会计准则》要求会计核算以权责发生制为基础。

3. 可靠性原则(Objectivity Principle)

可靠性原则又称客观性原则或真实性原则,是指财务报表的信息应当真实地反映报告主体的财务状况和经营成果,要求凭证内容和实际一致、账务和实务一致、账务和款务一致,使得信息使用人在依据这些信息作出决策时,不会产生误解。我国《企业会计准则》中规定:"会计核算应当以实际发生的经济业务为依据,如实地反映财务状况和经营成果。"

可靠性是对会计信息质量的一项基本要求。但是,由于会计技术方法的局限性,绝对可靠性往往只是一个不可及的目标。一般而言,从会计专业人员的角度来看,可靠性原则包括三个方面的内容,即真实性、可验证性以及中立性。

4. 相关性原则(Usefulness Principle)

相关性原则又称为有用性原则,是对会计信息质量的基本要求之一。其含义有狭义和广义之分。狭义的相关性是指财务会计信息与投资决策的相关性。美国公认会计准则就是这种观点的典型代表。广义的相关性则是泛指财务报表应当满足报表各方使用人的要求。我国的《企业会计准则》就是采取的这种观点,要求会计信息满足"国家宏观经济管理的要求,满足有关各方了解企业财务状况和经营成果的需要,满足企业加强内部经营管理的需要"。

5. 其他相关原则(Other Principles)

除此以外,企业会计核算中所应遵循的原则还有:(1) 合法性原则(legitimacy principle),即要求会计核算必须以有关法律、法规和政策为依据;(2) 准确性原则(accuracy principle),即要求会计核算的数据准确,它包括会计科目运用准确、计量准确以及编报的会计报表准确等;(3) 完整性原则(completeness principle),即要求会计核算对每项应该计算的经济业务均毫无例外地加以记录入账,做到完整无缺。

三、会计核算的程序(Procedure of Accounting Calculation)

办理法定的会计事项,必须由经办人员填制或取得原始凭证,并及时送交会计机构。这是会计核算最基本的规范。会计机构必须按照国家统一的会计制度的规定对原始凭证进行审核,并根据经过审核的原始凭证及有关资料编制记账凭证。

会计机构根据审核过的会计凭证,根据有关法律、行政法规和国家统一的会计制度的规定登记会计账簿。会计账簿包括总账、明细账、日记账以及其他辅助性账簿。

各单位应按照国家统一的会计制度的规定,根据会计账簿记录和有关资料编制财务会计报告。财务会计报告应当由单位负责人和主管会计工作的负责人、会计机构负责人签名盖章,设置总会计师的单位还须由总会计师签名并盖章。

四、企业会计核算的特别规定(Special Rules for Enterprise Accounting Calculation)

1. 概述(Introduction)

会计核算的特别规定,在《会计法》中具体是指对"公司、企业"会计核算的特别规定。它属于会计核算规则中的一部分,但又是根据公司、企业的特点确定的。为了更容易引起重视,所以单独将这些有特点的会计核算规定以专章的方式列出。

在公司、企业中,会计将经济活动予以数量化,以提供真实、可靠的会计信息,这一点与所有单位的会计核算具有共同性,适用会计核算的一般规则,所以《会计法》第 24 条规定:"公司、企业进行会计核算仍然应当遵守《会计法》第二章关于会计核算的一般规则。"公司、企业的特点在于它是营利性的,以营利为目的,会计为了要反映这种要求,要确立一些适应这种要求的规则,因此在法律上作出了特别规定。

2. 公司、企业会计核算必须遵循的基本行为准则(Basic Requirements)

公司、企业必须根据实际发生的经济业务事项,按照国家统一的会计制度的规定确认、计量和记录资产、负债、所有者权益、收入、费用以及利润。在《会计法》第 25 条中明确规定,对会计要素的确认、计量和记录:一是必须根据实际发生的经济业务事项,这就必须要保证会计要素是真实的,以客观事实为基础;二是要按照国家统一的会计制度的规定执行,使其具有合法性。这两者是缺一不可的,是法定的。

3. 公司、企业会计核算不得实施的行为(Prohibited Practices)

公司、企业进行会计核算时不得有以下行为:(1) 随意变更资产、负债、所有者权益的确认标准或者计量方法,虚列、多列、不列或者少列资产、负债、所有者权益;(2) 虚列或者隐瞒收入,推迟或者提前确认收入;(3) 随意改变费用、成本的确认标准或者计量方法,虚列、多列、不列或者少列费用、成本;(4) 随意调整利润的计算、分配方法,编造虚假利润或者隐瞒利润;(5) 其他违反国家统一的会计制度的规定的行为。这是因为公司、企业在会计核算现实中的违法行为,已对国家、对公司和企业本身、对投资者、对社会公众等都造成了危害,损害了有关当事人的合法权益,破坏了正常的经济关系,干扰了会计管理职能作用的发挥,否定了必不可少的经济管理秩序,因此对这些违法行为必须严加禁止。《会计法》中的这些规定,看起来似乎有些原则,但如果对其详加研究,都是明确的、具体的,有很强的规范作用。

第三节 会计监督
Section Three Accounting Supervision

一、会计监督的概述(Introduction to Accounting Supervision)

会计监督是指在会计工作中,对生产经营活动或者预算执行情况以及会计核算的真实性、准确性和合法性,通过日常的会计记录、计算,分析凭证和资料所进行的检查活动。会计监督属于动态监督,寓于全部会计工作之中。

加强会计监督,建立健全会计监督制度,是《会计法》的重要内容,也是法律手段在会计领域充分发挥作用的重要规定。《会计法》所规定的会计监督包括两种:一是内部会计监督;二是外部会计监督。它们结合在一起,形成了一个会计监督体系,由法律来确立它的地位作用,保障它的实施。这个法定的会计监督体系,是整个会计法律制度的基本要求,根据近十几年会计工作的实践经验及当前在加强会计管理方面的迫切需要逐步形成、逐步定型的,当然也借鉴了国际上的有益经验,并且在今后还会进一步完善。

二、内部会计监督(Internal Accounting Supervision)

我国《会计法》第 27 条明确规定:"各单位应当建立、健全本单位内部会计监督制度。"依法建立健全的内部会计监督制度,已经不是一种工作中的理论,而是一种法定的义务,或者说这是各单位的法定责任。

《会计法》明确了内部会计监督制度的基本要求。首先,要求记账人员与经济业务事项和会计事项的审批人员、经办人员、财务保管人员的职责权限应当明确,并相互分离、相互制约。即,所谓管物不管账,管账不管物。只有分清职责才能相互制约,只有不兼容的职务分离,才能防止舞弊而达到相互制约的目的。其次,要求重大对外投资、资产处置、资金调度和其他重要经济业务事项的决策和执行的相互监督、相互制约程序应当明确。这实质上是以法律的手段赋予会计相关人员对重大经济业务事项得以依据这些重大交易的内部作业规则以监督、控制的权利。再次,要求财产清查的范围、期限和组织程序应当明确。这是法律要求加强对财产物资的管理,使财产清查制度化,保证有效地进行,实施经常性的监督。最后,要求对会计资料定期进行内部审计的办法和程序应当明确。《会计法》作出这项规定,增强了内部审计的监督作用,使单位能充分运用自己的力量,保护财产的安全、完整,合理、有效地利用资金,保证会计资料的真实、可靠,用法律的形式支持内部控制,加强会计管理。

《会计法》第28条规定单位负责人不得授意、指使、强令会计机构、会计人员违法办理会计事项,并为会计机构、会计人员在实施会计监督过程中提供了有力的法律保障,明确会计机构、会计人员对违反《会计法》和国家统一的会计制度规定的会计事项有权拒绝办理或者按照职权予以纠正。《会计法》第29条也规定:"会计机构、会计人员发现会计账簿记录与实物、款项及有关资料不相符的,按照国家统一的会计制度的规定有权自行处理的,应当及时处理;无权处理的,应当立即向单位负责人报告,请求查明原因,作出处理。"

上述几个方面,《会计法》使之法定化并紧密地结合在一起,形成了一个有效的、可以操作的内部监督、内部控制的机制。这对会计监督来说,是法律保障的重点,也是会计监督体系的基础环节。

三、外部会计监督(External Accounting Supervision)

外部会计监督包括审计机关、财政机关、税务机关对所辖单位所进行的监督。它与内部监督的任务和目的是一致的,但与内部监督相比,更具有强制性。加强外部监督,有利于从全局出发组织经济活动,有利于微观经济效益和宏观经济效益的统一。

《会计法》第35条规定:"各单位必须依照有关法律、行政法规的规定,接受有关监督检查部门依法实施的监督检查,如实提供会计凭证、会计账簿、财务会计报告和其他会计资料以及有关情况,不得拒绝、隐匿、谎报。"这种监督的主要内容包括:财政部门依照法律的授权对会计行为实施监督;各有关部门,包括财政、审计、税务、人民银行、证券监管、保险监管及金融监管等部门依照法定职责对会计资料实施监督检查;授予财政部门行使会计监督中的查询权;在实施国家会计监督中,有关的监督部门应当避免重复查账;有关部门和工作人员要依法承担保密义务;各单位必须依法接受监督检查,如实提供资料,不得有拒绝、隐匿、谎报行为。

四、会计机构和会计人员(Accounting Office or Firm and Accounting Personnel)

现代会计的基本职能是进行会计核算、会计监督。在《会计法》中,这两种职能体现为会计机构、会计人员的法定职责,规定会计机构、会计人员要依照《会计法》进行会计核算,实行会计监督。并且在要求会计机构、会计人员依法履行这两项职责的同时,禁止任何单位或者个人以任何方式授意、指使、强令会计机构、会计人员伪造、变造会计凭证、会计账簿和其他会计资料,提供虚假财务会计报告。此外,还特别规定严格禁止任何单位或者个人对依法履行职责、抵制违法行为的会计人员实行打击报复。

根据我国《会计法》的规定,各单位应当根据会计业务的需要设立会计机构,或者在有关机构中设置会计人员并指定会计主管人员。不具备设置条件的单位,应当委托经批准设立的从事会计代理记账业务的中介机构代理记账。国有及国有资产占控股地位的大、中型企业必须设有总会计师。会计机构内部应当建立稽核制度,出纳人员不得兼任稽核、会计档案管理和收入、指出、费用、债权债务的登记工作。

按照《会计法》的规定,会计机构、会计人员的主要职责有:第一,按照《会计法》的规定进行会计核算;第二,按照《会计法》的规定进行会计监督;第三,拟定本单位办理会计事务的具体办法;第四,参与拟定经济计划、企业计划,考核、分析预算、财务计划的执行情况;第五,办理其他会计事项。

会计人员应当具备必要的专业知识,从事会计工作的人员必须取得会计从业资格证书。担任单位会计机构负责人的,除取得会计从业资格证书外,还应当具备会计师以上专业技术职位资格或从事会计工作三年以上。因违法违纪行为被吊销会计从业资格证书的,自被吊销会计从业资格证书之日起五年内,不得重新取得会计从业资格证书。因有与会计职务有关的违法行为被依法追究刑事责任的,不得取得或重新取得会计从业资格证书。

会计人员调动工作或者离职,必须与接管人员办清交接手续。一般会计人员办理交接手续,由会计机构负责人监交;会计机构负责人办理交接手续,由单位负责人监交,必要时主管单位可以派人会同监交。

有必要的会计机构和合格的会计人员是依法完善会计事务的重要保证,也是发挥会计职能作用和履行会计法定职责的基础条件,因此,《会计法》对这两方面确立了基本的规范,使之纳入法治轨道。

第四节　会计法律责任

Section Four　Legal Responsibility for Accounting

一、会计法律责任概述(Introduction to Legal Responsibility for Accounting)

会计法律责任是指违反《会计法》和有关会计工作法律、法规和国家统一的会计制度规定的行为应当承担的法律后果。在实际工作中,追究会计的法律责任首先必须找到承担法律责任的主体。新修订的《会计法》增加了许多关于法律责任的规定，一是针对近些年来会计违法行为的新情况，增加了相适应的规定；二是加大对会计违法行为的惩处力度，使违法者受到应有的制裁；三是有关法律责任的规定增加了可操作性，更为具体明确；四是惩治会计违法行为的重点清楚，维护会计秩序的目的明确。

二、会计法律责任制度(Main Rules of Legal Responsibility for Accounting)

《会计法》第42条列举了十种会计违法行为：不依法设置会计账簿的；私设会计账簿的；未按照规定填制、取得原始凭证或者填制、取得的原始凭证不符合规定的；以未经审核的会计凭证为依据登记会计账簿或者登记会计账簿不符合规定的；随意变更会计处理方法的；向不同的会计资料使用者提供的财务会计报告编制依据不一致的；未按照规定使用会计记录文字或者记账本位币的；未按照规定保管会计资料，致使会计资料毁损、灭失的；未按照规定建立并实施单位内部会计监督制度或者拒绝依法实施的监督或者不如实提供有关会计资料及有关情况的；任用会计人员不符合规定的。应当引起广泛注意的是，由于违法情况不同，单位可能受到行政处罚，有关会计机构人员也可能受到刑事处罚，国家工作人员还会受到行政处分。对其直接负责的主管人员和其他直接责任人员可以处二千元以上二万元以下的罚款；情节严重的，还可以吊销会计从业资格证书。

根据《会计法》第43条，对于伪造、变造会计凭证、会计账簿，编制虚假财务会计报告的行为，首先要考虑是否触犯了刑律，违反刑法的，依照《刑法》的规定进行惩罚，只有尚不构成犯罪的，才予以行政处罚，国家工作人员还会受到撤职直至开除的行政处分。对其直接负责的主管人员和其他直接责任人员可以处三千元以上五万元以下的罚款；另外对于他们还处以吊销会计从业资格证书，而不必理会情节是否严重。

《会计法》第44条对于隐匿或者故意销毁依法应当保存的会计凭证、会计账簿、财务会计报告的行为，如同《会计法》第43条的处罚规定，也是首先要考虑是否构成犯罪，如果是犯罪行为，则依法追究刑事责任，只有未构成犯罪的才予以行政处罚，国家工作人员还会受到撤职直至开除的行政处分。对其直接负责的主管人员和其他直接责任人员可以处三千元以上五万元以下的罚款；另外对于他们还处以吊销会计从业资格证书，而不必理会情节是否严重。

《会计法》第45条规定对于授意、指使、强令会计机构、会计人员及其他人员伪造、变造会计凭证、会计账簿，编制虚假财务会计报告或者隐匿、故意销毁依法应当保存的会计凭证、会计账簿、财务会计报告的行为，应当严加惩处，对于构成犯罪的追究刑事责任，尚未构成犯罪的则依法进行行政处罚，并对国家工作人员予以严格的降级、撤职、开除的行政处分。

在《会计法》第 46 条中,对单位负责人的打击报复行为作出了依法追究法律责任的规定:"构成犯罪的,依法追究刑事责任;尚不构成犯罪的,由其所在单位或者有关单位依法给予行政处分。"同时,规定对受打击报复的会计人员,应当恢复其名誉和原有职务、级别,这是惩处违法者,又保护受害者的规定。

《会计法》第 47 条规定,对于财政部门及有关行政部门的工作人员在实施监督管理滥用职权、玩忽职守、徇私舞弊或者泄露国家秘密、商业秘密的行为,构成犯罪的,作出依法追究刑事责任的惩处;尚不构成犯罪的,仍然要依法给予行政处分。

《会计法》第 48 条规定对于将检举人姓名和检举材料转给被检举人和单位的行为,将给予行政处分,这也是保护检举人、鼓励社会监督的措施。

《会计法》第 49 条规定对于违反会计法规定,同时违反其他法律规定的,授权由有关部门在各自职权范围内依法进行处罚。

三、会计法律责任的追究(Application of Legal Responsibility for Accounting)

值得注意的是,我国《会计法》明确规定了会计行政责任和会计刑事责任,但对会计民事责任无针对性规定。实践中,会计信息失真常常带来投资者损失,[①]如证券发行虚假陈述行为的情形,[②]注册会计师等会计人员的民事责任承担问题尤为引人关注。[③] 而根据《民法通则》中关于民事责任的规定、《会计法》对会计行为的规定以及《证券法》等特别法的相关规定,追究相关人员的会计民事责任有充分的合理性和依据。因此,会计法律责任仍包括民事责任、行政责任、刑事责任三种形式。

在《会计法》的法律责任规定中,应当把握的内容是:哪些行为是违法的? 如果出现这些行为要承担何种法律后果? 被追究何种责任? 即受到什么样的惩罚? 在掌握这些内容的基础上,应当增强法律意识,更深一步的理解前面已经提及的各项规范,并把握会计行为如果遵守与执行法律将会受到法律保护,但如果违反法律将会受到法律制裁,这两种观念都牢固树立起来。这是加强会计管理所必要的,也是维护会计秩序所必需的。

---

① 高雅巍、孙君鹏:《会计信息失真及民事责任的认定》,《人民司法》2000 年第 10 期。
② 黄辉:《论证券发行中虚假陈述的会计民事责任》,《商事法论集》第 11 卷(2006 年)。
③ 朱慈蕴、陈彦晶:《评注册会计师对第三人的民事责任——围绕会计界与法律界的观点冲突展开》,《法学评论》2007 年第 4 期。

参考文献

一、中文文献

1. 著作类

[1] 马克思恩格斯全集.第18卷.北京:人民出版社,1964.

[2] 邓小平文选.第2卷.北京:人民出版社,1994.

[3] 周旺生.法理学.北京:北京大学出版社,2007.

[4] [法]阿莱克西·雅克曼,居伊·施朗斯.经济法.宇泉,译.北京:商务印书馆,1997.

[5] [苏]B.B.拉普捷夫.经济法.中国社会科学院法学研究所民法经济法研究室,译.北京:群众出版社,1987.

[6] [日]金泽良雄.经济法概论.满达人,译.兰州:甘肃人民出版社,1985.

[7] [日]丹宗昭信,厚谷襄儿.现代经济法入门.谢次昌,译.北京:群众出版社,1985.

[8] [美]理查德·A.波斯纳.反托拉斯法.孙秋宁,译.北京:中国政法大学出版社,2003.

[9] [德]艾哈德.来自竞争的繁荣.祝世康,穆家骥,译.北京:商务印书馆,1987.

[10] [比]保罗·纽尔.竞争与法律:权力机构、企业和消费者所处的地位.刘利,译.北京:法律出版社,2004.

[11] 中国经济法诸论编写组.中国经济法诸论.北京:法律出版社,1987.

[12] 杨紫烜.经济法.北京:北京大学出版社,高等教育出版社,2010.

[13] 李昌麒.经济法学.北京:中国政法大学出版社,2011.

[14] 潘静成,刘文华.经济法.北京:中国人民大学出版社,2005.

[15] 史际春,邓峰.经济法总论.北京:法律出版社,2008.

[16] 王保树.经济法原理.北京:社会科学文献出版社,2004.

[17] 漆多俊.经济法基础理论.北京:法律出版社,2008.

[18] 李昌麒.经济法理念研究.北京:法律出版社,2009.

[19] 张守文.经济法理论的重构.北京:人民出版社,2004.

[20] 王晓晔.欧共体竞争法.北京:中国法制出版社,2001.

[21] 邵建东.德国反不正当竞争法研究.北京:中国人民大学出版社,2001.

[22] 张雪楳.产业结构法研究.北京:中国人民大学出版社,2005.

[23] 赵旭东.公司法学.北京:高等教育出版社,2003.

[24] 王泽鉴.民法总论.北京:中国政法大学出版社,2001.

2. 论文类

[25] [英]施米特霍夫,佩奇.英国经济法的各种形式.杨日颖,译.现代外国哲学社会科学文摘,1983(9).

[26] 王家福,等.西德、法国、英国经济法考察.法学研究,1983(4).

[27] 孙涛.关于法国经济法的概念和学说.法学家,1999(4).

[28] 齐虹丽.日本经济法理论的形成与发展.法学杂志,2004(3).

[29] 孙晋.市场经济与现代西方国家经济职能理论的同步演变——经济法产生与发展的新视野.法学评论,2001(1).

[30] 肖江平.经济法定义的中国学术史考察.北京大学学报(哲学社会科学版),2012(5).

[31] 谢次昌.关于经济法概念的再思考.法学研究,1987(4).

[32] 孔德周."纵横统一论"是科学的经济法基础理论.政法论坛,1997(1).

[33] 刘水林.经济法的观念基础与规则构成——对"需要国家干预论"的反思与拓展.现代法学,2006(1).

[34] 汪莉.论经济法的定义.江淮论坛,2009(1).

[35] 许明月,张新民.现代经济的社会性与经济法——关于经济法产生原因与性质的思考.现代法学,2003(6).

[36] 沈贵明.企业法演变与经济法科学化发展.东方法学,2009(4).

[37] 陈醇.经济法与商法的区别——从企业法归属的角度分析.浙江师范大学学报(社会科学版),2007(2).

[38] 漆思剑.剔除附庸性:经济学之宏观调控的经济法改造——兼论国家投资经营法与宏观调控法的区别.政治与法律,2009(3).

[39] 吴谦,王为农.论社会保障法与经济法的关系.经济法论丛,2005(2).

[40] 卢炯星.宏观、微观经济法理论及体系完善.现代法学,2006(5).

[41] 刘春茂.经济法不能成为独立的法律部门.现代法学,1983(3).

[42] 甘柳.模糊的界限和确定的方位——论作为独立法律部门的现代经济法.法律科学,1998(4).

[43] 郑少华.经济法的本质:一种社会法观的解说.法学,1999(2).

[44] 董保华.论经济法的国家观——从社会法的视角探索经济法的理论问题.法律科学,2003(2).

[45] 程信和.公法、私法与经济法.中外法学,1997(1).

[46] 袁曙宏,韩春晖.公法传统的历史进化与时代传承——兼及统一公法学的提出和主张.法学研究,2009(6).

[47] 孙皓晖,等.经济法民法学派之争的历史启示.中外法学,1989(1).

[48] 蔡立东,周龙杰.民法与经济法功能互补研究.当代法学,1993(2).

[49] 许明月.侵权救济、救济成本与法律制度的性质——兼论民法与经济法在控制侵权现象方面的功能分工.法学评论,2005(6).

[50] 邓纲.侵权之诉还是政府干预——经济法与民法视野中的外部性矫正问题.现代法学,2001(1).

[51] 胡光志.通向人性的复兴与和谐之路——民法与经济法本质的另一种解读.现代法学,2007(2).

[52] 应飞虎,王莉萍.经济法与民法视野中的干预——对民法与经济法关系及经济法体系的研究.现代法学,2002(4).

[53] 王保树.关于民法、商法、经济法定位与功能的研究方法.现代法学,2008(3).

[54] 史际春.社会主义市场经济与我国的经济法——兼论市场经济条件下经济法与民商法的关系问题.中国法学,1995(3).

[55] 邓峰.试论民法的商法化及其与经济法的关系.法学家,1997(3).

[56] 王胜明.试论经济法应从行政法中独立.法学杂志,1984(3).

［57］ 陈燕,孙铁峰.经济统制中的行政权控制——兼从功能角度分析经济法与行政法的关系.行政法学研究,2003(1).

［58］ 吴越.经济法思维的宪法指向——兼论经济法学的历史命运.法学论坛,2013(3).

［59］ 王显勇.论经济法的宪法基础.湖南大学学报(社会科学版),2006(3).

［60］ 刘普生.论经济法的回应性.法商研究,1999(2).

［61］ 王全兴.论经济法律关系的构成.法学评论,1988(2).

［62］ 翟继光.论经济法责任的独立性.当代法学,2004(4).

［63］ 薛克鹏.经济法综合责任论质疑.政法论坛,2005(4).

［64］ 韩志红.关于经济法中以"新型责任"弥补"行政责任"缺陷的思考.法商研究,2003(2).

［65］ 李中圣.经济法责任论略.法律科学,1993(4).

［66］ 张守文.经济法责任理论之拓补.中国法学,2003(4).

［67］ 王先林.论滥用市场支配地位行为的法律规制.法商研究,2007(4).

［68］ 于馨淼.搜索引擎与滥用市场支配地位.中国法学,2012(3).

［69］ 史建三.完善我国经营者集中实质审查抗辩制度的思考.法学,2009(12).

［70］ 倪振峰.公益型行政垄断初探.法学杂志,2011(4).

［71］ 邹亚莎,李亚.反垄断民事诉讼中的举证责任分配.法律适用,2014(2).

［72］ 孔祥俊.引人误解的虚假表示研究.中国法学,1998(3).

［73］ 王继军.附赠式有奖销售的若干法律问题.法学研究,1998(5).

［74］ 邵建东.不正当竞争行为之民事责任.法学,1994(8).

［75］ 钱玉文.消费者概念的法律再界定.法学杂志,2006(1).

［76］ 李友根.消费者权利保护与法律解释——对一起消费纠纷的法理剖析.南京大学法律评论,1996年秋季号.

［77］ 管斌.论消费者权利的人权维度.法商研究,2008(5).

［78］ 杨立新.非传统销售方式购买商品的消费者反悔权及其适用.法学,2014(2).

［79］ 胡光志.工业产品生产许可证制度存废之探析.现代法学,1996(1).

［80］ 高圣平.论产品责任的责任主体及归责事由.政治与法律,2010(5).

［81］ 吕英杰.风险社会中的产品刑事责任.法律科学,2011(6).

［82］ 邬盛根.公益精神与商业利益博弈下的企业公益广告.暨南学报(哲学社会科学版),2012(12).

［83］ 蒙晓阳,李华.名人代言虚假广告的法律责任.河北法学,2009(6).

［84］ 胡小平.国有土地使用权出让合同若干法律问题的探讨.行政法学研究,1996(3).

［85］ 王咏霞.不动产物权变动中债权和物权的保护——兼论"一房二卖"问题.法学评论,1998(2).

［86］ 刘志云.商业银行社会责任的兴起及其督促机制的完善.法律科学,2010(1).

［87］ 王宗玉.论我国食品召回制度的改革及完善.法学家,2009(3).

［88］ 李响.我国食品安全法"十倍赔偿"规定之批判与完善.法商研究,2009(6).

［89］ 谭辉杰.药品回扣的多重性思考.法律与医学杂志,2007(4).

［90］ 邢会强.法国的计划化改革法.法国研究,2001(2).

［91］ 徐孟洲.论经济社会发展规划与规划法制建设.法学家,2012(2).

［92］ 卢炯星.论宏观经济法中产业调节法理论及体系的完善.政法论坛,2004(1).

［93］ 董玉明,李冰强.试论政府在产业结构调整中的经济职责.中国法学,2000(2).

［94］ 吴恩玉.上下位法间的效力优先与适用优先——兼论自治法规、经济特区法规和较大市

法规的位阶与适用.法律科学,2010(6).

[95] 王肃元.西部经济开发的法律思考.政法论坛,1998(2).

[96] 王明远.清洁生产法的含义与本质辨析.现代法学,2006(6).

[97] 沈木珠.国际金融危机下我国产业法的作用、问题与完善——以中小企业促进法为例.法学论坛,2010(2).

[98] 蒋悟真.推动预算民主的三条进路.法学,2011(11).

[99] 罗荆,唐红军.论政府间转移支付制度的立法建设.西南政法大学学报,2006(4).

[100] 张守文.我国税收立法的"试点模式"——以增值税立法"试点"为例.法学,2013(4).

[101] 陈少英.论企业所得税法的统一与和谐社会的构建.政治与法律,2007(3).

[102] 陈茂国,袁希.我国个人所得税课税单位改革探究.法学评论,2013(1).

[103] 胡光志,周昌发.金融调控权若干问题探讨.经济体制改革,2009(2).

[104] 黎四奇.对我国证券投资者保护基金制度之检讨与反思.现代法学,2008(1).

[105] 刘蕾.论货币政策的程序法规制.河北法学,2012(11).

[106] 李国本.论经济立法的科学路径——以价格法为视角.法学家,2007(2).

[107] 章志远.价格听证困境的解决之道.法商研究,2005(2).

[108] 陈志.新改革背景下完善价格法之思考——基于韩国价格调控的经验.法学,2014(4).

[109] 甘培忠,周游.我国公司法建构中的国家角色.当代法学,2014(2).

[110] 刘俊海.全面推进国有企业公司治理体系和治理能力现代化的思考与建议.法学论坛,2014(2).

[111] 赵谦.专业合作社法实施中的农民参与困境及校正——以重庆为例.法学,2012(3).

[112] 赵旭东.融合还是并行?外商投资企业法与公司法的立法选择.法律适用,2005(3).

[113] 许德风.破产法基本原则再认识.法学,2009(8).

[114] 刘保玉,李燕燕.一物一权原则质疑——兼论关于物权性质的物权绝对原则.政法论丛,2004(3).

[115] 崔建远.对业主的建筑物区分所有权之共有部分的具体考察.法律科学,2008(3).

[116] 陆剑."二轮"承包背景下土地承包经营权制度的异化及其回归.法学,2014(3).

[117] 王崇敏.论我国宅基地使用权制度的现代化构造.法商研究,2014(2).

[118] 李中原.缔约过失责任之独立性存疑.法学,2008(7).

[119] 于静明.也论无效保证合同的确认与处理.法学评论,1999(1).

[120] 徐磊.同一债权上保证与物的担保并存之法律分析.法学杂志,2008(3).

[121] 廖宇羿.浅析网络购物中快递延误纠纷的解决机制.西南政法大学学报,2012(5).

[122] 赵威.票据抗辩限制研究.中国法学,1997(6).

[123] 李飞.信用卡关系中持卡人权利义务的失衡与救济.金融法苑,2009(2).

[124] 高雅巍,孙君鹏.会计信息失真及民事责任的认定.人民司法,2000(10).

[125] 朱慈蕴,陈彦晶.评注册会计师对第三人的民事责任——围绕会计界与法律界的观点冲突展开.法学评论,2007(4).

3. 报纸类

[126] 周芬棉.证券法修改须重点完善民事赔偿制度.法制日报,2013-11-29.

[127] 江旺明,高秦伟.药品外包装擅自添印未经批准内容如何处理.中国医药报,2006-2-11.

[128] 吴学安.烟草广告"擦边球"挑战法律底线.法制日报,2013-5-18.

[129] 赵文明.虚假房地产广告貌似"馅饼"实为"陷阱".法制日报,2008 - 10 - 20.

[130] 刘立志."计划"与"规划"一字之差说明了什么.北京日报,2005 - 10 - 31.

[131] 王宇,李延霞.四大税种出台前景预测.人民法院报,2008 - 1 - 14.

[132] 翟珺.差评制度被钻空子,职业差评师抱团"敲竹杠".上海法治报,2012 - 6 - 11.

[133] 张晓敏,孙玲.天津首例网购犯罪案宣判,两名"支付宝"大盗领刑.人民法院报,2013 - 1 - 10.

[134] 雷文辉.净化网络购物环境需标本兼治.江苏法制报,2014 - 4 - 14.

二、外文文献

[135] David M. Trubek, Alvaro Santos. The New Law and Economic Development. Cambridge: Cambridge University Press, 2006.

[136] Richard A. Posner. Economic Analysis of Law (7th ed.). New York: Wolters Kluwer Law & Business, 2007.

[137] John Lowry & Loukas Mistelis. Commercial Law: Perspectives and Practice. London: LexisNexis Butterworth, 2006.

[138] Van Bael & Bellis. Competition Law of the European Community. Hague: Kluwer Law International, 2010.

[139] Andrew N. Kleit. Antitrust and Competition Policy. Cheltenham & Northampton: Edward Elgar Publishing limited & Edward Elgar Publishing inc., 2005.

[140] John A. Spanogle et al. Consumer Law: Cases and Materials. Eagan MN: Thomson West, 2007.

[141] David G. Owen et al. Products Liability and Safety: Cases and Materials. Mineola NY: Foundation Press, 2010.

[142] Denis J. Brion. Norms and Values in Law and Economics. In Boudewijn Bouckaert, & Gerrit De Geest(eds). Encyclopedia of Law and Economics, Vol. I. The History and Methodology of Law and Economics. Cheltenham: Edward Elgar, 2000:1041 - 1071.

[143] George Stephanov Georgiev. Contagious Efficiency: The Growing Reliance on U. S.-Style Antitrust Settlements in EU Law. Utah Law Review, Vol. 2007(4), 2007:971 - 1037.

[144] Martin Cave & Peter Crowther. Pre-emptive Competition Policy Meets Regulatory Anti-trust. European Competition Law Review, Iss. 9, 2005:481 - 490.

[145] Martijn W. Hesselink. Towards a Sharp Distinction between B2B and B2C? On Consumer, Commercial and General Contract Law after the Consumer Rights Directive. European Review of Private Law, Vol. 18, No. 18, 2010:57 - 102.

[146] MM Botha & EP Joubert. Does the Consumer Protection Act 68 of 2008 Provide for Strict Product Liability? A Comparative Analysis. Journal of Contemporary Roman-Dutch Law, Vol. 74, 2011:305.

[147] Gregory C. Keating. The Theory of Enterprise Liability and Common Law Strict Liability. Vanderbilt Law Review, Vol. 54, 2001:1285.